H. 870.
1.

HISTOIRE DE L'EGLISE.

Par M^R. l'Abbé DE CHOISY.

TOME PREMIER.

Contenant les trois premiers siecles.

A PARIS,

Chez JEAN-BAPTISTE COIGNARD, Imprimeur ordinaire du Roi, ruë Saint Jacques, à la Bible d'or.

M. DCCIII.

AVEC PRIVILEGE DE SA MAJESTE'.

EPITRE.

& sous quelle protection plus puissante pourrois-je mettre un ouvrage, qui ne sauroit être agreable aux ennemis de la verité ? On y verra la foi Chrétienne attaquée par les Princes du monde, défendüe par les miracles, cimentée du sang des Martirs, & si je suis assez heureux pour peindre au naturel, le zele des premiers fideles, VOTRE MAJESTE aura la consolation d'y reconnoître ce même zele, qui l'anime, depuis qu'elle regne. Vous avez toujours, SIRE, devant les yeux, les devoirs d'un Prince Chrétien, vous en avez les sentimens dans le cœur, & soit que vous étonniez l'Univers par le bruit de vos victoires, soit que vous pacifiyés l'Europe par une moderation sans exemple, le bien de la Religion fait naître tous vos projets & determine toutes vos actions.

Vous ne vous êtes arrêté, SIRE, au milieu de votre course victorieuse & n'avés prescrit la paix de Nimegue à la multitude de vos ennemis, que pour reünir tous vos sujets dans le même culte : & si dans la suite, il a falu malgré vous reprendre les armes,

EPITRE.

vous n'y avez consenti, que pour defendre un Prince, que son attachement à la foi renversoit du Trône: Prince dont les malheurs ont fait la gloire, plus illustre dans sa retraite qu'au milieu des Grandeurs humaines, & que la sainteté de ses dernieres années vient de placer dans la memoire des hommes, au dessus des plus fameux Conquerans.

On peut même assurer, SIRE, que si la Providence vous a commis le destin de cette puissante Monarchie, sur laquelle le Soleil ne se couche jamais, si la justice, que vous devez à la posterité de tant de Rois, vous impose la necessité de soutenir votre ouvrage, vous songez moins en cette occasion à la grandeur de la Maison de France, qu'à l'avantage de l'Eglise: en effet, SIRE, lorsque les deux plus puissantes Nations de l'Europe, unies par le sang & par l'amitié, plus encore par le Zele de la Maison de Dieu, auront fait repasser les bornes de leurs Etats, à tous leurs ennemis vaincus, que craindra l'Eglise avec de pareils deffenseurs ?

Plaise à cet Etre souverain, qui commande aux Rois, comme aux autres hommes,

ã iij

EPITRE.

& sous quelle protection plus puissante pourois-je mettre un ouvrage, qui ne sauroit être agreable aux ennemis de la verité? On y verra la foi Chrétienne attaquée par les Princes du monde, défendue par les miracles, cimentée du sang des Martirs, & si je suis assez heureux pour peindre au naturel le zele des premiers fideles, VOTRE MAJESTÉ aura la consolation d'y reconnoître ce même zele, qui l'anime, depuis qu'elle regne. Vous avez toujours, SIRE, devant les yeux, les devoirs d'un Prince Chrétien, vous en avez les sentimens dans le cœur, & soit que vous étonniez l'Univers par le bruit de vos victoires, soit que vous pacifiyés l'Europe par une moderation sans exemple, le bien de la Religion fait naître tous vos projets & determine toutes vos actions.

Vous ne vous étes arrêté, SIRE, au milieu de votre course victorieuse & n'avés prescrit la paix de Nimegue à la multitude de vos ennemis, que pour reünir tous vos sujets dans le même culte: & si dans la suite, il a falu malgré vous reprendre les armes,

EPITRE.

vous n'y avez consenti, que pour defendre un Prince, que son attachement à la foi renversoit du Trône: Prince dont les malheurs ont fait la gloire, plus illustre dans sa retraite qu'au milieu des Grandeurs humaines, & que la sainteté de ses dernieres années vient de placer dans la memoire des hommes, au dessus des plus fameux Conquerans.

On peut même assurer, SIRE, que si la Providence vous a commis le destin de cette puissante Monarchie, sur laquelle le Soleil ne se couche jamais, si la justice, que vous devez à la posterité de tant de Rois, vous impose la necessité de soutenir votre ouvrage, vous songez moins en cette occasion à la grandeur de la Maison de France, qu'à l'avantage de l'Eglise: en effet, SIRE, lorsque les deux plus puissantes Nations de l'Europe, unies par le sang & par l'amitié, plus encore par le Zele de la Maison de Dieu, auront fait repasser les bornes de leurs Etats, à tous leurs ennemis vaincus, que craindra l'Eglise avec de pareils deffenseurs?

Plaise à cet Etre souverain, qui commande aux Rois, comme aux autres hommes,

EPITRE.

d'exaucer nos justes prieres: que Votre Majesté se voie renaître avec toutes ses qualités de Héros & de bon Prince, dans ses Augustes Enfans, qu'ils combatent, qu'ils triomfent; mais que leur gloire ne s'oppose pas à notre bonheur, que bien-tost une paix durable assure notre repos, que Votre Majesté puisse goûter encore & pour la quatriéme fois, la joie profonde de retablir la tranquilité universelle, & qu'aprés un Regne de plus d'un siecle, elle puisse retrouver dans le sein de Dieu, le Royaume, dont l'éternité est la durée. Je suis avec un trés-profond respect.

SIRE,

De Votre Majesté.

Le trés-humble, trés-obéïssant, &
trés-fidelle serviteur & sujet.
L'Abbé de Choisy.

AVERTISSEMENT.

JE n'avois point en veuë le public, lorsque je me suis mis à travailler sur l'Histoire de l'Eglise, je ne songeois qu'à m'instruire; il me sembloit qu'un Chrétien ne devoit pas employer tout son tems à des histoires profanes, quand il pouvoit étudier celle du Fils de Dieu. J'y ai travaillé depuis quelques années avec beaucoup d'application, j'ay lu presque tous les Auteurs Ecclesiastiques, j'en ai fait des extraits & me suis trouvé sans y penser, en état de former quelque plan. L'entreprise est grande & j'avoüe, qu'elle est au dessus de mes forces. Je comprens que pour faire une Histoire de l'Eglise à laquelle il ne manquât rien, il faudroit posseder presque toutes les sciences & avoir une infinité de talens, que la nature n'acorde guéres à une même persone, Il faudroit avoir lu tous les

AVERTISSEMENT.

Hiftoriens facrés & profanes; avoir medité profondement les faintes Ecritures, les anciens Peres, les Actes des Martirs, les decifions des Conciles : fçavoir l'Hebreu, le Siriaque, le Samaritain, l'Arabe, fans parler des langues plus communes : pouvoir répondre à tous les faux raifonnemens des Heretiques de tous les fiecles, & ce qui eft encore plus difficile & qui ne s'acquiert point par l'étude, il faudroit avoir les dons de Dieu, la fcience, l'intelligence, la grace, dons abfolument neceffaires pour parler dignement du regne de Jefus Chrift. Or pour acquerir une partie de ces connoiffances, il faudroit un travail infini, une fanté à toute épreuve, & plus d'une vie.

Il eft vrai, que pour reparer en quelque forte la foibleffe & l'impuiffance des hommes, Dieu femble avoir partagé fes dons entre ceux qui ont écrit fur cette matiere, afin que tous enfemble puffent achever un Ouvrage, que chacun d'eux étoit à peine capable de commencer.

Il s'eft trouvé des hommes également
remplis

AVERTISSEMENT.

remplis de lumiere & de pieté, qui se sont apliqués à l'étude des langues necessaires pour l'intelligence des livres sacrés & qui meditant jour & nuit sur les divines écritures, ont penetré les sens cachés, que le saint Esprit y a voulu renfermer, comme dans un tresor inepuisable & ont conservé selon le dessein de Dieu, le precieux depost de la doctrine. Origene. S. Jerôme.

D'autres sont entrés dans la profondeur de l'Ocean, c'est-à-dire dans toutes les questions que la Theologie Chrêtienne a formées pour l'éclaircissement & pour la deffence des verités de la Religion: Questions dont on peut dire veritablement, que la plûpart sont des abîmes sans fonds. S. Augustin. S. Thomas. d'Acquin.

Quelques-uns doüés d'un discernement exquis & amateurs de la verité sans melange, ont pris à tâche de debrouiller ce que les Heretiques artificieux, les demi savans, ou les gens d'une pieté trop simple & trop peu eclairée avoient embarassé de mille faits incertains, & de cir- Baronius. Mr. de Tillemont.

AVERTISSEMENT.

constances fausses & ajoutées : Ces hommes sages ont separé le bon grain d'avec la paille, & ont conservé par là à la Religion de Jesus-Christ, la gloire d'être non seulement, la plus grande & la plus sainte, mais la plus solide & la plus pure Religion, qui soit au monde : persuadés que la verité, qui vient de Dieu n'a pas besoin pour se soûtenir, du mensonge qui vient des hommes.

<small>S. Epiphane.
S. Augustin.
M. Bossuet
Evêque de
Meaux.</small>

Ceux-cy justement animés contre les erreurs, qui sont le partage aussi-bien que les malheureux effets de l'orgüeil humain, se voyant choisis pour soûtenir les guerres du Seigneur, ont combattu avec une force invincible pour abbatre l'heresie, ce monstre infernal, qui a paru tant de fois sur la terre sous des formes differentes & qui ne cessera point selon la parole de saint Paul d'y reparoître jusqu'à la consommation des siecles, Dieu le permettant ainsi pour éprouuer la foi des justes.

Il faudroit pour faire une bonne Histoire de l'Eglise, avoir toujours presens

AVERTISSEMENT.

les écrits de tous ces grans hommes, & les lier ensemble dans un même ouvrage, y joindre la connoissance parfaite des Conciles, de ces saintes assemblées ou toute l'Eglise s'est reünie, comme dans un corps d'armée, où toutes les questions de Foi ont esté reglées avec tant de sagesse & où l'esprit de Dieu superieur aux passions humaines, a toujours presidé, malgré les interests differens, que la malice des hommes y vouloit faire entrer.

Enfin il faudroit discuter les questions épineuses de Chronologie, sans oublier les Histoires étrangeres, qui ont quelque raport à celle de l'Eglise.

Voila ce que je m'imagine qui devroit servir à composer l'Histoire de l'Eglise, si l'on vouloit en faire un ouvrage parfait, & bien-loin que je croie en avoir trop dit, je suis persuadé, que si j'avois plus d'étenduë d'esprit & de lumiere, j'en dirois encore davantage. Car enfin, l'Histoire de la Religion est pour ainsi dire l'Histoire de Dieu hors de lui-même, & qui

AVERTISSEMENT.

est l'aveugle ou le temeraire qui osera lui marquer des bornes ?

Mais je me mesure sur moi-même & me proportionne à ma foiblesse. Je me suis fait l'idée d'une Histoire de l'Eglise, plus aisée à faire, qui ne soit point embarassée & pour ainsi dire acablée d'érudition, qui puisse se lire tout de suite, où l'on ne trouve rien que d'édifiant, où l'on n'ait point besoin d'étude, qui soit à la portée de tout le monde, où le voile soit tiré sur la turpitude de certaines heresies, qui font horreur, où l'on ne soit point obligé à interrompre son attention, pour examiner ce qui seroit douteux, ou pour se faire expliquer, ce que l'on n'entendroit pas. Voila mon dessein que je crois raisonable & dont l'execution ne me paroît pas impossible.

L'Ecriture Sainte fera la baze de l'édifice : Monsieur de Tillemont dans son Histoire des Empereurs & dans ses Memoires sur l'Histoire Ecclesiastique, me fournira une partie des materiaux, que je n'examinerai point aprés lui, sa capa-

AVERTISSEMENT.

cité nous assure de son discernement & sa vertu nous repond de sa bonne foi. J'aurai toujours devant moi les Annales de Baronius, Bollandus, Monsieur Godeau, Monsieur Huet ancien Evêque d'Avranches, les R. P. Mabillon & Dom Tierri Ruinart, Monsieur l'Abbé Fleuri, le R. P. Alexandre, Monsieur du Pin, & ne ferai aucune difficulté de me servir de leurs expressions, c'est un bien, qu'ils ont abandonné au public & qu'on ne sauroit lui presenter trop souvent, quand il en peut tirer de l'édification. Je puiserai dans les mêmes sources qu'eux, je consulterai les anciens Peres & me servirai même des ouvrages des Protestans, qui contiennent quelquefois des verités fort solides, quand ils veulent ne point declamer contre l'Eglise Catolique. Je marquerai exactement la succession des Papes & quand les Evêques d'Antioche ou d'Alexandrie l'auront merité en bien ou en mal, je parlerai d'eux.

Je ne citerai point les Auteurs à la marge, cela est d'une discussion infinie

AVERTISSEMENT.

& à moins que ce ne soit un ouvrage de critique, où est le Lecteur, qui s'arrête au milieu de sa course, pour aller verifier une citation? mais je declare, que je n'avancerai rien que sur la foi de ceux que je viens de nommer & sur tout de Monsieur de Tillemont, qui a examiné les Originaux pour moi & pour toute la posterité.

Au reste le grand nombre d'écrivains qui ont travaillé sur l'Histoire de l'Eglise & qui travaillent encore tous les jours, ne m'ôte pas l'esperance d'imaginer comme je l'ai déja dit, quelque tissu, qui se fasse lire. Mes veuës ne sont point ambitieuses, je suivrai la Chronologie commune, je ne me jetterai point dans la controverse, l'exactitude de la critique passe mes forces & j'aurai oublié, peut-être, à dessein une infinité de petites choses, necessaires dans un grand ouvrage, inutiles & ennuyeuses dans une Histoire, telle que je me la propose, où l'on est content de trouver les faits principaux, pourveu qu'ils soient revêtus de toutes

AVERTISSEMENT.
leurs circonſtances. Ainſi je n'écris ni pour les Savans, pourrois-je leur aprendre quelque choſe, ni pour les heretiques, ils ont reſiſté à des raiſonnemens bien plus forts que les miens, cet ouvrage ne pourra ſervir tout au plus qu'aux perſones de pieté & aux gens du monde, qui ſans vouloir ou pouvoir aprofondir, veulent au moins une idée generale de l'Hiſtoire de l'Egliſe. J'oſe les aſſurer, qu'ils peuvent lire avec confiance, j'ai de bons garans de tout ce que j'ecris, & j'eſpere qu'ils trouveront dans cet Ouvrage toutes les grandes verités de la Religion Chrêtienne. Si j'y ai inſeré quelques traits de la vie des Empereurs, ils y étoient liés ſi naturellement, qu'il m'a été impoſſible de les ſeparer & ſi je me ſuis un peu étendu en parlant de Trajan, de Marc-Aurele & d'Alexandre fils de Mamée, on le pardonnera à la beauté du ſujet, qui emporte ſouvent l'Ecrivain ſans qu'il y faſſe reflexion, j'ai taché pourtant à ne le faire qu'en paſſant, l'Egliſe à toujours été mon principal objet,

AVERTISSEMENT.

je n'ai regardé le profane que comme un accessoire & ne l'ai admis, que par une espece de necessité.

Les avis sont fort partagez sur les sommaires des Livres; les uns en veulent & disent qu'ils servent à éclaircir les matieres & qu'on y a recours, quand on veut trouver quelque chose à point nommé: les autres pretendent, qu'ils ne sont bons qu'à ôter le plaisir de la surprise. Je crois pour decider la question, qu'il faut des sommaires, à ceux qui veulent lire pour aprendre & qu'il n'en faut point à ceux, qui ne regardent la lecture, que comme une occupation agreable; ainsi pour contenter tout le monde, j'ai fait des sommaires de chaque livre, mais je les ai mis tous ensemble à la fin du volume, persuadé que ceux qui les aiment, se voudront bien donner la peine de les y aller chercher.

HISTOIRE

HISTOIRE
DE L'EGLISE.
LIVRE PREMIER.

CHAPITRE PREMIER

QUAND Dieu voulut exe-cuter dans le tems, ce qu'il avoit resolu dans ses decrets éternels, il tira l'Etre du Néant, & créa un Monde capable de le glorifier, *il dit*, selon l'ex-pression admirable de Moyse: *& toutes choses furent faites*, les Cieux brillerent d'astres dif-

An du mon-de 1.

A

ferens, le Soleil éclaira tout du centre de l'Univers, ou pour parler le langage de tous les peuples, il commença une courfe, qu'il n'a jamais interrompuë ; la terre fut couverte de fleurs, de fruits & d'animaux, l'air eut des oifeaux & la mer des poiffons, les faifons furent reglées ; enfin l'homme fortit des mains du Createur, tout rempli de perfections & tout refplandiffant de gloire. Son innocence ne fut pas de longue durée, il défobéit à fon Maître, il mangea du fruit défendu. il perdit tous les avantages de fa naiffance, & chargea de fon crime toute fa malheureufe pofterité. Le corps, qui devoit être foûmis à l'efprit, devint fon tiran, & les paffions fe rendirent maîtreffes de la raifon : les enfans d'Adam s'abandonnerent à tous les defirs de leur cœur, & tomberent par degrez dans toutes fortes d'abominations.

An du monde 130.   Caïn aprés avoir tué fon frere Abel, fut maudit de Dieu, & peupla le monde d'enfans de malediction. Son frere Seth eut pandant plufieurs fiecles une pofterité plus innocente ; Enos, l'un de fes petits fils, craignit le Seigneur, & marcha dans fes voies ; Enoch merita par fa pieté d'être enlevé tout vivant du milieu des hommes ; mais enfin les décendans de Seth s'étant alliez avec ceux de Caïn, les fils de Dieu ayant recherché les filles des hommes, tout le genre humain fe pervertit, &

DE L'EGLISE, Liv. I. Chap. I.

Dieu, s'il est permis de parler ainsi, se répantit de son ouvrage. Le seul Noé & sa famille trouverent grace devant ses yeux, le Déluge universel épargna l'Arche, & le monde se repeupla. Il n'en devint gueres meilleur, l'Idolatrie se répandit dans tout l'univers, jusqu'à ce que le Seigneur se souvenant, qu'il avoit promis à la premiere des femmes, que d'elle naîtroit le Sauveur du monde, songea à se faire un peuple, une nation sainte, qui l'adorât de la maniere, qu'il vouloit être adoré, afin que le Saint des Saints, le Fils du Tout-Puissant, le Verbe Eternel pût naître au milieu de ce Peuple bien-aimé.

An du monde 1656.

Abraham, l'un des petits fils de Sem, fils de Noé, fut choisi pour être le Pere des Croyans, le Dieu invisible lui apparut plusieurs fois, & lui commanda de quitter la Chaldée, où sa famille étoit établie, & d'aller demeurer sur les rives du Jourdain, dans le Païs de Canaan, dont il promit la possession à sa nombreuse posterité. Abraham obéït, & sa foi fut recompensée ; il devint plus riche en serviteurs & en troupeaux, que les petits Rois Cananéens, & sans en porter le titre, il en eut toute la puissance. Son fils Isaac, que Dieu lui donna dans la vieillesse de sa femme Sara, lui fut un grand sujet de tantation ; le Dieu jaloux lui en demanda le sacrifice sanglant ; & sans hésiter, sans faire attention à la posterité innombrable, qui

An du monde 2113.

lui étoit promise : Abraham alloit donner le coup de la mort à son fils unique, si le Seigneur content de son obéïssance, ne lui eût fait arrêter le bras par son Ange. Isaac & son fils Jacob (surnommé Israël, pour avoir lutté contre un Ange) augmenterent encore en pouvoir; leur fidelité envers Dieu, étoit la source de leur bonheur & en faisoit la seureté.

An du monde 2293.
Enfin Jacob ayant appris que son cher fils Joseph gouvernoit l'Egypte, y décendit avec toute sa famille, & s'y établit dans le Païs de Jessen, que le Roi Pharaon leur donna : là se multiplierent tellement les enfans d'Israël, que les Rois d'Egypte craignant leur grand nombre, commencerent à les persecuter, jusqu'à faire mourir leurs enfans : alors le Dieu d'Abraham, d'Isaac & de Jacob, eut pitié des décendans de ces Saints Patriarches; il apparut à Moyse dans le buisson ardant, & lui commanda d'aller délivrer son Peuple, Dieu l'arma de sa Toute-puissance.

Moyse accompagné de son frere Aaron, fit tant de prodiges au nom du Dieu Vivant, & frappa l'Egypte de tant de plaies, que Pharaon pour s'en délivrer, permit enfin aux enfans d'Israël d'aller sacrifier dans le Desert : Ils passerent la Mer rouge à pied sec, Pharaon les voulut poursuivre, & y fut englouti avec son armée.

An du monde 2545.
Ce fut trois mois aprés que Dieu se montra à Moyse sur le Mont Sinaï, au milieu des fou-

dres & des éclairs; le Profete y reçut la Loi des mains de Dieu même. On éleva le Tabernacle avec une magnificence divine, la Majesté du Tout-puissant y reposoit dans toute sa gloire. On y mit l'Arche d'Alliance, monument éternel de l'amour de Dieu pour son Peuple. Aaron fut consacré Grand Prêtre, les Ceremonies furent reglées, & la Circoncision, qui avoit commencé dés le temps d'Abraham, fut observée exactement. Jusques-là les hommes ne s'étoient conduits que par la loi de nature, & ce fut là le commencement de la Loi écrite, à peu prés deux mille cinq cens quarante-cinq ans depuis la création du monde.

Aprés la mort de Moyse, Josué conduisit les Hebreux dans le Païs de Canaan & en fit la conquête, plus par les miracles du Seigneur, que par la force des armes. Il en fit le partage entre les douze Tribus, décendus des douze enfans de Jacob.

Les Juges gouvernerent ensuite jusqu'à Samuël, qui pour contenter un Peuple ingrat & indocile, leur donna Saül pour Roi. David, l'ami de Dieu lui succeda, moins celebre par ses victoires, que par sa penitence. Son fils Salomon, le plus sage des hommes dans le commencement de son regne, se perdit dans les plaisirs. Il eut pourtant la consolation de bâtir le Temple du Seigneur. Son Royaume fut partagé, son fils Roboam fut Roi de Juda, &

An du monde 2960.

An du monde 3023.

donna le nom aux Juifs, Jeroboam fut Roi d'Ifraël. Les crimes & l'Idolatrie attirerent la vangeance du Ciel fur ces deux Royaumes; Ifaye & les autres Profetes prêcherent inutilement la penitence, l'abomination entra jufque dans le Sanctuaire, & le Dieu vangeur, livra fon Peuple aux Babyloniens, qui l'emmenerent en captivité. Cyrus Roi de Perfe qui avoit pris Babylone, infpiré du Ciel, les renvoya avec tous les vafes du Seigneur; ils rebâtirent Jerufalem, ils confacrerent un nouveau Temple; Efdras retrouva la Loi de Moyfe qui avoit été perduë pandant la captivité, & la fit obferver au Peuple.

An du monde 3517.

Mais Jeremie, Ezechiel, Daniel & les autres Profetes, exhorterent en vain les Juifs à la penitence, ils retomberent dans leurs pechez, & Dieu les remit fous le joug des Rois étrangers. Les Machabées par leur valeur, rétablirent le culte du vray Dieu, & meriterent de commander à leur Nation.

An du monde 3890.

Enfin arriverent les tems marquez dans les faintes Ecritures pour la venuë du Meffie; la Profetie de Jacob s'accomplit, le Sceptre eft ôté de Juda, les foixante & dix femaines de Daniel font écoulées depuis le rétabliffement du Temple, & le Sauveur vient au monde, non dans la pompe, les victoires & les triomfes, ainfi que les Juifs l'attendoient, mais dans la pauvreté, l'humiliation & la pe-

An du monde 4000.

nitence, ainsi que tous les Profetes l'avoient prédit.

Aprés avoir donné une legere idée de l'Ancien Testament, & marqué en passant la perpetuité de l'Eglise depuis le commencement du monde; Adam innocent, pecheur & penitent; Enos, Enoch, Noé, Sem, vivant dans l'innocence de la loi de nature; Abraham commençant le commerce plus intime des hommes avec Dieu; Moyse, Profete & Legislateur, presentant au Peuple les Tables de la Loi, écrite du doit du Tres-Haut, le Peuple de Dieu puni ou recompensé selon qu'il étoit fidele ou infidele aux ordres du Seigneur, la succession des Oracles Profetiques, du Sacerdoce legal, & des figures mistericuses; préparatifs magnifiques de l'avenement du Messie; je vais presentement commencer l'Histoire de l'Eglise, sous la loi de grace, en commençant l'Histoire du Fils de Dieu fait Homme, qui l'a fondée par ses Prédications, & rachetée par son Sang.

CHAPITRE SECOND.

IL y avoit plus de trente ans qu'Auguste, maître paisible de tout l'Empire Romain, le gouvernoit aux acclamations des Peuples, lorsque le Verbe de Dieu, égal à son Pere dans sa generation éternelle, voulut naître Homme pour racheter tous les hommes, & voulut naître à Bethleem, petite Ville à deux lieuës de Jerusalem, quatre mille ans aprés la création du monde, & sept cens quarante-neuf ans depuis la fondation de Rome. Marie, fille de la famille Royale de David, devint sa Mere par l'operation miraculeuse du Saint Esprit, & ne cessa point d'être Vierge. Elle avoit épousé Joseph, par un ordre particulier de Dieu, qui la vouloit mettre à couvert de la médisance, & plus encore selon Saint Ignace Martir, pour cacher aux démons le Mistere de l'Incarnation. Ils demeuroient ordinairement à Nazareth en Galilée ; mais il arriva dans le tems que la Sainte Vierge étoit prête à donner au monde le Sauveur, qu'Auguste ordonna, ou par vanité, ou par avarice, un dénombrement de tous les sujets de l'Empire dans la Judée. Joseph & Marie furent obligez d'aller se faire inscrire dans les Registres publics de Bethleem, & le Fils de Dieu y nâquit selon les Profeties
dans

dans une étable entre deux animaux, l'humiliation d'un Dieu devant guerir l'homme de son orgueïl. Le huitiéme jour l'enfant fut circoncis, se soûmettant lui-même à la loi, il receut en même tems le nom de Jesus, sous lequel tout genou flechit dans le Ciel, sur la terre & dans les Enfers.

Peu de jours aprés la naissance de Jesus, des Mages, qui étoient comme les Prêtres, les Astronômes & les Filosofes de la Perse, arriverent à Jerusalem, & dirent qu'une nouvelle Etoile leur avoit apris en Orient la naissance du Roi des Juifs & qu'ils venoient l'adorer. Herode Iduméen étoit alors Roi des Juifs, c'étoit l'accomplissement de la Profetie de Jacob, qui marquoit qu'à la venuë du Messie, le sceptre de Juda passeroit à des Etrangers; aussi parut-il fort troublé au discours des Mages, il eut peur que le Messie ne fût veritablement né, mais pour s'en assurer davantage, il convoqua les Pontifes & les Docteurs de la loi, qui l'assurerent, que selon les Profeties le Messie devoit naître à Bethleem. Il y envoya aussitoft les Mages pour prendre ses mesures à leur retour, *allez*, leur dit-il, *informez-vous de l'enfant & lorsque vous l'aurez trouvé, faites-le moi savoir, afin que j'aille l'adorer*. Ils y allerent, trouverent l'enfant & malgré le spectacle de pauvreté, qui s'offrit à leurs yeux, ils l'adorerent & lui firent des presens, que les anciens Peres ont jugés mistericux; de l'or, comme à un Roi; de la mirrhe espece de baume, comme à un homme qui devoit être enseveli; & de l'encens, comme à un Dieu.

Cepandant Herode n'entendant point parler des Mages, qui par l'ordre d'un Ange s'en étoient retournés dans leur pays par un autre chemin, se douta de la verité, & transporté de crainte & de fureur, il fit massacrer tous les enfans de Bethleem & des environs depuis l'age de deux ans & au dessous & en fit des Martirs, *heureux enfans*, dit saint Irenée, *que Jesus enfant a trouvés dans la maison de David, qu'il a arrachés au demon & au monde, & qu'il a envoyés devant lui en son Royaume.*

Joseph & Marie par l'ordre de Dieu s'étoient sauvez en Egypte avec Jesus. Ils y demeurerent sept ans; & plusieurs anciens Peres appuyez de la tradition constante des Egyptiens, assurent, qu'à son arrivée les Idoles tremblerent & que plusieurs même furent renversées. Ils attribuent aussi au voyage du saint Enfant, le progrés, que l'Evangile fit depuis en Egypte & le grand nombre, qu'il y eut de Martirs, de Vierges & de Solitaires.

Herode mourut la même année dans la rage des douleurs, & en punition de son orgüeil & de son impieté, il se vit manger des vers, avant que d'expirer. Il partagea ses Etats par son testament entre ses trois enfans : Arche-

laus l'aîné fut Tetrarque ou Prince de Jeſaꝛ
lem & des environs, Herode Antipas eut la
Galilée, & Filippe eut l'Iturée & la Tracoꝛ
nite. Auguſte confirma le Teſtament. Le vieil
Herode ne donna rien aux deux enfans
de ſon fils Ariſtobule, qu'il avoit fait mouꝛ
rir, mais ils ne laiſſerent pas de regner dans
la ſuite, Agrippa fut Roi de Jeruſalem & le
jeune Herode fut Prince de Chalcide.

 Joſeph & Marie aprés ſept ans de retraite
en Egypte revinrent à Nazareth, Joſeph gaꝛ
gnoit ſa vie à la ſueur de ſon viſage. Ils alloient
tous les ans à Jeruſalem celebrer la Fête de
Pâque. Un jour qu'ils y avoient mené Jeſus, An de J.C.
(il avoit douze ans) il ſe ſepara d'eux & demeuꝛ 12.
ra dans le Temple, où ils le trouverent interꝛ
rogeant les Docteurs & leur faiſant des queſꝛ
tions pour les inſtruire. Il retourna humbleꝛ
ment à Nazareth & y demeura juſqu'à l'age
de trente ans, ſans que l'écriture ait voulu
nous aprendre ce qu'il y fit. Il y donna ſans
doute des exemples continuels d'humilité,
vertu qu'il vouloit conſacrer dans le Chriſtiaꝛ
niſme.

 L'Empereur Tibere avoit ſuccedé à Auꝛ
guſte ſon pere adoptif. Ce fut la quinziéme
année de ſon regne que Jean-Baptiſte fils d'Eꝛ
liſabeth couſine de la Sainte Vierge commenꝛ
ça à prêcher la penitence, il avoit trente ans
& vivoit depuis pluſieurs années dans le deꝛ

sert, sa vie austere & sa vertu l'eussent fait passer pour le Messie, s'il eût voulu ; Il avoit grand nombre de disciples, mais il rendit gloire à son maître & préchoit que la venuë du Christ étoit proche ; & que pour lui, il n'étoit que la voix qui crie dans le desert. Il s'approchoit de tems en tems du Jourdain & y baptisoit tous ceux qu'il avoit instruits par ses predications. Jesus lui-même y vint pour donner l'exemple aux autres, *J'ay besoin*, lui dit Jean-Baptiste, *d'être baptisé par vous, & vous venez à moi, laissez-moi faire*, lui repondit le Sauveur, *car il le faut*, Baptiste ne resiste plus, mais dans le tems que Jesus entre dans le Jourdain, le Ciel s'ouvre, l'Esprit Saint décend sur lui en forme de colombe, les bords du fleuve retentissent de la voix celeste, *C'est ici mon Fils bien aimé en qui j'ai mis toute mon affection.*

Jesus se retira aussitost dans le desert, où il passa quarante jours sans manger, pour nous aprendre, que c'est par la retraite & par le jeune, qu'on se doit preparer au ministere de l'Evangile. Et c'est sur ce divin modele, que l'Eglise a institué le jeune du Carême. Il fut tanté, nous pouvons bien l'être aussi, mais il demeura vainqueur, ce qui nous doit donner la confiance, qu'avec sa grace, rien ne nous est impossible. *Si tu es le Fils de Dieu*, lui dit le demon, *commande que ces pierres deviennent*

An de J. C. 31.

des pains. *L'homme*, répondit Jesus, *ne vit pas seulement de pain, mais de toute parole, qui sort de la bouche de Dieu.* Le demon le transporta ensuite sur le haut du Temple de Jerusalem, *si tu es le Fils de Dieu*, lui dit-il, *jette toi en bas ; car il est écrit, il ordonnera à ses Anges d'avoir soin de toi, & ils te soutiendront de leurs mains, de peur que tu ne te heurtes le pied contre quelque pierre.* Jesus lui répondit, *il est aussi écrit, tu ne tanteras point le Seigneur ton Dieu.* Alors le tantateur pour derniere epreuve, le transporta sur une haute montagne, *voi*, lui dit-il, *tous les Royaumes de la terre, je te les donne, si tu veux m'adorer. Retire toi satan*, lui dit le Seigneur indigné de son insolence, *car il est écrit, tu adoreras le Seigneur ton Dieu & ne serviras que lui seul.* Aussitost les Anges s'approcherent de Jesus & le servirent.

A son retour du desert, Jesus alla voir Jean Baptiste, qui s'écria en le voyant, *Voila l'Agneau de Dieu, & je ne suis venu que pour le faire connoître.* A ces paroles, André l'un de ses disciples le quitta, pour suivre Jesus & amena le lendemain son frere Simon, à qui Jesus donna le nom de Pierre. Filippe fut appellé quelques jours aprés, ainsi que Jaque & Jean tous deux fils de Zebedée, ils obeïrent à la voix d'un Dieu qui les appelloit, quoi qu'elle ne parust alors que la voix d'un homme. Trois jours aprés Jesus fut prié à des noces à Cana en

Galilée avec la Sainte Vierge. Il y a apparence que saint Joseph étoit mort avant la prédication de l'Evangile, puis qu'il n'y est fait aucune mention de lui, & que même au pied de la Croix le Sauveur recommanda sa mere à saint Jean, ce qui n'marque assez qu'elle n'avoit plus d'époux. Jesus se trouva à ces noces pour sanctifier par sa presence une ceremonie, qui devoit être un jour un des Sacremens de son Eglise. Il contribua même à la joie publique & innocente, en changeant l'eau en vin & ne dedaigna pas d'y operer le premier de ses miracles. Il en fit beaucoup d'autres, qui lui donnerent tant de reputation, que les plus grans Docteurs de la loi vinrent à lui pour le prier de lever leurs doutes & pour s'instruire. Nicodême l'un des principaux d'entre eux eut de la peine à comprendre les merveilles du Royaume de Dieu, mais enfin il fut convaincu que Jesus étoit le Messie, ce qui parut dans la suite par le soin, qu'il eut de sa sepulture.

La Samaritaine eut le même bonheur & receut la même grace. Jesus voyant que les Pharisiens jaloux de ses miracles, commençoient à murmurer, sortit de Jerusalem pour aller en Galilée, il faloit passer par la Samarie. Le Sauveur qui vouloit bien ressentir les besoins de l'humanité, fatigué du chemin eut soif, & se trouvant auprés d'un puits, s'y reposa: arrive aussi-tost une femme du pays pour puiser de l'eau

& Jesus lui en ayant demandé, *comment*, lui dit-elle, *un Juif comme vous daigne t'il parler à une Samaritaine*, ils eurent ensuite un long entretien, où le Sauveur faisant connoître à cette femme, qu'il savoit toutes les particularités de sa vie & même tous les mauvais mariages, où elle s'étoit engagée, la grace lui ouvrit les yeux & le cœur, *je vois bien*, lui dit-elle, *que vous êtes un Profete*: ensuite voulant s'instruire, *nous adorons*, lui dit-elle, *sur la montagne de Garizim; & vous autres vous n'adorés que dans votre Temple de Jerusalem, qui a tort ou raison*. Dieu est esprit, lui répondit Jesus, & les vrais adorateurs l'adoreront desormais par tout en esprit & en verité, le Messie reprit la Samaritaine, *decidera bientost la question, vous le voyés devant vos yeux*, dit Jesus. Alors cette femme transportée de zele, courut à la ville prochaine annoncer le Messie & tous vinrent le voir & le reconnoître, *ce n'est plus sur votre raport*, disoient-ils à la Samaritaine, *que nous croyons en lui, c'est sur ce que nous avons veu & oüi nous-mêmes*.

Il poursuivit son chemin accompagné de ses disciples & comme tous les peuples le suivoient en foule & le pressoient fort, il s'écria: *qui est-ce qui m'a touché, car j'ai senti qu'une vertu est sortie de moi*. Alors une femme se jetta à ses pieds, *Seigneur*, lui dit-elle, *j'avois depuis douze ans une perte de sang, j'ai touché* le bord de votre robe & je me sens guerie : ma fille, lui dit le Seigneur, *ta foi est grande & t'a sauvée, va t'en en paix.* Il fit ensuite un miracle bien plus éclatant ; Jaïre chef d'une Sinagogue à Capharnaum, l'alla prier de venir guerir sa fille, qui se mouroit, mais sur le chemin un serviteur de la maison vint dire, qu'elle étoit morte, *ne t'étonne point*, dit Jesus à Jaïre ; *croi seulement.* En effet il arriva à la maison, entra dans la chambre où étoit la morte & la ressuscita, n'ayant voulu pour témoins de l'empire, qu'il exerçoit sur la mort, que Pierre, Jaque & Jean, qu'il honoroit d'une confiance particuliere. Il alla ensuite faire la Pâque à Jerusalem & y guerit le paralitique de trente huit ans.

An de J. C. 32.

La reputation du Seigneur étoit si grande, qu'il ne pouvoit pas demeurer lon-tems en un même lieu, le peuple le suivoit, & il étoit obligé de se retirer sur des montagnes, *voyés disoit-il à ses disciples, voyés ces belles campagnes, la moisson est abondante, mais le nombre des ouvriers est petit, priés le maître de la moisson d'y en envoyer.* Il passa la nuit en prieres & choisit entre ses disciples, les douze qu'il nomma Apôtres, c'est-à-dire Envoyez, parce qu'il vouloit les envoyer prêcher par toute la terre avec pouvoir de guerir les malades & de chasser le demons. Leurs noms étoient, Pierre, André, Jaque, Jean, Philippe, Bartelemi, Mathieu, Thomas

Thomas, Jacque fils d'Alphée, Jude, Simon & Judas; ils étoient la plûpart du commun du peuple & sans aucune science : *vous êtes*, leur dit Jesus, *la lumiere du monde, que vos bonnes œuvres éclatent devant les hommes, afin qu'ils en rendent gloire à votre Pere, qui est dans le Ciel. Quand vous entrerez dans quelque maison, dites que la paix soit ici, ceux qui vous recevront, me recevront & recevront encore celui qui m'a envoyé; un verre d'eau donné pour l'amour de moi ne sera pas sans récompense. Quand on vous persecutera, ne soïez point en peine de ce que vous direz alors; il vous sera donné à l'heure même de répondre, ce ne sera pas vous qui parlerez, ce sera l'esprit de mon Pere, je vous donnerai une sagesse & une éloquence, qui confondront vos ennemis, vous publierez à la clarté du Soleil, ce que je vous enseigne en secret, vous prêcherez sur les toits, ce que je vous dis à l'oreille, & ne craignez point ceux qui ne peuvent tuer que le corps, craignez plutôt celui qui peut précipiter le corps & l'ame dans le lieu des tourmens : enfin, il faut renoncer à soi même, si l'on veut me suivre, je ne reconnoîtrai devant mon Pere pour être à moi, que ceux qui m'auront reconnu devant les hommes.*

Les Apôtres, que ce Discours tout divin, éleva au dessus d'eux-mêmes, se separerent du Fils de Dieu, & allerent prêcher dans les Provinces voisines ; *voici*, dit Saint Hilaire, *un* miracle non moins admirable, que de faire que les boiteux marchent droit, que d'éclairer les aveugles, que de chasser les demons, que de ressusciter les morts: car pour éclaircir des veritez que tous les Filosofes n'ont pû connoître; j'ai pour guide un pauvre pêcheur, dont les mains ne savent manier que des filets, concevez la grandeur de cette merveille.

JESUS fit quelque tems aprés l'admirable Sermon de la Montagne, qui comprend toutes les maximes de la Loi Chrétienne. Il commença son discours en disant, que le veritable bonheur consiste dans la pauvreté, la douceur, l'humanité, la pureté de cœur, dans les afflictions, dans les persecutions, dans la haine & les maledictions des hommes, que quand ces maux leur arriveroient à cause de lui, c'étoit alors qu'ils devoient s'abandonner à la joie, parce qu'ils en seroient infiniment recompensez dans le Ciel: & aprés avoir fait voir, qu'on n'est heureux en cette vie, qu'autant que par le mépris des biens, des honneurs & des plaisirs, on se rend digne de la felicité éternelle, que Dieu nous reserve dans le Ciel; il prononce malheur sur ceux qui sont dans l'abondance & dans la joie, parce que s'ils mettent leur bonheur dans toutes ces choses, ils verront leurs plaisirs, leur gloire, leur consolation & leur abondance faire place à une faim malheureuse & à des larmes, qui seront éternelles: *Ne pen-*

sez pas, dit-il ensuite, que je sois venu anéantir la Loi & les Profetes, le Ciel & la terre periront plutost qu'elles manquent d'être accomplies dans un seul point, & c'est pour les accomplir que je suis venu. Mais ce n'est pas assez de ne point violer la Loi ; elle vous défend de tuer, & moi je vous declare, que le moindre mouvement de colere, que la moindre parole de mépris, sera punie severement ; si donc vous vous souvenez étant à l'Autel, que votre frere a quelque chose sur le cœur contre vous, laissez là votre offrande & courez vous reconcilier avec lui, la Loi ne punit que l'adultere consommé ; & moi je vous apprens, que c'est un grand crime de regarder seulement une personne dans la pensée de le commettre, vous garderez votre serment, vous dit-on, & moi je vous deffens de jurer ; vous direz seulement oüi & non, cela est, & cela n'est pas. Oeil pour œil, & dent pour dent, a dit Moise, & moi je vous dis, que si on vous donne un soufflet, vous presentiez l'autre joüe ; il est écrit enfin : vous aimerez votre prochain & haïrez votre ennemi ; & moi je vous dis, vous aimerez vos ennemis, vous benirez ceux qui vous maudissent, vous ferez du bien à ceux qui vous persecutent, si vous voulez être enfans de votre Pere, qui du Ciel où il habite, fait également lever son soleil sur les bons & sur les méchans. Soiez donc misericordieux comme votre Pere Celeste, même pour les ingrats, faites aux autres ce que vous voudriez qu'ils vous fissent : voilà qui

C ij

comprend la Loi & les Profetes. Ne jugez point de leur vie, si vous ne voulez pas qu'on juge de la vôtre ; sur tout ne faites point vos bonnes œuvres pour plaire aux hommes, si vous voulez être recompensez dans le Ciel, ne donnez pas l'aumône à son de trompe, mais plutôt, que votre main gauche ne sache pas ce que fait la droite, quand vous voudrez prier, retirez vous dans le lieu le plus caché de votre maison, & fermez la porte sur vous, pour n'être veus que de celui que vous prierez, demandez-lui que son nom soit glorifié, que sa puissance & sa volonté soient aussi absoluës sur la terre, qu'elles le sont dans le Ciel, qu'il vous donne de jour en jour ce qui vous est necessaire, qu'il vous pardonne comme vous pardonnez, & qu'il vous rende vainqueur des tantations, pour vous preserver du plus grand des maux, qui est le peché. Il conclut enfin tout ce Discours en disant, que celui qui l'écoute & qui joint la pratique à la science, est semblable à un homme sage, qui bâtit sur la pierre ferme, & que celui au contraire, qui ne pratique point ce qu'il entend, est semblable à un imprudent qui bâtit sur le sable.

JESUS de tems en tems retournoit dans les Villes pour y prêcher le Royaume de Dieu; il ne dédaignoit pas la conversation des pecheurs, *c'est pour eux*, disoit-il, *que je suis venu.* Un jour qu'il soupoit chez un Pharisien, une femme de la Ville, fameuse par sa vie mondaine & dereglée, se vint jetter à ses pieds, les arrosa de ses larmes, les essuya de ses cheveux, & merita de la bouche du Sauveur ces paroles consolantes: *tes pechez te sont pardonnez, va-t-en en paix.* Le Pharisien, qui la connoissoit pour une grande pecheresse, fut scandalisé de la bonté de JESUS, qui lisant dans sa pensée, lui dit: *Il est vrai qu'elle a beaucoup peché, mais aussi elle a beaucoup aimé.*

Ce fut à peu prés en ce tems-là, qu'Herode Antipas Prince de Galilée, mit le comble à ses crimes, en faisant mourir Jean-Baptiste. Ce saint homme lui avoit reproché plusieurs fois la vie scandaleuse, qu'il menoit avec Herodiade femme de son frere, & ce Prince bien loin d'en faire penitence, avoit fait mettre Jean-Baptiste en prison, pour se délivrer de ses importunes prédications. Il n'y songeoit plus, & se contentoit d'une lente vangeance, lors que dans un festin, qu'il donnoit à ses Courtisans le jour de sa fête; Salomé, fille d'Herodiade élevée par sa mere dans tous les agrémens du siecle, dansa devant lui avec tant de grace, qu'emporté par son plaisir, il fit serment de lui accorder tout ce qu'elle lui demanderoit, fust-ce la moitié de son Royaume. La jeune danseuse instruite par une mere insolente & vindicative, lui demanda la tête de Jean-Baptiste, & ce Prince, quoiqu'il en fut veritablement affligé, aima mieux en faifant mourir le Profete, manquer à toutes les Loix divines & humaines, qu'à une fille infenfée & à un ferment témeraire.

Une nouvelle fi furprenante & qui touchoit de fi prés le Fils de Dieu, l'obligea à fortir de la Galilée pour fe retirer dans le defert. Il y fut fuivi de tous ceux que le bruit de fes miracles attiroit auprés de lui; il guerit tous les malades, & leur prêcha le Royaume de Dieu; mais un jour comme la nuit approchoit, fes difciples, qui ne connoiffoient pas encore toute la puiffance de leur maître, l'avertirent, qu'il n'y avoit rien à manger pour cette multitude, *ils font plus de cinq mille perfonnes*, lui dit André, *& il n'y a ici qu'un jeune enfant, qui a cinq pains d'orge & deux poiffons. Aportez-les moi*, dit le Seigneur, *& faites ranger ce Peuple*. Alors il prit ces pains & ces poiffons, & levant les yeux au Ciel, les benit, les rompit, & en donna à fes difciples pour diftribuer à tous ceux qui en voulurent. Il en refta même de quoi remplir douze corbeilles. Alors ce Peuple, qu'un fi grand miracle avoit tranfporté, cria à haute voix, *Il faut le faire notre Roi*, mais JESUS voulant s'échaper d'eux, fit monter fes difciples dans une barque du lac de Genezareth, leur commanda de l'aller attendre de l'autre côté à Betfaïde, & leur dit qu'il alloit prier fur la Montagne.

Cepandant la nuit étoit venuë, les difciples

voguoient sur le lac & avoient le vent contraire, lorsqu'ils virent marcher sur les eaux quelque chose de grand & de terrible, qui venoit à grans pas vers eux & qui sembloit vouloir les devancer. *C'est un Phantome*, s'écrierent-ils, *c'est moi*, leur dit le Seigneur, *ne craignez rien, si c'est vous*, lui dit Pierre, *commandez que j'aille à vous en marchant sur les eaux*. JESUS lui dit, *venez*, & Pierre décendit aussi-tôt de la barque & marcha sur l'eau ; mais un grand vent s'étant élevé, il eut peur, & commençant déja à enfoncer, il cria, *Seigneur, sauvez moi*, JESUS le prit par la main en lui disant : *homme de peu de foi, pourquoi avez-vous douté*. Ils monterent dans la barque, le vent cessa, & ils aborderent heureusement. Le Sauveur parcourut toute la contrée, on aportoit les malades dans des lits par tout où il passoit, & dés qu'ils touchoient seulement les bords de sa robe, ils étoient gueris.

Il fut ensuite dans le païs de Tir & de Sidon, & y confondit l'incredulité d'Israël, par la foi d'une Payenne. Une femme du païs de Canaan lui crioit sans cesse : *Seigneur, Fils de David, aïez pitié de moi, ma fille est tourmentée du demon.* JESUS, qui vouloit éprouver sa foi, fit comme s'il ne l'eût pas entenduë ; mais elle continuoit sa priere avec ferveur ; *Seigneur*, lui dirent les Apôtres, *accordez-lui sa demande & la renvoyez* ; *non*, réprit le Sauveur, *je n'ai* été envoié qu'aux brebis de la maison d'Israël; Seigneur, continuoit cette femme, *assistez-moi*, *est-il juste*, lui dit Jesus, *de donner aux chiens le pain des enfans*; *il est vrai*, répliqua-t-elle avec une humilité digne d'être exaucée; *mais les petits chiens mangent au moins les miettes qui tombent de la table de leurs maîtres*. Alors Jesus lui dit, *ô femme, votre foi est grande, qu'il vous soit fait comme vous le desirez*, & à l'instant sa fille fut guerie.

Il alla ensuite aux environs de Cesarée, & durant le chemin, il demanda à ses disciples ce qu'on disoit de lui, *les uns*, répondirent ils, *disent que vous êtes Elie, d'autres Jean Baptiste, d'autres Jeremie*; *& vous autres*, reprit-il, *qu'en dites vous, que vous êtes le Christ*, répondit Pierre, *le Fils de Dieu vivant*; *& moi je vous declare*, lui dit Jesus, *que vous êtes Pierre, & que je bâtirai mon Eglise sur cette pierre, toute la puissance de l'Enfer ne sçauroit la détruire*; *ce que vous aurez lié ou delié sur la terre, le sera de même dans le Ciel.*

Six jours aprés il monta sur une montagne fort élevée, & se mit à prier ; & tandis que Pierre, Jacque & Jean s'endormoient, son visage devint resplandissant comme le Soleil & sa robe blanche comme la nege, Moïse & Elie parurent à ses côtez, s'entretenant avec lui de sa Passion. Les Apôtres s'étant éveillez, furent fort surpris de ce spectacle; Jesus & les

deux

deux Profetes furent environnez d'une nuée lumineuse, & on entendit une voix celeste qui disoit : *Voici mon cher Fils, l'objet de ma complaisance, c'est lui qu'il faut écouter.*

Tant de prodiges entraînoient le peuple & excitoient en même tems la jalousie des Pontifes & des Pharisiens ; ils ne cherchoient que l'occasion de perdre JESUS, & lui dressoient tous les jours des pieges. *Il fera revolter le peuple*, disoient-ils, *& les Romains s'en vangeront sur nous.* Il ne laissa pas de prendre le chemin de Jerusalem, pour se trouver à la fête des Tabernacles. Mais comme il passoit par une Ville de Samarie, personne ne le voulut loger ; *Seigneur*, lui dirent les fils de Zebedée, *voulez vous que nous fassions décendre le feu du Ciel sur cette Ville* ; non, leur dit-il avec douceur, *le Fils de l'Homme n'est pas venu pour faire perir les hommes, mais pour les sauver.*

Il arriva à Jerusalem, & commença à instruire le peuple. Les Docteurs de la Loi, qui ne songeoient qu'à le surprendre, lui amenerent une femme trouvée en adultere, *Maître*, lui dirent ils, *selon Moyse elle doit être lapidée, qu'en dites-vous ? que celui de vous,* leur répondit-il, *qui ne se sent coupable de rien, lui jette la premiere pierre* ; ils se firent justice à eux mêmes, & s'en allerent tous l'un aprés l'autre. Alors JESUS dit à la femme adultere : *personne n'a osé vous condamner, je ne vous condamnerai pas non plus, allez, & gardez-vous de pecher à l'avenir.*

De Jerufalem il alla par toute la Judée annoncer le Royaume de Dieu; ses disciples marchoient devant, & disposoient les peuples à écouter leur Maître. Il passa à Bethanie, & logea chez Lazare, frere de Marthe & de Marie. Marthe se plaignit amerement au Sauveur de l'indolence de Marie, qui lui laissoit tout le soin du ménage: *Marthe, Marthe,* lui répondit JESUS, *vous vous troublez du soin de beaucoup de choses, il n'y en a qu'une de necessaire, Marie a choisi la meilleure part, qui ne lui sera point ôtée.* Ces saintes femmes suivoient ordinairement JESUS-CHRIST & le servoient, pandant qu'il prêchoit, lui fournissant la nourriture & les autres choses necessaires à la vie.

An de J. C. 34.

Le Sauveur passa le Jourdain, & voulut aller dans le même lieu où Jean-Baptiste avoit commencé à baptiser; mais trois ou quatre jours aprés Marie & Marthe lui manderent que leur frere Lazare, qu'il aimoit, étoit malade. *Cette maladie,* dit-il aussi tôt, *n'est que pour la gloire de Dieu.* Il demeura encore deux jours au même lieu, & puis il dit à ses disciples; *notre ami Lazare dort, je vais l'éveiller*; *s'il dort,* reprirent-ils, *c'est bon signe*; *il est mort,* leur répliqua-t il, *& je m'en réjouïs pour l'amour de vous, votre foi en sera confirmée.* En effet Lazare étoit mort, quand JESUS arriva à Bethanie, il y avoit quatre jours qu'il étoit dans le tombeau ; *Seigneur*, lui dit Marthe en le voyant, *si vous eussiez été ici, mon frere ne seroit pas mort; mais je sai que Dieu vous accordera tout ce que vous lui demanderez.* Jesus lui répondit, *votre frere ressuscitera; je sai bien*, répliqua-t-elle, *qu'il ressuscitera au dernier jour.* Il lui répartit, *je suis la Resurrection & la Vie; le croyez-vous, oüi je le crois*, répondit Marthe, *je crois que vous êtes le Christ, le Fils du Dieu Vivant.*

En même tems Marie arriva baignée dans ses larmes, & se jetta aux pieds de Jesus, tous les Juifs, qui étoient venus de Jerusalem consoler les deux sœurs, étoient présens & pleurerent aussi : le Fils de Dieu en fut touché, la compassion & la tendresse parurent au dehors : *où l'avez-vous mis*, leur dit il; ils lui répondirent, *Seigneur, venez & voyez.* Alors Jesus pleura, & les Juifs dirent entre eux: *voyez comme il l'aimoit.* Ensuite il s'aprocha du sepulchre, c'étoit une grote, dont l'entrée étoit fermée par une grosse pierre; il commanda qu'on ôtât la pierre; *il y a quatre jours qu'il est là*, dit Marthe, *il commence à se corrompre; ne vous ai-je pas dit*, réprit Jesus, *que si vous croyiez, vous verriez la gloire du Seigneur*, & levant les yeux au Ciel en présence de tous les assistans, qui étoient en grand nombre, il dit ces paroles: *Mon Pere, vous m'exaucez toujours, ce peuple qui m'environne, va voir que vous m'a-*

D ij

vez envoyé. Il cria auſſi-tôt à haute voix : *Lazare, ſortez dehors.* Alors on vit le mort ſe lever du tombeau, les pieds & les mains environnez de bandes, & le viſage couvert de linge. Tout fremit à ce ſpectacle ſi nouveau, on garda un profond ſilence, les forces de la nature parurent ſurmontées, tout l'eſprit humain s'anéantit, & la Toute-puiſſance de Dieu éclata dans le Fils de l'Homme : *qu'on le délie,* dit JESUS, *& qu'on le laiſſe aller.*

Il ſembloit qu'aprés un miracle ſi éclatant, tous les Juifs devoient reconnoître le Fils de Dieu. Ce miracle même fut confirmé quelque tems aprés. JESUS rétourna à Bethanie, & y ſoupa chez Simon le Lépreux. Lazare étoit un des conviez, & les Juifs, qui étoient venus de Jeruſalem pour voir un homme reſſuſcité, le virent boire & manger. Quelques-uns ſe convertirent; mais les Docteurs, les Pontifes & les Phariſiens, craignant que le Peuple ne les abandonnât pour ſuivre JESUS, reſiſterent à la grace, & s'aveuglerent eux-mêmes ſur ce qu'ils avoient veu. Ils ſongerent à faire tuer Lazare, qu'on voyoit par tout dans une ſanté parfaite, aprés avoir été quatre jours dans le tombeau, ne pouvant ſouffrir que la veuë d'un pareil témoin, dépoſât continuellement en faveur de JESUS-CHRIST.

Mais ils ſongerent ſur tout à trouver les moyens de le faire perir lui-même, ſous prétexte qu'il vouloit soulever le Peuple & se faire Roi. Leur dessein ne lui étoit pas inconnu, mais son heure étoit venuë, & il marcha du côté de Jerusalem pour y celebrer la Pâque, sachant bien & le disant à ses disciples, qu'il y souffriroit une mort ignominieuse, mais les assurant en même tems, qu'il ressusciteroit le troisiéme jour.

Dés que le Peuple sceut qu'il aprochoit de la Ville accompagné de ses disciples, on courut au devant de lui, des branches de palmier à la main, & en criant, *hosanna*, c'est à dire, *salut & gloire, beni soit le Roi d'Israël, qui vient au nom du Seigneur*. Tout le chemin étoit semé de branches d'arbres & de fleurs, & plusieurs étendoient leurs habits dans les ruës, par où il devoit passer. La resurrection de Lazare, qui étoit encore toute recente, avoit emporté la multitude, & les Pontifes n'oserent d'abord s'opposer à ce torrent. Quelques Pharisiens indignez des honneurs qu'on lui rendoit, s'adressèrent à lui-même, & lui dirent tout bas ; *Maître, faites taire vos disciples* ; *les pierres*, leur répondit-il, *crieroient, si mes disciples gardoient le silence*. Ce jour étoit destiné à son triomfe, le tems de son humiliation étoit assez proche, & il vouloit suivre en tout la volonté de son Pere. Toute la Ville sembloit hors d'elle-même, & comme chacun demandoit ; *d'où vient cette émotion, & que veulent dire les acclamations de ce Peuple* ; cent voix differentes répondoient en même tems ; *c'est* JESUS *le Profete, c'est le Messie, c'est le Roi d'Israël.* Il alla droit au Temple, & guerit en passant les aveugles & les boiteux. Là se trouverent les Docteurs de la Loi & les Anciens, ils lui firent plusieurs questions, qui ne l'embarasserent point : il leur en faisoit à son tour, ausquelles ils ne répondoient pas si aisément. Ils eussent bien voulu se saisir de sa personne ; mais ils craignoient le peuple. Ils crurent mettre les Romains dans leur parti, en lui demandant, s'il étoit permis de payer le tribut à Cesar, *de qui est cette figure*, leur dit-il, en leur montrant une piece de monoie ; *c'est de Cesar*, lui répondirent-ils ; *hè bien*, dit JESUS, *rendez à Cesar ce qui appartient à Cesar, & à Dieu ce qui est à Dieu.*

Les jours suivans se passerent de même, les Saduceens, qui ne croyoient pas l'immortalité de l'ame, lui dirent pour se moquer ; *une femme a eu sept maris, avec lequel demeura-t-elle après la resurrection : Quand on ressuscitera*, leur dit JESUS, *il n'y aura plus de mariage, & ne devant non plus mourir que les Anges, les hommes n'auront pas besoin de femmes pour se perpetuer : Moyse n'a-t-il pas écrit que Dieu lui dit dans le buisson ardant* ; *je suis le Dieu d'Abraham, d'Isaac & de Jacob : or le Dieu Vivant n'est pas le Dieu des morts ; donc ces Patriarches ne sont pas morts, ils sont encore vivans.*

Mais dites-nous, réprit un Pharisien, *quel est le plus grand des Commandemens de la Loi ; le voici*, répondit Jesus, *le Seigneur ton Dieu n'est qu'un, tu l'aimeras de tout ton cœur, & voici le second commandement ; tu aimeras ton prochain comme toi même.* Ils admirerent cette réponse, & personne n'osa plus l'interroger.

Cependant les Pontifes & les Docteurs s'assemblerent chez le Grand Prêtre Caïphe pour concerter les moyens de faire perir Jesus-Christ ; ils y étoient assez embarassez ; lorsque Judas, l'un des douze Apôtres, demanda à être introduit dans l'Assemblée, & leur offrit de leur livrer son Maître. Ils lui promirent trente petites pieces d'argent, convinrent du tems & du lieu, que la chose se feroit, & se preparerent à l'execution. Le lendemain Jesus celebra sa derniere Pâque avec ses Apôtres, il leur lava les pieds pour les preparer au Sacrement, qu'il vouloit instituer, & prenant du pain, il le benit en rendant grace à Dieu, le rompit & le leur donna en disant : *Prenez & mangez, ceci est mon Corps donné pour vous, Faites ceci en memoire de moi.* Il prit de même le Calice, rendit grace à son Pere, & le leur donna, en disant : *Bûvez-en tous ; car ceci est mon Sang de la nouvelle alliance, qui sera répandu pour plusieurs pour la remission des pechez.* Il leur donna ensuite d'excellentes instructions,

& n'ayant pris avec lui que Pierre, Jacque & Jean, il entra dans le Jardin des Olives. Là il voulut bien sentir toutes les horreurs de la mort, & souffrir toutes les foiblesses de la nature humaine ; *il auroit moins fait pour moi*, dit Saint Ambroise, *s'il n'avoit pris jusqu'aux plus grandes de mes foiblesses.* Un Ange le vint consoler, & il s'avança aussi-tôt au devant de ceux qui le cherchoient pour le faire mourir. Il donna encore à leur veuë quelques marques de sa Toute-puissance ; une seule parole les renversa, mais il voulut bien recevoir le baiser de Judas ; c'étoit le signal que le traître avoit donné aux Juifs pour reconnoître JESUS, qui se livra enfin entre leurs mains. Ils le menerent chez Caïphe Grand Prêtre, qui le renvoya à Pilate Gouverneur de la Judée pour les Romains. Ce Payen reconnut son innocence & le vouloit sauver. Il le fit même foüetter & couronner d'épines pour faire pitié aux Juifs, mais ils vouloient sa mort, & Pilate le condamna à la Croix, se contentant d'en laver ses mains, & de protester que c'étoit malgré lui, qu'il condamnoit un innocent. Ainsi JESUS fut attaché sur la Croix entre deux brigans, avec cette inscription *Jesus de Nazareth Roi des Juifs*. La Sainte Vierge étoit aux pieds de la Croix avec Magdelaine, & le disciple bien-aimé. JESUS pria pour ses meurtriers, & rendit l'esprit à l'age de trente-trois ans & quelques mois, en disant: *Mon Pere, je remets mon ame entre vos mains.*

En même tems le Soleil s'éclipsa, quoique la Lune fût dans son plain, & les tenebres se répandirent par toute la terre; Origene, Tertullien, Eusebe, raportent ce prodige, comme une chose constante, apuyée même sur le témoignage de Phlegon afranchi de l'Empereur Adrien, qui en fait mention dans la quatriéme année de la 202. Olimpiade, qui revient juste au tems de la mort du Fils de Dieu, & les Peres s'en servent contre les Payens, pour prouver la Divinité de JESUS-CHRIST. Le voile du Temple se déchira, les pierres se fendirent, la terre trembla, les tombeaux s'ouvrirent d'eux-mêmes, & plusieurs morts ressusciterent. *Cet Homme*, dirent la plûpart des assistans, *étoit veritablement le Fils de Dieu.*

Cepandant le traître Judas eut à peine livré le Sauveur aux Juifs, qu'il s'en répentit. Il avoüa son crime publiquement, reporta les trente petites pieces d'argent, qu'il avoit receuës, & rendit par là un témoignage autentique à la verité qu'il avoit trahie; mais au lieu de pleurer comme Saint Pierre, il s'abandonna au desespoir, & se pendit de sa propre main. Les Prêtres de la Loi toujours scrupuleux dans les moindres choses, & hardis à commettre les plus grans crimes, n'oserent remettre dans leur tresor, un argent, qui étoit le prix du sang d'un homme, aprés avoir répandu le Sang du Fils de Dieu, qu'ils savoient être innocent des crimes dont ils l'accusoient. Ils employerent cet argent à acheter un champ pour enterrer les étrangers.

Aprés la mort de JESUS-CHRIST Joseph d'Arimathie & Nicodeme embaumerent son Corps & le mirent dans un sepulchre, qu'ils boucherent d'une grosse pierre. Aussi-tôt les Pontifes & les Pharisiens se souvenant que JESUS avoit dit, qu'il ressusciteroit le troisiéme jour, mirent des gardes autour du sepulchre pour empêcher qu'on n'enlevât son corps; mais leur précaution fut inutile contre la puissance d'un Dieu; les gardes effrayez par un tremblement de terre, s'enfuirent; JESUS-CHRIST ressuscita le troisiéme jour, & lorsque Magdelaine & deux autres femmes vinrent à son tombeau, elles n'y trouverent plus son corps, & ne virent qu'un Ange dont le visage étoit brillant comme un éclair, & l'habit blanc comme la nege, qui leur dit; *celui que vous cherchez, vit d'une vie qui n'est plus sujette à la mort.* Saint Pierre & Saint Jean y allerent aussi, & furent avertis par l'Ange d'aller en Galilée, où le Sauveur seroit avant eux. Ils se retirerent; mais Magdelaine demeura auprés du sepulchre; elle aimoit, elle pleura, sa perseverance merita la grace de voir la premiére JESUS-

Christ aprés sa resurrection, mais il lui défendit de le toucher.

Le Sauveur apparut la premiére fois à ses Apôtres sur le lac de Tiberiade; mais ils eurent si grand peur qu'ils n'oserent lui parler. Une autre fois il parut tout d'un coup au milieu d'eux, dans un lieu dont les portes étoient bien fermées: *la paix soit avec vous*, leur dit-il, *c'est moi, ne craignez rien ; pourquoi vous troublez vous, un esprit est-il de chair & d'os*; il mangea devant eux un morceau de poisson rôti & un rayon de miel. Il demanda ensuite par trois fois à Pierre, s'il l'aimoit, & content de sa réponse toute affectueuse, il le chargea de paître ses brebis, c'est-à-dire de gouverner son Eglise, & l'en declara le Chef.

Thomas ne s'étoit point trouvé à ces deux apparitions & n'en vouloit rien croire ; mais huit jours aprés, Jesus leur apparut, & obligea Thomas à mettre les doits dans ses plaies; *vous êtes mon Seigneur*, s'écria cet Apôtre, *vous êtes mon Dieu*; *vous avez crû, Thomas*, lui dit le Seigneur, *parce que vous avez veu* ; *heureux ceux qui croiront sans avoir veu*.

Les disciples le virent une autre fois en Galilée sur une montagne, *toute puissance m'a été donnée dans le Ciel & sur la terre*, leur dit-il, *allez par tout le monde, prêchez l'Evangile, & baptisez au nom du Pere, du Fils, & du Saint Esprit. Ceux qui croiront, chasseront les demons en mon nom, ils parleront de nouvelles langues, & ils n'auront qu'à toucher les malades pour les guerir.* Il leur apparoissoit tant de fois, pour les assurer par tant de preuves, qu'il étoit vivant, & pour les entretenir du Royaume de Dieu. Il leur expliqua tout ce qui avoit été dit de lui dans la Loi de Moyse, dans les Livres des Profetes & dans les Pseaumes, & il leur ouvrit l'esprit pour entendre le sens des écritures : il leur fit voir qu'il faloit que le Christ souffrît la mort, qu'il ressuscitât le troisième jour, & qu'on prêchât par tout en son nom la penitence & la remission des pechez. Ces apparitions ne se faisoient pas en secret devant peu de témoins, qui eussent pû tromper ou être trompez ; Saint Paul assure qu'en une seule fois JESUS-CHRIST fut veu de plus de cinq cens freres.

Enfin, il leur apparut pour la derniere fois auprés de Jerusalem ; *Jean, leur dit-il, a baptisé dans l'eau, mais dans peu de jours, vous serez baptisez dans le Saint Esprit, & vous me rendrez témoignage jusqu'aux extremitez de la terre.* Aprés qu'il leur eut dit ces paroles, ils le virent s'élever vers le Ciel par sa propre vertu, & il entra dans une nuée, qui le déroba à leurs yeux.

J'ai passé fort legerement sur la Passion du Fils de Dieu, toutes les circonstances en sont connuës de tout le monde, & je n'aurois rien apris à personne. C'est à proprement parler à l'Ascension du Sauveur, que commence l'Histoire de l'Eglise ; & ce que nous avons écrit jusqu'ici, ne doit être regardé que comme une espece de Preface.

CHAPITRE TROISIE'ME.

APrés que Jesus-Christ fut monté au Ciel, les Fideles, qui attendoient la venuë du Saint Esprit, proposerent entre eux d'élire un Apôtre à la place de Judas, pour remplir le nombre de douze. Ils s'étoient preparez à connoître la volonté de Dieu par la retraite & par la priere ; Saint Pierre, qui comme Chef de l'Eglise, avoit toujours la parole, exposa avec larmes le crime & la punition de Judas, & dit que suivant la profetie de David ; *un autre prendroit sa place dans l'Episcopat* ; il ajouta qu'entre ceux qui avoient suivi Jesus-Christ, il en faloit choisir un pour remplir le nombre des Apôtres, & pour publier en tous lieux la Resurrection du Sauveur. L'Assemblée qui étoit composée à peu prés de six vint personnes, entre lesquelles étoit la Sainte Vierge & quelques autres femmes, choisit Joseph Barsabas, surnommé le Juste, & Mathias, comme les plus dignes: *Seigneur*, s'écrierent tous les Fideles, *vous qui lisez dans les cœurs, montrez-*

nous lequel de ces deux vous destinez à l'Apostolat; ils tirerent ensuite au sort, selon la coutume des Juifs, n'osant s'en fier à leur prudence, ni demander un miracle, & le sort tomba sur Mathias.

Enfin dix jours s'étant écoulez, depuis que JESUS CHRIST étoit monté au Ciel, & cinquante depuis sa Resurrection, les Fideles étant tous assemblez dans une sale, pour prier selon leur coutume, on entendit à neuf heures du matin un grand bruit, comme d'un vent impetueux qui venoit du Ciel, & en même tems parurent comme des langues de feu, qui s'arreterent sur chacun d'eux, & ils furent tous remplis du Saint Esprit. Alors la Loi de grace fut publiée & gravée dans le cœur des hommes par le Saint Esprit, que l'Evangile appelle le doit de Dieu, de même qu'à pareil jour la Loi ancienne avoit été donnée à Moyse sur le Mont Sinaï, au milieu des foudres & des éclairs. Depuis ce moment les Apôtres parurent d'autres hommes, ils confesserent JESUS-CHRIST, & le prêcherent à la face des Pontifes & des Pharisiens, qui venoient de le crucifier; ces pauvres pécheurs devinrent tout d'un coup savans, & confondirent les Docteurs de la Loi par les passages même de l'Ecriture; le sceau des profeties leur fut ouvert, ils se firent entendre aux Juifs de toutes les Nations, que la solemnité de Pâques, & l'esperance d'y voir le Messie, prédit par Daniel, y avoit attirez : *O Ifraëlites*, leur dit Saint Pierre, *vous avez crucifié* Jesus, *qui avoit fait tant de miracles parmi nous ; mais Dieu l'a reffufcité, & nous fommes tous témoins de fa Refurrection ; il nous a envoyé fon Saint Efprit, & c'eft lui qui nous infpire ; ne vous étonnez donc plus des miracles que nous faifons en fon nom*. Plufieurs lui demanderent ce qu'il faloit donc qu'ils fiffent ; *penitence*, leur répliqua-t-il, *& recevez le Baptême, qui vous juftifiera*. Trois mille perfonnes fe convertirent ce jour-là, & fe joignirent aux autres difciples. Leur vie étoit pleine de joie & prefque Angelique ; ils alloient tous les jours au Temple, dans l'union d'un même efprit, & y perfeveroient en prieres ; ils vendoient leurs biens & en aportoient le prix aux pieds des Apôtres pour en faire la diftribution aux plus pauvres ; la charité animoit toutes leurs actions, le riche étoit fans fafte, le pauvre fans confufion, & tous pleins d'amour les uns pour les autres. Toute la multitude de ceux qui croyoient, n'étoit qu'un cœur & qu'une ame.

Il ne laiffa pas de fe gliffer de la corruption au milieu de tant de vertu. Ananias & Saphira fa femme s'étoient convertis, & voyant que les autres vendoient leur bien, ils en firent de même, mais ils n'aporterent qu'une partie du prix aux pieds des Apôtres, & manquant de foi, referverent le refte pour des befoins qui pouvoient leur arriver. Saint Pierre lut dans le secret de leur pensée, & voulant donner dans les commencemens un exemple de severité : *Ananias*, lui dit-il, *vous avez menti au Saint Esprit, en détournant une partie de votre bien, vous pouviez ne le point vendre, ce n'est pas aux hommes que vous avez menti, c'est à Dieu.* Ananias mourut aussi-tôt. Saphira sa femme étant entrée sans le savoir, ayant aussi menti, mourut aussi sur le champ; & ces deux morts subites remplirent de crainte l'esprit des Fideles, à qui Dieu demandoit un plus grand abandon à la Providence, à proportion des graces qu'il leur faisoit, leur foi étoit soutenuë & animée par des miracles continuels.

Un jour que Saint Pierre & Saint Jean alloient au Temple, un boiteux de naissance, connu par tout le Peuple, leur demanda l'aumône; *regarde nous*, lui dit Saint Pierre; le boiteux les regardoit dans l'esperance de quelque aumône; *je n'ai ni or ni argent*, ajouta Saint Pierre, *mais ce que j'ai, je te le donne, leve toi au nom de* JESUS CHRIST, *& marche* : il se leva à l'heure même & entra au Temple avec eux en loüant Dieu.

Le Peuple étonné suivoit Saint Pierre, *c'est la puissance de* JESUS CHRIST, leur dit-il, *qui a raffermi les pieds de cet homme, nous ne pouvons rien qu'en son nom.* Il s'en convertit cinq mille. Mais les Sacrificateurs & le Chef des Levites,

Portiers

Portiers du Temple, arrêterent les Apôtres, comme femant une mauvaise doctrine, & les mirent en prison. Ils étoient la plupart Saducéens, & ne pouvoient foufrir qu'on prêchât la refurrection des morts.

Le lendemain le Sanedrin ou Confeil Souverain des Juifs s'affembla. Il étoit compofé de Sacrificateurs, de Levites, & d'Anciens de chaque Tribu. Anne en étoit le Préfident.

Ils firent venir les Apôtres, & leur demanderent en quel nom ils avoient gueri ce boiteux ; on peut admirer en cette occafion le changement, que le Saint Efprit avoit fait en la perfonne de Pierre. Cet Apôtre foible, ignorant, timide, qui avoit renié fon Maître à la parole d'une Servante, va parler devant les Princes du Peuple & les Senateurs des Juifs, comme un homme qui ne craint rien ; également fort & humble, défendant la verité avec modeftie, & la foutenant avec courage. *Princes du Peuple*, leur dit-il, *nous avons gueri ce boiteux au nom de Jefus de Nazareth, vous l'avez crucifié, & il eft reffufcité ; il n'y a point de falut par aucun autre.*

Les Juifs étonnez d'entendre parler ainfi des gens groffiers & fans étude, les firent fortir pour deliberer ; ils n'ofoient nier le miracle, qui avoit tant de témoins, & n'ofoient en punir les Auteurs, que le Peuple beniffoit à haute voix: *Allez*, leur dit le Préfident du Sanedrin, *& ne parlez plus au nom de Jesus; est-il juste*, réprit Saint Pierre, *de vous obéir plutôt qu'à Dieu.*

On les laissa aller, & ayant retrouvé les Fideles assemblez, ils rendirent grace à Dieu, & lui demanderent la force d'annoncer sa divine parole, sans craindre les menaces des hommes. Ils continuerent à prêcher & à faire des miracles; on aportoit les malades dans les ruës, où ils devoient passer, & la seule ombre de Saint Pierre les guerissoit. Dés que les Pontifes en eurent été avertis, ils firent remettre les Apôtres en prison, mais le lendemain ceux qu'ils envoyerent pour les chercher & pour les interroger, ne les y trouverent plus. L'Ange du Seigneur leur avoit ouvert les portes pandant la nuit. Ils enseignoient dans le Temple à l'ordinaire, & furent conduits pour la seconde fois devant le Sanedrin. On leur fit de grandes menaces; mais ils répondirent avec tant de hauteur, que le souverain Pontife étoit prêt à se porter contre eux aux dernieres extremitez, lors qu'un des principaux Docteurs de la Loi, nommé Gamaliel, se leva dans le Conseil: *Israëlites*, leur dit-il, *prenez garde à ce que vous allez faire, il y a quelque tems que Theodas & Judas de Galilée voulurent faire les Profetes, & eurent d'abord quelques Sectateurs, tout cela s'est dissipé: voulez-vous m'en croire, ne vous mêlez point de ce qui regarde ces gens ci:*

laissez les faire, si cette œuvre vient des hommes elle se détruira d'elle même, & si elle vient de Dieu, tous vos efforts seront inutiles. Tout le Conseil fut de son avis, ils firent pourtant donner aux Apôtres quelques coups de verges, & les renvoyerent bien consolez d'avoir été jugez dignes de souffrir cet outrage pour le nom de JESUS-CHRIST.

Peu aprés les Fideles des pays étrangers, qui la plupart étoient Grecs, se plaignirent que dans la distribution des aumônes, leurs veuves n'étoient pas traitées comme les Juifves. Les Apôtres pour remedier à ce desordre, proposerent aux Fideles d'élire sept Diacres d'une probité reconnuë, *à qui*, dirent ils, *nous commettrons ce ministere, & pour nous, nous nous apliquerons entierement à la priere & à la prédication.* Les sept personnes qu'on choisit se nommoient, Etienne, Philipe, Procore, Nicanor, Timon, Parmenas & Nicolas. Les Apôtres leur imposerent les mains, aprés avoir prié & jeuné, selon leur coutume de ne rien faire qu'aprés la priere & le jeune. Etienne, le premier des Diacres, étoit plein de grace & de force, & faisoit de grans prodiges parmi le Peuple. Nul ne pouvoit resister à la sagesse & à l'esprit qui parloit en lui. Les Juifs le voulant perdre, subornerent des témoins qui disoient: *cet homme ne cesse point de parler contre le lieu Saint & contre la Loi, (t) dit que Jesus de Naza-*

An de J.C. 35.

reth changera les ordonnances de Moyse. Le grand Prêtre le fit venir devant le Sanedrin, & lui demanda ce qui en étoit ; alors Dieu prit visiblement la défense de son Serviteur, & fit éclater son innocence sur son visage, il étoit jeune, il parut beau comme un Ange. Il fit un long discours, où il rapella tous les misteres de l'ancienne Loi ; il leur parla d'abord avec douceur, mais voyant que ses paroles ne faisoient aucune impression ; *têtes de fer*, s'écria-t-il, *hommes incirconcis de cœur & d'oreilles, vous resistez toujours au Saint Esprit, & vous êtes tels que vos peres ont été. Qui est le Profete qu'ils n'ayent point persecuté, ils ont tué ceux qui leur prédisoient l'avenement du Juste, & vous venez de le trahir & d'être ses meurtriers.*

A ces paroles ils entrerent en fureur, le Peuple se jetta sur Etienne, & ils l'entraînerent hors de la Ville, où ils le lapiderent : *Je vois les Cieux ouverts*, s'écria-t-il au milieu de son suplice, *je vois la gloire de Dieu, & JESUS à la droite de son Pere : Seigneur JESUS, recevez mon esprit, & ne leur imputez point ce peché* ; l'Ecriture marque qu'un jeune homme nommé Saul consentit à sa mort comme les autres. Etienne fut le premier Martir, c'est-à-dire le premier témoin de la doctrine de JESUS-CHRIST. Il fut enseveli & pleuré, ce qu'on ne faisoit jamais à ceux qui avoient été condamnez par justice. Et ce fut le fameux Gamaliel Pharisien, qui le fit enterrer à ses dépens dans une terre qu'il avoit à huit lieuës de Jerusalem. Son corps y demeura prés de quatre cens ans sans être connu ; mais alors Dieu le découvrit en songe à Lucien Prêtre de l'Eglise de Jerusalem, qui le fit transporter à Jerusalem, où il fit beaucoup de miracles. On porta aussi quelques-unes de ses reliques à Minorque, où tous les malades étant gueris en les touchant, tous les Juifs de l'Isle, hommes & femmes, se convertirent en huit jours. Saint Augustin raporte ces faits comme des veritez certaines, connuës & receuës de tout le monde. *Considerez,* dit-il, *quelles peuvent être les récompenses que Dieu nous reserve dans la terre des vivans, puisqu'il accorde de si grandes choses par les seules cendres des morts.* Mais il ajoute que c'est à la vertu de Dieu, qu'il faut raporter les miracles que font les Saints, de peur que la pieté ne degenere en superstition, & que le Serviteur ne fasse oublier le Maître.

Aprés la mort de Saint Etienne, il s'éleva une grande persecution contre l'Eglise, la plupart des Fideles se dispersérent en divers endroits de la Judée & de la Samarie, pour y prêcher la foi ; il n'y eut que les Apôtres, qui demeurerent à Jerusalem. Ce fut en ce tems-là qu'une tradition pieuse mais populaire, assure que les Juifs mirent dans un vaisseau, qui n'avoit ni Pilote ni Matelots, Lazare avec Madelaine, & Marthe ses Sœurs; Maximin l'un des soixante & douze disciples, & Joseph d'Arimathie; la même tradition assure que ce vaisseau étant abordé à l'embouchure du Rhône; Lazare fut le premier Evêque de Marseille, que Madelaine se retira dans la caverne de la Sainte Baume; que Marthe établit une Communauté de Vierges à Tarascon; que Maximin fonda l'Eglise d'Aix, & que Joseph d'Arimathie alla en Angleterre. Mais il faut avoüer que cette tradition n'a que quatre cens ans, & qu'on a crû pandant plusieurs siecles, que les reliques de Sainte Madelaine étoient à Vezelai en Nivernois. Une autre tradition, mais beaucoup plus certaine, assure que Nicodéme, qui avoit eu plusieurs conferences avec Jesus-Christ, sans oser pourtant se declarer son disciple, le declara aprés la mort du Sauveur, l'embauma & le porta dans le Sepulchre avec Joseph d'Arimathie. Il demanda ensuite le Baptême; les Juifs le déposerent de sa dignité de Senateur de Jerusalem, & il fut obligé de se retirer à la maison de campagne de Gamaliel son oncle, où il mourut, & fut enterré auprés de Saint Etienne. Gamaliel & son fils Abibas furent enterrez au même lieu.

Philipe le second des Diacres, étant entré dans la Ville de Samarie, y annonça Jesus Crucifié & Ressuscité; il trouva les Peuples fort disposez à l'écouter, les miracles apuyoient ses Prédications; mais il y trouva un dangereux ennemi: Simon le Magicien y passoit pour un grand Profete, il abusoit par ses enchantemens de la simplicité du Peuple, qui l'apelloit la grande vertu de Dieu. Ses illusions disparurent bien-tost devant les miracles de Philipe, de même que les Enchanteurs de Pharaon avoient cedé à Moyse. Simon fut surpris en voyant une puissance au-dessus de la sienne, & fit semblant de croire en Jesus-Christ; il se fit baptiser, il jeuna, il pria dans l'esperance d'aprendre à faire les mêmes prodiges. Philipe ayant mandé aux Apôtres le progrés que la Religion faisoit parmi les Samaritains, ils y envoyerent Saint Pierre & Saint Jean pour leur imposer les mains dans le Sacrement de Confirmation, dont les Ministres legitimes & ordinaires sont les Evêques; & pour faire décendre sur eux le Saint Esprit, ce qui arrivoit d'une maniere visible au commencement de l'Eglise. Simon fut encore plus étonné en voyant ce miracle, & ne pouvant plus resister à son orgueil, il offrit de l'argent aux Apôtres, pour avoir un pouvoir égal au leur; Saint Pierre au lieu de le faire mourir comme Ananias, se contenta de l'exhorter à la penitence. Simon parut contrit & humilié; mais comme sa penitence ne venoit pas du cœur, il s'adonna à la Magie plus que jamais, & se flatta de resister aux Apôtres. Nous verrons dans la suite de cette Histoire, comment Saint Pierre le combatit à Rome & le vainquit.

Les Apôtres retournerent à Jerusalem, & le Diacre Philipe par l'ordre d'un Ange prit le chemin de Gaza vers le desert. Il marcha une journée entiere sans savoir où l'esprit de Dieu le conduisoit ; mais enfin il aperceut un chariot, où il y avoit un homme qui lisoit tout haut le Profete Isaye : cet homme étoit un Eunuque de Candace Reine d'Ethiopie ; il revenoit de Jerusalem, où il avoit adoré Dieu dans le Temple, & retournoit dans son pays. *Croyez-vous entendre ce que vous lisez*, lui dit Philipe ; *non*, lui répondit humblement l'Eunuque, *mais montez dans mon chariot, & me l'expliquez*. Philipe monta & lui expliqua aussi-tost le passage d'Isaye, qui commençoit par ces paroles : *il a esté mené comme une brebis à la boucherie*, & lui annonça le Royaume de JESUS-CHRIST. Ils trouverent une fontaine : *voilà de l'eau*, dit l'Eunuque, *qui est-ce qui empêche que je ne sois baptisé* ; *vous pouvez l'être*, lui répondit Philipe, *si vous croyez de tout votre cœur* ; oüi, répartit l'Ethiopien, *je crois que* JESUS-CHRIST *est le Fils de Dieu*, & il fut baptisé. Il poursuivit son chemin avec la joie que donne la bonne conscience, & Philipe fut transporté dans Azot, où il continua le ministere Evangelique. Remarquons en
passant

passant la misericorde de Dieu sur cet Eunuque, qui meditoit les Saintes Ecritures, & ne laissoit pas de les lire & de les respecter, quoiqu'il n'en entendît pas tout le sens. Il étoit venu à Jerusalem d'un pays fort éloigné, au hazard de perdre les emplois qu'il avoit à la Cour, la Reine Candace lui confioit ses tresors: il étoit humble & docile, & voulut bien écouter Philipe, qui s'offrit à l'instruire: tant de bonnes qualitez étoient estimables, & Dieu sembloit le disposer comme par degrez à la grace d'adoption.

Mais ce fut dans la conversion de Saul, qui depuis fut apellé Paul, que la grace de JESUS-CHRIST remporta une victoire bien plus éclatante. Il étoit Juif de la Tribu de Benjamin, de la Secte des Pharisiens, & quoi qu'il fût né à Tarse en Cilicie, il avoit été élevé à Jerusalem, & instruit par Gamaliel, dans la maniere la plus exacte d'observer la Loi de Moyse. L'innocence des mœurs se joignoit en lui au zele de la Religion; persuadé de la sainteté de la Loi, il regarda les Apôtres comme des Novateurs, & par un principe de vertu, s'oposa de toutes ses forces au progrés de l'Evangile. La mort de Saint Etienne qu'il aprouva, fut son premier crime; mais il n'en demeura pas là, il persecutoit les Fideles par l'ordre des Pontifes, les faisoit emprisonner, batre de verges, mourir, & croyoit par là meriter les benedictions du Dieu d'Israël. Non content d'avoir fait tant de mal aux disciples de JESUS-CHRIST dans la Ville de Jerusalem, il demanda au Grand Prêtre, la commission de les aller tourmenter à Damas. Il s'y achemina plein de menaces & ne respirant que le sang; il aprochoit déja de la Ville, lors qu'il fut environné tout d'un coup par une grande lumiere qui venoit du Ciel & qui l'aveugla. Il tomba par terre, avec tous ceux qui le suivoient, & entendit distinctement une voix celeste qui lui disoit: *Saul, Saul, pourquoi me persecutez vous; qui étes-vous, Seigneur,* répondit-il, *je suis,* réprit la voix, *Jesus de Nazareth, que vous persecutez.* Alors Saul attiré par la puissance divine & converti par la grace, répliqua, *Seigneur, que voulez-vous que je fasse.* JESUS lui commanda de se lever & d'aller dans la Ville, où l'on lui diroit ce qu'il avoit à faire; il obéit, & tout aveugle qu'il étoit; & dans une foiblesse extreme, il prit le chemin de Damas; il y demeura trois jours sans boire ni manger, & sans autre consolation que la priere & la penitence, Dieu le laissant quelque tems dans l'aveuglement du corps & dans l'agitation de l'esprit pour le purifier davantage, & le preparer à recevoir la grace avec plus de sentiment & d'ardeur.

Il y avoit alors à Damas un disciple nommé Ananias, qui par l'ordre de Dieu, vint trouver Saul dans la maison où il étoit : *Mon frere Saul*, lui dit-il en entrant, *le Seigneur* JESUS *qui vous est aparu sur le chemin m'a envoyé, afin que vous recouvriez la veuë, & que vous soyez rempli du Saint Esprit.* Il le guerit aussi tôt & le baptisa : la presence sensible de JESUS CHRIST, qui le destinoit à l'Apostolat des Nations, l'avoit assez instruit des veritez de la foi ; il avoit trente six ans.

 L'activité naturelle de Saul ne se ralentit pas, & ne fit que changer d'objet. Il commença à prêcher au milieu des Sinagogues, que JESUS étoit le CHRIST, le Messie, le Fils de Dieu, & ses paroles faisoient d'autant plus d'impression, qu'on l'avoit veu fort zelé pour le sentiment contraire, & que ce changement ne pouvoit être attribué qu'à un miracle. On savoit d'ailleurs qu'il étoit savant dans la Religion des Juifs, & que s'il l'abandonnoit, c'étoit avec connoissance de cause, & parce qu'il avoit trouvé la verité. Il demeura trois ans à Damas ou aux environs, avant que d'entreprendre les longs voyages, où il a fait de si grandes choses, & où il a tant souffert pour établir la foi de JESUS-CHRIST.

An de J. C. 36.

riter les benedictions du Dieu d'Israël. Non content d'avoir fait tant de mal aux disciples de JESUS-CHRIST dans la Ville de Jerusalem, il demanda au Grand Prêtre, la commission de les aller tourmenter à Damas. Il s'y achemina plein de menaces & ne respirant que le sang; il aprochoit déja de la Ville, lors qu'il fut environné tout d'un coup par une grande lumiere qui venoit du Ciel & qui l'aveugla. Il tomba par terre, avec tous ceux qui le suivoient, & entendit distinctement une voix celeste qui lui disoit: *Saul, Saul, pourquoi me persecutez vous; qui êtes vous, Seigneur*, répondit-il, *je suis*, réprit la voix, *Jesus de Nazareth, que vous persecutez*. Alors Saul attiré par la puissance divine & converti par la grace, répliqua, *Seigneur, que voulez vous que je fasse*. JESUS lui commanda de se lever & d'aller dans la Ville, où l'on lui diroit ce qu'il avoit à faire; il obéït, & tout aveugle qu'il étoit, & dans une foiblesse extreme, il prit le chemin de Damas; il y demeura trois jours sans boire ni manger, & sans autre consolation que la priere & la penitence, Dieu le laissant quelque tems dans l'aveuglement du corps & dans l'agitation de l'esprit pour le purifier davantage, & le preparer à recevoir la grace avec plus de sentiment & d'ardeur.

Il y avoit alors à Damas un disciple nommé Ananias, qui par l'ordre de Dieu, vint trouver Saul dans la maison où il étoit: *Mon frere Saul*, lui dit-il en entrant, *le Seigneur* JESUS *qui vous est aparu sur le chemin m'a envoyé, afin que vous recouvriez la veuë, & que vous soyez rempli du Saint Esprit.* Il le guerit aussi tôt & le baptisa: la presence sensible de JESUS CHRIST, qui le destinoit à l'Apostolat des Nations, l'avoit assez instruit des veritez de la foi; il avoit trente six ans.

L'activité naturelle de Saul ne se ralentit pas, & ne fit que changer d'objet. Il commença à prêcher au milieu des Sinagogues, que JESUS étoit le CHRIST, le Messie, le Fils de Dieu, & ses paroles faisoient d'autant plus d'impression, qu'on l'avoit veu fort zelé pour le sentiment contraire, & que ce changement ne pouvoit être attribué qu'à un miracle. On savoit d'ailleurs qu'il étoit savant dans la Religion des Juifs, & que s'il l'abandonnoit, c'étoit avec connoissance de cause, & parce qu'il avoit trouvé la verité. Il demeura trois ans à Damas ou aux environs, avant que d'entreprendre les longs voyages, où il a fait de si grandes choses, & où il a tant souffert pour établir la foi de JESUS-CHRIST.

An de J. C. 36.

CHAPITRE QUATRIEME.

L'Eglife naiffante demeura quelque tems en repos aprés la converfion de Saul. Les Payens même s'opoferent aux Juifs, qui la vouloient toujours perfecuter ; & l'Empereur Tibere, fuivant le raport d'Eufebe, de Juftin, d'Orofe & de Tertullien, informé par Pilate, de la mort, des miracles & de la refurrection de JESUS-CHRIST, propofa au Senat de le mettre au nombre des Dieux. Le Senat lui répondit, que puifque l'Empereur même avoit refufé les honneurs divins, aucun autre ne les meritoit : Reponfe infpirée par le veritable Dieu, qui ne vouloit pas être mêlé avec une multitude de fauffes Divinitez. Tibere ne laiffa pas de témoigner de l'inclination pour les difciples de JESUS-CHRIST, dont les miracles atteftez par tant de témoins, avoient fait quelque impreffion fur fon efprit. Il étoit parvenu à l'Empire, quatorze ans aprés la naiffance du Sauveur, contre toute forte d'aparences. Marcellus neveu d'Augufte, Agrippa fon gendre, & le compagnon de fes travaux ; Caius & Lucius fils d'Agrippa & de Julie, moururent tous l'un aprés l'autre pour lui faire place, non fans foupfon, que l'Imperatrice Livie mere de Tibere, y avoit eu quelque part. Son frere même Drusus lui eût peut-être été préferé pour sa vertu, s'il ne fût mort avant lui ; & Germanicus fils de Drusus eût sans doute emporté toutes les voix, si la modestie lui eût permis de disputer l'Empire à son oncle. Enfin Auguste ne se voyant plus d'heritiers, & ne pouvant resister dans un age fort avancé, aux caresses & aux sollicitations de Livie, fut obligé d'adopter Tibere, quoiqu'il connût ses mauvaises qualitez, aussi-bien que les bonnes. En effet ce Prince artificieux faisoit tous ses efforts pour se montrer par les beaux côtez; la guerre lui avoit acquis un grand nom, & sa capacité dans les affaires étoit connuë ; la cruauté n'avoit paru que dans quelques occasions, & ses débauches étoient cachées.

L'Eglise étant en paix en Judée & en Samarie, Saint Pierre sortit de Jerusalem, & alla visiter les Provinces, comme un General, qui veut voir par lui-même si chacun fait son devoir. Il rencontra à Lidde, Ville de la Tribu d'Ephraïm, un Paralitique nommé Enée, & lui dit; *Le Seigneur* JESUS-CHRIST *vous guerit, levez vous, & emportez vous-même votre lit.* Enée obéït. Ce miracle convertit toute la Ville ; mais Pierre en fit un autre à Joppé, qui fit beaucoup plus de bruit. Une femme nommée Tabithe, remplie de bonnes œuvres & toute entiere à la charité, étoit morte, & son corps selon la coutume de l'Eglise, avoit déja été lavé & mis dans une chambre haute. Lorsque l'Apôtre y entra, il y trouva toutes les veuves, qui lui montrerent en pleurant, les robes que Tabithe leur donnoit, aprés les avoir faites: leurs larmes le toucherent, & se fiant à la Toute puissance de son Maître, il fit sortir tout le monde de la chambre, se mit à genoux en prieres, & se tournant vers le corps mort, *Tabithe*, lui dit-il, *levez vous*. A ces mots Tabithe ouvrit les yeux & se mit à son seant; Pierre lui donna la main & la leva tout à fait. Il apella ensuite les veuves & la leur rendit vivante, verifiant à la lettre cette parole de l'Ecriture, que *l'aumône délivrera de la mort*.

La conversion du Centenier Corneille, fut encore d'un plus grand éclat, il demeuroit à Cesarée parmi les Gentils, mais quoiqu'il ne fût ni Juif, ni circoncis, il connoissoit le vrai Dieu, dont il avoit apris les merveilles dans les Saintes Ecritures; il prioit, il jeunoit, il aimoit les pauvres. Ses bonnes œuvres monterent jusqu'au Trône de l'Eternel, qui lui ordonna par la voix d'un Ange d'envoyer à Joppé chercher Saint Pierre. L'Apôtre en même tems vit en songe un grande nape qui dêcendoit du Ciel, remplie de toutes sortes d'animaux, même de ceux que la Loi de Moyse avoit declarez immondes, & entendit une voix qui lui disoit: *tuez & mangez*. Il répondit, *la Loi me le défend*; & la voix répartit; *n'apellez pas impur ce que Dieu a purifié.* Il ne comprenoit pas la vision, lorsque les gens de Corneille arriverent, & lui exposerent leur commission. Auffi-tôt ses yeux s'ouvrirent, & il comprit que la bergerie du Seigneur alloit être ouverte aux animaux les plus immondes, & que les Gentils y seroient admis, auffi bien que les enfans d'Israël, suivant cette prédiction : *le Meffie est venu au monde, non seulement comme la gloire du Peuple d'Israël, mais encore comme la lumiere des Nations.* Pierre partit le lendemain pour aller à Cesarée, accompagné de quelques Fideles.

Corneille l'attendoit à la porte de sa maison avec toute sa famille & ses amis; il se jetta d'abord aux pieds de l'Apôtre; *levez-vous*, lui dit Pierre, *je ne fuis qu'un homme non plus que vous.* Ils entrerent dans la maison; *j'entre chez vous fans fcrupule*, lui dit l'Apôtre, *Dieu me l'a ordonné.* Corneille lui raconta ensuite l'aparition & l'ordre de l'Ange, ce qui justifioit Pierre dans l'esprit des nouveaux Fideles, encore attachez superftitieufement aux Ceremonies de la Loi : *en verité*, s'ecria Pierre, *je vois bien qu'en toute Nation celui qui craint Dieu lui est agréable;* il leur expliqua en peu de mots la Naiffance, la Mort, & la Refurrection de Jesus-Christ. Mais pandant qu'il leur parloit, le Saint Efprit décendit vifiblement fur eux, &

ils commencerent à glorifier Dieu & à parler diverses Langues ; alors Pierre dit ; *peut-on refuser l'eau du Baptême à ceux qui ont déja receu le Saint Esprit aussi bien que nous*, & ils furent baptisez au nom de Jesus Christ. Il est bon de remarquer, que dans les commencemens de l'Eglise, quoi qu'on ne baptisât jamais qu'au nom du Pere, du Fils & du Saint Esprit ; les Ecrivains Sacrez ne laissent pas de parler souvent du Baptême fait au nom de Jesus-Christ, soit parce qu'au terme de Fils, ils ajoutoient celui de Jesus Christ, soit parce que dans l'administration des Sacremens, ils agissoient par l'autorité & par le commandement de Jesus-Christ, dont il étoit important de faire connoître le nom, & d'établir la Divinité.

Cepandant Saul se fortifioit de plus en plus dans la foi par les bonnes œuvres; il prêchoit à Damas & aux environs, & pressoit tellement les Juifs, qu'ils resolurent de s'en défaire. Ils ne chercherent point de témoins pour le faire condamner comme Etienne; l'habitude à la violence & au crime s'étoit formée, & sans tant de formalitez, ils resolurent de le tuer. Aretas Roi d'Arabie, étoit alors Maître de Damas, il faisoit la guerre à Herode Tetrarque de Judée, que les Romains soutenoient, & ne laissoit pas d'avoir une garnison, en partie composée de Juifs. Les portes de la Ville étoient bien gardées, & Saul ne pouvoit se sauver ;

mais

mais la Providence qui le refervoit à de fi grandes chofes, mit dans l'efprit des difciples de le dêcendre dans une corbeille le long des murs de la Ville, & par ce moyen, il échapa à la fureur de fes ennemis.

Il vint à Jerufalem ; on le craignit d'abord, & les Fideles qui fe fouvenoient encore de fes violences, ne vouloient point communiquer avec lui ; mais Jofeph, furnommé Barnabé, c'eft-à-dire enfant de confolation, qui avoit étudié la Loi avec lui fous Gamaliel, le prefenta à Saint Pierre, qui le receut avec la diftinction qu'il meritoit. Il commença à prêcher avec tant de force & d'éloquence, que les Juifs enragez de fe voir confondus, fongerent à le tuer. JESUS-CHRIST lui aparut dans le Temple, & lui ordonna de fortir de Jerufalem, où fon témoignage ne feroit point receu, & de l'aller porter aux Nations. Il s'en alla à Cefarée, & de là à Tarfe fa patrie. Il parcourut la Sirie & la Cilicie, & y fonda plufieurs Eglifes : enfin l'an de JESUS-CHRIST quarante-trois, il prêcha l'Evangile à Antioche avec Barnabé, que quelques Anciens ont crû l'un des foixante & douze difciples de JESUS-CHRIST, quoique Saint Luc en ait parlé d'une maniere à faire plutoft croire qu'il ne fe joignit aux Apôtres qu'aprés la mort du Sauveur.

Ce fut en ce tems-là & dans Antioche, que

les Fideles commencerent à s'apeller Chrétiens, nom tiré du Nom adorable de JESUS-CHRIST. Saint Gregoire de Nisse assure que ce nom leur fut donné par les Apôtres, suivant ce que le Saint Esprit avoit promis par les Profetes de donner à ses serviteurs un nom nouveau, qui pût convenir à tous les Peuples de la terre.

La famine, qui arriva alors en Judée, obligea les Chrêtiens d'Antioche d'envoyer des aumônes à ceux de Jerusalem, & ce furent Saul & Barnabé qui les porterent. Ils revinrent ensuite à Antioche, & y furent ordonnez Prédicateurs des Gentils : Simeon, Luce & Manahen qui gouvernoient cette Eglise, leur imposerent les mains, aprés les jeunes & les prieres accoutumées.

Cependant Saint Pierre augmentoit par tout le Royaume de JESUS-CHRIST; il fonda l'Eglise d'Antioche, & y demeura plus de six ans; non qu'il fût attaché à cette Eglise particuliere, ses qualitez d'Apôtre & de Chef de l'Eglise universelle l'apelloient par tout. Il prêcha la foi dans le Pont, dans la Galatie, dans la Cappadoce, & dans quelques autres Provinces d'Asie; & enfin il établit un Siege permanent dans la capitale du monde. Ce fut vers l'an quarante-deux de JESUS-CHRIST qu'il alla à Rome pour la premiére fois. Il consacra auparavant Saint Evode Evêque d'Antioche, qu'il regardoit comme sa premiére Eglise, & qu'il ne quittoit qu'avec peine & par un ordre d'enhaut.

L'Empereur Tibere étoit mort l'an trente-sept de Jesus-Christ, à sa soixante & dix-huitiéme année, estimable par sa vertu, quoique feinte, tant qu'il ne fut que particulier, haïssable par sa cruauté, & meprisable par ses débauches, dés qu'il fut le Maître. Caius son petit neveu lui succeda, & sans avoir aucune de ses vertus, il eut tous ses vices, & rencherit encore sur sa cruauté. On l'apelloit Galigula, d'un mot latin, qui signifioit une sorte de chaussure que portoient les Soldats, parce que dans son enfance, son pere Germanicus la lui faisoit porter pour lui gagner les cœurs de l'armée. Il commença, comme la plupart des mauvais Princes par quelques bonnes actions. Il fit un paquet de tous les papiers que Tibere avoit laissez contre les premiers du Senat & le brula publiquement, aprés avoir juré qu'il ne l'avoit point lû, *afin*, disoit-il, *que quand même je voudrois me vanger, je ne le puisse pas*. Il pardonna aux prisonniers, il rapella les exilez, il défendit d'accuser personne pour crime de leze-Majesté, & donna des spectacles au Peuple, où la magnificence alla jusqu'à la prodigalité.

De si beaux commencemens de regne ne durerent pas lon-tems : le vice le démasqua &

se répandit en toute sorte de débordemens. Il fit mourir le jeune Tibere, petit fils de son bienfaiéteur, pour n'avoir plus de rival à l'Empire. Silanus son beau-pere & Macrin, à qui il devoit tout, furent massacrez pour lui avoir parlé trop librement. Il maltraita de paroles sa grand'mere Antonia, qui en mourut de regret, & il ne garda plus aucunes mesures. Il semble même que sa tête étoit attaquée depuis une grande maladie; car il voulut être Dieu de son vivant, sans attendre l'apotheose. Tantôt il étoit Jupiter le foudre à la main, tantôt Apollon accompagné des Muses, ou Mars le casque en tête; & souvent c'étoit Venus avec les graces & tous leurs atours, que les Romains sur peine de la vie, étoient obligez de trouver belle. Il se fit bâtir des Temples par tout l'Empire, & dresser des Autels où les Peuples venoient l'adorer, craignant sa fureur, & ne se moquant qu'en secret d'une folie si outrée. Les habitans d'Alexandrie se signalerent par les honneurs qu'ils lui rendirent; mais les Juifs élevez dans la connoissance & dans le culte du vrai Dieu, regarderent toujours ses Statuës, comme celles de Baal, & ne fléchirent point le genou. Cette fermeté leur attira la persecution; le Peuple d'Alexandrie vouloit mettre les Statuës de l'Empereur dans leurs Sinagogues, & les Juifs s'y étant oposez, on s'acharna sur eux d'une maniere si cruelle, que pandant deux mois, ce ne furent que massacres dans la Ville. Leurs femmes, leurs enfans ne furent point épargnez ; on brula leurs maisons, on pilla leurs biens, sans que Flaccus Gouverneur d'Egypte s'y oposât ; il croyoit faire sa cour à Caligula, en laissant persecuter une Nation, qui ne vouloit point l'adorer.

Pandant que les habitans d'Alexandrie tourmentoient ainsi les Juifs ; Agrippa petit fils du vieil Herode, y passa pour aller prendre possession de son nouveau Royaume. L'Empereur qui l'aimoit, lui avoit donné la Traconite, que son oncle Philippe avoit lon-tems gouvernée sous le nom de Tetrarque, & y avoit ajouté avec le titre de Roi, quelques Provinces de Sirie. L'éclat de sa nouvelle dignité fâcha son oncle Herode Antipas, qui n'étoit que Tetrarque de Galilée, & encore plus sa sœur Herodiade, qui avoit épousé Antipas ; ils allerent à Rome pour tâcher d'obtenir aussi le titre de Roi ; mais l'Empereur les relegua à Lion, presque sans les écouter ; se saisit de toutes leurs richesses, & donna leur pays à Agrippa, qui par là devint assez puissant. Ainsi fut vangée la mort de Saint Jean-Baptiste ; Dieu se servant quelquefois du bras des plus mechans Princes, pour punir les crimes des autres.

An de J.C. 38.

Caligula avoit toujours la folie d'être Dieu, & de se faire adorer par toute la terre. Ce qui étoit arrivé à Alexandrie, le confirmoit encore dans ses visions; ses ordres étoient executez dans tout l'Empire, & il n'y trouvoit de resistance que de la part des Juifs. Le Temple de Jerusalem étoit fameux par sa grandeur, sa structure & sa magnificence, & quoiqu'il n'aprochât pas de l'ancien Temple de Salomon, il surpassoit en tout tous les Temples des faux Dieux. L'Empereur qui le savoit, crut qu'il ne manquoit plus à sa nouvelle Divinité que d'être adoré dans un lieu si magnifique. Il manda à Petronius Gouverneur de Sirie, de faire faire à Sidon une Statuë d'or en forme de Colosse, qui lui ressemblât parfaitement, & de la placer dans le Temple de Jerusalem.

Dés que la nouvelle en fut répanduë, les Juifs hommes & femmes, Pontifes & Senateurs, riches & pauvres, allerent se jetter aux pieds de Petronius, qui assembloit des troupes à Ptolemaide en Phenicie; leurs larmes & leurs protestations de mourir plutôt que de souffrir la profanation de leur Temple, le toucherent; il manda à l'Empereur pour gagner du tems, que les plus habiles ouvriers travailloient à sa Statuë, & qu'aprés la moisson, il feroit tous ses efforts pour se faire obéïr.

Le Roi Agrippa étoit retourné à Rome pour faire sa cour, & s'étant presenté devant Caïus, sans savoir ce qui se passoit en Judée, ce Prince insolent, piqué de l'obstination des

Juifs, le regarda avec des yeux ou la fureur étoit peinte : *vos admirables Juifs*, lui dit-il, *seuls d'entre les hommes, ne veulent pas que Caïus soit un Dieu.* Ces paroles foudroyantes atterrerent Agrippa ; il s'évanoüit, on l'emporta chez lui, & il demeura deux jours entre la vie & la mort, presque sans connoissance, & prenant fort peu de nourriture ; ses larmes témoignoient sa douleur ; *je mourrois tout à l'heure, disoit-il à ses amis & à ses serviteurs, si je n'esperois encore servir ma Patrie dans les malheurs qui la menacent.* En effet il écrivit à l'Empereur une lettre si touchante, que ce Prince inconstant l'alla voir chez lui pour le consoler ; Agrippa lui donna une fête magnifique, où dans la joie de la bonne chere, il obtint tout ce qu'il voulut. Caïus écrivit au Gouverneur de Sirie, qu'il renvoyât les troupes dans leurs quartiers, & qu'il ne songeât plus à placer sa Statuë dans le Temple de Jerusalem, parce qu'il avoit changé de dessein en faveur d'Agrippa, à qui il ne pouvoit rien refuser.

Les Deputez des Juifs d'Alexandrie, qui venoient demander justice, étoient à Rome depuis long-tems. Philon, connu par ses écrits, étoit Chef de la Députation. Appion celebre Grammairien, étoit chef d'une Députation contraire, que les Alexandrins avoient envoyée contre les Juifs. Ils avoient l'un & l'autre reputation d'être habiles, & se seroient exercez, s'ils avoient eu affaire à un autre homme ; mais Caïus emporté par le premier objet, qui se presentoit à lui, ne se donnoit jamais la peine d'écouter ce qu'on lui disoit, & tous ceux qui lui venoient presenter des Requêtes, se croyoient encore assez heureux après lui avoir parlé, quand il ne leur en coûtoit pas la vie. Il leur donna audiance dans un Palais qu'il faisoit meubler : *vous étes donc*, dit-il aux Juifs, *ces ennemis des Dieux, qui ne voulez pas me reconnoître pour Dieu, & qui aimez mieux en adorer un que vous ne sauriez seulement nommer.* Seigneur, répondit Philon sans se troubler, *nous avons sacrifié pour votre santé ; soit*, dit Caïus, *vous avez sacrifié, mais c'est à un autre.* Il couroit dans ses apartemens en leur parlant, donnant divers ordres pour ses meubles, & paroissoit un fou plutôt qu'un Empereur, qui écoute ses sujets. Il renvoya enfin les Juifs en disant: *ces gens-là ne sont pas si mechans, qu'ils sont entétez de ne pas croire que je sois Dieu* ; mais il ne leur accorda pas leurs demandes, & les habitans d'Alexandrie continuerent à les persecuter. Philon demeura quelque tems à Rome. Eusebe & Saint Jerôme prétendent qu'il fit amitié avec Saint Pierre, & que même il se fit Chrétien ; mais comme ils le disent sans en aporter aucune preuve, on n'a pas voulu les en croire sur leur parole. Caïus continuoit ses cruautez & ses folies, & il est presque incroyable qu'on

les

les foufrît fi lon-tems. Il envoyoit prier fon cheval à fouper, lui donnoit de l'orge dorée, & lui prefentoit du vin dans des vafes d'or, fon écurie étoit de marbre, fon auge d'yvoire, fes couvertures de pourpre, il avoit un collier de perles, des officiers & des meubles magnifiques. L'Empereur juroit par le nom de fon cheval, & lui promettoit de le faire Conful. Tant d'impertinences euffent peut-être été foufertes & méprifées, fi la cruauté ne les avoit pas accompagnées. Il fit mourir Ptolomée fon coufin, Roi de Mauritanie & fils de Juba, à qui Augufte avoit donné ce Royaume, & ne chercha point de prétexte : Ptolomée étoit fort riche, & l'éclat de fa pourpre l'avoit fait regarder dans l'amphiteatre. Tous ceux que le merite ou le bien rendoient confiderables, eurent la même deftinée, & dans toutes les conditions, il fe trouva des hommes que les horreurs de la mort ne firent point démentir. Caffius l'attendit pandant dix jours en joüant aux échets.

Enfin le moment deftiné à la punition des crimes de Caïus étant arrivé, Caffius Cherea, Tribun d'une Compagnie des Gardes, refolut de le tuer ; il étoit expofé tous les jours aux railleries piquantes de fon Maître, qui l'accufoit de n'avoir point de cœur, parce qu'il avoit la voix foible, & femblable à celle d'une femme ; ce Prince efféminé oubliant qu'il n'avoit point de cœur lui-même, & que le plus grand plaisir de sa vie étoit de s'habiller en femme, & de faire parade de sa beauté ; Cherea l'attaqua au sortir du theatre, & lui donna un coup d'épée sur la tête, les autres conjurez l'acheverent. Ainsi il aprit en mourant qu'il n'étoit qu'un homme, & aprés avoir souhaité que le Peuple Romain n'eût qu'une tête pour l'abatre, il sentit qu'un Prince n'est gueres en sureté, quand de ses sujets il en fait les ennemis.

An de J. C. 41.

Claude fut élevé à l'Empire aprés la mort de Caïus, il étoit petit fils de Marc-Antoine, & d'Antonia sœur d'Auguste, & par son pere Drusus, il étoit petit fils de Livie femme d'Auguste, neveu de Tibere, frere de Germanicus & oncle de Caïus ; ce fut l'an quarante & un de Jesus-Christ. Les soldats de la garde se declarerent d'abord pour lui, le souvenir de son frere Germanicus & son peu de genie faisoient présager un regne plus tranquille. D'autre côté le Senat vouloit rétablir la Republique, & l'occasion sembloit favorable. Les Senateurs envoyerent le Roi Agrippa, qui se trouva à Rome, pour persuader à Claude de rendre la liberté à sa Patrie ; mais il fit tout le contraire, & lui conseilla de témoigner de la fermeté & de se saisir du pouvoir souverain. Claude le fit & personne ne lui resista. Il parut fort modeste, refusa le titre de Pere de la Patrie, & défendit qu'on l'adorât, ce qui eût été ridicule, s'il n'eût succedé à Caligula.

Mais il signala les premiers jours de son regne par la reconnoissance qu'il témoigna à Agrippa ; il lui donna Jerusalem & tout ce qu'avoit possedé le vieil Herode son ayeul avec les honneurs Consulaires ; & à sa priere fit son frere Herode Roi de Chalcide.

CHAPITRE CINQUIEME.

Les Apôtres dés l'an trente-six de Jesus-Christ, ayant receu l'ordre de Dieu d'aller instruire tous les Peuples de la terre, l'avoient partagée entre eux, suivant l'inspiration du Saint Esprit ; mais ils ne partirent pas tous en même tems, pour le lieu de leur mission ; & l'on voit dans le Livre de leurs actes, qu'ils reviennent quelquefois à Jerusalem pour y regler les affaires de l'Eglise. Saint Pierre comme Chef des autres, fut chargé d'aller fonder l'Eglise de Rome, qui devoit être dans la suite de tous les siecles le centre de la veritable Religion. Saint Jean convertit l'Asie mineure, & eut soin particulierement de l'Eglise d'Ephese, où il passa la plus grande partie de sa vie avec la Sainte Vierge. Nous serons obligez de parler souvent dans la suite de cette Histoire, de Saint Pierre & de Saint Jean. Nous

An de J. C. 42.

parlerons aussi de Saint Jacque le Majeur, frere aîné de Saint Jean, qu'Agrippa fit mourir au commencement de son regne, & de Saint Jacque le Mineur Evêque de Jerusalem, qui fut martirisé vers l'an soixante de Jesus-Christ. On sait moins de particularitez de la vie des autres Apôtres, & nous allons raporter en peu de mots, ce qu'on en dit de plus certain.

Saint André ayant oüi dire à Saint Jean-Baptiste que Jesus-Christ étoit l'Agneau de Dieu, comprit le sens de cette parole misterieuse, & suivit le Sauveur ; il lui amena aussi son frere Simon, qui fut depuis surnommé Pierre ; ils étoient tous deux Pêcheurs, & eurent l'honneur de recevoir Jesus-Christ, dans leur maison à Capharnaum, où il guerit la belle mere de Saint Pierre. L'année suivante le Sauveur ayant choisi ses douze Apôtres, Pierre & André furent nommez les premiers. André fut present au miracle des cinq pains, & demanda au Sauveur peu de jours avant sa Passion, quand la ruine du Temple devoit arriver. Voilà tout ce que l'Ecriture nous raporte de Saint André. Eusebe, Occumenius, Sophrone, Theodoret, Saint Jerôme, Saint Gregoire de Nazianze, assurent qu'il a porté la Foi dans la Scithie, dans la Sogdiane, dans la Colchide, & particulierement dans l'Acaïe. Les particularitez de son martire sont raportées dans une lettre qu'on attribuë aux Prêtres d'Acaïe ; & si cette piece n'est pas fort autentique, il faut au moins avoüer qu'elle donne à Saint André un amour pour la croix bien digne de cet Apôtre. Les Moscovites, qui possedent le Pays des anciens Scithes, l'ont en grande veneration.

Saint Philipe obéit sur le champ à la parole du Sauveur, qui lui commanda de le suivre ; il devint en même tems le disciple & le Predicateur de la verité. Il alla chercher Natanael & lui fit part des lumieres dont il venoit d'être éclairé, il ne quitta point Jesus-Christ, & le jour de la Cêne, se servant de la familiarité que lui donnoit l'Apostolat, il osa prier le Sauveur de faire voir le Pere à ses disciples ; mais Jesus-Christ lui répondit, qu'en voyant le Fils on voyoit le Pere. L'Ecriture ne marque point ce qu'il fit depuis, on sait seulement qu'il prêcha la foi dans les deux Phrigies, & qu'il mourut à Hieraple. Policrate qui étoit Evêque d'Ephese à la fin du second siecle, assure que Philipe celebroit toujours la Pâque le 14. de la Lune. Il avoit des filles d'une grande sainteté, à qui même on attribuoit le don de profetie.

Saint Thomas fut fait Apôtre avec les autres, & témoigna beaucoup de courage, voulant aller mourir avec Jesus-Christ, & s'il fut d'abord incredule ; il fut cause aussi que nous avons des preuves plus senfibles de la Refurrection du Fils de Dieu : Il toucha fes plaies, ou du moins felon Saint Augustin, il ne tint qu'à lui de les toucher. La tradition de l'Eglife du tems d'Origene, affure que Saint Thomas avoit porté l'Evangile dans l'Empire des Parthes, qui commandoient alors aux Medes, aux Perfes, aux Hircaniens & aux Bactriens. Quelques anciens Peres ont crû qu'il a prêché dans les Indes, & qu'il y a été martirifé. Les Portugais prétendent avoir trouvé à Maliapour, une ancienne infcription, où il eft marqué, que Saint Thomas fut tué d'un coup de lance auprés de cette Ville. Ils prétendent auffi y avoir trouvé fon corps qu'ils ont tranfporté à Goa.

Saint Jude étoit frere de Saint Jacque le Mineur. Il y a une Epître de lui, qu'on met la derniere des fept, à qui l'Eglife donne le titre de Catholiques, parce qu'elles s'adreffent à tous les Fideles en general. Origene dit que cette Epître dans le peu de lignes qui la compofe, contient beaucoup de paroles, pleines de la force & de la grace du Ciel. Saint Jerôme veut que Saint Jude, auffi-tôt aprés l'Afcenfion du Fils de Dieu, foit allé à Edeffe en Mefopotamie prêcher la foi ; mais il eft clair, par l'Hiftoire Ecclefiaftique, que ce fut Thadée, l'un des foixante & douze difciples qui guerit & convertit Abgare Roi d'Edeffe. Eusebe raporte que ce Prince lui ayant voulu donner beaucoup d'or, Thadée lui dit : *Nous avons abandonné notre bien, comment prendrions nous le bien des autres.* Et ces particularitez s'étoient trouvées du tems d'Eusebe dans les archives de la Ville d'Edesse, qui dans la suite de plusieurs siecles, conserva l'Evangile avec une grande fidelité.

Saint Barthelemi étoit Galiléen, aussi-bien que tous les autres Apôtres ; c'est tout ce que l'Evangile nous en aprend. La tradition est qu'il porta la foi dans la grande Armenie, & qu'il y fonda plusieurs Eglises.

Simon le Cananéen ou le Zelé, prêcha l'Evangile, selon Nicephore, en Egypte, dans la Mauritanie & en Libie ; mais il faut avoüer que ce témoignage n'est pas considerable, & il vaut mieux soumettre notre curiosité à la sagesse de Dieu, qui nous cache souvent ses plus grans Saints, pour nous aprendre à aimer nous-mêmes à être cachez.

Saint Mathieu s'apeloit aussi Levi. Il étoit Galiléen comme les autres Apôtres, & Publicain de profession, c'est-à-dire, qu'il avoit pris du public la recette de quelque impôt, & qu'il étoit de ceux, qui selon l'expression de Tertullien, se rendoient coupables devant Dieu, & odieux aux hommes, en leur faisant acheter l'usage de la terre, de la mer, & du Ciel même. Ce n'est pas que la profession de Publicain ne puisse être innocente ; les Princes ont un droit nécessaire & incontestable de lever des impôts, & il faut bien qu'ils se servent de quelqu'un pour cela ; mais il faut avoüer que ce metier est dangereux pour le salut, & que ceux qui le font, sont dans la tantation continuelle de se laisser aller à l'avarice, à la dureté & à l'insolence.

Jesus Christ en passant dans Capharnaüm, vit Mathieu dans son Bureau, & lui dit de le suivre : il se leva aussi tôt, quitta tout & le suivit. Il fut fait Apôtre la même année. Il prêcha quelque-tems dans la Judée ; mais avant que d'aller dans les Pays étrangers, il écrivit le premier des Apôtres, la vie de Jesus-Christ, & apella son ouvrage, *Evangile* ; c'est-à-dire, *bonne & heureuse nouvelle*. Ce sont *véritablement d'heureuses nouvelles*, dit Saint Jean Chrisostome, *puis qu'elles annoncent à tous les hommes, même aux plus méchans, qu'ils peuvent esperer le pardon de leurs pechez, la Justice, la sanctification, l'adoption des enfans de Dieu, & l'heritage de son Royaume*. Mathieu y marque son humilité, & s'y nomme toujours Publicain. Les anciens Peres conviennent presque tous, que Saint Mathieu écrivit son Evangile trois ans après la mort de Jesus-Christ, avant que les Apôtres se separassent pour aller porter la foi dans toutes les parties du monde. Et nous pouvons en cette occasion admirer avec

Saint

Saint Jean Chrisostome, que douze personnes assez méprisables par eux-mêmes, entreprennent d'aller changer la face de la terre, & de faire adorer comme un Dieu, un homme mort sur la Croix, sans rien promettre durant cette vie, que des mepris & des suplices : *rien ne fait mieux voir*, ajoute ce Pere, *que la Religion Chrétienne n'est pas une invention des hommes & qu'elle vient de Dieu.*

Les Apôtres avant que de se separer composerent leur Simbole, ou abregé des articles de Foi, que l'antiquité a toujours regardé avec veneration. Ce n'est pas qu'on puisse assurer que les Apôtres se soient assemblez pour composer le Simbole, que nous avons sous leur nom; Saint Luc dans les Actes n'en parle point, & aucun Auteur Ecclesiastique avant le cinquiéme siecle, ne l'a osé dire ; mais il est constant, qu'ils ont tous prêché la doctrine qui y est contenuë, & que l'Eglise Romaine l'a conservée dans sa pureté.

Pour les Canons, qu'on apelle communément Canons des Apôtres, quoique Baronius & Bellarmin admettent les cinquante premiers, & rejetent seulement les trente-cinq derniers; il est certain qu'ils ne sont point des Apôtres, & il paroît vrai semblable, que c'est une collection des Canons de plusieurs Conciles particuliers tenus avant celui de Nicée. Il ne faut que les lire pour être persuadé que les Apôtres n'en

K

blicain ne puisse être innocente ; les Princes ont un droit necessaire & incontestable de lever des impôts, & il faut bien qu'ils se servent de quelqu'un pour cela ; mais il faut avoüer que ce metier est dangereux pour le salut, & que ceux qui le font, sont dans la tantation continuelle de se laisser aller à l'avarice, à la dureté & à l'insolence.

JesusChrist en passant dans Capharnaüm, vit Mathieu dans son Bureau, & lui dit de le suivre : il se leva aussi tôt, quitta tout & le suivit. Il fut fait Apôtre la même année. Il prêcha quelque-tems dans la Judée ; mais avant que d'aller dans les Pays étrangers, il écrivit le premier des Apôtres, la vie de JESUS-CHRIST, & apella son ouvrage, *Evangile*; c'est à-dire, *bonne & heureuse nouvelle*. *Ce sont veritablement d'heureuses nouvelles*, dit Saint Jean Chrisostome, *puis qu'elles annoncent à tous les hommes, même aux plus mechans, qu'ils peuvent esperer le pardon de leurs pechez, la Justice, la sanctification, l'adoption des enfans de Dieu, & l'heritage de son Royaume*. Mathieu y marque son humilité, & s'y nomme toujours Publicain. Les anciens Peres conviennent presque tous, que Saint Mathieu écrivit son Evangile trois ans aprés la mort de JESUS-CHRIST, avant que les Apôtres se separassent pour aller porter la foi dans toutes les parties du monde. Et nous pouvons en cette occasion admirer avec
Saint

Saint Jean Chrisostome, que douze personnes assez meprisables par eux-mêmes, entreprennent d'aller changer la face de la terre, & de faire adorer comme un Dieu, un homme mort sur la Croix, sans rien promettre durant cette vie, que des mepris & des suplices: *rien ne fait mieux voir*, ajoute ce Pere, *que la Religion Chrétienne n'est pas une invention des hommes & qu'elle vient de Dieu.*

Les Apôtres avant que de se separer composerent leur Simbole, ou abregé des articles de Foi, que l'antiquité a toujours regardé avec veneration. Ce n'est pas qu'on puisse assurer que les Apôtres se soient assemblez pour composer le Simbole, que nous avons sous leur nom ; Saint Luc dans les Actes n'en parle point, & aucun Auteur Ecclesiastique avant le cinquiéme siecle, ne l'a osé dire ; mais il est constant, qu'ils ont tous prêché la doctrine qui y est contenuë, & que l'Eglise Romaine l'a conservée dans sa pureté.

Pour les Canons, qu'on apelle communément Canons des Apôtres, quoique Baronius & Bellarmin admettent les cinquante premiers, & rejetent seulement les trente-cinq derniers ; il est certain qu'ils ne sont point des Apôtres, & il paroît vrai semblable, que c'est une collection des Canons de plusieurs Conciles particuliers tenus avant celui de Nicée. Il ne faut que les lire pour être persuadé que les Apôtres n'en sont pas les Auteurs, puisqu'on y traite plusieurs questions, qui n'ont été agitées que dans le second & dans le troisiéme siecle, & s'ils sont apellez Apostoliques, c'est parce qu'ils ont été faits par des Evêques, qui vivoient peu de tems aprés les Apôtres, & qu'on apelloit ordinairement hommes Apostoliques.

Saint Pierre, entre tous les Apôtres, fit la plus grande entreprise ; celui qui avoit tremblé devant une Servante dans la maison de Caïphe, ne craignit point d'afronter tous les Dieux du Paganisme dans la Capitale de leur Empire. Il quitta l'Eglise d'Antioche, qu'il avoit gouvernée sept ans, & vint à Rome accompagné de Saint Marc son disciple & son Secretaire ; celui qui par son ordre écrivit depuis l'Evangile. Il trouva l'esprit des Romains disposé à recevoir la veritable doctrine ; la paix dont ils joüissoient sous le regne de Claude, leur en donna le moyen, & le Prince des Apôtres en convertit un grand nombre en prêchant la foi & la confirmant par des miracles. Baronius dit qu'il convertit Pudentius, Senateur Romain, & qu'il fit une Eglise de sa maison ; mais il ne le prouve que par la tradition commune, étant certain que jusqu'aprés la persecution de Severe, les Chrêtiens n'ont point eu d'Eglises à Rome ; si ce n'est qu'on veüille donner ce nom aux lieux où ils s'assembloient, qui selon les aparences étoient consacrez par quelque benediction particuliere.

Saint Pierre écrivit alors sa premiére Epître aux Fideles de Pont, de Bithinie, de Galacie, & de Cappadoce. On croit que Saint Marc, qui lui servoit de Secretaire, lui aida à la composer, le stile en est mâle & concis. Saint Marc y écrivit aussi son Evangile, où il met sans trop garder l'ordre des tems, tout ce qu'il a entendu dire à Saint Pierre. C'est ce qui fait qu'au lieu d'y voir les loüanges de cet Apôtre, comme dans les autres Evangiles, on y voit fort au long la maniere dont il renonça Jesus-Christ. Il y a aparence que Saint Marc quitta Saint Pierre à Rome pour aller fonder l'Eglise d'Alexandrie, dont il fut le premier Evêque. Il en établit plusieurs autres en Egypte, & ce fut sous sa conduite que commencerent les premiers Solitaires, qui se retiroient d'abord dans des maisons à la campagne, où ils meditoient l'Ecriture Sainte, vivoient du travail de leurs mains, & ne mangeoient qu'aprés le Soleil couché. Saint Marc mourut vint ans aprés, & eut pour successeur Anian.

Premiere Epître de S. Pierre.

Evangile de S. Marc.

L'année suivante Saint Pierre rétourna à Jerusalem pour y redonner du courage aux nouveaux Chrétiens, que la mort de Saint Jaque le Majeur avoit fort abatus. Le Roi Agrippa, que Saint Luc apelle Herode, du nom de son ayeul, venoit de le sacrifier à la rage des Juifs, à qui son zele pour la prédica-

An de J. C. 43.

tion de l'Evangile, l'avoit rendu fort odieux. Saint Clement d'Alexandrie affure fuivant la tradition de fon tems, que l'accufateur de Saint Jaque, voyant le courage avec lequel il confeffoit JESUS CHRIST, lui demanda pardon, & l'accompagna au fuplice. Saint Jaque étoit frere aîné de Saint Jean l'Evangelifte tous deux fils de Zebedée & de Salomé, l'une des trois femmes qui fuivoient & fervoient le Sauveur pandant fa vie, & qui aprés fa Refurrection, l'allerent chercher dans le tombeau pour l'embaumer. Ils étoient Pêcheurs, ni plus nobles, ni plus riches, ni plus favans que Saint Pierre. JESUS CHRIST, aprés les avoir fait Apôtres, leur donna le nom de Boanergés ou fils du tonnerre. Leur foi étoit grande dés le commencement, & fe confiant en la puiffance de leur Maître, ils croyoient pouvoir, quand il leur plairoit, faire dêcendre le feu du Ciel. Ils furent témoins de l'agonie du Sauveur dans le Jardin de Gethfemanie; & quoi qu'ils lui euffent fait demander par leur mere les premieres places de fon Royaume, ils ne témoignerent aprés fa mort aucune ambition, & choifirent eux-mêmes Saint Jaque le Mineur pour être Evêque de Jerufalem. Saint Epiphane dit qu'ils conferverent l'un & l'autre une virginité perpetuelle, qu'ils ne fe faifoient jamais couper les cheveux, qu'ils ne fe baignoient point, qu'ils ne mangeoient ni viande ni poisson, & ne portoient qu'une simple tunique avec un manteau de lin. Saint Jaque mourut deux ans après le Sauveur, & fut le premier des Apôtres, qui donna sa vie pour la foi. L'Espagne se glorifie d'avoir son corps à Compostelle en Galice. Plusieurs Villes d'Europe prétendent aussi avoir de ses reliques.

Peu de tems après la mort de Saint Jaque, Saint Pierre étant arrivé à Jerusalem, fut arrêté par l'ordre d'Agrippa, qui ne songeoit qu'à gagner le cœur de ses Sujets, en persécutant les Chrétiens. L'Apôtre fut mis dans une prison chargé d'une double chaîne, & gardé par seize Soldats, dont deux étoient enchaînez avec lui; l'intention d'Agrippa étoit de le faire mourir après les Ceremonies de la Pâque. Ces précautions étoient inutiles contre la volonté de Dieu, la veille du jour destiné au suplice de Pierre, un Ange l'éveilla & lui dit: *levez-vous*, la prison fut remplie de lumiere, & dans le moment les chaînes tomberent de ses mains. *Suivez moi*, lui dit l'Ange, Pierre suivit. Lors qu'ils eurent passé le premier & le second corps de garde, la porte de fer s'ouvrit devant eux, & l'Ange disparut. Alors Pierre dit en lui-même; *le Seigneur a veritablement envoyé son Ange & m'a délivré*. Il alla fraper à la porte d'une maison où les Fideles avoient accoutumé de s'assembler, la Servante reconnut sa voix au travers de la porte, & transportée de joie, au lieu de lui ouvrir, en alla porter la nouvelle aux Fideles ; *tu rêves*, lui dirent-ils, *c'est son Ange*; ce qui nous a apris que dés les premiers tems de l'Eglise, les Fideles croyoient que nous avons chacun notre Ange Gardien. Cepandant Pierre heurtoit toujours, on lui ouvrit enfin, & la consolation fut parfaite, quand on vit que c'étoit lui même ; il leur raconta comment la chose s'étoit passée.

Agrippa voyant que Pierre s'étoit sauvé, fit mourir les gardes, aimant mieux les accuser de negligence que d'avoüer le miracle. Il ne joüit pas lon tems de ses crimes, il retourna à Cesarée, où il demeuroit ordinairement & se prepara à faire la guerre aux Tiriens & aux Sidoniens. Ces Peuples, qui n'étoient pas en état de lui resister, accepterent toutes les conditions qu'il voulut leur imposer ; alors se voyant paisible dans un grand Etat, il voulut celebrer des jeux en l'honneur de l'Empereur Claude ; l'esprit de Courtisan qui l'avoit élevé si haut, ne l'abandonnoit pas encore, & il songeoit à conserver sa fortune, & peut-être, selon le genie des ambitieux, à l'augmenter. Josephe assure que la fête fut magnifique, un trône éclatant d'or & de pierreries étoit élevé au milieu de la place ; Agrippa y parut la couronne en tête, & le sceptre à la main, & y prononça le Panegyrique de l'Empereur avec tant de grace & d'éloquence, que le Peuple accoûtumé à loüer les Rois, l'interrompoit par des acclamations continuelles : *c'eſt la voix d'un Dieu & non pas d'un homme*, s'écrioient-ils. Agrippa crut meriter les loüanges outrées, qu'on lui donnoit. Il s'en aplaudit avec une complaiſance ſans bornes, & oublia qu'un Prince élevé dans la connoiſſance du Dieu d'Iſraël, devoit reſiſter à ces vaines fumées, qu'on ne pardonneroit pas même à des Rois Payens, accoûtumez à leurs Dieux de pierre & d'argile. Le Dieu Vivant en voulut faire un exemple éclatant. Un Ange le frapa dans le tems de ſon triomfe, il ſentit des douleurs effroyables par tout le corps, les vers en ſortoient tout vivans ; *voilà*, diſoit-il à ce Peuple inſenſé, qu'il voyoit proſterné dans la place de ſon Palais, la tête couverte de cendre, & levant les mains au Ciel pour demander ſa guerison ; *voilà*, leur diſoit-il, *votre Dieu qui va mourir*. Joſephe raporte qu'au milieu de ſon triomfe, dans le tems qu'on le loüoit juſqu'à l'adoration, il vit un hibou ſur une corde au deſſus de ſa tête, & ſe ſouvint qu'on lui avoit prédit, que quand il verroit ce triſte oiſeau, il n'auroit plus que cinq jours à vivre : il mourut en effet aprés cinq jours de tourmens & de deſeſpoir.

A peine eut-il rendu l'eſprit, que ce même Peuple qui vouloit l'adorer, le deteſta. Ils firent publiquement des festins, attenterent à l'honneur de ses filles, & burent, au raport de Josephe, à son dernier soupir. L'Empereur qui l'aimoit, envoya des Commissaires pour punir l'ingratitude des habitans de Cesarée. Il vouloit donner le Royaume au Fils d'Agrippa, quoiqu'il n'eût que dix sept ans; mais les affranchis qui le gouvernoient absolument, l'empêcherent, & la Judée devint encore une fois, une Province de l'Empire Romain.

Cependant Saul & Barnabé, tous deux destinez à la conversion des Gentils, ne s'y épargnoient pas. Saul étoit le plus puissant en paroles, & Barnabé par sa douceur achevoit de gagner les cœurs, que l'éloquence de Saul avoit émus. Ils étoient dans une parfaite intelligence, & sans songer à des interêts particuliers, ils n'alloient qu'à la gloire de leur divin Maître. Saul dans ce tems-là fut ravi jusqu'au troisiéme Ciel, où il vit, où il entendit des merveilles, qu'il n'est pas permis à l'homme de raporter, & que les hommes ne sauroient entendre, parce qu'elles passent leur foible intelligence. Saint Chrisostome croit que Dieu lui fit cette faveur, pour l'égaler aux autres Apôtres, que JESUS-CHRIST lui-même avoit instruits: s'il fut ravi en corps & en ame, c'est ce que nous ignorons, & ce qu'il dit lui-même qu'il ne savoit pas. Une grace si extraordinaire, & tant d'autres qu'il eut dans la suite,

étoient

étoient capables de le perdre, s'il n'eût senti sa propre foiblesse au milieu de toutes ses grandeurs; il fut sujet toute sa vie à des tentations fort violentes; l'Ange d'impureté le suivit toujours, & contribua à le soutenir dans la bonne voie, en le voulant faire tomber dans le précipice: ainsi la sagesse de Dieu tire le contrepoison du poison même. L'Apôtre cherchoit des forces, dans les jeunes & dans les veilles; il prioit, il prêchoit, il travailloit des mains, & n'épargnoit rien pour se défendre contre lui-même.

Aprés avoir prêché à Antioche, Saul & Barnabé passerent dans l'Isle de Cipre. Le Proconsul Serge-Paul la gouvernoit avec beaucoup de sagesse & de douceur. Il avoit déja oüi parler de la Religion Chrêtienne, qui avoit été prêchée à Salamine; & dés qu'il sceut que Saul & Barnabé étoient à Paphos, il les envoya chercher pour les entendre, la grace vouloit se servir de sa curiosité pour son salut; mais il avoit auprés de lui un Juif Magicien, nommé Barjesu, qui le tenoit enchaîné dans ses prestiges. Saul ne s'en étonna pas, & se confiant en celui dont il annonçoit la parole; il attaqua publiquement le Magicien en presence du Proconsul: *O fourbe*, lui dit-il, *enfant du diable, ennemi de toute justice, ne cesseras tu point de pervertir les voies du Seigneur, sa main va tomber sur toi & tu seras aveugle, tant qu'il lui plaira.* Aussi-tôt les tenebres tomberent sur le Magicien, ses yeux s'obscurcirent, & il cherchoit quelqu'un qui lui donnât la main. Un si grand miracle convertit le Proconsul Serge-Paul; & Saul, selon Saint Jerôme, pour marquer la victoire qu'il venoit de remporter sur le demon, prit alors le nom de Paul, à l'exemple de ces anciens Capitaines Romains, qui prenoient le nom des Peuples qu'ils avoient soumis, ou des Provinces qu'ils avoient conquises.

Les Apôtres ne demeurerent pas lon-tems à Paphos, ils cherchoient des terres nouvelles pour y semer le bon grain. Antioche de Pisidie, étoit une Ville considerable & qui meritoit leur zele; il y avoit beaucoup de Juifs, ils commencerent par eux, & prêcherent Jesus-Christ dans leurs Sinagogues; quelques-uns se convertirent, mais la plupart ne pouvant répondre à leurs raisons, leur répondirent par des injures, qu'ils leur faisoient dire par des femmes; les Magistrats des Villes craignent toujours les nouveautez, ceux d'Antioche de Pisidie, obligerent les Apôtres à quitter le Pays; ils en sortirent aprés avoir secoüé la poussiere de leurs pieds contre les habitans, qui par leur dureté se declaroient indignes de connoître la verité.

Au sortir d'Antioche les Apôtres allerent à Icone, & y convertirent beaucoup de Gentils, les Juifs leurs étoient toujours opposez, & les faisoient chasser de tous les lieux, où ils abordoient. On croit que ce fut à Icone que Paul persuada à la jeune Tecle de preferer la virginité à un établissement considerable. L'homme qu'on lui destinoit irrité, l'accusa devant les Magistrats, & fut cause qu'on la fit mourir. C'est la premiere personne de son sexe, qui ait soufert le Martire.

Les Apôtres allerent ensuite à Listre en Licaonie, & y firent tant de prodiges, que les Peuples les prirent pour des Dieux; Barnabé étoit Jupiter, & Paul étoit Mercure, parce qu'il portoit la parole. La chose alla si loin, que les Sacrificateurs des Idoles amenerent des victimes couronnées de fleurs, pour les sacrifier devant eux. Les Apôtres outrez de douleur, déchirerent leurs habits: *que faites-vous*, leur crioient-ils, *nous ne sommes que des hommes comme vous, il ne faut sacrifier qu'au Dieu Vivant, qui a fait le Ciel & la terre*. Ces honneurs excessifs ne durerent pas lon-tems; quelques Juifs d'Icone étant venus à Listre, souleverent le Peuple contre les Apôtres, ils les poursuivirent à coups de pierres; Saint Paul demeura sur la place comme mort, les disciples l'emporterent secretement, & le cacherent dans une maison de la Ville.

A peine fut-il gueri, qu'il retourna à Icone & à Antioche de Pisidie, ordonnant des Prêtres dans chaque Eglise, avec des prieres & des jeunes, & prêchant par tout la penitence. Et c'est par de telles exhortations que les Apôtres ont persuadé toute la terre. Paul passa ensuite à Antioche de Sirie, & de là comme une nuée divine, poussée par le vent de la charité, il répandit la rosée du Ciel jusque chez les Illiriens, & traversa pour y aller la Cappadoce, le Pont, la Thrace & la Macedoine. On ne peut exprimer tout ce qu'il soufrit dans ses voyages, la faim, la soif, & les fatigues, la persecution des hommes & des élemens. Les Juifs lui donnerent à cinq fois differentes trente-neuf coups de foüet, nombre qu'ils ne passoient jamais, parce que le Deuteronome défend d'en donner plus de quarante. Il fit trois fois naufrage, les Romains le batirent de verges, & il soufrit tant de maux avec une constance, qu'on ne sauroit attribuer à ses forces naturelles; mais il pouvoit tout avec celui qui le fortifioit.

CHAPITRE SIXIE'ME.

C'Est ainsi que Paul établissoit la Religion Chrêtienne dans les differentes Provinces de l'Asie, tandis que Pierre aprés l'avoir prêchée à Jerusalem & dans toute la Judée, s'attachoit particulierement à la Ville de Rome, dont il fut le premier Evêque. Ils étoient fort éloignez l'un de l'autre, lorsque le bien de l'Eglise les rassembla. Paul & Barnabé étoient revenus à Antioche, & y avoient trouvé les Fideles divisez. Cerinthus & ses Sectateurs, prétendoient que l'on ne pouvoit être sauvé sans la Circoncision ; Paul s'opposa à cette dangereuse doctrine, qui fermoit la porte de l'Eglise à la plupart des Gentils ; la dispute s'échauffa, & l'on convint qu'on envoyeroit quelqu'un à Jerusalem faire décider la question. Pierre, Chef de l'Eglise, s'y trouvoit alors par un ordre de la Providence, qui le vouloit faire présider au premier Concile. En effet, il assembla les Prêtres, les Anciens & les plus habiles d'entre les Fideles; Jean le disciple bien-aimé, & Jaque Evêque de Jerusalem, qui étoient les Colonnes de l'Eglise, s'y trouverent ; on y écouta d'abord Paul & Barnabé, qui raconterent les merveilles que Dieu avoit operées chez les Gentils par leur

An de J. C.
51.

ministere ; alors Pierre prit la parole & dit : *Mes Freres, vous savez qu'il y a lon-tems que Dieu m'a choisi d'entre nous, afin que les Gentils entendissent par ma bouche la parole de l'Evangile & qu'ils crussent : Dieu n'a point fait de difference entre eux & nous, il a purifié leurs cœurs & leur a donné le Saint Esprit ; pourquoi donc voulez vous leur imposer un joug, que nos Peres ni nous n'avons pû porter. Nous croyons que c'est par la grace du Seigneur* JESUS, *que nous serons sauvez aussi bien qu'eux.* Jaque le Mineur Evêque de Jerusalem fut de même avis, & toute l'Assemblée y conclut & resolut d'envoyer à Antioche, Jude dit Barsabas & Silas, avec la Lettre suivante.

Les Apôtres, les Prêtres, & les Freres, à nos Freres d'entre les Gentils qui sont à Antioche, en Sirie & en Cilicie, salut : comme nous avons sceu que quelques-uns d'entre nous sans notre ordre, vous ont troublé par leurs discours, aprés nous étre assemblez dans un même esprit, nous avons jugé à propos de vous envoyer des personnes choisies, avec nos chers Freres Barnabé & Paul, qui ont exposé leur vie pour le nom de JESUS-CHRIST, *nous vous envoyons donc Jude & Silas ; il a semblé bon au Saint Esprit & à nous, de ne vous point imposer d'autres charges que celles-ci, qui sont necessaires ; savoir de vous abstenir de ce qui aura été sacrifié aux Idoles, du sang, des chairs étoufées, & de la fornication, dont vous ferez bien de vous garder ; adieu.*

Ainsi finit le Concile de Jerusalem, dont les décisions furent receuës par les Fideles d'Antioche, qui furent bien aises de n'être plus obligez à la Circoncision. Paul, Barnabé, Jude & Silas demeurerent quelque tems à Antioche, & Pierre lui-même y vint pour achever de mettre la paix dans cette Eglise. Il y eut d'abord une conduite, dont quelques-uns se scandaliserent, mais qui tourna en édification : car de peur de faire de la peine aux Juifs, il ne vouloit point manger avec les Gentils, donnant par là atteinte au Concile de Jerusalem. Barnabé entraîné par un si grand exemple, commençoit à faire la même chose, lorsque Paul s'éleva contre cet abus, avec un courage Apostolique, & resista en face à Pierre. Ce fut en cette occasion qu'on admira la vertu du Chef de l'Eglise, sa dignité ne l'empêcha pas de reconnoître humblement qu'il avoit tort, la correction publique ne le fâcha point, & son humilité l'honora plus que n'avoient fait tous ses miracles.

Cependant Paul & Barnabé eurent une dispute, qui fit quelque bruit parmi les Fideles; ils avoient toujours prêché ensemble : leur zele, & leur amitié sembloient les devoir rendre inseparables. Il faloit aller visiter les nouveaux Chrêtiens dans les differens lieux, où l'Evangile avoit été annoncé; Paul ne vouloit point mener Jean-Marc l'un de leurs difciples, parce qu'il les avoit quitez dans la Miſſion de Pamphilie ; Barnabé plus doux vouloit bien lui pardonner ſa faute ; la ſeverité de l'un & la douceur de l'autre, les firent demeurer fermes dans leur ſentiment & pour le bien de la paix, que rien ne pouvoit alterer en eux, ils aimerent mieux ſe ſeparer ; ces deux diſpoſitions differentes étoient des dons de Dieu, les Profetes avoient chacun leur caractere particulier; Moyſe étoit doux, Elie ſevere, & le bien des ames étoit le ſeul but où Paul & Barnabé tendoient tous deux, quoique par des voies differentes. Barnabé prit Jean-Marc avec lui, & s'embarqua pour l'Iſle de Cipre. Paul avec Silas alla viſiter les Egliſes de Sirie & de Cilicie, & paſſa juſqu'à Liſtre en Licaonie. Il y trouva Timothée qu'il convertit, & fit depuis Evêque. Il traverſa la Galacie & la Miſie, & ſuivit l'eſprit de Dieu, qui l'apelloit en Macedoine. Ce fut alors que Luc Medecin d'Antioche s'attacha à Paul, & il y a aparence que c'eſt lui que l'Apôtre dans l'Epître aux Romains apelle Lucius pour donner à ſon nom un air latin. Il étoit ſon parent, & fut depuis le Compagnon fidele de tous ſes voyages; en ſorte que pluſieurs fois de tant de diſciples, il ſe trouva tout ſeul avec lui. Son eſprit naturel, ſa capacité acquiſe, & ſon aplication continuelle le faiſoient aimer de l'Apôtre,

tre, qui l'obligea à écrire l'Evangile. Il le fit par obéïssance, mais ce fut par reconnoissance & pour édifier l'Eglise, qu'il écrivit les Actes. On y sent une éloquence naturelle, qui n'est point dans les autres Ecrivains Sacrez. Saint Athanase prétend que Saint Paul avoit dicté l'Evangile qui fut publié par Saint Luc ; mais Saint Irenée assure, que quand Saint Paul se sert de ces termes, *selon mon Evangile* ; il veut dire, seulement que Saint Luc avoit mis par écrit, ce qu'il prêchoit tous les jours. Saint Paul s'arrêta à Philippes, Colonie Romaine, & commença à y prêcher. Une Esclave tourmentée du Demon, le suivoit par les ruës, & crioit : *C'est le serviteur du Tres-Haut, il annonce la voie de salut.* L'Apôtre fatigué de ces loüanges, commanda au demon de sortir du corps de la possedée, & il obéït sur le champ. Ce miracle anima les Prêtres des faux Dieux, ils dénoncerent Paul & Silas aux Magistrats, qui sans les examiner, les envoyerent en prison, aprés leur avoir fait donner plusieurs coups de verges. Les afronts & les tourmens ne les abatoient pas, ils se mirent à chanter les loüanges de Dieu, & aussi-tôt la terre trembla, les portes de la prison s'ouvrirent, & leurs liens furent rompus. Le Geolier croyant qu'ils s'étoient sauvez, se vouloit tuer ; mais Paul se montra à lui, & l'assura qu'il ne s'enfuyroit pas. Le Geolier, que le miracle avoit déja effrayé, se jetta à ses pieds, & lui demanda le Baptême. Dans le même tems les Magistrats envoyerent l'ordre de les faire sortir ; mais Paul se plaignant hautement de l'outrage qu'ils avoient fait à un Citoyen Romain comme lui, voulut les obliger à lui venir faire satisfaction ; il sortit ensuite de la Ville, & s'en alla à Thessalonique, Capitale de la Macedoine, & à Berée, où il apuya ses Prédications par des miracles.

Mais ce fut à Athene que le zele de l'Apôtre prit de nouvelles forces. Cette Ville autrefois si puissante, & dont les armées avoient resisté au Roi de Perse, n'avoit gardé de son ancienne grandeur, que la liberté de discourir. Les sciences & les beaux arts s'y étoient conservez plus qu'en aucun autre lieu de la Grece, & ses habitans plongez dans les délices qu'inspire l'oisiveté, passoient leur vie à chercher quelque chose de nouveau. Les Filosofes y étoient encore fort estimez, les Epicuriens mettoient le bonheur dans le plaisir, & les Stoïciens dans la vertu. Le Peuple étoit abandonné à l'Idolatrie, & recevoit parmi ses Dieux, les Idoles de tous les Peuples de la terre.

Paul s'adressa d'abord selon sa coutume, aux Juifs d'Athene, qu'il prêchoit le jour du Sabath dans leur Sinagogue, & tous les autres jours de la Semaine, il parloit aux Gentils dans les places publiques. Son éloquence & la nouveauté de sa doctrine lui attiroient beaucoup d'auditeurs, & quelques-uns se convertissoient. On le mena devant l'Areopage, Tribunal celebre, dont les Magistrats eurent la curiosité de l'entendre ; on leur avoit dit qu'il prêchoit la resurrection des morts, ce qui leur paroissoit une chose fort nouvelle. *Seigneurs Atheniens*, leur dit-il, *il me semble qu'en toutes choses vous êtes religieux jusqu'à l'excés ; car ayant regardé en passant les Statuës de vos Dieux, j'ai trouvé même un Autel, sur lequel il est écrit ; au Dieu inconnu ; c'est donc ce Dieu que vous adorez sans le connoître, que je vous annonce, ce Dieu qui a fait le monde, & qui n'habite point dans les Temples bâtis par les hommes ; c'est en lui que nous avons la vie, le mouvement & l'être, & comme quelques uns de vos Poëtes ont dit ; nous sommes les enfans de Dieu. Puis donc que nous sommes ses enfans, nous ne devons pas croire que la Divinité soit semblable à de l'or, à de l'argent, ou à de la pierre, dont l'industrie des hommes se fait des figures. Mais Dieu en colere contre ces tems d'ignorance, vous fait annoncer qu'il vous a donné un Juge, dont il a établi l'autorité en le ressuscitant d'entre les morts.* Quand les Atheniens l'entendirent parler de Resurrection, la plupart s'en moquerent, plusieurs dirent : *nous vous entendrons encore sur ce sujet*, & quelques-uns se convertirent, entre autres

Denis, l'un des Juges de l'Areopage, & Damaris. Denis fut depuis fait Evêque d'Athene, & couronna sa vie par un glorieux martire. Usuard & Adon le marquent dans leurs Martirologes, & en citent pour preuve l'Apologie d'Aristide, faite sous l'Empereur Adrien. On l'a crû lon-tems l'Apôtre de Paris ; mais on commença à en douter, lorsque le Pape Innocent Troisiéme envoya à l'Abbaye de Saint Denis le corps de l'Areopagite, qu'on lui avoit aporté de Grece. Quelques-uns prétendent maintenant que c'est le corps de Saint Denis Evêque de Corinthe. Il y a eu certainement un Saint Denis Evêque de Paris, qui soufrit le martire avec Rustique & Eleutere, sous l'Empire de Decius, & pandant plusieurs siecles on l'a confondu avec l'Areopagite, quoique les plus anciens Martirologes de Paris fissent mention de l'un au troisiéme d'Octobre, & de l'autre au neuviéme. Quant aux écrits qui ont été attribuez à Saint Denis l'Areopagite, la plupart des Savans conviennent presentement qu'ils ont paru plus de quatre cens ans aprés sa mort ; tout ce qu'il dit des Moines d'Egypte & de leur prise d'habit n'a été en usage qu'au troisiéme siecle, & il seroit difficile de croire que du tems des Apôtres, l'Office de l'Eglise se fît avec les encensemens & les ceremonies qu'il marque ; outre qu'Eusebe, Saint Jerôme, Saint Athanase, & generalement tous les anciens Peres n'en ont rien dit.

Le discours de Saint Paul devant l'Areopage est admirable, il renverse les Idoles sans les attaquer ouvertement, & se sert de l'exemple & de l'autorité des Payens pour établir la veritable Religion, mais il s'aperceut bientôt que la plupart l'écoutoient par simple curiosité, sans envie d'en profiter, & passa à Corinthe, que sa situation sur l'Isthme entre deux mers rendoit la Ville la plus riche & la plus voluptueuse de la Grece. Il y demeura dix huit mois, vivant du travail de ses mains, aimant mieux avoir recours dans son extrême necessité à ceux de Philippes, qu'aux Corinthiens, qu'il esperoit gagner par son désintéressement. Il y baptisa Stephanas, Crispe, Caïus, & toutes leurs familles, & l'on croit que Luc qui le suivoit toujours, y écrivit son Evangile, pour arrêter le cours d'une infinité de mauvaises Histoires, qui couroient sur la naissance, la doctrine, & les miracles de JESUS-CHRIST. Paul écrivit de Corinthe deux Epîtres, qu'il adresse aux Thessaloniciens, il les loüe de leur charité, & les exhorte à travailler de leurs mains, & à pleurer les morts, d'une maniere digne de la Religion Chrêtienne, les assurant, au reste, que le monde n'étoit pas si prés de finir, que quelques-uns le disoient.

<small>Deux Epîtres de Saint Paul aux Thessaloniciens.</small>

Avant que de partir de Corinthe, Paul se fit couper les cheveux, à cause du vœu des Nazaréens, qu'il avoit fait. Il vouloit aller passer la Fête de la Pentecôte à Jerusalem; & quelquefois pour plaire aux Juifs & les gagner à Jesus-Christ, il se soumettoit aux Ceremonies de leur Loi, qu'il respectoit toujours, sans en admettre la necessité. En allant à Jerusalem il s'arrêta quelques jours à Ephese, & au retour il y demeura trois ans, pandant lesquels il proteste lui même avec serment, qu'il n'y eut point de jour, où il ne se vît prés de la mort. Il y eut entre autres une grande sédition. Un Orfévre nommé Demetrius, faisoit des figures de Diane & de son Temple si fameux dans toute l'Asie; il voyoit que depuis que Paul & ses disciples prêchoient contre les Idoles, son métier ne valoit plus rien. Il rassembla un jour tous ceux qui travailloient à ces sortes d'ouvrages, & leur dit: *Mes amis, ce Paul que vous entendez ici, préche par tout que les ouvrages de nos mains ne sont pas des Dieux, nous mourons bien-tôt de faim, & peut être même que le Temple de la grande Diane tombera dans le mépris.*

A ces paroles, le Peuple superstitieux, & qui ne demande que le tumulte, se mit à crier de fureur: *vive la grande Diane des Ephesiens*, le theatre fut rempli de confusion, chacun crioit sans savoir pourquoi, & les Magistrats eurent bien de la peine à les apaiser. Paul vouloit aller affronter une mort certaine, les disciples l'en empêcherent & le firent sortir de la Ville.

Mais pour revenir aux affaires de l'Empire, qui ont une liaison necessaire avec celles de l'Eglise; l'Empereur Claude avoit regné treize ans, assez bon Prince, s'il ne se fût pas laissé gouverner. Ses favoris envoyoient massacrer les principaux Senateurs, sans qu'il en sceût rien, & il aprouvoit toujours ce qu'ils avoient fait. Il eut de sa femme Messaline, Octavia & Brittannicus. Messaline poussa l'effronterie aux derniers excés, ses débauches étoient connuës de tout le monde, & personne n'osoit en avertir l'Empereur: Elle alla même jusqu'à épouser publiquement en presence du Senat, Silius jeune homme de grande naissance, & pour en faire la Ceremonie, elle prit son tems que Claude étoit à Ostie. Il n'en eût peut-être jamais rien sceu, si Messaline ne s'étoit broüillée avec les affranchis, ils en avertirent l'Empereur, qui fit mourir Silius, & dit simplement: *qu'on fasse venir cette malheureuse*. Narcisse l'un des affranchis, vit bien qu'ils étoient perdus, si Claude la revoyoit, il connoissoit la foiblesse de son Maître, il envoya sans ordre tuer Messaline. On vint dire aussi-tôt à l'Empereur qu'elle étoit morte, & sans s'informer comment, il n'en parla plus. La conduite d'une telle femme ne l'empêcha pas de se remarier.

Il épousa Agrippine sa niece, fille de Germanicus ; elle étoit belle, hardie, son mari foible & vieux ; tout l'Empire fut bien-tôt à sa disposition, les affranchis plierent devant elle ; son fils Neron, qu'elle avoit eu de Domitius, épousa Octavia fille de l'Empereur, qui ensuite l'adopta ; & l'imbecile Claude ne s'aperceut du danger où il mettoit son fils Brittannicus, qu'aprés qu'il n'en fut plus tems. Agrippine avoit pris ses mesures pour faire son fils Empereur. Le poison qu'elle donna elle-même à son mari & dont il mourut, lui épargna l'attente de quelques années.

Claude avoit fort aimé Agrippa Roi de Judée, & avoit augmenté son Royaume ; mais à sa mort, il ne le donna pas à son fils, il se contenta de le faire élever auprés de lui, & quatre ans aprés, lui donna le Royaume de Chalcide, vacant par la mort d'Herode son oncle. Il lui ôta depuis la Chalcide, & lui donna la Traconite, l'Abilene, & quelques Provinces voisines, avec le commandement du Temple, laissant toujours un Gouverneur à Jerusalem au nom de l'Empire ; & lorsque Neron fut Empereur, il lui donna aussi quelques Villes de Galilée.

Cependant Paul écrivoit de tems en tems ses Epîtres, qui seront toujours une source inépuisable de doctrine & de préceptes ; le stile en est souvent interrompu, une pensée n'attend pas l'autre, on est réduit quelquefois à deviner,

l'Auteur

l'A:teur y suit son genie actif & boüillant, il parle du cœur, dicte rapidement, & les lumieres dont il est plein, ne cherchent qu'à sortir & à se répandre au dehors: mais dant tout ce qu'il dit, on trouve toujours la Religion Chrétienne dans sa perfection, & la morale dans sa pureté. Les Galates avoient été troublez par de faux Freres, qui leur disoient que Pierre, Jean & Jaque de Jerusalem, prêchoient autrement que Paul, qu'ils se soumettoient aux Ceremonies de la Loi, & qu'il faloit les en croire, puis qu'ils avoient conversé familierement avec le Sauveur. Paul leur écrivit, qu'il étoit Apôtre par la vocation de Jesus-Christ, qui l'avoit instruit lui-même, sans qu'il eût rien apris des hommes: qu'aprés sa conversion, il avoit prêché trois ans sans aller à Jerusalem, & que n'ayant point conferé avec les Apôtres, il avoit trouvé que dans le fonds sa doctrine étoit la même que la leur, quoiqu'ils eussent pour les Juifs plus de condêcendance que lui, parce qu'il étoit envoyé particulierement aux Gentils. Il leur dit ensuite que la Circoncision est inutile, & les confirme dans la foi, qu'il leur avoit annoncée. Epître aux Galates.

Il écrivit peu aprés aux Corinthiens, qui se divisoient en differentes Sectes, à la maniere de leurs Filosofes; *je suis disciple de Paul*, disoit l'un, *& moi d'Apollo*, disoit l'autre; il leur dit qu'il ne faut s'attacher qu'à Jesus-Christ Premiere Epître aux Corinthiens.

& non à ses Ministres ; il louë la continance parfaite, sans blâmer le mariage ; il leur défend les procés, & leur impose des loix de perfection, qui devoient sembler bien étranges dans une Ville aussi débordée que celle-là. Il finit en leur disant, que le fondement de la foi est la Resurrection de Jesus-Christ; *je vous ai enseigné*, leur dit-il, *que* Jesus-Christ *est mort & resuscité suivant les Ecritures, qu'il a aparu à Pierre & à tous les Apôtres, qu'il a été veu de plus de cinq cens Freres tout à la fois, dont plusieurs vivent encore ; enfin il m'a aussi aparu à moi, qui suis le dernier de tous : que si la Resurrection étoit impossible*, Jesus-Christ *ne seroit pas resuscité, nous serions de faux témoins contre Dieu, notre Prédication seroit vaine & votre foi inutile : car si nous n'esperions en* Jesus-Christ, *que pour cette vie, nous serions les plus miserables de tous les hommes.*

CHAPITRE SEPTIE'ME.

PAndant que Paul prêchoit à Ephese, Apollonius né à Thiane, Ville de Cappadoce, y arriva; ce fut le Filosofe de son tems le plus celebre, & que les demons jugerent le plus digne d'opposer à Jesus-Christ; il étoit venu au monde dans le même tems que le Sauveur; la Filosofie de Pithagore, qu'il suivoit, sa bonne mine, son habillement extraordinaire, sa vie laborieuse, la severité de sa morale, & les prodiges qu'il paroissoit avoir en main, lui donnerent beaucoup de reputation; il distribua son bien aux pauvres, parut fort attaché aux Idoles, & parcourut presque toutes les parties du monde, pour s'instruire dans les sciences secretes; il alla aux Indes, consulter les Bracmanes, qui se piquoient de Magie; les Astronomes Babiloniens ne furent pas oubliez, non plus que les Gymnosofistes d'Ethiopie, & par tout il laissa des marques de son esprit, de son désinteressement, & d'une profonde vanité. Il agissoit en Legislateur & en Maître; *& ne cherchoit plus*, disoit-il, *la verité, parce qu'il l'avoit trouvée.* Il traittoit les Rois avec hauteur; *celui qui vous commande*, disoit-il un jour aux Parthes, *sera trop heureux, s'il merite que je l'estime.* Tantost il étoit suivi d'un grand nombre de disciples, & quelquefois il se trouvoit seul, honoré & meprisé tour à tour par les plus grans Princes, sans que le changement de fortune dérangeât son aparente tranquilité. Il étoit dans Ephese en même tems que Saint Paul, & par des voies differentes, ils alloient tous deux à la reformation des mœurs ; ils convenoient en ce point, les demons même se souciant peu que les hommes acquierent quelques vertus morales, pourveu que leur doctrine soit fausse, & que la foi leur manque, sans quoi les bonnes œuvres sont inutiles. Saint Paul joignoit l'un & l'autre, & confondoit souvent les prestiges de la Magic par de veritables miracles. Le nom de JESUS CHRIST étoit en respect dans la bouche même des possedez, & quelques Juifs ayant osé sans mission exorciser en son nom, le possedé leur dit ; *je connois* JESUS ; *mais vous, qui êtes-vous*, leur jettant des regards terribles qui les obligerent de s'enfuir. Ainsi l'Astrologie & la Magie, qui étoient fort à la mode à Ephese, commencerent à décheoir, les Fideles aportoient aux Apôtres les livres qu'ils en avoient, & l'on les brûloit publiquement ; coûtume qu'on a depuis observée dans l'Eglise.

Seconde Épître aux Corinthiens.

Cependant Paul alloit visiter les Eglises qu'il avoit fondées, ou les consoloit par ses Lettres. Il en écrivit une seconde aux Corinthiens, où il les prie de pardonner à un inceſtueux, de peur qu'il ne tombe dans le deſeſpoir. Il leur parle de ſes ſoufrances, & de ſon raviſſement au troiſiéme Ciel, n'oſant pourtant par modeſtie ſe nommer lui-même, & finit en les exhortant à ſe corriger de leurs défauts, & à perſeverer dans le bien.

Il parcourut enſuite la Macedoine & la Grece, & vint à Corinthe, d'où il écrivit aux Romains, qui étoient en grand nombre, depuis que Saint Pierre y avoit porté l'Evangile. Il tâche dans cette Lettre d'accorder les Juifs & les Gentils, qui aprés s'être convertis, gardoient toujours quelque choſe de leurs anciennes préventions; les Gentils étoient entêtez de leur Filoſofie, & les Juifs de leurs Ceremonies. Il leur montre la vanité & l'inutilité de leurs penſées, & les aſſure que la Religion de JESUS-CHRIST doit tout réünir dans ſon Egliſe, & tout ſauver dans ſa gloire. C'eſt particulierement dans cette Lettre que Saint Paul explique le miſtere de la grace qui juſtifie les impies, en traitant cette grande queſtion, ſi les Juifs avoient merité ſeuls de recevoir l'Evangile à cauſe des œuvres de la Loi, où s'ils avoient été juſtifiés, auſſi-bien que tous les Gentils, non par leur merite, mais par la ſeule grace, que Dieu donne gratuitement.

Paul vint enſuite à Troade, où il trouva les Fideles aſſemblez pour le recevoir & pour l'entendre, ils étoient dans une chambre au troisiéme étage, & tout étoit plein ; l'Apôtre les prêcha jusque bien avant dans la nuit, l'attention étoit grande & le silence profond, lors qu'un jeune homme nommé Eutique, qui n'avoit pû trouver d'autre place que sur le bord d'une fenêtre, s'endormit & se laissa tomber en bas ; on cria aussi-tôt qu'il étoit mort ; mais Paul étant dêcendu l'embraîa, lui rendit la vie, & dit aux assistans ; *ne vous troublez point, il est vivant* ; il remonta ensuite pour rompre le pain avec les Fideles, & celebrer le saint Sacrifice, & leur parla jusqu'au point du jour. On avoit fait remonter Eutique, dont la presence consola l'Assemblée & l'étonna, quoiqu'ils fussent accoûtumez aux miracles. De Troade Paul passa à Ephese & ne s'y arrêta pas ; il alla jusqu'à Milet, d'où il envoya chercher les Prêtres & les Anciens d'Ephese, pour leur faire une longue exhortation, sur la fin de laquelle il s'attendrit beaucoup, en leur disant, qu'il ne croyoit pas les revoir jamais. Tout fondit en larmes à ces paroles, ils se jetterent à son cou, & ne le pouvoient laisser aller. Il passa à Rhode, à Patare, à Tir & à Cesarée, où il demeura quelques jours. Un Profete nommé Agabus y arriva de Judée, & ayant pris la ceinture de Paul, il s'en lia les pieds & les mains, & dit : *voyez ce que dit le Saint Esprit, l'homme à qui est cette ceinture, sera lié de cette* sorte par les Juifs à Jerusalem, & ils le livreront entre les mains des Gentils. Alors tous les Chrêtiens de Cesarée firent les derniers efforts pour l'empêcher de partir : *pourquoi pleurez-vous*, leur disoit-il, *je suis prêt à souffrir la mort pour le nom du Seigneur Jesus*. Il arriva enfin à Jerusalem, & alla voir Saint Jaque. Cet Apôtre qui en étoit Evêque, lui conseilla de se purifier selon la coûtume des Juifs, & d'offrir des sacrifices avec les Nazaréens, afin de leur ôter tout prétexte de se plaindre. Il le fit par déference, quoiqu'il ne le crût pas necessaire; mais cela n'empêcha pas que quelques Juifs d'Asie l'ayant veu dans la Ville causer avec un Gentil, ne criassent qu'il l'avoit fait entrer dans le Temple, & l'avoit profané. Ils se jetterent sur lui prêtz à le tuer, lorsque le Tribun Lisias qui commandoit les Romains, le fit arrêter, & sans savoir ce qu'il avoit fait, le fit enchaîner. Le Peuple en fureur demandoit sa mort; Paul tâchoit de se justifier, en leur contant sa conversion, & sans songer au peril qui le menaçoit, il les prêchoit en Hebreu sur les degrez du Temple; ils l'écouterent assez attentivement, jusqu'à ce qu'il dit, que Dieu l'avoit envoyé aux Gentils; alors le Peuple n'eut plus de patience, & redemanda sa mort avec des menaces. Lisias pour les appaiser, lui voulut faire donner quelques coups de verges, & déja ses Soldats l'avoient lié & étendu par terre, lorsqu'il demanda sans s'émouvoir, s'il étoit permis de battre de verges un Citoyen Romain. A ce nom si respecté par toute la terre, ils s'arrêterent tout court, & le Tribun le fit conduire au Camp des Romains. Le lendemain il le presenta encore aux Juifs, qui paroissoient également animez ; mais Paul se souvenant qu'ils étoient divisez en Pharisiens, qui croyoient la resurrection des corps, & en Saducéens, qui ne la croyoient pas, dit tout haut, qu'on ne lui en vouloit, que parce qu'il croyoit la Resurrection ; aussi-tôt plus de la moitié des assistans se declarerent pour lui, & le reste se retira. Mais le lendemain quarante Saducéens firent complot de l'assassiner, & demanderent au Tribun qu'il le fit amener encore une fois devant les Pontifes, resolus de le tuer avant qu'il arrivât au Tribunal, de peur que les yeux des Pontifes ne fussent souillez, & que criminels dans le cœur, ils ne parussent, aussi coupables devant les hommes. Le neveu de Paul l'avertit de la conspiration, & par son ordre il en donna avis au Tribun, l'Apôtre ne voulant pas negliger les moyens humains, que la Providence lui presentoit pour sauver sa vie. Le Tribun l'envoya le lendemain avec une bonne escorte à Cesarée, où Felix Gouverneur General de la Judée faisoit ordinairement sa residence. Le Grand Pontife Ananias y alla lui-même, & le fit accuser par de faux témoins ;

mais

mais Paul se défendit si bien, que le Gouverneur ne pouvant le condamner, & n'osant l'absoudre, le retint toujours en prison. Il le faisoit venir souvent pour l'entretenir, & trembloit toutes les fois qu'il lui parloit du Jugement dernier, sans que cette crainte devint salutaire. Au bout de deux ans, Festus succeda à Felix, les Juifs recommencerent leur accusation contre Paul, Festus vit d'abord qu'il ne s'agissoit que de disputes sur la Religion des Juifs, dont il ne se soucioit pas beaucoup, & s'il eût suivi son inclination, il auroit mis le prisonnier en liberté, mais il n'osoit; il se preparoit donc à le juger, & peut-être à le condamner, lorsque Paul eut recours au dernier remede & en apella à l'Empereur; c'étoit un privilege des Citoyens Romains; Festus n'alla pas plus loin, & ordonna qu'il seroit conduit à Rome pour y être jugé.

Pandant que Paul meritoit à si juste titre la qualité d'Apôtre des Gentils, Barnabé étoit passé dans l'Isle de Cipre, avec Jean-Marc son cousin, & y continuoit le ministere Apostolique, moins par la force de sa Prédication, que par sa bonté & par une douceur naturelle, qui lui gagnoit les cœurs. Quelques Auteurs prétendent qu'il fut martirisé à Salamine, & Baronius le met dans le Martirologe Romain; mais enfin ce qu'on en sait de plus certain, c'est que vers l'an cinq cens, sous l'Empire de

Zenon ; Antheme, Evêque de Salamine jura qu'il lui étoit aparu, & lui avoit découvert son sepulcre. Ce lieu s'apelloit communément le lieu de santé, parce qu'il s'y faisoit beaucoup de miracles. On y trouva son corps, & sur sa poitrine, l'Evangile de Saint Mathieu, que Saint Barnabé avoit écrit de sa propre main. L'Empereur Zenon y fit bâtir une Eglise magnifique. On attribuë à Saint Barnabé une Epître pleine d'édification, quoiqu'elle n'ait pas été receuë par toutes les Eglises, & que par consequent elle ne soit pas Canonique. Il est vrai qu'il y a beaucoup d'allegories forcées, & même de fables touchant les animaux; mais il faut avoüer que les écrits des premiers Chrètiens, se sentoient encore du genie des Juifs, accoûtumez à tourner toute l'Ecriture sainte en allegories.

Neron cependant gouvernoit l'Empire depuis plus de six ans. Jamais Prince ne commença si bien, ses inclinations naturelles qui le portoient au crime, avoient été moderées par une bonne éducation ; le Filosofe Seneque lui avoit inspiré la vertu ; sa mere Agrippine s'étoit attachée à ne mettre auprés de lui que des gens de merite, au lieu que Britannicus étoit environné de tout ce que la Cour avoit de plus meprisable, afin que le Peuple s'attachât à l'un plutôt qu'à l'autre. Agrippine en usoit ainsi, moins pour son fils que pour elle même. Aussi commença-t-elle à disposer de tout, presque sans le consulter ; il n'avoit que dix-sept ans, & n'osa lui resister la premiére année de son Empire ; elle répondoit aux Ambassadeurs, faisoit tenir le Senat dans le Palais, & se cachoit derriere une tapisserie pour entendre tout ce qui s'y disoit ; l'affranchi Pallas étoit son Ministre, & la perdit ; Neron ne put souffrir son insolence, il s'en plaignit à Seneque, qui avoit été son Précepteur, & à Burrhus Capitaine des Gardes, qui lui conseillerent de faire un coup d'autorité, en ôtant les finances à Pallas. Agrippine s'emporta fort, on la laissa dire, son credit entamé diminua à veuë d'œil ; Neron même un jour qu'il alloit donner Audiance aux Ambassadeurs d'Armenie, voyant que sa mere s'avançoit fierement pour se placer sur le Trône auprés de lui, se leva pour aller au devant d'elle, comme pour lui faire honneur, & remit l'Audiance à une autre fois. Agrippine le menaça de lui ôter l'Empire qu'elle lui avoit donné ; alors il ne menagea plus rien, il fit empoisonner son frere Britannicus, il fit assassiner sa mere, dont il craignoit la vangeance, & s'abandonnant à toutes les horreurs qui suivent les grans crimes ; il devint le modele des Tirans & l'execration du genre humain.

 Ce fut en ce tems-là vers l'an soixante de Jesus-Christ, que Saint Paul fut envoyé à

An de J. C. 60.

Rome par Festus Gouverneur de Judée. Avant qu'il partît, le Roi Agrippa eut la curiosité de le voir, & vint exprés à Cesarée avec sa sœur Berenice, dont la beauté fit beaucoup de bruit dans la suite. Festus convoqua une Assemblée des principaux de la Ville ; Agrippa & Berenice y étoient placez selon leur rang, & Paul fut amené pour se défendre. Festus lui dit d'abord, qu'il pouvoit parler ; il s'adressa à Agrippa, comme à un homme plus instruit de ces matieres, & lui conta sa conversion ; mais quand il voulut parler de la Resurrection : *vous êtes insensé, Paul*, lui dit Festus, *votre grand savoir vous met hors du sens* ; Saint Paul lui répondit avec modestie, & continua son discours : *Seigneur*, dit-il au Roi Agrippa, *ne croyez vous pas aux Profetes, ils ont prédit tout ce que je vous dis de* Jesus-Christ ; oüi, réprit Agrippa, *il ne s'en faut gueres que vous ne me persuadiez votre Religion.* L'Assemblée se leva aussi-tôt, & tous convinrent qu'il eût falu le mettre en liberté, s'il n'avoit pas apellé à l'Empereur. Quelque tems aprés Festus le mit entre les mains de Jule Centenier dans une Cohorte Romaine, & le fit embarquer pour l'Italie. L'Apôtre fut accompagné par Luc & par Aristarque de Thessalonique, dont la foi avoit été éprouvée à Ephese. Ils passerent à Tir & à Sidon, où Paul fut visité par les Chrêtiens, le Centenier en usoit fort bien avec lui. Ils côtoyerent la mer de Pamphilie, & monterent fur un vaiffeau marchand, qui faifoit voile pour Alexandrie. Le vent devint contraire, la faifon étoit avancée, l'Apôtre, ou par capacité naturelle, ou par efprit de Profetie, reprefenta au Capitaine du vaiffeau & au Pilote, que d'aller plus loin, s'étoit s'expofer à un peril évident ; mais ils ne le crurent pas & remirent à la mer. Il s'éleva quelques heures aprés un vent fi violent, & le jour devint tout à coup une nuit fi noire en plein midi, que ne voyant plus où ils alloient, la peur les prit ; chacun s'embaraffoit, tout le monde vouloit donner l'ordre, & perfonne n'executoit. La bouffole n'étoit pas encore inventée, & les Matelots ne fe conduifoient que par le Soleil ou par les Etoiles. Ils faifoient pourtant ce qu'ils pouvoient, le vaiffeau fut relié par deffous avec des cordages, les mats abatus, & comme la tempête augmentoit encore, on jetta les marchandifes à la mer ; le lendemain on y jetta les cordages, les armes, les provifions, la mort étoit peinte même fur le vifage des Soldats, (le cœur devient inutile en ces occafions) perfonne ne mangeoit, & la foibleffe generale étoit une mort avancée, lorfque Saint Paul, *prenez courage*, leur dit-il d'une voix ferme, *pas un de nous ne perira, l'Ange du Dieu que je fers, m'en vient d'affurer.* Ces paroles dites d'une air d'autorité & de

O iij

confiance, ranimerent tout le vaiffeau, ils prirent quelque nourriture & fe remirent à manœuvrer. Enfin aprés quatorze jours de tempête, ils fe trouverent affez proche d'une Ifle, contre laquelle les vagues brifoient avec un grand bruit. Auffi-tôt les Matelots voulurent mettre l'efquif en mer, pour aller, difoient-ils, fonder & jetter l'ancre, mais en effet pour fe fauver. *Vous êtes perdu*, dit Saint Paul tout bas au Centenier, *fi ces gens-là vous quittent*; il courut auffi-tôt à l'efquif avec fes Soldats, coupa les cables, & le laiffa aller à la mer. Il falut alors que le Pilote & les Matelots travaillaffent au falut du vaiffeau. Ils le vouloient faire entrer dans un petit golfe entre deux langues de terre; mais il fe trouva à l'entrée un banc de fable fur lequel ils échoüerent. On entendit craquer le fonds du vaiffeau, chacun fe crut perdu, la mer étoit encore haute, les uns fe jetterent à la nage (il n'y avoit pas loin jufqu'au bord) les autres fe faifirent de planches, & tout fe fauva fuivant la prédiction de l'Apôtre; il y avoit deux cens foixante & feize perfonnes.

Quand ils eurent tous mis pied à terre, ils reconnurent que c'étoit l'Ifle de Malthe. Les habitans allumerent de grans feux pour fécher ceux qui avoient fait naufrage; mais Saint Paul ayant ramaffé quelques morceaux de farment, & les ayant mis au feu, une vipere que la chaleur en fit fortir, le prit à la main, il la fecoüa dans le feu, & n'en fut point incommodé. Les habitans de l'Ifle, qui favoient que la piqueure des viperes étoit mortelle, en furent fort étonnez, & ces barbares difoient, qu'un autre qu'un Dieu en feroit mort. Saint Paul fit plufieurs autres miracles dans cette Ifle, où il demeura trois mois, & s'embarqua fur un vaiffeau qui alloit en Italie ; il paffa à Siracufe, & deux jours après arriva à Pouzzol, d'où il prit le chemin de Rome.

On ne peut exprimer la bonne reception que les Chrêtiens lui firent, les Gentils le traiterent auffi fort humainement ; le Gouverneur de Judée en l'envoyant à Rome, avoit écrit en fa faveur, & le Centenier Jule qui lui devoit la vie, ne fe laffoit point de raconter les merveilles qu'il lui avoit veu faire pandant le voyage. Le Centenier remit tous les prifonniers entre les mains du Prefet du Pretoire. Cette Charge n'étoit pas fi confiderable qu'elle le devint fous les regnes fuivans, le Capitaine des Gardes de l'Empereur en faifoit ordinairement les fonctions. C'étoit alors Burrhus, fi fameux fous le regne de Neron, par fa vertu & par une fermeté inflexible, qu'il opofoit fouvent aux mauvaifes inclinations de fon Maître. Burrhus donna des ordres conformes à fa bonté, & permit à Saint Paul de demeurer où il voudroit avec un Soldat pour le garder. L'Apôtre receut d'abord les vifites empressées des Chrêtiens, soit qu'ils eussent été Juifs ou Gentils: l'Epître qu'il leur avoir écrite, les avoit reconciliez, & trois jours aprés, il fit prier les principaux d'entre les Juifs de le venir voir, voulant suivre toujours sa methode, & commencer par eux à prêcher la Loi de JESUS-CHRIST. Il leur conta d'abord son histoire, les assurant qu'il n'avoit rien fait contre la Loi de Moyse, dont il ne défendoit point les Ceremonies à ceux qui vouloient encore les observer; ensuite il leur annonça la venuë du Messie, l'Esperance d'Israël & la Resurrection des morts, sans accuser les Juifs de Jerusalem, contre lesquels il ne témoigna aucune aigreur; quelques-uns crurent, la plupart demeurerent endurcis. Il passa deux ans à Rome, prêchant tous les jours la foi Chrêtienne, sans que personne l'en empêchât.

Jusques ici en écrivant l'Histoire de l'Eglise, nous avons suivi exactement ce que l'esprit de Dieu a manifesté dans les saints Evangiles, dans les Actes des Apôtres, & dans les Epîtres Canoniques, & nous avons écrit avec la confiance que donne la verité éternelle; mais à l'avenir, n'étant plus guidez par une pareille autorité, nous examinerons davantage; on ne trouvera dans cette Histoire que des faits certains & incontestables, & nous ne dirons que ce qui nous paroîtra apuyé sur l'autorité des Conciles, sur les écrits des Saints Peres, ou sur une tradition constante. LIVRE

LIVRE SECOND.

CHAPITRE PREMIER.

PANDANT que Saint Paul étoit à Rome, les Philippiens de Macedoine, lui envoyerent Epafrodite leur Evêque avec des aumônes considerables; l'Apôtre le renvoya aussi-tôt, & écrivit aux Evêques & aux Diacres de Philippes; mais par les Evêques, il entend aussi les Prêtres, ces deux noms se confondant alors assez souvent. Il les exhorte à paroître comme de vrais enfans de lumiere au milieu des Payens qui les environnoient, & à vivre dans l'union, leur faisant esperer qu'il leur envoyeroit bien-tôt Timothée.

Epître aux Philip.

Il convertit alors Onezime Esclave de Philemon, Citoyen de Colosses Ville de Phrigie, qui n'étoit pas fort éloignée de Laodicée, Capitale de la Province. Philemon étoit converti depuis lon-tems, sa pieté avoit fait une Eglise de sa maison. Saint Chrisostome l'apelle *un homme admirable, & d'un cœur vraiment genereux, dont la maison étoit le refuge & l'hospice de tous les Saints.* Les Grecs, & même le Martirologe Romain, prétendent qu'il fut martirisé à Colosses, sous l'Empire de Neron. Onezime l'avoit volé, & s'étoit retiré à Rome, où il croyoit être bien caché. Saint Paul qui l'avoit veu plusieurs fois chez son ami Philemon, le reconnut, le reprit doucement, & le convertit. Il écrivit ensuite à Philemon une Epître courte, mais admirable, l'éloquence y anime & y soutient la charité. Il s'adresse d'abord à Appie, femme de Philemon, & à Archippe Prêtre de Colosses, & les prie d'obtenir la grace d'Onezime ; il s'offre à payer tout ce qu'il pouvoit devoir à son Maître, & demande son pardon d'une maniere à n'être pas refusé par un nouveau Chrétien. Onezime porta lui-même la Lettre, & Philemon lui renvoya l'Esclave, qui devint dans la suite un grand serviteur de Dieu. L'Apôtre écrivit aussi aux Colossiens, & leur fit un excellent abregé de toute la vie Chrêtienne ; il finit par l'éloge d'Epaphras, qui leur avoit annoncé l'Evangile.

<small>Epître à Philemon.</small>

Cepandant les Juifs au desespoir que Saint Paul leur eût échapé, tournerent toute leur fureur sur Saint Jaque frere du Seigneur, c'est-à-dire son parent, selon la maniere de parler du tems ; cet Apôtre depuis prés de trente ans, gouvernoit l'Eglise de Jerusalem, on l'apelloit le Juste par excellence, c'étoit l'exemple des Payens & des Juifs, aussi bien que des Chrétiens, tous le respectoient presque également, il ne portoit point de sandales, ne s'habilloit que d'étofes fort communes, souvent prosterné dans le Temple, il prioit pour le Peuple, & obtenoit du Ciel tout ce qu'il lui demandoit ; Egesippe, Eusebe, Saint Epiphane, & Saint Jerôme nous en assurent. Un si grand Saint avoit bien servi son Maître, ses Prédications & son exemple avoient fort augmenté son troupeau : Enfin, Ananus Grand Pontife, fils d'Anne, dont il est parlé dans l'Evangile, piqué de voir les progrés de la Religion Chrétienne, prit un tems fort propre pour la persecuter ; Festus Gouverneur de Judée venoit de mourir, & son Successeur Albin n'étoit pas encore arrivé. Ananus dans cet interregne, fit assembler le Sanedrin, & obligea Saint Jaque d'y comparoître ; ils loüerent d'abord sa pieté, & puis se plaignirent à lui de ce que le Peuple vouloit croire que JESUS étoit le CHRIST, ils le firent monter ensuite sur la terrasse du Temple, s'imaginant, que la peur de mourir lui feroit renoncer à sa Religion ; tout le Peuple étoit assemblé dans la place, c'étoit le tems de Pâques : *Dites-nous, homme juste*, lui crierent-ils, *ce que nous devons croire de* JESUS, *qui a été crucifié. Nous croirons ce que vous nous en direz.* Il répondit aussi tôt à haute voix ; JESUS, *le Fils de l'Homme, dont vous parlez, est maintenant assis à la droite de la Majesté souveraine, comme Fils de Dieu, & doit venir un jour porté sur les nuës du Ciel, Ozanna*, s'écrierent les Chrétiens ; mais les Juifs ne pouvant ſouffrir qu'il eût rendu un ſi grand témoignage à JESUS-CHRIST, dirent tout d'une voix : *le Juſte même s'eſt égaré*, & le précipiterent du haut du Temple en bas ; il ne mourut pas ſur le champ, & tout fracaſſé de ſa chûte, il demanda pardon à Dieu pour ſes ennemis, qui acheverent de le maſſacrer. Les plus ſages d'entre les Juifs déplorerent ſa mort, & lui éleverent un tombeau. Quelques-uns même porterent leurs plaintes au Roi Agrippa, qui ôta le Pontificat à Ananus, ſuivant le pouvoir que les Empereurs lui avoient donné ſur le Temple de Jeruſalem. Saint Jaque avoit adreſſé une Epître à tous les Juifs convertis dans toutes les parties du monde, où il recommande fort les bonnes œuvres, ſans leſquelles il montre que la foi eſt inutile : & cela pour combattre l'erreur qui s'étoit elevée dés lors ſur certaines paroles de Saint Paul mal entenduës, qui ſembloient diminuer la neceſſité des bonnes œuvres. Il y recommande auſſi la derniere onction aux malades, comme utile au corps & à l'ame. Dés qu'il fut mort, tous les Apôtres & tous les diſciples du Seigneur, au raport d'Euſebe, ſe raſſemblerent à Jeruſalem, & élûrent pour Evêque Simeon frere de Saint Jaque, & couſin germain de JESUS-CHRIST. Saint Paul avoit écrit aux Hebreux dans le même tems, & ſon Epître ſervit beaucoup à les conſoler de la perte de leur Paſteur. Il leur fait voir la grandeur de JESUS-CHRIST au deſſus des Anges & de Moyſe, & leur prouve que la Loi écrite eſt accomplie, & qu'on n'eſt juſtifié que par la foi.

Mais pandant que la perſecution s'échaufoit à Jeruſalem, l'Egliſe n'étoit pas en paix dans la Capitale de l'Univers; Neron étoit un trop méchant Prince pour pouvoir ſoufrir tranquilement une Religion auſſi innocente que la Chrêtienne, & la morale des Apôtres étoit trop opoſée aux débordemens de l'Empereur. Auſſi s'attirerent-ils bien-tôt une violente perſecution; les Magiſtrats Romains mépriſoient d'abord leur nombre; mais quand Saint Pierre ſe vit aſſiſté par Saint Paul, ſon zele redoubla, les converſions devinrent frequentes, & les Chrêtiens commencerent à être comtez pour quelque choſe. Les Juifs & les Payens mêmes en condamnant leur doctrine, ne pouvoient s'empêcher d'admirer la ſainteté de leur vie; les Pontifes des Idoles voyoient leurs Temples ſe deſerter, ſans oſer preſque s'en plaindre, & tout ſe paſſoit aſſez doucement, lorſque Neron eut la folie de brûler Rome pour en rebâtir une nouvelle. Il avoit lâché la bride à toutes ſes paſſions depuis la mort de ſa mere, & ne croyoit ſe ſauver d'un crime que par un autre, l'image de ſon parricide le ſuivoit par tout, & malgré les flateries continuelles du Senat & du Peuple; il ſentoit bien qu'on ne peut vivre heureux, quand on a foulé aux pieds toutes les loix divines & humaines. Les plaisirs que tout l'Empire s'empressoit de lui donner, l'amusoient quelques momens ; il se plaisoit à conduire avec adresse un chariot dans la carriere, à faire admirer sa voix sur un theâtre, à se donner au Peuple en spectacle, paré de perles & de diamans, & souvent habillé en femme, afin que sa beauté en eût plus d'éclat ; mais bien-tôt il rentroit dans son humeur noire, & faisoit finir les divertissemens par des suplices. Les plus grans Capitaines & les plus graves Senateurs trembloient dans leur innocence, le merite & les richesses étoient un crime chez un Tiran. La necessité de ses affaires l'y obligeoit presque autant que la cruauté naturelle, ses foles dépenses avoient épuisé le tresor, & pour trouver de nouveaux fonds, il faloit donner la mort aux plus riches Citoyens. Les jeunes Seigneurs suivoient l'exemple du Prince, il s'en forma une Compagnie, sous le nom des Chevaliers du Prince, qui passoient les jours & les nuits à chanter ses vers, & à loüer sa bonne mine. Toutes les boutiques étoient pleines de tout ce qui pouvoit servir au luxe & à la débauche, chacun y suivoit son inclination, & tous songeoient à imiter le vice, qu'on voyoit sur le Trône.

C'étoit sur un pareil theâtre que Saint Pierre & Saint Paul vinrent prêcher JESUS-CHRIST,

& qu'à tous les plaisirs de la terre, ils vinrent opposer la Croix & la mortification. Il n'étoit pas naturel, qu'ils réüssissent dans une pareille entreprise, aussi peut-on dire avec les anciens Peres, que l'établissement de la Religion Chrétienne, contre toutes sortes d'aparences, n'est pas le moindre de ses miracles. Les Apôtres avoient déja fait de grans progrés, lorsque Neron commença à les persecuter. Il avoit fait une débauche, dont la pudeur ne nous permet pas de parler, quand il fit mettre le feu à la Ville de Rome : le feu dura six jours, la moitié de la Ville en fut ruinée, & les plus belles antiquitez, qu'on y avoit aportées de Grece & d'Egypte, y perirent. Neron les premiers jours monta sur une tour, & y chanta un Poëme, qu'il avoit composé sur l'embrasement de Troie ; mais voyant le desespoir du Peuple, il donna ses ordres pour éteindre le feu, la reflexion fit naître la politique, il voulut même rejetter la haine de l'embrasement, *sur ceux que le Peuple*, dit Tacite, *apelloit Chrétiens, & les fit tourmenter par des suplices horribles, avec d'autant plus de liberté, qu'ils étoient en horreur à tout le monde. Ces Chrétiens*, continuë Tacite, *tirent leur nom d'un Christ, que Ponce Pilate Lieutenant en Judée, avoit fait executer sous Tibere. Cette superstition paroissoit alors avec une nouvelle vigueur, & les Chrétiens furent condamnez, non tant comme coupables de l'embrasement, que comme victimes de la haine du genre humain. On les attachoit à des croix, on en faisoit habiller quelques-uns de peaux de bêtes, pour les faire déchirer par les chiens, & d'autres étoient couverts de cire & de poix, pour les faire brûler tout vivans.* Tacite fut Conful, mais il eft moins celebre par ſes dignitez que par ſes écrits. Son art à renfermer beaucoup de ſens en peu de mots, & ſa vivacité à décrire, ou pour mieux dire, à peindre les évenemens, le feroient regarder comme le modele des Hiſtoriens, ſi ſon ſtile n'étoit pas obſcur & ſa latinité peu correcte. La vie d'Agricola ſon beaupere n'eſt pas le moindre de ſes ouvrages.

Suetone, fameux par ſon Hiſtoire des douze Ceſars, raporte les mêmes choſes, & met entre les bonnes actions de Neron, les ſuplices des Chrêtiens: ces grans genies de l'antiquité condamnant ſouvent ceux qu'ils auroient admirez, s'ils avoient voulu ſe donner la peine de les entendre.

La perſecution s'étendit juſqu'en Eſpagne, où les diſciples de Saint Pierre avoient prêché la foi: on le juge par une ancienne inſcription conceuë en ces termes: *à Neron, Ceſar Auguſte, Grand Pontife, pour avoir purgé la Province de larrons, & de ceux qui inculquoient une nouvelle ſuperſtition au genre humain,* puis qu'il eſt certain que ſous Neron, il ne parut point d'autre Religion nouvelle que la Chrêtienne,

que

que les Idolâtres prévenus regardoient comme une superstition dangereuse & ridicule.

Le desir de revoir ses freres, obligea Saint Paul à retourner en Orient. Aucun Historien ne nous a apris comment il avoit été mis en liberté. Il passa en Crete, & y laissa le fidele Tite, pour achever les établissemens que l'Apôtre y avoit commencez. Il alla en Judée, à Colosses, & en Macedoine, & laissa Timothée à Ephese.

Ce fut aparamment de Macedoine, qu'il écrivit sa premiére Lettre à Timothée, & une autre à Tite, qu'il avoit laissé en Crete. Il leur marque fort en détail les devoirs d'un Ministre de l'Evangile. Enfin aprés avoir consolé par sa présence la plupart des Eglises qu'il avoit fondées, il retourna à Rome, où il recommença la prédication de l'Evangile. La severité de sa morale étoit fort oposée aux mœurs du tems, aussi fut-il bien tôt mis en prison ; Saint Astere & Saint Chrisostome assurent, qu'il parut devant Neron chargé de chaînes, & qu'à son aspect ce lion farouche fut adouci ; quoiqu'il en soit, Saint Paul demeura encore plus d'un an en prison, avec quelque espece de liberté. Il y convertit une Dame que l'Empereur honoroit de ses bonnes graces, & le principal Echanson, & écrivit la seconde Lettre à Timothée ; *on prepare déja mon sacrifice,* lui dit-il, *et le tems de ma délivrance*

1. Epitre à Timothée.
Epitre à Tite.

2. Epitre à Timothée.

eſt proche. Demas m'a abandonné, ajoute-t-il, *Creſcent eſt allé en Galatie*, (quelques uns croient que c'eſt en Gaule, & que Creſcent fut le premier Evêque de Vienne ; (*j'ai envoyé Tichique à Epheſe, Trophime eſt malade à Milet, Eraſte eſt demeuré à Corinthe, Luc eſt demeuré avec moi.* Enfin il faluë Timothée de la part de tous les Freres, qui étoient à Rome, entre leſquels il nomme Eubule, Pudens, Lin & Claudia. Il écrivit auſſi aux Epheſiens, & finit enfin ſa vie par le martire. Il eut la tête tranchée, comme Citoyen Romain ; Saint Gregoire de Niſſe aſſure qu'il mourut en croix ; mais comme il n'en aporte aucune autorité, il faut s'en tenir à l'opinion commune ; il mourut le vint-neuviéme Juin ſoixante & ſix. Il ſemble que Saint Clement Pape ait voulu dire que Neron étoit preſent à ſa mort ; mais il eſt conſtant qu'il étoit alors en Achaïe, & que Saint Paul fut executé par les ordres de ceux qui gouvernoient la Ville de Rome en l'abſence de l'Empereur. Saint Paul avoit fait un grand nombre de diſciples, entre autres Saint Luc, Saint Tite, Saint Timothée, Saint Clement, Saint Denis, Jean-Marc, Saint Creſcent, Saint Eraſte, & pluſieurs autres, dont il parle dans l'Epître aux Romains. Aprés ſa mort Saint Luc annonça la foi dans la Dalmatie, dans la Macedoine, & en Egypte. On prétend même qu'il ordonna Abilius Evêque d'Alexandrie, & qu'il mou-

An de J. C. 66.

rut en paix en Achaïe à l'âge de quatre-vint ans. Il étoit Medecin, quelques-uns l'ont fait Peintre; mais l'antiquité n'en a rien sceu.

Saint Pierre, selon l'opinion commune, receut en même tems la recompense de ses travaux. On sait peu de choses de ce qu'il a fait depuis le Concile de Jerusalem, jusqu'à l'année qui preceda son martire. Mais enfin il y a aparence que peu avant sa mort, il écrivit sa seconde Epître, qu'il adressa aux Fideles de Pont & des Provinces voisines, Juifs convertis, plutôt que Gentils. Il les exhorte à s'apliquer aux bonnes œuvres, sans se laisser corrompre par les illusions des faux Docteurs, voulant marquer par là les disciples de Simon le Magicien & les Nicolaïtes. Ces heretiques avoient mal pris le sentiment de Nicolas, l'un des sept premiers Diacres, lors qu'il disoit qu'il faloit abuser de la chair, c'est-à-dire la combatre, en ne lui accordant rien pour le plaisir, & ils lui accordoient tout, s'abandonnant à toutes sortes de desordres; Saint Pierre y parle aussi avec éloge des Epîtres de Saint Paul, marquant assez par là, qu'il ne se souvenoit pas de la dispute qu'ils avoient euë ensemble. Ils se joignirent avec charité dans la prédication de l'Evangile, & publierent, selon Lactance, la profetie de la ruïne prochaine des Juifs.

Simon le Magicien faisoit alors beaucoup de bruit dans le monde, il n'avoit pas perseve-

2. Epître de S. Pierre.

ré dans la penitence, & n'ayant pû acheter le Saint Efprit, il avoit repris la route de la magie pour fe faire admirer par fes prodiges. Les demons l'avoient fecondé merveilleufement. Il avoit quitté la Samarie, où le nom de Jesus-Christ étoit le plus fort. Ses preftiges le faifoient regarder par tout ailleurs avec veneration, & même il en fit tant à Rome, que par Arrêt du Senat, on dit qu'il fut mis au nombre des Dieux. On lui éleva une Statuë dans l'Ifle du Tibre, avec les titres de Saint & de Dieu. Il eut même l'infolence d'en faire élever une à Helene Courtifane, qu'il avoit achetée à Tir en Phenicie, & qu'il menoit par tout avec lui, en difant, que quand il étoit Jupiter, elle étoit Minerve. Il difoit qu'il étoit décendu comme Pere à l'égard des Samaritains, comme Fils à l'égard des Juifs, & comme Saint Efprit pour toutes les autres Nations. Il vouloit qu'on tint tout de fa grace, & rien des bonnes œuvres, *qui n'avoient*, difoit-il, *été inventées par les Anges, que pour tenir les hommes en refpect*, & par là fes difciples étoient en droit de s'abandonner à toutes fortes de débauches. Il prétendoit être le Chrift, & difoit qu'il n'avoit été crucifié qu'en aparence. Enfin aprés avoir lon-tems promis à Neron de lui faire voir quelque chofe d'extraordinaire, il fit avertir toute la Ville de Rome qu'un certain jour il monteroit au Ciel à la veuë de tout le monde, soit qu'il eût trouvé quelque invention nouvelle pour voler, ainsi que le raporte Dion Chrisostome, soit qu'il se confiât en la puissance de ses demons. Neron, selon Saint Philastre, voulut être present à un spectacle si nouveau. Mais comme Saint Pierre & Saint Paul en voyoient les consequences, ils se mirent en prieres, ils jeunerent, & demanderent au Fils de Dieu le pouvoir dont ils avoient besoin en cette occasion. Simon s'éleva quelque tems en l'air, mais il retomba aussi-tôt & se cassa les jambes ; on le porta dans une maison, la douleur & la honte l'obligerent à se jetter par la fenêtre. Il ne laissa pas d'avoir des Sectateurs pandant plus de cent cinquante ans, la commodité de sa Religion y attirant tous ceux qui ne vouloient rien refuser à leurs passions. Menandre fut le plus considerable de ses disciples, il se disoit plus grand que son Maître, nioit la resurrection des corps, & avoit l'insolence d'assurer ceux qui le suivoient, qu'ils ne mouroient point. Basilide soutenoit les mêmes erreurs, aprouvoit la magie & toutes les voluptez du corps, & prétendoit que Dieu ne pardonnoit que les pechez qui se commettoient par ignorance. Il se trouve des critiques qui veulent contester la verité de l'histoire de Simon le Magicien ; nous avoüons bien que les circonstances n'en sont pas toutes également autorisées, mais quand nous la voyons raportée par Arnobe, par Saint Cirille de Jerufalem, & par les Legats du Pape Libere, & que nous pourions encore y ajouter Saint Ambroife, Saint Auguftin, Saint Ifidore de Pelufe, Theodoret & plufieurs autres, fans parler des modernes, nous ne croyons pas qu'on puiffe nous accufer là-deffus d'une credulité trop legere.

La victoire fur Simon le Magicien donna plufieurs difciples à Saint Pierre, & lui attira encore un plus grand nombre d'envieux; les Chrêtiens voulurent l'obliger à fe cacher pour quelque tems & à fortir de Rome: il obéïffoit à leurs prieres, lors qu'au raport de Saint Ambroife, il rencontra JESUS-CHRIST à la porte de la Ville: *Seigneur, où allez vous*, lui dit Saint Pierre; *je viens à Rome*, lui répondit le Sauveur, *pour être crucifié de nouveau*. Saint Pierre comprit le fens de ces paroles, & rentra dans la Ville pour y accomplir la volonté de fon Maître. En effet Neron le fit bien tôt mettre en prifon, & fuivant ce qu'on lui avoit prédit, *il fut alors ceint & lié par un autre, & mené où il ne vouloit pas aller*. Car quoi qu'il eût dans le cœur tout le zele du martire, il craignoit la mort, & fe connoiffoit homme au milieu de toutes les grandeurs de l'Apoftolat. On avoit preparé une croix pour fon fuplice, il demanda en grace qu'on l'y attachât la tête en bas, ne meritant pas d'être traité comme son Maître. Quelques anciens Peres ont crû qu'il avoit été marié, & sur la foi d'une tradition pieuse, ils ont dit que sa femme avoit soufert le martire avant lui, & que la voyant aller au suplice, il la consola, l'appella par son nom & lui dit ; *souviens-toi du Seigneur.* On a dit aussi que Sainte Petronille étoit sa fille.

Saint Paul eut la tête tranchée le même jour que Saint Pierre fut mis en croix. Quelques Chrêtiens d'Orient emporterent leurs corps jusqu'aux Catacombes, à deux lieuës de Rome; mais les Chrêtiens de la Ville en étant avertis, reprirent un dépôt si précieux, & les mirent dans un lieu où ils étoient encore à la fin du sixiéme siécle. Celui de Saint Pierre fut mis au Vatican, & celui de Saint Paul sur le chemin d'Ostie. Il est certain qu'ils étoient tous deux à Rome, quand elle fut prise par les Gots en quatre cens vint ; & l'on assure qu'aujourd'huy leurs chefs sont à Saint Jean de Latran, dans deux bustes d'argent, que Charle Cinquiéme, Roi de France a enrichis de pierreries.

Jamais les tombeaux des plus grans Conquerans n'ont été si honorez que ceux des Saints Apôtres ; on y a élevé des bâtimens superbes, & depuis tant de siecles, les Peuples & les Rois sont venus des extremitez de la terre implorer leur protection. L'Empereur Justinien leur fit bâtir une Eglise à Constantinople, & demanda une partie de leurs corps, mais le Pape Hormisdas s'en excusa sur la pratique de l'Eglise Romaine, qui ne touchoit jamais au corps des Saints. Il lui envoya seulement des linges qu'on faisoit décendre sur leur tombeau, & qui étoient regardez comme des reliques, Dieu operant souvent des miracles par leur attouchement. Les chaînes de Saint Pierre furent aussi fort honorées, tant celles de Rome que celles de Jerusalem ; on les limoit pour en avoir de la poudre, & les Papes en envoyoient aux plus grans Princes.

Mais pour revenir à l'Histoire de l'Empire, qui a une liaison necessaire avec l'Histoire de l'Eglise, Neron aprés avoir fait mourir son frere Britannicus & sa mere Agrippine, n'avoit plus gardé de mesures ; Burrhus avoit été empoisonné, Octavia repudiée, on avoit ouvert les veines de Seneque, il avoit tué Poppée d'un coup de pied dans le ventre. Petronius, Soranus & Trafeas étoient morts pour avoir été trop vertueux. Les cruautez du Tiran n'avoient rien diminué de ses plaisirs, la magie, qui fut lontems sa principale étude, étoit devenuë son horreur. Il avoit tanté toutes sortes de divinations, le genie ne lui manquoit pas, pour en comprendre les secrets, les Maîtres de l'art l'étoient venus trouver de tous les coins du monde, mais rien ne lui réüssissoit. Il n'avoit jamais rien veu d'extraordinaire & qui passât les forces de la nature, ce qui faisoit dire aux

Magiciens

Magiciens au raport de Pline, *que les Dieux ne vouloient pas se montrer à Neron, parce qu'il étoit galeux*; tant de peines inutiles lui donnerent de l'aversion pour les Filosofes, qui la plupart passoient pour être Magiciens. Il alla en Grece, y fit beaucoup de mal & peu de bien, & couronna sa barbarie par la mort de Corbulon, le plus grand Capitaine de son siecle, & qui l'avoit le mieux servi. Il revint enfin à Rome, où il aprit que Vindex s'étoit revolté dans les Gaules, & que Galba Gouverneur de l'Espagne Tarragonoise, avoit été proclamé Empereur. A cette nouvelle, le Tiran cruel & effeminé, perdit le jugement, & sans donner aucun ordre, il attendit son destin, qu'il ne croyoit pas pouvoir éviter. Ses gardes se revolterent contre lui, & proclamerent Galba Empereur. Il se sauva la nuit à moitié habillé, couvert d'un méchant manteau, accompagné seulement de quatre affranchis. Phaon, l'un de ses affranchis, avoit une maison de campagne à une lieuë & demie de Rome, il s'y retira, & pressé de la soif, il but dans sa main de l'eau d'une mare, en disant: *voilà donc les liqueurs de Neron*; le lendemain ayant apris que le Senat l'avoit condamné à être foüetté jusqu'à rendre l'ame, & que les Soldats environnoient la maison pour le prendre, il se donna un coup de poignard dans la gorge, & mourut à trente & un an, dont il en avoit regné prés de qua-

R

torze ; les Magiciens l'avoient assuré qu'il vivroit au moins soixante & treize ans.

An de J. C. 65.

Galba avoit soixante & douze ans quand il fut fait Empereur, ses vertus dans un particulier, devinrent des vices sur le Trône, ses richesses l'avoient rendu avare, son élevation n'y changea rien. Il fut severe jusqu'à la cruauté, & voulut retablir la discipline parmi les Soldats, il ne leur donnoit rien ; *j'ai accoûtumé*, disoit-il, *de choisir des Soldats, & non pas de les acheter.* Ce qui fut cause de sa perte. Tout le monde le jugea digne de l'Empire, jusqu'à ce qu'il y fût élevé. Auguste même lui dit un jour, en le faisant mettre à sa table, *& toi Galba, tu goûteras aussi de l'Empire*, ce qu'il traita toujours de vision ; *je serai Empereur*, disoit-il quelquefois, *quand une mule deviendra feconde*. On dit que ce prodige étant arrivé en Espagne, & sachant d'ailleurs que Neron le vouloit faire mourir, il se resolut à tenter le hazard, & se fit proclamer par les Soldats. Il ne joüit de l'Empire que neuf mois, la profetie d'Auguste, par un caprice du hazard se trouva veritable. Othon qui l'avoit reconnu le premier, piqué qu'il eût adopté Pison à son préjudice, fit revolter les Soldats Prétoriens, fit massacrer Galba & Pison, & se saisit de l'Empire.

Othon dans sa jeunesse avoit été l'ami & le compagnon de Neron, il avoit fort bien gouverné la Lusitanie dans un âge plus avancé, & sa vertu pandant dix ans ne s'y étoit point démentie, de sorte qu'à son avenement à l'Empire, on ne savoit qu'en penser. Il fit quelques bonnes actions, & pardonna genereusement à ceux qui s'étoient declarez contre lui ; mais il se vit d'abord un ennemi en tête, assez méprisable par lui même, redoutable par le poste qu'il occupoit. C'étoit Vitellius, qui commandoit les Legions de Germanie, les plus aguerries de toutes les Legions de l'Empire, & qu'il avoit sçû gagner par une prodigalité sans mesure. Il avoit été proclamé Empereur à Cologne, & ses Lieutenans s'étoient déja saisis du passage des Alpes. Ils s'avancerent en Italie, & défirent l'armée d'Othon, qu'il avoit abandonné lâchement la veille de la bataille : Othon se tua le lendemain de sens froid, aprés avoir donné ordre à ses affaires domestiques.

Sa mort assuroit l'Empire à Vitellius, il fut reconnu par tout, & même en Orient, par Vespasien, qui commandoit l'armée de Judée. Sa molesse le fit bien-tôt mepriser, sa cruauté le fit haïr. Il loüoit Neron à tout propos, & se piquoit de l'imiter dans ses foles dépenses, & de le surpasser dans la bonne chere. De telles qualitez ne pouvoient pas tenir contre Vespasien. Neron l'avoit fait General de l'armée, qu'il envoya contre les Juifs, & sa vertu étoit connuë dans tout l'Orient ; on le proclama d'abord à Alexandrie, son armée suivit l'exemple, & Mucien le reconnut avec les Legions de Sirie ; il avoit commencé la guerre contre les Juifs, & quand l'année suivante il prit le chemin de Rome, il en laissa la conduite à son fils Titus.

CHAPITRE SECOND.

DE's que les Juifs eurent commis le plus grand des crimes, en faisant mourir le Messie, la malediction tomba sur eux, la Judée devint un Province de l'Empire Romain, & payoit tribut ; ainsi le Sceptre sortit entierement de Juda, selon la Profetie de Jacob, & quoique les décendans d'Herode ayent porté la qualité de Rois ou de Princes, jusqu'aprés la ruïne de Jerusalem, outre qu'ils n'étoient point de la race de Jacob, ils n'avoient aucun pouvoir en Judée, à la reserve d'Agrippa, qui y regna trois ou quatre ans. Les Gouverneurs, que les Romains y mirent, furent presque tous des Tirans, qui pousserent la patience des Juifs à bout, les seditions & les revoltes furent punies avec la derniere cruauté. L'insolence de ce Peuple brutal & indocile, augmenta avec leur foiblesse. Ils lisoient dans leurs Profetes, qu'un enfant de David les délivreroit du joug, & rendroit la Nation glorieuse par toute la terre, & ils croyoient voir clairement que les tems en étoient arrivez. Cette pensée redoubloit leur courage, & les rendoit capables de tout entreprendre. Aprés que Pilate leur eut aidé à faire mourir le Fils de Dieu, ils l'obligerent par leurs séditions continuelles à les traitter avec tant de rigueur, qu'il en fut lui-même repris par les Romains, déposé & banni, il se tua de désespoir. Le Roi Agrippa ne leur commanda que peu d'années; Fadus, Tibere, & Cumanus, qui les gouvernerent l'un aprés l'autre, les pillerent tant qu'ils purent.

Felix frere de l'affranchi Pallas, si fameux sous l'Empereur Claude, les maîtrisa avec l'autorité d'un Roi, & la cruauté d'un Esclave, il croyoit que tout étoit permis au frere de Pallas : aussi quand Saint Paul lui parla de justice & de charité, il ne voulut plus l'entendre, & le retint deux ans en prison, dans l'esperance qu'il lui donneroit de l'argent pour en sortir. Festus lui succeda, & n'osant condamner ni absoudre Saint Paul, l'envoya à Rome. Il mourut bien-tôt, Albin vint à sa place, & rencherit encore sur la dureté des autres Gouverneurs. Il permit tout pour de l'argent. La licence & l'impunité regnoient dans toute la Judée. Les voleurs alloient publiquement, même dans le Temple. Ils portoient de petits poignards cachez sous leurs habits, & en perçoient leurs ennemis en plein jour dans la foule, fans qu'on vît le plus fouvent d'où venoit le coup, ils étoient les premiers à crier au meurtre. La Religion n'étoit pas mieux reglée que la police. Les Pontifes de la Loi reſſembloient à des Soldats plutôt qu'à des Prêtres, leur infolence & leurs débauches n'avoient plus rien du Sacerdoce d'Aaron : auſſi s'éleva-t-il dans ce tems-là beaucoup d'impoſteurs, qui ſe diſoient inſpirez de Dieu pour affranchir fon Peuple, on les ſuivoit dans le defert, où toutes leurs Prédications n'aboutiſſoient qu'à la revolte. Le plus dangereux de tous, fut un Juif élevé dans les ſciences des Egyptiens, qui par ſes enchantemens, attira aprés lui plus de trente mille perſonnes, entre leſquelles il y avoit quatre mille aſſaſſins. Il leur perſuada de le ſuivre fur la montagne des Oliviers, *pour voir de là*, diſoit-il, *tomber à ſa ſeule parole les murailles de Jeruſalem ;* mais les Romains allerent au devant de lui, & diſſiperent aiſément ces gens ramaſſez, aprés en avoir tué quatre cens. Florus ſucceſſeur d'Albin, pouſſa les choſes à la derniere extremité. Il ruïnoit les Villes & les pays tous entiers, & en faiſoit gloire, agiſſant, non comme un Magiſtrat commis pour gouverner un Peuple, mais comme un Boureau envoyé pour executer des criminels. Sa femme Cleopatre, plus mechante que lui, avoit fait la fortune de ſon mari : Amie & Confidente de l'Imperatrice Poppée, elle avoit obtenu ce Gouvernement pour Festus, & ils se croyoient assurés de l'impunité.

L'état où se trouvoient les Juifs, étoit trop violent pour durer, ils s'abandonnerent au desespoir, & commencerent à remuer par tout, ils ne pouvoient être pis, & ils se flatoient toujours d'un Empire heureux & puissant, par les fausses explications qu'ils donnoient à leurs proféties. Il semble même que Florus n'eût pas été fâché d'une revolte generale, afin d'avoir le plaisir de les voir perir tout à la fois, & de cacher ses concussions & ses crimes dans la confusion de la guerre. Enfin le tems fatal destiné à la ruïne de Jerusalem étant arrivé, l'esprit de revolte s'empara de toute la Nation, & chaque Juif en particulier, comme s'ils se fussent donné le mot, resolut de secoüer le joug des Romains. La guerre fut précedée par une infinité de présages; Josephe en raporte un fort extraordinaire, voici ses paroles: *quatre ans avant la guerre, & sept ans & cinq mois avant le Siege de Jerusalem, lorsque cette Ville fleurissoit encore & étoit dans une profonde paix, un Païsan nommé Jesus fils d'Ananus, étant venu à la Fête des Tabernacles, que les Juifs celebroient, commença tout d'un coup à crier: Malheur au Temple, malheur au Temple; voix du côté de l'Orient, voix du côté de l'Occident, voix du côté des quatre vents, voix contre Jerusalem &*

contre le Temple, voix contre les mariez & les mariées, voix contre tout le Peuple. Et il ne cessoit point de courir jour & nuit par toute la Ville en repetant la même chose. Quelques personnes de qualité ne pouvant souffrir des paroles d'un si mauvais présage, le firent prendre & batre de plusieurs coups, sans qu'il dît une seule parole pour se défendre, ni pour se plaindre d'un si rude traittement ; (†) il repetoit seulement toujours les mêmes mots. Alors les Magistrats croyant, comme il étoit vrai, qu'il y avoit en cela quelque chose de divin, le menerent au Gouverneur de Judée ; il le fit déchirer à coups de verges, jusqu'à ce qu'on lui vit les os, & cela même ne put tirer de lui une seule priere ni une seule larme, mais à chaque coup qu'on lui donnoit, il repetoit d'une voix plaintive & lamentable : malheur, malheur sur Jerusalem. Et quand Albin lui demanda qui il étoit, d'où il étoit, & ce qui le faisoit parler de la sorte ; il ne lui répondit rien, mais continua toujours à plaindre Jerusalem. Albin le renvoya comme un fou. Dans tout le tems qui se passa ensuite jusqu'à la guerre, on ne le vit jamais parler à personne. Il repetoit seulement sans cesse ces mots : malheur, malheur sur Jerusalem, sans injurier ceux qui le battoient, ni remercier ceux qui lui donnoient à manger. Toutes ses paroles se reduisoient à un si triste présage, & il les proferoit d'une voix plus forte dans les jours de Fête. Il continua ainsi sans aucune intermission, *permission, & sans que sa voix en fût ni affoiblie ni enrouée, jusqu'à ce que le Siege ayant été mis devant Jerusalem, il eût veu l'effet de ses Prédictions. Il cessa bien-tôt aprés de crier : car en faisant le tour des murailles de la Ville, il se mit encore à crier d'une voix plus forte : malheur, malheur sur la Ville, malheur sur le Peuple, malheur sur le Temple ; à quoi ayant ajouté, & malheur aussi sur moi ; une pierre poussée par une machine le porta par terre & il rendit l'esprit en proferant les mêmes mots.*

Ce prodige ne fut pas le seul. L'année qui préceda la guerre, sur les trois heures aprés minuit, le Temple se trouva pandant une demie heure éclairé comme en plein jour ; une porte d'airain, que vint hommes pouvoient à peine fermer le soir, se trouva ouverte d'elle-même à minuit ; on vit en l'air dans tout le pays des hommes armez & des chariots ; les Prêtres étant entrez la nuit au Temple la veille de la Pentecôte selon la coûtume, ils entendirent, ou crurent entendre des gens qui disoient, *sortons d'ici* ; il parut une comete pandant un an sur la Ville de Jerusalem ; mais les Juifs sourds à toutes ces menaces du Ciel, n'en étoient que plus fiers, dans l'attente du Messie, qui selon leurs idées terrestres, devoit commander à tout l'Univers. Cette prédiction n'étoit pas inconnuë aux Payens, & Suetone assure, qu'elle étoit répanduë dans l'Orient.

Pandant que Florus tourmentoit les Juifs, Gallus Gouverneur de Sirie plus politique étoit d'avis de les menager. Il ne croyoit pas leur puissance si méprisable, & selon lui, leur grand nombre leur pouvoit tenir lieu de capacité & de valeur. Il vint à la Fête de Pâques à Jerusalem, où les Juifs de toutes Nations avoient accoûtumé de se rendre, & par curiosité fit comter les agneaux qui furent immolez. Il s'en trouva deux cens cinquante cinq mille six cens, chaque agneau servoit au moins à dix personnes. Il exhorta Florus à les traiter plus humainement; mais à peine Gallus fut-il parti, que Florus recommença à piller, il eut même l'audace d'envoyer des Soldats prendre dix sept talens de l'argent du Temple. Le Peuple s'émut, & s'emporta à des injures. Florus qui demeuroit ordinairement à Cesarée, en fut averti, & transporté de colere, il marcha à Jerusalem avec toutes ses troupes, & y entra comme dans une Ville prise d'assaut. Il fit piller le marché, & tuer tout ce qui s'y trouva, sans épargner ni les femmes ni les enfans. La Princesse Berenice même, sœur du Roy Agrippa, qui étoit venuë prier Dieu dans le Temple, pensa y être insultée.

Ce fut le seiziéme de Mai de l'an soixante & six de Jesus-Christ, que ce desordre arriva, & ce fut proprement le commencement de la revolte & de la guerre, la douziéme année de l'Empire de Neron, & la dix-septiéme du regne d'Agrippa.

Le lendemain Florus voulut se rendre maître du Temple pour le piller ; mais les Juifs s'étant armez à la hâte, rompirent les galeries qui joignoient le Temple & la Tour Antonia, & comme Florus n'étoit pas preparé à faire un Siege, il s'apaisa à la priere des Pontifes, qui lui promirent de tenir le Peuple dans le devoir. Le Roi Agrippa y vint aussi, & se mêla de l'accommodement. Il persuada aux Juifs de rétablir les galeries, & de payer à l'Empereur le tribut accoûtumé ; mais quand il parla d'obéïr à Florus, le Peuple furieux lui jetta des pierres, & l'obligea à se retirer. Animez par ce petit succés, ils s'emparerent du Château de Masade, & massacrerent tous les Romains qui y étoient en garnison. En même tems Eleazar Capitaine du Temple, empêcha qu'on offrît des victimes pour l'Empereur, c'étoit lui declarer la guerre. Les Pontifes, les Pharisiens, & les plus sages d'entre les Juifs ne la vouloient point, mais ils n'étoient pas les plus forts. Les assassins s'étant joints aux séditieux, ils forcerent la haute Ville, brûlerent le Palais d'Agrippa, attaquerent & prirent la tour Antonia. Les voleurs de la campagne qui prenoient le nom de Zelateurs, arrivoient aussi de tous côtez. Les Romains s'étoient retirez dans quelques tours, la faim les obligea de se rendre,

Eleazar les fit tous tuer contre la parole donnée. Les Siriens & les Egyptiens à cette nouvelle, vangerent les Romains, & massacrerent dans leur pays plus de cent mille Juifs.

 La nouvelle de la revolte fit marcher Gallus Gouverneur de Sirie, il avoit assemblé une puissante armée. Le Roi Agrippa, & Soeme Roi d'Emese l'avoient joint avec leurs troupes. Il ne trouva pas grande resistance, les Juifs se retirerent dans le Temple & dans la derniere enceinte de la Ville, il les y attaqua foiblement, & se retira sans savoir pourquoi, avec assez de précipitation. Sa peur leur donna du courage, ils chargerent son arriere-garde, la taillerent en pieces, & le poursuivirent jusqu'à Gabaon, autant par leurs cris que par leurs coups. Il se sauva la nuit, & leur abandonna son bagage & ses munitions de guerre.

 Cette petite victoire causa la perte des Juifs, ils ne voulurent plus entendre parler de paix, & se preparerent à une guerre, qu'ils prévoyoient devoir être longue & sanglante. Les murailles de Jerusalem furent bien-tôt retablies, on forgeoit des armes de tous côtez, & la jeunesse s'empressoit d'aprendre un métier, que sa gloire & sa religion lui faisoient regarder comme necessaire. Les Chrêtiens suivirent alors les ordres de JESUS-CHRIST, qui leur avoit ordonné de quitter la Judée, & de fuir sur les montagnes, lors qu'ils verroient Jerusalem assiegée ; ils ne voulurent prendre aucune part à la revolte, la Religion Chrêtienne posant pour principe inébranlable la fidelité à son Prince, même infidele.

Dés que l'Empereur eut apris la défaite de Gallus, il donna à Mucien le Gouvernement de Sirie, & à Vespasien la conduite de la guerre contre les Juifs : Vespasien avoit fait des merveilles dans la derniere guerre de la Grande Bretagne ; l'Empereur Claude l'avoit fait Consul, & les Romains avoient peu de Capitaines plus experimentez. Il eut bien-tôt assemblé une grosse armée ; Agrippa l'attendoit auprés d'Antioche avec ses troupes ; Antiochus Roi de Comagene, Soëme Roi d'Emese, & Malc Roi d'Arabie, lui amenerent aussi du secours, l'armée se trouva de plus de soixante mille hommes. Vespasien fit son fils Titus son principal Lieutenant. Il entra dans la Galilée ; Josephe, qui dans ses Histoires se pique de se servir de l'épée, aussi bien que de la plume, en étoit Gouverneur pour les Juifs, il avoit fait faire l'exercice à cent mille hommes, mais ils n'oserent se presenter devant les Romains, c'étoit beaucoup pour eux d'attendre les ennemis derriere des murailles. Josephe s'enferma dans Jotapat, que les Romains atquerent avec vigueur, le siege fut long & meurtrier : enfin aprés deux mois Josephe se rendit, & fut fort bien traité de Vespasien, parce qu'il lui prédit l'Empire. Tiberiade, Tarichée, Gamala, & tout le reste de la Galilée se soumirent; Titus se distingua fort dans toutes ces occasions.

L'année suivante Vespasien fit de grans préparatifs pour assieger Jerusalem, la puissance des Juifs eût été formidable, s'ils eussent été bien unis, mais ils étoient divisez, les Zelateurs s'étoient emparez du Temple, & en avoient fait une Citadelle; Jean de Giscala étoit leur Chef. On vit alors l'abomination de la desolation dans le lieu Saint, selon la Profetie de Daniel, ce qui devoit arriver avant la ruine entiere des Juifs. Le Pontife Ananus s'oposa à leur impieté, & anima si bien le Peuple, qu'il prit les armes contre les Zelateurs, & les repoussa jusque dans la derniere enceinte du Temple. Les Zelateurs apellerent à leurs secours les Iduméens, qui les rendirent les plus forts; ils massacrerent le Pontife Ananus, Jesus de Gamala, & Zacarie fils de Baruc. Vespasien ne se pressoit point d'attaquer les Juifs; *ils s'affoibliront de plus en plus*, disoit-il, *en se tuant les uns les autres, & nous en viendrons plutôt à bout.* Il ne laissoit pas de faire piller le pays par ses troupes, il s'empara de toutes les petites Villes, qui étoient aux environs de Jerusalem, & marchoit déja pour en former le Siege, lors qu'il aprit la mort de Neron. Il s'arrêta tout court à cette nouvelle,

& voulut voir ce que deviendroit l'Empire.

Cepandant les Juifs au lieu de faire leur paix ou de se fortifier pour la guerre, se divisoient & se battoient les uns contre les autres, avec plus d'acharnement que jamais. Simon fils de Gioras, jeune homme, qui s'étoit fort distingué dans la défaite de Gallus, rassembla dans les cavernes de Pharan tous les voleurs de la campagne & tous les esclaves, à qui il donnoit la liberté. Il pilla d'abord l'Idumée, & devint si puissant, qu'aprés avoir gagné deux ou trois combats contre les Zelateurs, il s'approcha de Jerusalem avec trente mille hommes; le Peuple las de la tirannie des Zelateurs, lui ouvrit les portes, & le declara son General. Ces deux partis ne s'épargnoient pas, Simon étoit à la tête du Peuple, & Jean commandoit les Zelateurs, qui étoient maîtres du Temple.

Mais les Zelateurs se diviserent encore, Eleazar, qui avoit été leur Chef, avant que Jean de Giscala se fût joint à eux, se rendit maître de l'enceinte interieure du Temple avec deux mille quatre cens hommes, de sorte qu'on vit alors dans Jerusalem trois partis, qui se soutinrent lon-tems les uns contre les autres. Eleazar étoit le plus foible, mais il avoit l'avantage du lieu. Jean avoit six mille hommes d'armes dans la grande enceinte du Temple, & ne craignoit ni la Ville qu'il commandoit, ni le haut du Temple, contre lequel il dressa des machines prodigieuses, qui le mettoient à couvert des traits. Simon avoit dans la Ville dix mille hommes d'armes, & cinq mille Iduméens, il ne manquoit pas de vivres, la campagne lui en fournissoit. Jean faisoit tous les jours des sorties sur le Peuple, qui lui en donnoit; & Eleazar étant maître de l'interieur du Temple, disposoit des victimes qu'on y offroit. Car il est à remarquer qu'au milieu de tant d'horreurs, les trois partis se réünissoient dans le tems des Sacrifices, & que les étrangers même y venoient encore de toutes les parties du monde adorer le Dieu d'Israël.

An de J. C. 69. Les choses en étoient là, lorsque Vespasien fut proclamé Empereur. Il fut reconnu d'abord dans tout l'Orient, & ensuite dans Rome. Les Legions d'Illirie, conduites par Primus, étoient entrées en Italie pour soutenir son parti; Primus avoit gagné deux batailles, & Vitellius abandonné de ses meilleurs amis, étoit mort chargé du mépris & de la malediction du public. Son regne n'avoit été marqué que par la cruauté & par la bonne chere. Ses amis & sa propre mere n'avoient point été épargnez, & l'on parloit d'un festin qu'il avoit fait à son frere, où les conviez avoient mangé un paté de langues de faisans & de cervelles de pans, qui coûtoit vint-cinq mille écus. Vespasien délivré d'un rival si peu redoutable, prit le chemin de Rome, par les conseils de Mucien Gouverneur

verneur de Sirie son ami, qui l'avoit presque forcé à prendre l'Empire; *les Soldats vous en ont crû digne*, lui disoit Mucien, *il faut ou regner ou mourir.* En allant à Rome il passa à Alexandrie. Apollonius de Tiane y étoit alors, & profitoit de la superstition des Egyptiens, sa bonne mine, sa science & les prodiges qui le suivoient par tout, le faisoient admirer. Vespasien qui vouloit gagner les Peuples, l'alla voir, lui rendit de grans respects, & le consulta sur sa conduite. Sa visite ne fut pas inutile, Vespasien crut dés le lendemain faire plusieurs miracles. Un aveugle lui demanda au nom du Dieu Serapis, qu'il lui plût seulement de cracher sur ses yeux ; il le fit gravement dans la grande place d'Alexandrie ; l'aveugle dit qu'il voyoit clair, & le Peuple cria miracle. Un boiteux marcha droit. Il est vrai que les Medecins consultez par l'Empereur même, dirent que ces maladies n'étoient pas incurables ; mais qu'au moins il faloit convenir que la guerison s'étoit faite assez promptement. Ces sortes de miracles ne contribuerent pas peu à l'Empire de Vespasien. Les Juifs répandus dans tout l'Orient, y avoient semé une ancienne opinion, fondée sur les saintes Ecritures, que dans ce tems-là, le Conquerant de l'Univers sortiroit de la Judée. Cela se devoit entendre du regne spirituel de JESUS-CHRIST, & des conquêtes des Apôtres ; mais les Juifs toujours charnels, se l'apliquoient à

T

eux-mêmes, ce qui causa leur revolte & leur ruïne, & les Courtisans l'apliquoient à Vespasien, qui aprés avoir fait par lui ou par son fils Titus, la conquête de la Judée, fut reconnu par tout l'Empire, & fit bâtir à Rome le magnifique Temple de la paix. Il chargea son fils Titus de la guerre contre les Juifs.

CHAPITRE TROISIE'ME.

LE merite de Titus étoit déja connu, il n'avoit pas encore trente ans, la grande Bretagne & la Germanie l'avoient veu combatre sous son pere; il étoit beau, bien-fait, adroit à tous les exercices du corps, & d'une force extraordinaire; l'esprit & l'humeur encore plus aimable, civil, affable, populaire, les cœurs ne lui resistoient pas. Aprés la mort de Neron, il se mit en chemin pour aller recevoir les ordres de Galba, les Courtisans croyoient qu'il alloit être adopté & associé à l'Empire; mais ayant apris à Corinthe que Galba étoit mort, il retourna en Sirie. On dit qu'il consulta en passant la Venus de Paphos, qui lui donna l'esperance d'une grande fortune. Il trouva son pere incertain du parti qu'il devoit prendre, & le determina. Vespasien partit pour Rome, & Titus rassembla l'armée Romaine pour aller assieger Jerusalem.

Il y marcha avec quatre Legions & les troupes des alliez, qui étoient fort confiderables. Les Rois Agrippa & Soëme y étoient en perfonne. Tibere Alexandre Gouverneur d'Egypte, fut fon Lieutenant General & le Chef de fon Confeil. La Fête de Pâques de l'année foixante & neuf aprochoit, trente-fept ans aprés la mort de Jesus-Christ. Les Juifs felon la coûtume y étoient déja arrivez de toutes les parties du monde. Le nombre en étoit prodigieux, & ne fervit qu'à affamer la Ville pandant le Siege. Ils avoient eu le tems de la fortifier. La fituation en étoit fort avantageufe, fur deux montagnes environnées de trois enceintes de murailles. La Citadelle qu'on apelloit Antonia, le Palais & le Temple étoient autant de Forterefles.

Titus à la veuë de Jerufalem, fe détacha avec fix cens chevaux pour l'aller reconnoître, fans daigner prendre ni cafque ni cuiraffe ; il favoit que le Peuple fouhaitoit la paix, & fe flatoit qu'on lui ouvriroit les portes ; mais le Peuple n'étoit pas le maître, les Juifs fortirent en grand nombre & l'enveloperent, il y penfa perir, le Soldat lui avoit fait oublier le General.

Le lendemain il fit les aproches avec plus de prudence, & prit fes poftes autour de la Ville ; il y eut pandant les premiers jours plufieurs petits combats, où les Juifs furent toujours repoussez. Ils s'étoient réünis contre l'ennemi commun, mais la paix entre eux n'étoit pas sincere. Jean prit le tems que les portes du Temple étoient ouvertes, à cause de la Pâque, & du grand nombre d'étrangers qui vouloient adorer Dieu ; il y fit entrer ses Soldats avec des armes sous leurs habits, se saisit des portes, & en chassa Eleazar ; de sorte que les trois factions furent reduites à deux, Simon dans la Ville, & Jean dans le Temple. Ils s'acordoient quand le danger étoit present, & se batoient quand les Romains fatiguez du Siege les laissoient respirer.

Titus ne perdoit point de tems, on aplanit le terrain depuis Scopos jusqu'à la Ville, on éleva trois plateformes, les machines y furent dressées, & les beliers commencerent à batre la muraille. Les Juifs faisoient souvent des sorties. Ils avoient aussi des aqueducs, qui passoient par dessous les murailles dans la campagne ; les Romains qu'ils incommodoient par là, les boucherent & renfermerent les Assiegez dans leur Ville. Enfin Titus ayant tout fait preparer, marcha lui-même à l'assaut, & força la premiere enceinte de murailles le quinziéme jour du Siege ; les Juifs resisterent peu, dans l'esperance de mieux défendre les deux autres enceintes. Dion raporte que Titus y fut blessé au bras gauche d'un coup de pierre. Josephe & Suetone n'en disent rien. Par là les Romains se virent maîtres d'une partie de la Ville, où ils ne firent aucun defordre, efperant toujours que les Juifs fe rendroient fans attendre les dernieres extremitez; mais ils étoient plus obftinez que jamais. Titus cinq jours aprés força le fecond mur, il fe fit un grand carnage de part & d'autre; les affiegez revinrent à la charge avec furie, & le regagnerent, mais ils en furent encore chaffez, & les Romains en demeurerent les maîtres.

Aprés cet avantage, Titus laiffa repofer fes troupes, & les paya à la vûë des Juifs. Elles parurent fi belles & fi terribles, que les plus féditieux fe fuffent rendus, s'ils avoient pû efperer l'impunité de leurs crimes, ou plutôt, comme parle Jofephe, fi le tems de la juftice de Dieu fur eux n'eût pas été arrivé.

Le Prince naturellement bon, & qui les regardoit déja comme fes Sujets, vouloit les conferver malgré eux, il leur envoya Jofephe, qu'il avoit fait venir d'Alexandrie, efperant qu'un homme de leur Nation, habile & verfé dans les negociations, pouroit peut-être les perfuader.

Jofephe leur parla avec tout le zele que l'interêt des Romains & l'amour de fa Patrie lui devoient infpirer. Il les pria d'avoir compaffion d'eux-mêmes, du Peuple, du Temple, & de leur Pays, qu'il feroit contre nature qu'ils euffent plus de dureté pour eux-mêmes que des

T iij

étrangers: que les Romains étant si religieux, qu'ils respectent même parmi leurs ennemis, les choses qui passent pour saintes, à combien plus forte raison, ceux qui avoient été instruits dés leur enfance à les reverer, devoient-ils s'employer de tout leur pouvoir pour en procurer la conservation, & non pour travailler à les détruire: que les plus fortes de leurs murailles étant ruïnées, il leur étoit facile de voir, qu'ils ne pouvoient resister davantage à la puissance des Romains. *Miserables que vous êtes, ajouta-t-il, avez vous donc oublié d'où est venu votre secours dans tous les tems? Est ce par la voie des armes, que vous prétendez surmonter les Romains, comme si vous aviez jamais dû à vos propres forces les victoires que vous avez remportées? Et ce Dieu Tout-Puissant, qui a créé l'Univers, n'a t-il pas toujours été le Protecteur des Juifs, lors qu'on les a attaquez injustement? Ne rentrerez-vous point en vous-mêmes, pour considerer l'outrage que vous lui faites de violer le respect qui lui est dû, en faisant de son Temple une Citadelle, d'où vous sortez les armes à la main, comme d'une place de guerre? Avez vous oublié tant d'actions religieuses de nos Ancêtres, & de combien de guerres la sainteté de ce lieu les a délivrez. J'ai honte de raporter les œuvres admirables de Dieu à des personnes indignes de les entendre.*

Ce discours fut accompagné de larmes, &

ne fit aucune impreſſion ſur les Chefs, mais pluſieurs du Peuple ſe vinrent rendre au camp, & les Romains les recevoient à bras ouverts. Simon & Jean ſur ce prétexte, redoublerent de tiranie, ils faiſoient tuer tous ceux qui aprochoient ſans leur ordre des portes de la Ville, & faiſoient accroire à qui leur plaiſoit, qu'ils vouloient s'enfuïr. La famine commençoit à ſe mettre parmi les pauvres, ils ſortoient la nuit par des trous des murailles pour aller chercher quelques graines ſauvages & de l'herbe; mais Titus les faiſoit prendre, & pour intimider les autres, on les crucifioit en plein jour à la veuë de leurs parens, qui jettoient des cris effroyables. Les Romains en renvoyoient quelques uns dans la Ville aprés leur avoir coupé les mains; mais ceux qui ſe venoient rendre volontairement, étoient bien receus.

Cependant Titus faiſoit élever quatre plateformes pour batre la forterreſſe Antonia, il faloit commencer par là, avant que d'aller au Temple; il y avoit dix-ſept jours qu'on y travailloit, lors qu'Antiochus Epiphane, fils du Roi de Comagene arriva au camp avec de fort belles troupes; il étoit jeune, bienfait, & ne reſpiroit que les combats; ſa garde étoit compoſée de jeunes gens, de grande taille, armez à la Macedoniene, qui ſe croyoient tous des Alexandres; Antiochus aprés avoir viſité les travaux, s'étonnoit qu'on s'amuſât à élever des terres au lieu de se batre; Titus sourit, & lui dit que le champ étoit libre. Il ne lui en falut pas davantage, il courut à l'assaut avec ses braves, qui se firent tous tuer, & il en revint presque seul, convaincu qu'à la guerre le courage ne suffit pas.

Dés que les quatre terrasses furent achevées, les Romains éleverent dessus, les machines pour batre la Ville; mais ils furent bien étonnez de voir tout d'un coup deux de leurs terrasses s'abimer toutes embrasées. Jean par un travail incroyable & secret, les avoit fait miner par dessous les murailles de la Ville, & y avoit mis le feu. Les Juifs firent en même tems une sortie, ruïnerent les deux autres terrasses, brûlerent les machines, & pousserent les Romains jusque dans leur camp. Quelques Soldats Romains las du Siege, ou par inconstance, s'étoient jettez dans la Ville, & avoient montré aux Juifs le fort & le foible des attaques. Ils les receurent comme leurs Liberateurs, & pandant la plus horrible famine, ils ne les laisserent manquer de rien. Titus vit alors qu'il seroit difficile de forcer tant de gens determinez à la mort; le travail de nouvelles terrasses étoit immense, il n'y avoit plus de machines de guerre, & le Soldat étoit rebuté. Il prit le parti d'enfermer d'une nouvelle muraille, ce qui restoit de la Ville aux Juifs, afin de les affamer. Cette muraille avoit deux lieuës de tour; ainsi fut accomplie

complie la parole de JESUS-CHRIST ; *un jour viendra que les ennemis environneront Jerusalem de tranchées, & la serreront de toutes parts.*

Dés que cet ouvrage fut achevé, tout manqua dans une Ville extrémement peuplée, où il n'entroit plus rien. Les factieux en se faisant la guerre les uns aux autres, avoient brûlé leurs provisions, & quoiqu'ils se fussent réünis pour se défendre contre les Romains, & encore plus pour empêcher le Peuple de se rendre, il n'étoit plus tems de menager les vivres qu'on avoit dissipez. Ils forçoient les maisons pour en chercher, & sans misericorde ôtoient la nouriture aux femmes & aux enfans ; la famine commença dés le mois de Mai, on mangea d'abord tous les cuirs, le vieux foin, les herbes pouries, ils alloient ramasser jusque dans les égouts, des ordures, dont la seule veuë faisoit horreur. La guerre domestique se faisoit par tout, la necessité devorante n'avoit plus de loi, les peres ne reconnoissoient plus leurs enfans, & chacun s'arrachoit des mains de quoi soutenir une vie languissante, qu'on vouloit pourtant conserver ; on n'enterroit plus les morts, plusieurs avoient rendu les derniers soupirs en rendant à d'autres ce dernier devoir ; un morne silence regnoit par tout, la misere avoit tari la source des larmes ; point de pleurs, point de gemissemens, les vivans ne plaignoient ni les morts ni eux-mêmes, & la

V

foiblesse generale étoufoit tous les sentimens.

Simon & Jean, les deux tirans de Jerusalem, n'en étoient que plus furieux, ils ne manquoient encore de rien, ni eux ni leurs Soldats, la force les mettoit à couvert de la faim. Et comme les Romains ne les attaquoient plus; ils esperoient toujours qu'on leveroit le Siege, & qu'aprés une si belle défense, les Juifs les reconnoîtroient pour leurs Rois. L'exemple des Machabées flatoit leur ambition, oubliant sans doute, que ces derniers Heros des Hebreux, en combatant les étrangers, n'avoient pas déchiré leur Patrie, & qu'au milieu de la guerre, ils avoient toujours gardé la justice.

Pandant que la misere étoit si effroyable dans la Ville, l'abondance étoit dans le camp, on y aportoit des provisions de toutes les Provinces voisines, & les Romains en faisoient des festins continuels aux yeux des Assiegez, sans que rien diminuât leur constance desesperée; les deux Tirans avoient aposté de faux Profetes, qui promettoient toujours une prompte délivrance; les Juifs persuadez que le Dieu d'Israël étoit aussi puissant qu'autrefois, ne vouloient pas voir qu'il les avoit reprouvez. Les faux Profetes en soutenoient plusieurs, la crainte des Tirans en retenoit d'autres; mais la plupart sortoient de la Ville, quand ils pouvoient. Titus leur faisoit donner à manger, &

presque tous crevoient d'abord, leur estomac s'étoit retressi. Plusieurs avant que de sortir, avoient vendu tous leurs biens pour quelques pieces d'or, qu'ils avoient avalées ; mais les Siriens & les Arabes s'étant aperceus, qu'ils gardoient avec soin leurs excremens, & qu'ils en tiroient de l'or, aussi-tôt le bruit courut que tous les Juifs qui sortoient de la Ville étoient pleins d'or, on les attendoit au passage pour leur ouvrir le ventre, & plus de deux mille furent traittez avec cette barbarie, avant que Titus y pût donner ordre.

Rien ne pouvoit obliger les Juifs à se rendre ; il arriva même qu'une mere mangea son propre fils, Titus l'aprit & en eut horreur, il tâcha de s'en justifier devant ses Dieux & devant les hommes : *J'ai offert aux Juifs*, disoit-il, *une aministie generale, leur opiniâtreté & leur rage meritent qu'ils soient réduits à se nourir d'une viande si detestable ; mais j'ensevelirai ce crime sous les ruines de Jerusalem, & le Soleil en faisant le tour du monde, ne sera pas obligé de cacher ses rayons pour s'empêcher de voir un Peuple si abominable.* Le nombre des gens qui mouroient tous les jours est inombrable ; & si l'Histoire de Josephe n'étoit autorisée autant & plus que toutes les autres Histoires, on ne croiroit pas la moitié de ce qu'il en dit.

La longueur du Siege lassoit les Romains, & Titus lui-même, ne respirant que Rome &

les plaisirs de l'Empire, resolut de recommencer l'attaque à force ouverte. Il fit travailler pandant tout le mois de Juin à de nouvelles terrasses & à des machines, & y employa tout le bois des maisons de plaisance à quatre licuës à la ronde. Simon & Jean ne manquoient pas de courage, ils craignoient moins leurs ennemis, que leurs propres Citoyens. Le Pontife Mathias accusé de vouloir se rendre, fut massacré avant ses trois enfans, seule grace que les Tirans voulurent bien lui accorder, pour reconnoissance de les avoir receus dans la Ville.

Josephe ne perdoit point l'esperance de leur faire entendre raison ; il alloit souvent crier aux Juifs, qui étoient sur les murailles, qu'il ne faloit point se desesperer, & que Titus leur pardonneroit, s'ils lui demandoient misericorde ; mais ses remontrances étoient mal receuës ; il fut un jour blessé à la tête d'un coup de pierre, qui lui fit perdre connoissance, & les Romains eurent beaucoup de peine à l'emporter. Il étoit assez embarassé, il vouloit servir tout le monde, & tout le monde se plaignoit de lui ; les Juifs disoient qu'il les avoit trahis, & les Romains au moindre échec, soupçonnoient sa fidelité.

Aprés trois semaines de travail, les terrasses & les machines étoient presque achevées, lorsque les Juifs firent une grande sortie pour les ruïner ; mais soit qu'ils ne combatissent pas avec tant de valeur qu'à l'ordinaire, soit que les Romains se tinssent mieux sur leurs gardes, ils furent repoussez avec grande perte. Le lendemain on dressa les beliers pour batre la tour Antonia, on alla à la sape, la muraille fut ébranlée & tomba la nuit ; les Romains y entrerent par la brêche, & en demeurerent enfin les maîtres.

Il ne restoit plus aux Juifs que le Temple & la Ville haute. Titus fit disposer toutes choses pour les attaquer. Mais il arriva le dixiéme de Juillet, un malheur, qui jetta les Assiegez dans la derniere consternation. Le Sacrifice perpetuel ne fut point offert au Dieu vivant, ne s'étant trouvé ni Sacrificateurs ni Pontifes. Les Romains prirent ce tems-là pour les attaquer, on mit le feu aux galeries, qui joignoient la tour Antonia au Temple, & aprés des efforts incroyables, Titus se rendit maître de la premiere enceinte du Temple, où les Payens avoient la liberté d'entrer. L'enceinte interieure étoit bâtie de pierres si dures, & la situation en étoit si avantageuse, qu'il n'étoit pas aisé de la forcer. Les Soldats pour aller plus vîte, y vouloient mettre le feu ; mais Titus regardant avec admiration un bâtiment si magnifique, ne pouvoit s'y resoudre, & ordonna l'assaut. Les Romains animez par sa presence, y montoient en foule, il sembloit que les Juifs immobiles avoient perdu courage , personne ne paroissoit sur les murailles ; mais à peine les Romains y eurent planté leurs drapeaux, qu'ils se virent attaquez avec fureur : ils ne firent pas grande resistance , leur nombre étoit encore petit, tous furent précipitez du haut en bas , & les Juifs vainqueurs emporterent les Aigles Romaines , qu'ils élevoient avec insolence. Alors un Soldat desesperé de la mort de ses camarades , ne respectant plus les ordres du Prince, jetta dans le Temple quelques pieces de bois enflammées. Le feu se prit en plusieurs endroits, les Juifs en voyant brûler leur Temple, avoient comme perdu connoissance, & ne se défendoient plus. Titus y courut lui-même avec ses Officiers pour le faire éteindre ; les Legionaires montoient sans ordre, & presque sans armes , ils vouloient piller, & ne tuoient qu'en passant ; les dehors du Temple étoient couverts de lames d'or , ils y croyoient trouver des biens immenses ; le Prince enfin se fit jour au travers d'amis & d'ennemis, jusque dans le lieu Saint, il y vit de grandes richesses , & reconnut que la renommée avoit pris soin de les diminuer ; le sang y couloit à ruisseaux, & le feu commençoit à gagner par tout. Il avoit beau donner les ordres pour l'éteindre, les Soldats ne vouloient que la confusion, & craignoient qu'on ne les empêchât de piller, si tout étoit calme;

pandant que d'un côté on éteignoit le feu, on l'allumoit de l'autre ; enfin, ce bâtiment superbe, l'admiration de l'Univers, fut réduit en cendres, malgré les vaincus & les vainqueurs, par un juste jugement de Dieu, qui dans ses decrets éternels en avoit marqué le dernier moment au dixiéme du mois d'Août de l'année soixante & dix de Jesus-Christ. Nabucodonosor Roi de Babilone, avoit brûlé le Temple de Salomon à même jour, cinq cens ans après sa fondation. Il y avoit plus de six cens ans que les Juifs l'avoient retabli, par la permission de Cirus ; mais le vieil Herode y avoit ajouté tant de bâtimens & si superbes, qu'il en pouvoit passer pour le Restaurateur. Ce Temple étoit pourtant bien éloigné de la magnificence de celui de Salomon.

Cepandant dans la confusion d'un assaut & d'un embrasement, Jean & Simon à la tête de leurs Soldats, s'ouvrirent un passage l'épée à la main au travers du feu & des Romains, & se retirerent dans la Ville haute. On ne songeoit plus à arrêter l'embrasement, les Soldats enragez d'avoir perdu tant de richesses, en perdirent d'aussi grandes, en brûlant toutes les galeries, & tous les bâtimens qui environnoient le Temple ; les Marchans y avoient retiré tous leurs effets ; six mille personnes s'étoient sauvez sous un portique du Temple, on y mit encore le feu, & ils y furent tous brûlez.

La Ville haute de Jerufalem étoit fituée fur la Montagne de Sion, Jean & Simon qui s'y étoient fauvez, fe voyant hors d'état de fe défendre, demanderent à Titus la permiffion de fe retirer dans le defert, avec leurs femmes & leurs enfans; il voulut qu'ils fe rendiffent à difcretion; ils refuferent. Il falut recommencer un nouveau Siege, & faire de nouvelles terraffes, les Romains y employerent depuis le vintiéme du mois d'Aouft jufqu'au feptiéme de Septembre, qu'ils firent joüer leurs machines. Les murs de la Ville furent bien-tôt renverfez & forcez; Simon & Jean avoient enfin perdu courage, ils pouvoient encore obtenir une capitulation dans les tours d'Hippique, de Phafaël & de Mariane, ou du moins, ils s'y pouvoient défendre encore lon-tems, ils s'allerent cacher dans les égouts. La faim en fit bien-tôt fortir Jean, il vint demander quartier aux Romains, qui le condamnerent à une prifon perpetuelle. Simon qui avoit quelques provifions dans fon trou, y demeura caché jufqu'à la fin du mois d'Octobre; mais enfin n'ayant plus de quoi vivre, il en fortit, & fe montra avec un habit blanc & un manteau de pourpre. Les Soldats qui le virent dans cet équipage, furent étonnez d'abord, & lui demanderent avec refpect, qui il étoit; il fe nomma fierement, on l'enchaîna, & peu de jours aprés il fut conduit à Rome, où il fervit d'ornement au triomfe de Titus.   Aprés

Aprés la prise de Jerusalem, Titus en fit raser la plus grande partie, & démolir entierement le peu qui restoit du Temple, accomplissant sans y penser ce qu'avoit dit Jesus-Christ, qu'il n'en resteroit pas pierre sur pierre. Il alla ensuite à Cesarée, y loüa & recompensa ses Soldats, & passa le reste de l'hiver en Sirie. Il repassa au Printems à Jerusalem, & n'y voyant plus qu'un desert, il pleura sur la destinée d'une Ville si puissante, & maudit les Auteurs de la revolte, qui l'avoient forcé de la détruire. Il alla donner quelques ordres à Alexandrie, où il s'embarqua, passa en Grece, où il vit le celebre Apollonius de Tiane, & arriva à Rome. Son pere Vespasien vint au devant de lui, & quelques jours aprés, ils y rentrerent ensemble en triomfe; la pompe en fut magnifique, & l'on y remarqua la table d'or du Temple, le Chandelier à sept branches, & le Livre de la Loi. Le fameux Simon fils de Gioras, y parut à la tête des Captifs, & fut executé par la main du Boureau; sa conduite & sa valeur eussent merité un autre sort, s'il ne les eût pas souïllées par une infinité de crimes, qui causerent la ruïne de sa Patrie, & l'en rendirent l'abomination.

CHAPITRE QUATRIEʹME.

L'Eglife de Rome, loin d'être ébranlée, fe trouva plus affermie par la mort des Saints Apôtres. Saint Pierre en avoit donné la conduite dés fon vivant à Saint Lin, qui eut pour Succeffeur Saint Anaclet, dont nous n'avons rien de particulier qui foit affuré. Saint Clement leur fucceda. Saint Paul parle de lui dans l'Epître aux Philippiens, & la plupart des Anciens Peres ont crû, qu'il avoit été ordonné Evêque par Saint Pierre, auffi-bien que Saint Lin & Saint Anaclet pour gouverner l'Eglife de Rome en fon abfence ou aprés fa mort.

Les guerres civiles avoient affez occupé Galba, Othon & Vitellius; & Vefpafien feul Maître paifible de l'Empire, n'ayant fongé qu'à affermir fa domination, les Chrêtiens avoient eu le tems de refpirer; mais auffi ce repos caufa entre eux des divifions; ceux de Corinthe en foufrirent les premiers, quelques Clercs s'éleverent contre des Prêtres, & par leurs brigues les firent dépofer; ils eurent recours à l'Eglife de Rome pour les accorder, & Saint Clement leur adreffa une Epître admirable. Il les louë au commencement, de leur vertu, de leur douceur, de leur humilité, les fait fouvenir des Saints Apôtres Pierre & Paul, qui ont enduré la mort pour le nom de JESUS-CHRIST. Il leur represente le scandale que leurs divisions donnent à l'Eglise Universelle, les exhorte à faire penitence, en préferant l'union à des interêts particuliers; il leur fait une image touchante de la resurrection & de la gloire des bienheureux, leur montre toujours JESUS-CHRIST comme leur modele; *pourquoi*, ajoute-t-il, *y a-t-il entre nous des divisions, n'avons nous pas un même Dieu, un même Christ, un même esprit de grace répandu sur nous? Que Dieu qui voit tout, qui nous a choisis par notre Seigneur* JESUS-CHRIST, *pour être son Peuple particulier, donne à toute ame qui invoque son nom, la foi, la crainte, la paix, la patience, la continence, la chasteté, la temperance pour plaire à son Saint nom par* JESUS-CHRIST *notre souverain Pontife & notre Chef; par lui soit gloire & majesté, puissance, honneur, maintenant & dans tous les siecles des siecles.* Cette Epître est admirable, & si l'histoire du Phenix, qui y est raportée, sent un peu la fable, il le faut pardonner à un siecle qui aimoit fort les allegories. On attribuë beaucoup d'autres ouvrages à Saint Clement, comme les recognitions, où il raporte diverses actions de Saint Pierre, & comment lui-même reconnut son pere & ses freres, ce qui a fait donner à cet ouvrage le nom de recognitions, ou reconnoissances: les constitutions Apostoliques, où souvent on fait parler les Apôtres fort mal à propos, & qui font pleines d'erreurs, d'abfurditez, & d'anacronifmes, une liturgie & un difcours fur la Providence ; mais comme tous ces ouvrages font indignes de Saint Clement, qu'ils ne font pas du même ftile, & que fouvent ils fe contredifent, on les met au rang des apocrifes.

Il s'éleva auſſi quelques Heretiques, qui eurent des Sectateurs. Ebion fe difoit difciple de Saint Pierre, allioit les obfervances legales avec l'Evangile, & nioit la Divinité de JESUS-CHRIST. Cerinthus ajoutoit que JESUS, étoit né de Jofeph & de Marie, que le CHRIST étoit dêcendu en lui aprés fon Baptême, qu'il avoit prêché & fait des miracles ; mais que dans le tems de la Paſſion, le CHRIST s'étoit retiré de JESUS, qui avoit foufert tout feul.

Cependant les Juifs par un jufte jugement de Dieu, étoient haïs par tout, & par tout perfecutez, fouvent fans qu'ils euſſent fait de nouveaux crimes ; les Lieutenans de Titus leur avoient encore pris les Châteaux d'Herodion & de Maqueronte, & il ne leur reftoit plus que le Château de Mafade. Eleazar y commandoit un refte d'aſſaſſins. Les Romains l'aſſiegerent dans les formes ; mais lorfqu'ils étoient prêts de s'en rendre maîtres, Eleazar perfuada à neuf cens foixante aſſaſſins, qui étoient encore avec lui, de prendre une refolution, qui n'eut jamais d'exemple : ils tuerent d'abord leurs femmes & leurs enfans, choifirent enfuite dix d'entre eux, qui tuerent tous les autres, & l'un des dix aprés avoir tué les neuf autres, fe tua lui-même. Leur pays devint defert, toutes leurs terres furent vendues, & pour les tenir fous le joug, huit cens Soldats veterans fuffirent dans toute la Judée.

On ne les traita gueres mieux en Egypte, le Temple qu'ils avoient bâti à Heliopolis, à neuf lieuës de Memphis, contre la défenfe expreffe de leur Loi, fut abbatu par l'ordre de Vefpafien, de peur qu'aprés la ruïne du Temple de Jerufalem, ce Peuple inquiet & attaché à fa Religion, n'y fît des Affemblées, qui pouvoient devenir dangereufes. Mais l'Empereur ne fe contenta pas de les perfecuter en general, il en vouloit particulierement à la famille Royale de David, il favoit que les Juifs attendoient un Liberateur de la Race de ce Saint Roi, Domitien & Trajan eurent la même penfée, & la perfecution paffa des Juifs jufque fur les Chrêtiens, à caufe de Saint Simeon Evêque de Jerufalem, qui étoit de la famille de David, auffi bien que les petits fils de l'Apôtre Saint Jude.

Vefpafien ne regna que dix ans ; grand Prince à l'avarice prés, qu'il vouloit excufer fouvent par des plaifanteries. Un jour que les Deputez d'une Ville lui vouloient ériger une Statuë d'or ; *voilà la baze*, leur dit-il, en leur tendant la main, *mettez-y l'argent de votre Statuë.* Il pardonnoit aisément à ses ennemis, & ne pouvoit se resoudre à les faire mourir. *Laissez le aboyer,* disoit-il, en parlant d'un Filosofe, qui declamoit toujours contre le gouvernement. Les Astrologues & les Magiciens étoient fort méprisez sous son regne, & parce qu'on disoit que Metius Pomposianus devoit être Empereur, il le fit Consul; *au moins,* dit-il, *il se souviendra que je lui ai fait du bien.* Son courage ne se démentit point jusqu'au dernier soupir, son mal l'accabloit, il se faisoit soutenir, *il faut,* disoit-il gravement, *qu'un Empereur meure debout,* & peu avant que d'expirer, *je sens,* dit-il en riant, *que je m'en vais devenir Dieu,* se moquant de ces ridicules apotheoses, que la flaterie avoit mis en usage depuis la perte de la liberté. Son fils Titus lui succeda, & fit voir en sa personne une chose nouvelle; un jeune Prince, que le Trône corrige de ses défauts, & qui commençant à pouvoir tout, s'impose à lui-même les loix les plus severes de la justice & de la vertu.

Titus donna d'abord un grand exemple de sagesse & de moderation, en quittant la Princesse Berenice, sœur d'Agrippa Roi des Juifs; il en étoit devenu amoureux en Judée, quoiqu'elle fût veuve d'Herode Roi de Chalcide, & de Polemon Roi de Pont; Berenice s'étant flatée de devenir Imperatrice, l'avoit écouté,

An de J. C. 79.

& l'avoit suivi dans toutes ses guerres: On en murmuroit dans Rome, elle ne s'en embarassoit pas, & préferoit ses esperances à son honneur. Mais l'Empereur changea le cœur du Prince, il la renvoya dans ses Etats, fondante en larmes au milieu des biens & des honneurs, dont il adoucit son exil. Cette action lui gagna les cœurs des Romains ; ils ne faisoient pas grand cas des étrangers, & la moindre Citoyenne de Rome dans leur esprit, étoit préferable à une Reine. La bonté étoit le caractere naturel, de Titus, il vouloit qu'on l'aimât ; un soir il se souvint qu'il n'avoit rien donné ce jour là ; *mes Amis*, dit-il à ceux qui étoient auprés de lui, *voilà un jour perdu*. Deux Patriciens ne laisserent pas de conspirer contre sa vie, ils furent convincus & condamnez; mais il les envoya querir en particulier, & se contenta de leur dire, que la Souveraineté depandant d'une puissance superieure à celles des hommes, il leur accorderoit toute autre chose que l'Empire. Il les fit manger à sa table, & le lendemain les ayant fait mettre auprés de lui à un spectacle, il leur fit presenter les épées nuës des Gladiateurs, qu'on lui avoit aportées selon la coûutme. Il disoit qu'il ne connoissoit point le crime de leze-Majesté ; *pourquoi me fâcheroit-on*, disoit-il, *je ne veux fâcher personne, & quand à mes Prédecesseurs, s'ils sont Dieux, ils se vangeront bien eux-mêmes*.

Mais ce fut son frere Domitien, qui mit sa patience aux dernieres épreuves. Il lui fit pardonner par son pere, & lui pardonna lui même plusieurs fois, des emportemens qu'un autre eut payé de sa tête. Il répondoit aux injures par des bienfaits, & lui disoit souvent avec larmes : *attendez, mon frere, en patience un Empire que l'âge vous donnera, & contentez vous presentement de le partager avec moi* : sa tendresse ne toucha point le cœur de Domitien, & s'il en faut croire les Historiens, il l'empoisonna. Dés que Titus se sentit frapé, il se fit porter à sa maison de campagne, Domitien l'y suivit, sous prétexte de le servir, & comme il le vit tombé dans une grande foiblesse, il le fit mettre dans une cuve pleine de nege, moins pour le rafraîchir, que pour éteindre un reste de chaleur naturelle. Il le quitta même avant qu'il fût expiré, pour aller à Rome se faire declarer Empereur.

An de J. C. 81.
Le regne de Titus, qui ne dura que deux ans, ne nous fournit aucun évenement pour l'Histoire de l'Eglise; il étoit trop bon pour la persecuter, & toutes ses vertus morales n'avoient pas merité, qu'il la protegeât. Son frere Domitien, qui lui succeda, n'en usa pas de même, la cruauté qu'il poussa jusqu'à faire mourir devant lui la plupart des criminels, le rendoit digne de persecuter l'Eglise. Il n'épargna pas le Consul Flavius Clemens son cousin,

qui s'étoit fait Chrétien avec toute sa famille; sa femme Flavia Domitilla & ses nieces furent bannies. On avoit deferé à Domitien Saint Jean l'Evangeliste, comme un Prédicateur de nouveautez. L'Apôtre aprés avoir porté la foi Chrétienne aux Parthes, & selon quelques uns aux Indiens, étoit revenu à Ephese, où il demeuroit ordinairement. Il fut amené à Rome & plongé dans de l'huile boüillante, d'où il sortit comme les enfans de la fournaise, glorifiant le Seigneur. Ce miracle arriva prés de la Porte Latine, où l'on en voit encore un monument fort ancien. Les Fideles en reprirent une nouvelle ferveur, & Domitien n'osant ou ne voulant pas faire mourir Saint Jean, le relegua dans l'Isle de Patmos. Là dans le silence de la solitude, attentif à Dieu & tout entier à l'oraison, il eut plusieurs revelations, qu'il envoya aux sept principales Eglises d'Asie; sçavoir à celles d'Ephese, de Smirne, de Pergame, de Thiatire, de Sardis, de Philadelfie, & de Laodicée. Il adresse la parole aux Anges de ces Eglises, c'est-à-dire aux Evêques. Il commence chaque Epître par des loüanges, & finit par des exhortations. L'Ange d'Ephese est loüé de sa vertu, blâmé de son relâchement. L'Ange de Smirne, est declaré riche dans sa pauvreté, heureux dans la persecution. Il accuse l'Ange de Pergame de ne pas combattre les erreurs assez vivement; il menace la fausse Profetesse

Mais ce fut son frere Domitien, qui mit sa patience aux dernieres épreuves. Il lui fit pardonner par son pere, & lui pardonna lui même plusieurs fois, des emportemens qu'un autre eut payé de sa tête. Il répondoit aux injures par des bienfaits, & lui disoit souvent avec larmes : *attendez, mon frere, en patience un Empire que l'âge vous donnera, & contentez vous présentement de le partager avec moi* : sa tendresse ne toucha point le cœur de Domitien, & s'il en faut croire les Historiens, il l'empoisonna. Dés que Titus se sentit frapé, il se fit porter à sa maison de campagne, Domitien l'y suivit, sous prétexte de le servir, & comme il le vit tombé dans une grande foiblesse, il le fit mettre dans une cuve pleine de nege, moins pour le rafraîchir, que pour éteindre un reste de chaleur naturelle. Il le quitta même avant qu'il fût expiré, pour aller à Rome se faire declarer Empereur.

An de J. C. 81.

Le regne de Titus, qui ne dura que deux ans, ne nous fournit aucun évenement pour l'Histoire de l'Eglise ; il étoit trop bon pour la persecuter, & toutes ses vertus morales n'avoient pas merité, qu'il la protegeât. Son frere Domitien, qui lui succeda, n'en usa pas de même, la cruauté qu'il poussa jusqu'à faire mourir devant lui la plupart des criminels, le rendoit digne de persecuter l'Eglise. Il n'épargna pas le Consul Flavius Clemens son cousin,
qui

qui s'étoit fait Chrêtien avec toute sa famille ; sa femme Flavia Domitilla & ses nieces furent bannies. On avoit deferé à Domitien Saint Jean l'Evangeliste, comme un Prédicateur de nouveautez. L'Apôtre aprés avoir porté la foi Chrêtienne aux Parthes, & selon quelques uns aux Indiens, étoit revenu à Ephese, où il demeuroit ordinairement. Il fut amené à Rome & plongé dans de l'huile boüillante, d'où il sortit comme les enfans de la fournaise, glorifiant le Seigneur. Ce miracle arriva prés de la Porte Latine, où l'on en voit encore un monument fort ancien. Les Fideles en reprirent une nouvelle ferveur, & Domitien n'osant ou ne voulant pas faire mourir Saint Jean, le relegua dans l'Isle de Patmos. Là dans le silence de la solitude, attentif à Dieu & tout entier à l'oraison, il eut plusieurs revelations, qu'il envoya aux sept principales Eglises d'Asie ; savoir à celles d'Ephese, de Smirne, de Pergame, de Thiatire, de Sardis, de Philadelfie, & de Laodicée. Il adresse la parole aux Anges de ces Eglises, c'est-à-dire aux Evêques. Il commence chaque Epître par des loüanges, & finit par des exhortations. L'Ange d'Ephese est loüé de sa vertu, blâmé de son relâchement. L'Ange de Smirne, est declaré riche dans sa pauvreté, heureux dans la persecution. Il accuse l'Ange de Pergame de ne pas combattre les erreurs assez vivement ; il menace la fausse Profetesse de Thiatire. Il plaint le malheur de l'Ange de Sardis, qui paroît vivant, quoiqu'il soit mort devant Dieu. Il louë la fidélité de l'Ange de Philadelfie, & blâme la tiedeur de celui de Laodicée ; mais dans la suite il s'éleve jusque dans le Ciel, & y voit en esprit sous des images magnifiques, la fin de l'Idolatrie, & le triomfe de l'Eglise. *Je vis*, dit-il, *une porte s'ouvrir dans le Ciel, & l'on me dit ; montez ici, & je vous montrerai l'avenir. Un Trône parut, & quelqu'un assis sur ce Trône, plus brillant mille fois que le Soleil. Vint-quatre Vieillars l'environnoient assis aussi sur des Trônes, ils étoient vêtus de robes blanches, & avoient sur la tête des couronnes d'or. Les éclairs & les tonneres sortoient de toutes parts. Sept lampes ardentes brûloient sur une mer de cristal, & l'on voyoit autour du Trône quatre animaux differens pleins d'yeux devant & derriere, un lion, un beuf, un aigle, & le quatriéme avoit le visage d'un homme ; ils chantoient incessamment, Saint, Saint, est le Seigneur toutpuissant, qui étoit, qui est & qui sera. En même tems les vint-quatre Vieillars se prosternoient devant le Trône, & adoroient celui qui y étoit assis, en mettant leurs couronnes à ses pieds, & disant : vous êtes digne, ô Seigneur nôtre Dieu, de recevoir gloire, honneur, & puissance, parce que vous avez créé toutes choses, & que c'est par votre volonté qu'elles subsistent.*

Saint Jean vit ensuite l'Agneau ouvrir le

Livre scellé de sept Sceaus. On découvre dans ces revelations au travers des figures incomprehensibles, beaucoup de veritez claires & pleines d'instruction pour les ames humbles, & qui cherchent les voies de Dieu, sur tout les afflictions & les épreuves, par où le Souverain Seigneur fait passer ses enfans: & en general on y voit cette autorité absoluë, avec laquelle il dispose de toutes choses, comme bon lui semble, & gouverne le monde à sa volonté.

Aprés que Saint Jean a parlé des victoires de JESUS CHRIST sur les derniers ennemis qui lui restoient à combatre; il finit par la description du Jugement final, dont il voit toutes les pompes & toutes les horreurs: *Je vis, dit-il, un autre Ange fort & puissant, qui décendoit du Ciel couvert d'une nuée, l'arc en ciel étoit au dessus de sa téte, son visage étoit comme le Soleil, & ses pieds comme des colomnes de feu; il tenoit en sa main un Livre ouvert; il mit son pied droit sur la mer, & son pied gauche sur la terre, & cria à haute voix, comme un lion qui rugit: & aprés qu'il eût crié, sept tonnerres firent entendre leur voix.* Aprés que les sept tonnerres eurent parlé, Saint Jean vouloit écrire ce qu'ils avoient dit, mais il lui fut défendu. *Alors l'Ange jura par celui qui vit dans les siecles des siecles, qui a créé le Ciel, la terre, & la mer, qu'il n'y auroit plus de tems; mais que quand le septiéme Ange* sonneroit la trompette, le myſtere de Dieu s'accompliroit; ainſi qu'il l'a annoncé par les Profetes ſes ſerviteurs.

Il voit enſuite l'Agneau ſur la Montagne de Sion, & devant lui les cent quarante-quatre mille, qui avoient été marquez au front du nom de ſon Pere, les ſept phioles de la colere de Dieu verſées ſur la terre, la ruïne de Babilone, le dragon enchaîné par un Ange ; il voit enfin décendre du Ciel la nouvelle Jeruſalem parée comme une épouſe, c'eſt-à-dire, l'Egliſe triomfante ; mais comme le langage humain n'a pas de termes propres pour exprimer de ſi grandes choſes, le Profete s'eſt ſervi d'expreſſions extraordinaires pour nous peindre en quelque ſorte par les traits les plus hardis, la gloire du Ciel & le dernier état des Bienheureux.

Domitien ayant appris qu'il y avoit encore en Judée des parens de JESUS-CHRIST, de la famille de David, les envoya chercher, de peur qu'ils ne remuaſſent ; il les vit & les trouva ſi ruſtiques & ſi ſimples, qu'il ne daigna les faire mourir, & les renvoya dans leur pays.

Il n'étoit pas ſi doux aux gens qu'il craignoit, la nobleſſe, la vertu, ou les richeſſes étoient un crime. La défiance & la timidité lui faiſoient verſer des ruiſſeaux de ſang, le Senat étoit toujours environné de Soldats. Les Dames n'étoient pas plus en ſeureté, il fit mourir trois

Vestales, dont le crime étoit au moins douteux ; il chassa de Rome tous les Filosofes, parce qu'ils parloient trop librement. Une pareille conduite ne pouvoit pas manquer d'exciter des revoltes & des conspirations. Apollonius de Tiane, en fomentoit une en Asie en faveur de Nerva, Orsitus & Rufus en étoient. Philostrate, qui a écrit la vie d'Apollonius, cent ans après sa mort, nous en dit des particularitez si surprenantes, qu'il faudroit avoir bien de la credulité pour les admettre toutes sur sa parole. Nous ne laisserons pas d'en raporter une partie. Domitien averti de la conspiration, manda qu'on arrêtât Apollonius ; mais il étoit déja sur le chemin de Rome, & sans rien craindre, il s'alla presenter lui-même à l'Empereur, dans le tems qu'il sacrifioit à Minerve. Son habit extraordinaire, sa grande barbe, & ses cheveux blancs surprirent Domitien ; Apollonius avoit plus de quatre-vint-dix ans. *C'est un diable*, dit-il à celui qui le conduisoit, *je vois bien*, dit Apollonius sans s'étonner, *que Minerve ne vous a pas encore fait la même grace qu'à Diomede, vous ne savez pas discerner les Dieux d'avec les hommes.* L'Empereur l'interrogea sur la conspiration, qu'il nia avec tant d'insolence, qu'il lui fit couper la barbe & les cheveux, & le renvoya en prison. Il ne paroissoit point étonné ; *il ne me fera grand mal*, disoit-il à *Damis son Confident, mon destin est au dessus du sien.* En effet cinq jours aprés, Domitien le declara innocent, lui défendant pourtant de s'en aller; mais il n'obéït pas, disparut dans le moment, & se trouva le même soir à Pouzzol, à cinquante lieuës de là. Damis qui s'y étoit rendu par son ordre, se promenoit le soir sur le bord de la mer avec un Filosofe: *h.t,* lui disoit-il, *ne reverrons-nous jamais Apollonius; oüi,* lui dit Apollonius en le touchant; *vous le voyez.* Damis pensa mourir de peur; mais le Filosofe plus hardi, lui demanda, s'il étoit mort ou vivant; *tenez-moi,* lui dit il, *& si je m'enfuis, croyez moi un fantome.* Il ne leur tint pas long discours, & s'alla coucher, leur avoüant que sa divinité étoit fort lasse, ce qui arrive, dit Philostrate, à tous ceux que les demons transportent d'un lieu en un autre. Il passa quelques jours aprés dans le Peloponese, où l'on celebroit les jeux Olimpiques. Le bruit avoit couru que Domitien l'avoit fait brûler comme un Magicien, & quand on sçût qu'il étoit à Pise, toute la Grece y accourut prête à l'adorer. Damis l'avertit qu'il n'avoit plus d'argent, il en demanda aux Sacrificateurs de Jupiter, qui lui donnerent tout ce qu'il voulut.

Cependant Domitien avançoit toujours sa destinée par sa cruauté, il aimoit assez les petits enfans & joüoit avec eux. Il y en eut un, qui en badinant, prit un papier sous le chevet de son lit, & le donna à l'Imperatrice, qui fut bien étonnée d'y trouver sa mort resoluë, & celle des premiers Officiers du Palais; elle leur montra le papier, & le lendemain ils assassinerent l'Empereur entre onze heures & midi.

Apollonius étoit à Ephese; il parloit au Peuple à la même heure, & tout d'un coup il s'arrêta, ses yeux parurent hagars & fixez sur un objet, puis faisant brusquement trois ou quatre pas en avant; *frape*, s'écria-t-il; *frape le Tiran*. Ensuite il garda le silence quelques momens; *le Tiran*, dit il au Peuple, *vient d'être tué; j'en jure par Minerve*. On le crut fou; mais quand la nouvelle arriva, que la chose étoit veritable, on le crut un Dieu. Nerva lui-même, qui aprés la mort de Domitien, avoit été proclamé Empereur, croyoit lui avoir obligation de l'Empire, & lui écrivit aussi-tôt pour lui demander ses conseils; mais il lui fit réponse par Damis, qu'ils ne se verroient que dans l'autre vie. En effet Apollonius mourut l'année suivante, & cacha si bien sa mort, que personne n'en fut témoin. Sa prétenduë divinité s'en établissoit mieux, ses disciples disoient, qu'il avoit été enlevé dans les Cieux. Les habitans de Tiane lui bâtirent un Temple. Les Empereurs lui firent rendre de grans honneurs; Adrien ramassa toutes ses Lettres, Caracalla lui éleva des Statuës, l'Empereur Alexandre avoit son image dans son cabinet auprés de celle de Jesus-

CHRIST. On dit même qu'Aurelien voulant saccager Tiane, Apollonius lui aparut pour défendre sa Patrie, & que cet Empereur tremblant lui promit un Temple ; mais enfin cette divinité soutenuë également par les Princes de la terre & par ceux de l'enfer, ne dura au plus que deux cens ans, & eut peu de Sectateurs. Philostrate raconte plusieurs de ses miracles, qui se peuvent raporter aisément à l'operation des demons, ou à des causes purement naturelles.

Dés que Nerva eut été proclamé Empereur, les choses changerent de face & l'on vit alors que la puissance du Prince n'est pas incompatible avec la liberté du Peuple. Sa vertu éprouvée pandant une longue suite d'années, (il avoit soixante & quatre ans) prit de nouvelles forces sur le Trône. Il fit des loix séveres contre les delateurs, & fit mourir les esclaves & les affranchis, qui avoient accusé leurs Maîtres. Il jura publiquement de ne jamais donner la mort à aucun Senateur, & tint parole. Il ne souffrit point qu'on lui dressât aucune Statuë, ni d'or ni d'argent. Il retrancha divers sacrifices, qui coutoient beaucoup, & commença le premier des Empereurs à méprifer les Gladiateurs, ce qui les abolit dans la suite : Et comme malgré tous ces retranchemens, il manquoit encore d'argent, il vendit sa vaisselle d'or & ses meubles, aimant

mieux

mieux se passer des choses superfluës, que d'avoir recours aux impôts, pour soutenir le faste des Tirans. Mais ce qui lui fit le plus d'honneur, ce fut la maniere dont il en usa avec Virginius Rufus, que les Soldats avoient proclamé Empereur plus d'une fois, & que bien loin d'en être jaloux, il voulut avoir pour Collegue dans le Consulat. Enfin il rapella tous les banis, & donna la liberté à tous les prisoniers.

Saint Jean joüit de l'abolition generale, & retourna à Ephese. Il trouva que Saint Timothée qui en étoit Evêque, y avoit été martirisé la même année. Il reprit la conduite de cette Eglise, quoi qu'il eût quatre-vint dix ans. Sa santé étoit bonne, & il alloit encore visiter les Provinces voisines, pour y établir des Evêques & y regler la discipline. Il fit Saint Policarpe Evêque de Smirne. Ce fut en ce tems-là, qu'au raport de Saint Clement d'Alexandrie, Saint Jean convertit un Chef de voleurs. L'histoire en est édifiante. L'Apôtre ayant recommandé à un certain Evêque, l'éducation & l'instruction d'un jeune homme qui se vouloit faire Chrêtien, l'Evêque y donna tous ses soins, jusqu'à ce qu'il eut receu le Baptême; mais l'ayant negligé dans la suite, le jeune homme se débaucha peu à peu, & devint enfin Chef de voleurs. Saint Jean étant retourné dans cette Ville, demanda compte à l'Evêque du dépôt qu'il lui avoit confié, & l'Evêque lui avoüa la chûte du jeune homme. Alors l'Apôtre transporté de zele, déchira son habit, pleura & monta à cheval pour aller chercher la brebis égarée. Il le rencontra dans un bois, mais le voleur honteux de revoir le visage de son premier Maître en JESUS-CHRIST, s'enfuyoit: *pourquoi me fuyez-vous, mon fils,* lui crioit le saint Vieillard, en courant aprés lui de toute sa force, *je donnerois mon ame pour la vôtre, demeurez, c'est* JESUS-CHRIST *qui m'envoie à vous.* Le voleur touché s'arrête, jette ses armes & pleure ; le Saint l'embrasse, le ramene à l'Eglise, jeûne & prie pour lui, & lui obtient enfin la grace de faire une sincere penitence.

Evangile de S. Jean.

L'Apôtre bien-aimé écrivit alors son Evangile, à la sollicitation des Chrétiens d'Asie. Il fit faire des prieres publiques, avant que de commencer un ouvrage si important, & en prononça les premieres paroles au sortir d'une profonde meditation ; *au commencement,* dit-il, *étoit la parole, cette parole étoit avec Dieu, & cette parole étoit Dieu. Toutes choses ont été faites par elle. La parole a été faite chair ; elle a habité parmi nous, & nous avons contemplé sa gloire, comme la gloire de celui qui est le Fils Unique du Pere plein de grace & de verité.* Ce discours sublime, a fait donner à Saint Jean le nom d'Aigle, parce qu'il semble s'élever jusque dans le Ciel. Il y établit principalement la Divinité de

Jesus-Christ contre Ebion, Cerinthus, & les Nicolaïtes, & si nous voulons que notre cœur soit embrasé du feu de la charité, il faut peser toutes les paroles, puisque selon l'expression de Saint Gregoire Pape, *tout ce qu'il dit, étincelle des flames de l'amour divin.*

Il écrivit aussi trois Epîtres, la premiere aux Parthes, la seconde à Electa, & la troisiéme à Caïus. L'Epître aux Parthes est presque toute sur la Charité; elle est écrite du même stile que l'Evangile, & personne n'en a jamais contesté la verité. Celle à Electa est fort courte. Il y louë la pieté de cette Dame, & y prononce cette celebre Sentence, qu'il ne faut point recevoir chez soi les Heretiques, ni même les saluer, ce qui ne se doit pas entendre de ceux qu'on veut convertir, ou avec qui on est obligé de converser par une necessité indispensable. La troisiéme est adressée à Caïus, qu'on croit avoir été disciple de Saint Paul. Saint Jean lui recommande quelques Fideles employez au service de l'Eglise, qui ne vouloient rien recevoir de leurs parens, parce qu'ils étoient Gentils. Il ne prend point le titre d'Apôtre dans ces deux dernieres Epîtres, parce qu'il écrit à ses amis; il se nomme seulement le Vieillard, nom qu'on lui donnoit aparemment à cause de son grand âge. Il vêcut encore quelques années, & tomba dans une extrême foiblesse; On le portoit à l'Eglise, où ne

Epîtres de Saint Jean.

pouvant plus faire de lons difcours, il ne faifoit que redire : *mes chers enfans, aimez-vous les uns les autres.* Les Chrétiens même les plus zelez, s'ennuyoient d'entendre toujours dire la même chofe, ils en railloient entre eux, & accufoient le bon homme de radoter. Ils allerent même jufqu'à lui en parler, & lui demanderent pourquoi il leur tenoit toujours le même langage ; *c'eſt là*, leur repondit-il, *ce que le Seigneur nous commande, & pourvcu qu'on le faſſe, il eſt content.* Sa vertu jufque dans l'extrême vieilleſſe, n'étoit point incommode, il vouloit même qu'on prît des divertiſſemens innocens, & en donnoit l'exemple. Il careſſoit un jour une perdrix privée, un Chaſſeur qui paſſoit, trouva cette occupation indigne d'un Apôtre, & lui en dit fon avis avec liberté. *Que tenez vous à votre main*, lui dit Saint Jean, *un arc*, répondit le Chaſſeur ; *pourquoi ne le tenez-vous pas toujours bandé* ; *par ce*, dit le Chaſſeur, *qu'il perdroit fa force.* Ne *trouvez donc pas mauvais*, dit l'Apôtre, *que je donne quelque relâche à mon eſprit.* Il mourut enfin fans douleur au commencement du fecond fiecle, à l'âge de quatre-vint quatorze ans. Il fut enterré auprés de la Ville d'Ephefe, & il fe fit plufieurs miracles à fon tombeau. Saint Auguftin nous affure, qu'il en fortoit tous les jours une efpece de terre, qui reffembloit à de la mane, & dont on fe fervoit par tout pour la guerifon des maladies. Les Chrétiens avoient crû lon-tems, qu'il ne mourroit point, sur ce que Jesus-Christ n'en avoit rien voulu dire à Saint Pierre ; mais Saint Jean refutoit lui-même cette pensée, qui s'est enfin trouvée fausse, dit Tertullien. On l'apella par excellence le Theologien, à cause du commencement de son Evangile. Policrate Evêque d'Ephese, marque qu'il portoit une lame d'or sur le front, & l'on peut conjecturer de là, que les premiers Evéques portoient cette marque d'honneur à l'imitation des grans Pontifes des Juifs.

Ainsi finit avec Saint Jean le siecle des Apôtres, ils étoient tous morts avant lui; Saint Pierre & Saint Paul avoient été martirisez à Rome, & Saint Jaque le Majeur à Jerusalem. Saint Jaque le Mineur eut la même destinée dans le même lieu lon-tems aprés. Saint Philippe à l'âge de quatre-vingt sept ans avoit soufert le martire en Phrigie, & Saint Mathieu en Ethiopie. Nous ne savons rien de certain des autres, quoique plusieurs Eglises dans le monde Chrêtien se vantent de les avoir eus pour Fondateurs.

Il semble que ce soit ici le lieu le plus naturel de parler de la Sainte Vierge. On ne peut pas douter qu'elle n'ait été à Ephese avec Saint Jean & qu'elle n'y soit morte; le Concile d'Ephese marque que la Cathedrale de cette Ville étoit dediée sous son nom, ce qu'on n'eût pas fait suivant l'ancienne pratique, si son corps n'y eût pas été. Et quoique Baronius assure qu'elle est morte à Jerusalem, & que son tombeau y a toûjours été, quoique l'Empereur Martian & Pulquerie ayent crû mettre les reliques dans l'Eglise des Blaquernes à Constantinople, sur la parole douteuse de Juvenal Evêque de Jerusalem; il est certain que Saint Jerôme ni Saint Epiphane, ni aucun des anciens Peres, n'en ayant parlé, il vaut mieux s'en tenir à la tradition constante de l'Eglise d'Ephese, & à l'autorité d'un Concile Oecumenique. Nous ne dirons rien non plus de toutes les particularitez de sa mort raportées par Gregoire de Tours (il les avoit prises d'un Livre apocrife, publié sous le nom de Saint Meliton Evêque de Sarde) ni de sa resurrection, qu'on peut croire pieusement, en suivant le consentement des Fideles & l'Office present de l'Eglise, quoique cette opinion n'ait point de fondement dans l'antiquité, & qu'il paroisse assez difficile de l'accorder avec le sentiment des anciens Peres, qui assurent, que hors JESUS-CHRIST, tous les Saints attendent leur resurrection au dernier jour, se fondant sur ce que dit Saint Paul, que Dieu pour nous favoriser, a voulu que les anciens Patriarches ne receussent qu'avec nous l'accomplissement de leur bonheur: & sur le denier donné en même tems à tous ceux qui avoient travaillé à la vigne.

Il y avoit déja lon-tems qu'on celebroit en divers endroits du monde Chrêtien la Fête de la mort de la Sainte Vierge, lorsque l'Empereur Maurice ordonna de la fêter dans tout l'Empire d'Orient le 15. d'Août. Les Grecs apelent cette Fête le sommeil ou le passage de la Sainte Vierge. Les Latins se sont aussi servis du mot de sommeil; mais ordinairement, ils lui ont donné celui d'Assomption, que l'usage lui a attribué particulierement. Cette Fête fut receuë generalement en France vers l'an 800.

CHAPITRE CINQUIE'ME.

Les Soldats Prétoriens ou de la Garde, ne pouvoient oublier Domitien, qui les avoit comblez de biens, & leur soufroit tout, parce qu'il avoit besoin d'eux contre tout le reste du genre humain; ils se souleverent, assiegerent Nerva dans son Palais, & le forcerent à leur livrer Parthenus & Secondus, qui avoient massacré Domitien. Cette insolence causa un grand bien à l'Empire; Nerva connut qu'on ne le respectoit pas assez, sa bonté, qui le faisoit aimer du Peuple, le rendoit meprisable aux Soldats; il chercha, non dans sa famille, mais dans tout l'Empire, le plus digne Sujet, & adopta Trajan. Il étoit fils de Trajan, qui s'étoit fort distingué à la guerre des Juifs,

& il y a aparence qu'il y avoit servi sous son pere. Trajan commandoit alors l'armée de la basse Germanie. Son âge de quarante cinq ans, le rendoit exempt de la précipitation de la jeunesse & de la foiblesse des vieillars. Nerva lui donna d'abord la qualité de Cesar, & le nom de Germanicus, & bien-tôt aprés il le fit son Collegue à l'Empire. Le Senat & le Peuple aprouverent son choix par de grandes acclamations. Nerva mourut l'année suivante, bon Prince, plus illustre encore par le merite du Successeur qu'il s'étoit donné que par le sien.

An de J. C. 98.

En effet, jamais Prince ne parut si digne de l'Empire que Trajan. Il étoit grand, bienfait, & d'une santé vigoureuse. Ses cheveux qui blanchissoient avant le tems, lui attiroient du respect : il n'étoit ni savant ni éloquent ; mais la nature & l'usage du monde lui avoient donné une science & une sorte d'éloquence, qui ne s'acquierent point par l'étude. La guerre étoit sa passion & son talent ; il étoit lui-même son General, & donnoit à ses Soldats l'exemple de discipline aussi-bien que de valeur. Vigilant, infatigable, il marchoit à pied à la tête des Troupes, & s'il faloit passer une riviere pour aller aux ennemis, l'Empereur étoit à nage en donnant l'ordre de s'y jetter. Il connoissoit tous les vieux Soldats, les apelloit par leur nom, & souvent dans une marche penible, il soutenoit
le

le travail, en les faisant souvenir de quelque action, où ils s'étoient trouvez ensemble. La paix n'étoit pas moins propre à faire connoître les grandes qualitez. Il cherchoit par tout les gens de merite, & loin de les craindre, comme avoit fait Domitien, il les élevoit aux charges, & à merite égal, il preferoit toujours la Noblesse ; sans faste, ennemi des flateurs, il ne permettoit que rarement qu'on lui élevât des Statuës, & seulement de bronze. *Un Empereur, disoit-il, n'a que faire de songer à être connu de la posterité, il le sera toujours assez, quand même il ne le voudroit pas : qu'il ne pense qu'à s'en faire estimer.* Il songeoit continuellement à ce qui pouvoit rendre la vie des hommes plus commode. Il perfectionna l'établissement des chariots de poste qu'Auguste avoit commencé, & fit faire un grand chemin depuis les Gaules jusqu'au Pont Euxin. Il fit venir de nouvelles eaux à Rome, augmenta & embellit le Cirque, & mit dans l'inscription qu'il y fit graver, qu'il étoit enfin proportionné à la majesté du Peuple Romain. On voit encore aujourd'hui sa Colomne avec admiration. Il faisoit sur tout le metier des Rois, il rendoit la justice, à toute heurë il donnoit audiance & une prompte expedition. Ses propres affaires n'étoient point privilegiées, on pouvoit impunément avoir raison contre lui, & les richesses n'étoient plus un crime : grave avec les Sena-

A a

teurs, familier avec le Peuple, il proportionnoit les graces à l'état de ceux qui les recevoient. *Vous êtes trop civil, vous êtes trop bon*, lui difoit un jour un de fes amis en particulier: *ſi je n'étois pas Empereur*, lui répondit il, *je voudrois que l'Empereur fût bon homme.* Ses affranchis demeuroient dans les bornes de leur condition, & quoiqu'il eût de la confiance en eux, il les empêchoit bien d'en abufer ; *ne le craignez pas*, difoit-il en parlant d'un de fes Intandans, *il n'eſt pas Policlete, ni moi Neron.* Il fit Saburan Prefet du Pretoire, & en lui donnant l'épée nuë, qui étoit la marque de fa dignité ; *Saburan, lui dit-il, fervez-vous de cette épée pour moi, fi je faits mon devoir, & contre moi, fi je ne le faits pas.* Jufques-là les Empereurs n'avoient point eu d'amis (l'amitié femble demander l'égalité) ; tout fe paffoit dans les aparences, flaterie, complaifance baffe, adoration ; il n'y avoit qu'un Maître, tout le refte eftoient des efclaves. Trajan avoit des amis, parce qu'il meritoit d'en avoir. Il fe réjouïffoit & s'affligeoit avec eux, les alloit voir dans leurs maladies, les furprenoit dans leurs feftins, & fouvent preferoit leur plaifir au fien. Saburan las du monde & de la Cour, voulut quitter la Charge de Prefet du Pretoire, l'Empereur s'y opofa lon-tems, il l'aimoit & en étoit aimé ; mais Saburan aimoit encore plus fon repos, & prefla tant, qu'il obtint fon congé.

L'Empereur le combla de biens, l'accompagna jusqu'à son vaisseau, & ne se separa de lui qu'en pleurant.

La coûtume s'étoit toujours conservée de faire des Consuls, cela sentoit un peu la Republique, & le Senat se repaissoit encore de vaines esperances. Il est vrai que ces Consuls n'avoient d'autorité, qu'autant qu'il plaisoit à l'Empereur : il étoit d'ordinaire le premier Consul, & prenoit pour Collegue celui qu'il aimoit le mieux, ou qui l'embarassoit le moins. On faisoit pourtant l'élection selon l'ancienne forme. Trajan faisoit élire les plus vertueux ; mais l'on fut bien surpris un jour, lorsqu'il alla se presenter lui-même devant le Consul, qui avoit tenu l'Assemblée, pour faire le serment ordinaire ; le Consul sans s'étonner, s'assit & prononça les paroles du serment ; l'Empereur debout les repeta ; *je soumets*, dit-il tout haut, *ma tête & ma maison à la colere du Ciel, si je manque volontairement à mon devoir.* Et comme c'étoit la coûtume de faire le 3. de Janvier à Rome & dans tout l'Empire des vœux pour l'Empereur, il y fit ajouter ces paroles ; *s'il gouverne comme il doit la Republique, & s'il procure le bien de tous.*

Tant de vertus humaines sembloient en meriter de Chrêtiennes ; mais il ne fut pas assez heureux pour cela, son bonheur & sa gloire ne devoient être que pour ce monde. Il fut au contraire l'un des perfecuteurs de l'Eglife ; il vouloit être aimé de la multitude, & comme la multitude étoit Payenne, il crut lui plaire, en faifant mourir les ennemis de leurs Dieux. Les Gouverneurs de Provinces avoient ordre d'obliger les Chrétiens à maudire JESUS-CHRIST, c'étoit le moyen de faire bien des Martirs. Pline le jeune neveu du vieux Pline, qui a écrit l'hiftoire naturelle, étoit Gouverneur de Bithinie. Il y trouva un fi grand nombre de Chrêtiens, qu'il fut embaraffé dans l'execution de l'ordre de l'Empereur. Il lui en écrivit ; *Seigneur*, lui dit-il, *voici la methode que j'ai fuivie à l'égard de ceux qui m'ont été deferez comme Chrétiens ; j'ai fait mourir ceux qui ont avoüé qu'ils l'étoient, fans examiner leurs crimes, ils font au moins opiniâtres. J'ay renvoyé ceux qui ont nié & qui ont maudit le* CHRIST. Il parle enfuite des crimes, dont on accufoit les Chrétiens, qui font autant de vertus, & n'y trouve qu'une fuperftition exceffive & mal reglée. *Ne les recherchez pas*, lui répondit l'Empereur, *mais s'ils vous font dénoncez & qu'ils foient convaincus, il faut les punir*. Pline obéït exactement, & merita par fes fervices, que l'Empereur le fit Conful l'an 100. de JESUS-CHRIST. Avant que d'entrer en charge, il prononça felon la coûtume le Panegyrique de Trajan ; mais il y ajouta dans la fuite beaucoup de chofes, & cette piece d'éloquence eft devenuë une instruction pour tous les Princes avenir.

Simeon Evêque de Jerusalem fut dénoncé à Atticus Gouverneur de Sirie. Il étoit Chrétien, Evêque, & parent de JESUS-CHRIST ; c'étoit bien des raisons pour être persecuté. Aprés la mort de son frere Saint Jaque le Mineur, il avoit été chargé de l'Eglise de Jerusalem, & depuis quarante ans, il en remplissoit tous les devoirs. Son petit troupeau s'étoit retiré avec lui au de-là du Jourdain, dans le tems du Siege de Jerusalem, & ils y étoient retournez avec la permission des Romains, qui laisserent rebâtir la Ville. La sainteté de sa vie, & ses miracles, avoient converti une infinité de Juifs. Les persecutions arrivées sous Vespasien & sous Domitien, ne leur avoient pas fait grand mal; mais ils crurent être perdus, quand on arrêta leur bon Evêque. Il ne restoit peut-être que lui dans tout le monde, qui eût vû JESUS-CHRIST; il avoit prés de six vint ans, & souffrit avec constance tous les tourmens que la rage fait inventer ; Atticus enfin ne pouvant l'obliger à sacrifier à ses Dieux, le condamna à être crucifié l'an 107. de JESUS-CHRIST.

Sa mort fut une grande perte pour l'Eglise, les Heretiques, qui respectoient sa vertu, & qui craignoient son autorité, ne se contraignirent plus : chacun lâcha la bride à ses imaginations. Les Ebionites, les Nicolaites, les Cerinthiens, qui prenoient tous le nom de Gnostiques, c'est-à-dire, connoisseurs ou éclairez, & qui jusques-là s'étoient cachez dans les tenebres, produisirent au jour toutes leurs abominations ; leur impieté & la corruption de leurs mœurs, firent extrémement tort à la Religion Chrêtienne : ils prenoient tous le nom de Chrêtiens, & comme ils se prostituoient à tout, les Payens confondoient souvent le vice & la vertu. Ainsi selon la Profetie de Zacharie: *le Corps du* CHRIST *étant couvert de ces vêtemens difformes & si sales, persone n'osoit en aprocher*, & les Payens préocupez ne vouloient pas seulement entendre parler des Chrêtiens : semblables aux Heretiques du dernier siecle, qui avoient un si grand éloignement de l'Eglise Romaine, parce qu'ils s'imaginoient qu'on y adoroit les images. D'ailleurs il étoit défendu par une des plus anciennes loix de l'Empire Romain, de reconnoître aucun Dieu, qu'il n'eût été aprouvé par le Senat, & JESUS CHRIST ne l'avoit pas été. Il est vrai que Tibere sur la relation de Pilate, avoit proposé de le mettre au nombre des Dieux ; mais ce Senat si esclave des moindres volontez du Prince, lui avoit resisté en cette occasion : & il étoit écrit dans les Decrets de Dieu, que la Religion Chrêtienne née sur la Croix, s'établiroit aussi par la Croix, & que l'Eglise en corps, aussi-bien que les particuliers, entreroit dans la gloire par les soufrances. Aussi pour la consoler &

pour la soutenir, il s'élevoit de tems en tems des modeles de sainteté, qui faisoient distinguer la verité du mensonge.

Saint Ignace avoit été fait Evêque d'Antioche aprés S. Evode, l'an 68. de JESUS-CHRIST ; sa pieté, sa science, & quarante années d'Episcopat, le rendoient la lumiere de l'Eglise Orientale, il avoit encouragé les Fideles pandant la persecution, & il paroît par ses Ouvrages que la soif du Martire le brûloit toujours ; *je ne suis pas parvenu*, disoit-il en pleurant, *au veritable amour de* JESUS-CHRIST, *puis qu'on ne m'a pas jugé digne de mourir pour lui*. Enfin son heure arriva, lorsque Trajan passa à Antioche pour aller faire la guerre aux Parthes. Ce Prince avoit soumis les Daces, les Scithes, & toutes les Nations barbares connuës dans le Septentrion ; son ambition & ce desir insatiable de gloire, qui le possedoit, lui faisoient tourner ses pas vers l'Orient. Dés qu'il fut arrivé à Antioche, on lui dénonça Ignace comme le Chef des Chrétiens, il le fit amener en sa presence ; *Est-ce vous*, lui dit-il, *qui comme un mauvais démon, violez nos ordres. Je m'apelle Theophore*, répondit hardiment Ignace (il y a aparence que c'étoit son veritable nom) *& ne suis point un mauvais demon. Les demons s'enfuyent devant les serviteurs de Dieu*. *Et qui est ce Theophore*, reprit Trajan, *c'est*, répondit Ignace, *celui qui porte Dieu dans son cœur. Vous croyez donc*, lui dit Trajan, *que nous n'avons pas dans notre cœur les Dieux qui nous aident à combatre nos ennemis.* C'est une erreur, reprit Ignace, d'apeller Dieux, les demons que vous adorez. Il n'y a qu'un seul Dieu qui a tout fait, & un JESUS-CHRIST, son Fils Unique, dont je desire uniquement d'étre aimé. Trajan lui répliqua ; *n'entendez-vous pas ce* JESUS, *qui fut Crucifié sous Ponce Pilate ;* à quoi Ignace répondit, *c'est lui qui a crucifié le peché avec le demon auteur du peché.* Trajan lui dit, *vous portez donc* JESUS-CHRIST *en vous même,* oüi, je le porte, répondit Ignace ; *car il est écrit de ce* JESUS, *Fils de Dieu ; j'habiterai & je me reposerai en eux.* Alors Trajan prononça cette Sentence : *Nous ordonnons qu'Ignace, qui dit porter en soi le Crucifié, soit lié & conduit par des Soldats dans la grande Rome, pour y étre la pâture des bétes & le spectacle du Peuple.*

Toutes ces particularitez de la vie de Saint Ignace sont raportées dans les actes de son Martire écrits par les Compagnons de son voyage. Usserius nous les avoit donnez en Latin, & le R. P. D. Thierri Ruinart Benedictin, nous les vient de donner en Grec, & l'on peut dire qu'aprés les Ecritures sacrées, c'est la plus ancienne Histoire de l'Eglise, & la plus digne de foi.

Dés qu'Ignace eut entendu prononcer l'Arrêt de sa mort ; *Je vous rends grace, Seigneur,* s'écria s'écria-t-il avec joie, *de ce que vous m'avez assez aimé, pour permettre qu'on me liât de chaînes de fer, comme votre grand Apôtre Saint Paul.* Il partit pour Rome, comme pour aller au triomfe, & fut accompagné dans son voyage par Philon Diacre, & par Agatopode. On croit que ce sont eux qui ont écrit les actes de son Martire ; il étoit gardé par dix Soldats, qu'il apelle autant de Leopars. Il ne laissoit pas de prêcher par tout où il passoit, principalement sur deux points ; l'un de se précautionner contre les nouvelles Heresies, & l'autre de s'attacher inviolablement à la Tradition des Apôtres. Les Fideles venoient au devant de lui, & l'encourageoient au Martire. Aprés beaucoup de fatigues, il arriva à Smirne, où il eut la consolation de voir Saint Policarpe, qui en étoit Evêque, & qui avoit été autrefois aussi bien que lui disciple de Saint Jean l'Evangeliste. Il fut visité & honoré par les Evêques des Eglises voisines. Onezime d'Ephese, Damas de Magnesie, & Polibe Evêque des Tralliens, étoient les plus considerables.

Il écrivit à ces trois Eglises d'excellentes Lettres, que nous avons encore. Il en écrivit une aux Romains, où il les prie de ne point former d'obstacles à son bonheur éternel, qu'il espere par le Martire. Il écrivit aussi à Saint Policarpe & à ceux de Philadelphe, & à ceux de Smirne. On ne sauroit rien ajoûter aux sentimens genereux & Chrétiens qui éclatent dans toutes ses Lettres; *J'ai de grans sentimens pour Dieu,* dit il aux Tralliens, *mais je me mesure moi même pour ne me pas perdre par la vaine gloire; j'ai maintenant plus sujet de craindre que jamais, on m'afflige, on me persecute, en disant du bien de moi. Il est vrai que je souhaite le Martire, mais que sai-je si j'en suis digne? Je ne prétens pas vous rien ordonner,* dit il aux Ephesiens, *car bien que je sois lié pour le nom de* JESUS-CHRIST, *je ne suis pas encore parfait, je ne faits que commencer à être disciple, & je vous parle comme à ceux qui sont maîtres autant que moi. J'avois besoin que vous me preparassiez au combat, en m'inspirant la foi, la patience, la constance; il y a deux monoies,* dit-il aux Magnesiens, *celle de Dieu & celle du monde, chacune a son caractere propre: les Infideles ont celui du monde, les Fideles ont en la charité le caractere de Dieu par* JESUS CHRIST.

De Smirne il passa à Troade, Ville bâtie sur les ruïnes de l'ancienne Troie. Il y aprit avec une consolation infinie, que Dieu avoit rendu la paix à sa chere Eglise d'Antioche. Il avoit envoyé en divers endroits Philon & Agatopode, & n'avoit plus avec lui que Zozime & Rufe. Il traversa la Macedoine & l'Epire, s'embarqua sur la Mer Adriatique, eut le vent favorable sur la Mer Tirrhene, & arriva heureusement à Rome. Dés qu'il fut arrivé, les

Fideles l'entourerent en pleurant, mais il leur donna du courage, ils se mirent tous à genoux; *Seigneur*, s'écria Ignace, en s'adressant au Fils de Dieu, *ayez pitié des Eglises, mettez fin à la persécution, & conservez la charité entre les Fideles.* Aprés cette courte priere, il fut mené à l'amphiteatre, qui étoit plein d'un Peuple immense. Il entendit en y entrant les rugissemens des lions ; *je suis le froment du Seigneur*, dit-il à ceux qui l'accompagnoient, *il faut que je sois moulu par les dents de ces animaux, afin que je devienne le pain pur de* Jesus-Christ. Son visage & sa contenance marquoient une joie modeste, & sans insulter à la mort, il paroissoit la mepriser. Les lions le devorerent en un moment. Socrate dit dans son Histoire, que Saint Ignace ayant entendu les Anges chanter alternativement les loüanges de Dieu, il institua cette maniere de chanter à Antioche, d'où elle se répandit dans toute l'Eglise. Theodoret dit au contraire que Flavien & Diodore Prêtres d'Antioche, en trois cens cinquante, firent les premiers chanter les Pseaumes de David à deux Chœurs ; mais l'un & l'autre se trompent, puisque nous lisons dans la Lettre de Pline sur les Chrétiens, que cette coûtume étoit établie en Bithinie, dés le tems de Saint Ignace ; ce qui donne sujet de croire qu'elle vient des Apôtres mêmes, & que Flavien & Diodore n'en ont été que les Restaurateurs.

Il nous reste sept Epitres de Saint Ignace, que Saint Policarpe, Saint Irenée, & Origene, ont citées, & dont la verité ne sauroit être contestée, il n'y a aucune faute de Cronologie, le stile en est simple & noble, & tout y est marqué d'un caractere Apostolique. Elles avoient été corrompuës dans la suite des tems par la faute des Copistes, & paraphrasées en beaucoup d'endroits par quelque Grec des siecles suivans; mais nous les avons presentement dans leur pureté originale, dans l'édition Greque donnée par Vossius, & dans la version Latine publiée par Usserius. Nous ne disons pas la même chose des trois Epitres Latines qu'on lui attribuë, dont l'une est adressée à la Vierge Marie, & les deux autres à Saint Jean.

La même persecution avoit mis dans le Ciel Saint Clement Pape, dont de tres anciennes Histoires ont raporté de grandes merveilles. On y voit qu'il fut bani par Trajan dans la Chersonese, au de-là du Pont Euxin, qu'il y fit naître une fontaine par ses prieres, qu'il convertit tout le Pays, & qu'enfin ayant été jetté dans la mer par ordre de l'Empereur avec une ancre au cou, la mer se retira jusqu'au lieu où l'on l'avoit jetté, & que les Chrétiens y trouverent son corps dans un tombeau de pierre, sous un Temple tout de marbre. Gregoire de Tours en dit encore plus, & pour le prouver, cite les actes de Saint Clement, que nous n'avons point. Il avoit établi dans Rome sept Notaires, pour recüeillir les Actes des Martirs, & l'on peut juger que nous y trouverions de grans exemples de foi, de constance & de charité, s'ils étoient venus jusqu'à nous. Les Payens pandant les persecutions, brûloient d'abord tous les Livres Ecclesiastiques, persuadez qu'ils en aboliroient la memoire, & c'est par une protection visible de la Providence, qu'il s'en est conservé quelques-uns. Que s'il s'en trouve de défectueux, où souvent les choses les meilleures & les plus canoniques, sont mêlées de fables; on ne doit point s'en étonner, l'impression n'étoit pas inventée, il falloit avoir recours aux Copistes, dont l'ignorance & quelquefois la malice faisoient glisser l'ivroie au milieu du bon grain ; mais c'est aux Docteurs de l'Eglise à en faire le discernement.

A Saint Clement succeda Saint Evariste, sous le Pontificat duquel souffrit Saint Ignace. Baronius lui attribuë plusieurs reglemens de discipline Ecclesiastique, & l'établissement des Paroisses de Rome. Il mourut l'an de Jesus-Christ 109. Saint Alexandre fut mis sur la Chaire de Saint Pierre, & aprés lui Saint Sixte, qui mourut l'an 128. On lui attribuë le Decret du Carême, que les Apôtres avoient établi à l'imitation du jeûne de Jesus-Christ dans le desert. Les Chrétiens même les plus relâchez, ne le trouveroient pas trop austere, s'ils comparoient les abstinences de notre siecle à celles de l'ancienne Eglise.

Peregrin, Evêque dans la Palestine, fut aussi dénoncé & mis en prison. Tous les Fideles s'interesserent à sa conservation. Les Eglises d'Asie lui envoyerent de l'argent, & des Deputez pour le consoler ; *ce que les Chrétiens font ainsi en commun,* dit Lucien, *se fait avec une promptitude incroyable, parce qu'ils n'épargnent rien, meprisant les richesses & la mort même, dans l'esperance de devenir immortels, s'ils suivent les loix de leur premier Legislateur, & l'une de ces loix, c'est de se croire tous freres, & de mettre tout en commun.* Le témoignage d'un Payen, aussi habile que Lucien, paroît d'un grand poids. Le Gouverneur de Sirie, qui avoit fait mettre Peregrin en prison, voyant sa fermeté dans la foi, l'en fit sortir. Il se sentit bien glorieux d'avoir confessé Jesus-Christ, mais dans la suite, sa vaine gloire le perdit. Saint Cesaire Diacre, & Saint Hiacinthe finirent leur vie dans les tourmens, les Menées, ou Breviaires des Grecs, raportent qu'Hiacinthe menacé par le Consulaire Leonce, de lui faire soufrir divers suplices, lui répondit ; *je ne crains que les éternels, vous ne sauriez vous-même échaper à la mort, & aprés cela que ferez-vous.* Zozime fut aussi martirisé en Pisidie, & Sainte Eudoxie à Heliopolis.

Cepandant Trajan, aprés avoir soumis toures les Nations connuës de l'Europe, passa en Asie, chassa Parthamasiris de l'Armenie, & en fit une Province Romaine. Les Rois d'Iberie, des Sarmates, du Bosphore & de la Colchide, lui vinrent faire hommage ; il conquit l'Arabie, défit Chosroés Roi des Parthes, pilla Ctesiphonte Capitale du Pays, entra dans les Mazures de Babilone, & y celebra des jeux en l'honneur d'Alexandre, & poussa ses Conquêtes jusqu'aux Indes, dont les Rois effrayez du bruit de son nom, lui envoyerent des Ambassadeurs & des presens.

Il revint triomfant à Antioche, & à peine il y fut arrivé, qu'un tremblement de terre ruina entierement la Ville : tous les édifices publics furent renversez, l'Empereur même y fut blessé, & se sauva du Palais par une fenêtre; ses Courtisans prétendirent qu'un homme plus grand que l'ordinaire l'avoit conduit par la main au milieu des abîmes ouverts & des maisons écroulantes. L'année suivante il alla visiter ses nouvelles Conquêtes, s'embarqua sur le Tigre, & malgré les dangers de la navigation, il voulut voir l'Ocean, & presque sans tirer l'épée, fit la Conquête de l'Arabie heureuse. Alors la gloire fit naître la vanité, il se plaignit de n'être pas plus jeune, pour aller plus loin qu'Alexandre, & quoiqu'il se consolât, dans la pensée d'avoir un Empire plus grand que celui de ce fameux Conquerant ; il eût voulu que toutes les Nations de la terre euſſent été ſes tributaires. Le Senat & le Peuple Romain inventerent pour lui des honneurs nouveaux, & lui permirent d'entrer à Rome en triomfe, autant de fois qu'il voudroit. Mais bien-tôt ſa vanité fut confonduë ; tant de Pays qu'il n'avoit que parcourus, ne s'accoûtumoient pas aiſément à la domination Romaine, pluſieurs ſe revolterent, & battirent les Lieutenans qu'il envoya contre eux. Les Parthes étoient les plus puiſſans & les plus difficiles au joug ; l'Empereur vit bien qu'ils reprendroient les armes dés qu'il ſeroit retourné en Italie. Il prit le parti de leur donner un Roi de leur Nation. Il en fit aſſembler les principaux dans une campagne, auprés de Cteſiphonte. On y avoit élevé un Trône magnifique ; il les harangua en Maître, & mit le Diademe ſur la tête de Parthamaſpate.

Les Juifs croyant l'Empereur aſſez occupé de ſes Conquêtes d'Orient, ſe ſouleverent en même tems à Alexandrie, & dans toute l'Egypte. La fureur qui ſembloit les poſſeder tous depuis la mort du Fils de Dieu, les pouſſoit à leur derniere ruïne, & l'on n'imagine point les cruautez effroyables qu'ils exercerent ſur les Romains & ſur les Grecs. Ils mangeoient leur chair, ſe ceignoient de leurs inteſtins, ſe frotoient de leur ſang, & ſe revêtoient de leur peau. Les Hiſtoriens prétendent qu'ils en maſſacrerent

massacrerent plus de deux cens mille. Trajan envoya des troupes contre eux, Cavalerie, Infanterie, & même une armée navale. Les Juifs eurent d'abord quelque avantage, ils se précipitoient sur les Romains comme des enragez ; mais bientôt ils furent défaits, & ce furent des boucheries plutôt que des combats. Ils se revolterent aussi dans l'Isle de Cipre, pillerent la Ville de Salamine, & en égorgerent tous les Habitans. Ils furent ensuite tous égorgez, & leur nom devint dans le Pays en si grande abomination, qu'aucun Juif n'osa depuis entrer dans l'Isle, & que même on y faisoit mourir sans misericorde les Juifs voyageurs, que la tempête y jettoit.

Cependant le Senat & le Peuple Romain, étoient dans l'impatience de revoir leur Empereur ; il leur écrivoit de tems en tems que ses Conquêtes seroient bien-tôt finies. Il avoit donné un Roi aux Parthes, mais il ne vouloit point quitter l'Orient, que tout n'y fût tranquille. Les Agareniens s'étoient revoltez. Toute leur force consistoit dans leur Ville nommée Atra, située sur une haute montagne, entre le Tigre & l'Eufrate. Elle n'étoit ni grande ni belle, mais sa situation la rendoit extremement forte ; & comme tous les Peuples voisins y alloient adorer le Soleil & y portoient des offrandes, on la croyoit fort riche. Trajan l'assiegea en personne avec son armée victo-

rieufe; il y fit des brêches, il y donna des aſ‑
ſauts, & toujours inutilement. Un jour même
piqué de voir ſes Soldats toujours repouſſez, il
changea d'habit, quitta les marques de ſa di‑
gnité, & marcha lui-même à leur tête; mais il
fut reconnu par les ennemis à ſes cheveux
blans & à ſon air majeſtueux, & chargé de
tant de traits, qu'il y penſa perir. Il ſembloit
même que le ciel lui étoit devenu contraire,
les vents, la grêle, & le tonnerre favoriſoient
les aſſiegez, & les mouches faiſoient une guer‑
re continuelle aux aſſiegeans, qui ne pouvoient
ni boire, ni manger, ſans en avaler de petites,
les groſſes les piquoient & les empêchoient de
dormir. Enfin il falut lever le ſiege. L'Empereur
y étoit tombé malade de fatigue, la paraliſie
étoit tombée ſur une partie de ſon corps, &
l'idropiſie le gagnoit. Il laiſſa ſon armée à
Adrien Gouverneur de Sirie, il avoit été ſon Tu‑
teur. Il s'embarqua pour retourner à Rome, mais
il n'alla que juſqu'à Selinunte en Silicie, & y
fut emporté par un flux de ventre, l'an 117. de
Jesus-Christ, à l'âge de ſoixante & cinq ans,
aprés en avoir regné prés de vint.

An de J. C. 177.

CHAPITRE SIXIE'ME.

LA persecution avoit continué jusqu'à la mort de Trajan. Saint Barsimée Evêque d'Edesse, & Saint Sarbele, avoient été honorez du Martire. Les Grecs dans leurs Menées nous en raportent beaucoup d'autres. Ils disent qu'une armée d'onze mille Chrêtiens ayant gagné une bataille dans l'Orient, l'Empereur au lieu de les recompenser, les relegua tous à Melitene en Armenie, parce qu'aprés la victoire, ils n'avoient pas voulu sacrifier aux Dieux de l'Empire; qu'ils soufrirent leur exil avec tant de patience, que Romule leur Chef se convertit, & que Trajan de rage les fit tous mourir. *Nous voudrions bien*, dit Monsieur de Tillemont, *pouvoir dire que Melitene a donné à l'Eglise onze mille Martirs; mais notre Roi, selon l'expression de l'Ecriture, veut être honoré avec jugement.*

Quelques jours avant la mort de Trajan, Adrien n'étoit pas encore assuré de lui succeder; Il avoit épousé Julia Sabina petite niece de l'Empereur; mais outre qu'il vivoit fort mal avec elle, il n'avoit pû si bien se cacher, qu'à travers plusieurs bonnes qualitez, on n'en eût découvert de fort mauvaises. Adrien avoit beaucoup d'esprit, apliqué, exact, savant, liberal, populaire, modeste, mais il étoit également né pour les vertus & pour les vices, débauché, superstitieux, cruel, & il s'étoit ruïné par de folles dépenses : son ambition mettoit un frain à ses passions, Trajan ne savoit qu'en croire, & ne se pressoit pas de l'avancer. Quelques Auteurs ont crû, que pour mieux ressembler à Alexandre, il vouloit mourir sans heritiers.

Dion raporte que dans un festin il pria ses amis de lui nommer dix hommes capables de regner ; mais comme Adrien avoit gagné l'Imperatrice Plotine, & que d'ordinaire les femmes sont les maîtresses des derniers momens de leurs maris, elle cacha quelques jours la mort de l'Empereur, & fit mettre dans son lit un homme, qui contrefaisant sa voix mourante, declaroit qu'il adoptoit Adrien. On lui envoya aussi tôt ses Lettres d'adoption à Antioche, où il étoit avec l'armée, elles n'étoient signées que de Plotine. Adrien n'eut pas de peine à se faire reconnoître par les Soldats, il en étoit aimé, & pour se les attacher encore davantage, il leur donna une fois plus que les Empereurs n'avoient accoûtumé de donner à leur avenement à l'Empire ; le Senat de Rome n'étoit pas en état de resister aux Soldats, & d'ailleurs le sujet paroissoit bon, on ne le connoissoit pas encore tout à fait.

Jamais l'Empire Romain n'avoit été si puissant, toute l'Europe, les côtes d'Afrique, & les principaux Pays de l'Asie connuë, reconnoissoient sa domination. Adrien crut que c'en étoit trop, & desespera de conserver toutes les conquêtes de Trajan, & soit paresse, soit sagesse, soit pour diminuer la gloire de son Predecesseur, qu'il n'aimoit point; il abandonna l'Armenie, la Mesopotamie & l'Assirie; il consentit que les Parthes, encore étourdis de leurs dernieres défaites, reprissent leur vieux Roi Chosroés; il donna quelque petit Pays à Parthamaspate, il rompit le pont que Trajan avoit fait faire sur le Danube, & se contenta des anciennes limites de l'Empire.

Mais toute cette moderation qui ne venoit que de principes humains, ne l'empêcha pas d'être le quatriéme persecuteur de l'Eglise. Les Juifs toujours prêts à remuer, & que les Payens confondoient souvent avec les Chrêtiens, lui en donnerent l'occasion. Ils ne pouvoient oublier leur Temple, & se flatoient toujours d'une revolution. Le premier Imposteur qui s'élevoit parmi eux les entraînoit à la revolte. Barcoquebas, dont le nom veut dire le fils de l'étoile, leur persuada, qu'il étoit le fils de l'étoile qui devoit sortir de Jacob. Saint Jerôme dit que la nuit il mettoit dans sa bouche des étoupes allumées, pour faire croire au Peuple qu'il sortoit des flames de son corps. Il prit le tems que leurs esprits étoient extremement irritez. Adrien avoit envoyé à Jerusalem une Colonie de Romains, & y avoit fait bâtir un Temple de Jupiter, à la place du Temple du vrai Dieu. Barcoquebas qui n'étoit d'abord qu'un Chef de voleurs, se fit Profete pour en être plus respecté, tous les Juifs prirent les armes & le suivirent. Il commença par piller le plat pays, & ravagea la Judée, & même la Sirie; il s'empara de Jerusalem, & de toutes les places fortes du Pays.

Les Romains les mepriserent d'abord, mais quand ils virent que d'autres Nations se joignoient aux Juifs, dans l'esperance du pillage, & que pour ainsi dire, cette guerre sembloit émouvoir tout l'Univers, l'Empereur en chargea Jule Severe Gouverneur de la Grande Bretagne, & le meilleur de ses Generaux.

La guerre dura plusieurs années, les Romains n'oserent s'exposer à la premiere fureur des Juifs, & ne donnerent point de batailles rangées; ils les attaquoient en détail, & ne manquoient jamais de les batre : il en perit encore plus par la faim & par le feu, que par le fer. On en vendit un nombre incroyable au même prix que les chevaux à la Foire apellée du Terebinthe. Saint Jerôme dit, que cette Foire se tenoit tous les ans dans la vallée de Mambré prés d'Hebron, dans le même lieu où Abraham avoit tendu ses pavillons, & les Habitans du Pays y montroient un Terebinthe, qu'ils affuroient être là depuis le commencement du monde.

Aprés la fin de la guerre, Adrien défendit aux Juifs fur peine de la vie d'entrer à Jerufalem, dont il fit une Ville toute nouvelle, qu'il apella Elia, c'étoit l'un de fes noms propres. Il fit mettre fes Statuës & quelques Idoles dans le même lieu, où avoit été le Temple, & tous les lieux fanctifiez par la mort du Sauveur, furent profanez.

Les Chrêtiens ne furent point diftinguez des Juifs, & furent obligez de fortir de Jerufalem par un ordre de la Providence, qui vouloit les affranchir entierement de la fervitude de la Loi. Les Juifs convertis joignoient encore les préceptes de Moyfe à ceux de l'Evangile, & tous les Evêques de Jerufalem avoient été circoncis. Saint Marc le premier, aprés les quinze Evêques circoncis, ne le fut point, & gouverna également tous les Chrêtiens, foit qu'ils euffent été Juifs, foit qu'ils euffent été Gentils. La paffion de la magie, qui poffedoit Adrien, lui fit perfecuter l'Eglife : Il ne fit mourir Sainte Simphorofe, que parce que les demons protefterent qu'ils ne rendroient aucun oracle, tant qu'elle feroit Chrêtienne. Saint Euftache, dont l'Hiftoire du huitiéme fiecle raporte des chofes fort furprenantes, fut martirifé avec fa femme & fes enfans : Les Papes Alexandre & Sixte Premier, eurent le même bonheur, auſſi-bien que Sainte Sophie veuve, Saint Eleuthere Evêque, & une infinité d'autres, dont nous ſavons la gloire, ſans ſavoir préciſément comment ils l'ont meritée. Sainte Fauſtine & Sainte Jovite, ſoufrirent dans la Lombardie; Saint Prime à Trieſte, Saint Antioque & Saint Criſpule en Sardagne. Les Grecs nous raportent auſſi le martire de Sainte Zoé avec Saint Heſpere ſon mari, & leurs enfans Ciriaque & Theodule.

Pandant que tant de Martirs donnoient leur ſang pour JESUS-CHRIST, il s'élevoit dans l'Egliſe des hommes veritables ſucceſſeurs des Apôtres. L'Hiſtorien Euſebe, les apelle Evangeliſtes, parce qu'ils alloient prêcher l'Evangile par toute la terre, & qu'aprés avoir converti les Infideles, ils établiſſoient des Paſteurs & paſſoient en d'autres Pays. Le Saint Eſprit operoit encore de grans prodiges par la main de ſes ſerviteurs, & l'on voyoit quelquefois des Peuples entiers embraſſer la Foi, & brûler de la Charité. Quadratus ſe diſtinguoit entre les autres par la profondeur de ſa ſcience. Il avoit été diſciple des Apôtres, ce qui lui donnoit un grand credit parmi les Chrêtiens. Il compoſa le premier une Apologie pour la Religion : il diſoit qu'on ne pouvoit douter des miracles de JESUS-CHRIST, puiſqu'on avoit vû lon-tems aprés ſa mort des perſonnes qu'il avoit reſſuſcitées; *en ſorte*, diſoit-il, *qu'il y en a encore*

encore plusieurs qui sont en vie de notre tems.

Aristide, Filosofe Athenien, fit aussi une Apologie de la Religion Chrêtienne beaucoup plus éloquente, que celle de Quadratus, & plus remplie de passages des Filosofes. *Cet Aristide,* dit Saint Jerôme, *étoit tres-éloquent, & ne changea point de profession en changeant de Religion.* Ils eurent le courage l'un & l'autre de presenter leurs Apologies à l'Empereur Adrien, qui les lut avec attention, il étoit bien capable d'en juger. Il arriva par bonheur qu'en même tems Granian Proconsul d'Asie, écrivit à Adrien pour lui representer l'injustice qu'il y avoit à condamner les Chrêtiens sur les cris du Peuple, sans les juger par les formes, & sans qu'ils fussent convaincus d'aucun crime. L'Empereur y donna ordre, & écrivit à Fundanus Successeur de Granian la Lettre suivante.

J'ai receu la Lettre que le tres-illustre Granian votre Predecesseur m'avoit écrite. Cette affaire ne me semble nullement à negliger, quand ce ne seroit que pour empêcher les troubles, qui en peuvent naître & ôter aux Calomniateurs l'occasion qu'ils en peuvent prendre pour exercer leur malice. Si donc les Peuples de votre Gouvernement ont quelque chose à dire contre les Chrêtiens, & qu'ils le puissent prouver clairement, & le soutenir à la face de la justice, qu'ils se servent de cette voie, & qu'ils ne se contentent pas de les poursuivre par des demandes & des écrits tumultuaires. C'est à vous à connoître de ces accusations, & non point à une assemblée de Peuple. Si donc quelqu'un se rend accusateur des Chrétiens, & qu'il fasse voir qu'ils agissent en quelque chose contre les Loix, punissez-les selon la qualité de la faute: Mais aussi, si quelqu'un est assez hardi de les accuser par calomnie, entreprenez-le vigoureusement, & ne manquez point de le châtier, comme sa malice le merite.

Cette Lettre arrêta la persecution en Asie, & il y a aparence que l'Empereur en écrivit de pareilles aux autres Gouverneurs de Province. On peut juger aussi par là, que ce n'étoit plus un crime d'être Chrétien, puis qu'il eût été fort aisé de prouver que la Religion Chrétienne étoit contraire aux anciennes Loix de l'Empire. Lampridius assure qu'Adrien avoit envie de mettre Jesus Christ au nombre des Dieux, & qu'il avoit fait bâtir à cette intention plusieurs Temples, mais qu'il ne les avoit jamais dediez, parce qu'il en avoit été détourné par quelques Oracles, qui l'assurerent, que quand le Dieu des Chrétiens seroit adoré, il détruiroit tous les autres Dieux.

Cependant Adrien mêloit son regne de bien & de mal. Il diminuoit les impôts, il fit publier l'Edit, qu'on nomma perpetuel: c'étoit un recüeil des Reglemens, que les Gouverneurs de Province devoient observer, afin que la justice se rendît d'une maniere uniforme dans tout l'Empire. Il avoit soin des bâtimens publics & des grans chemins; il favorisoit les gens de Lettres; mais il faisoit mourir les personnages Consulaires, que Trajan avoit le plus estimez, & protestoit ensuite que le Senat l'avoit fait sans son ordre, voulant avoir le plaisir secret de la cruauté, sans en encourir le blâme.

Sa passion dominante étoit les voyages; il alla dans les Gaules, dans la Grande Bretagne, en Espagne, d'où il passa en Mauritanie, & de-là en Orient. Il s'arrêta assez lon-tems à Alexandrie. C'étoit une Ville fort peuplée & fort marchande. Il y avoit dans le Palais un quartier, qu'on apelloit le Musée, parce que c'étoit le quartier des sciences. Ptolomée Philadelphe Roi d'Egypte y avoit établi plusieurs Colleges, & y avoit mis sa fameuse Bibliotheque. Adrien qui savoit beaucoup, y eut plusieurs conferences avec les plus habiles, & paroissoit s'y plaire. Il faisoit des déclamations aussi-bien qu'eux, & les passoit en Poësie. Il avoit écrit l'histoire de sa vie; mais ayant honte de se donner lui-même des loüanges, il la fit publier sous le nom de Phlegon, l'un de ses affranchis. C'est ce Phlegon qui a fait tant d'ouvrages, dont nous avons encore des fragmens. Son Livre des évenemens extraordinaires étoit curieux. Il y parle d'un hippocentaure pris sur une montagne d'Arabie, qui fut conduit vivant jusqu'en Egypte, où il fut embaumé, & de-là porté à Rome. Mais ce qui passe toute croyance, c'est l'histoire d'une fille, qui six mois aprés sa mort, parut, marcha, mangea, & fit toutes choses comme une personne vivante. Il dit l'avoir vûë aprés sa seconde mort.

Entre les Savans d'Alexandrie, Adrien entretenoit particulierement ceux qui se piquoient de Magie, & ne songeoit qu'aux moyens de rendre la vie plus longue, ils lui dirent qu'il faloit pour cela trouver un jeune homme qui voulût mourir pour lui ; Antinoüs s'offrit au sacrifice, & l'Empereur, qui s'aimoit encore mieux que son favori, le prit au mot. Il le sacrifia avec horreur, & le pleura avec tendresse. Il en fit une Divinité, lui éleva des Temples, lui donna des Prêtres & des Profetes, & fonda des jeux solemnels en son honneur. Les Astrologues, qui étoient aussi Astronomes, crurent avoir reconnu un nouvel Astre dans le Ciel ; ils dirent que c'étoit Antinoüs, & l'Empereur fut ravi de flater sa douleur par une imagination que ses meilleurs amis trouvoient ridicule. Il arriva pourtant un bon effet d'une si méchante cause ; Adrien eut tant de regret du sacrifice d'Antinoüs, qu'il défendit qu'à l'avenir on sacrifiât des hommes, pour quelques raisons que ce pût être. Les Chrétiens tirerent avantage de cette avanture, & firent voir aux Payens, que leurs Dieux ne l'étoient pas mieux qu'Antinoüs, & que la plupart n'étoient parvenus à la Divinité que par les plus grans crimes.

Mais l'Eglise eut en même tems un grand sujet de mortification, par l'Apostasie de Peregrin. Il avoit confessé Jesus-Christ sous Trajan, & presque merité les honneurs du martire, par la volonté qu'il avoit euë de le soufrir. Le Gouverneur de Sirie lui défendit d'y demeurer, ni d'aller en Judée ; & il retourna à Parion sur l'Hellespont, lieu de sa naissance. Il s'y acquit d'abord l'estime du Peuple, en donnant tout son patrimoine aux pauvres ; les Chrétiens, qui l'honoroient, ne le laissoient manquer de rien ; il portoit à la maniere des Filosofes de ce tems là, un manteau, de grans cheveux, une besace & un bâton : En cet équipage, il commença à voyager ; mais comme les Chrétiens s'aperçûrent qu'avec des dehors si austeres, ses mœurs n'étoient pas bien reglées, ils ne lui donnerent plus aucun secours ; aussi cessa-t-il de se contraindre, & sans plus garder de mesure avec eux, il abandonna même les pratiques exterieures de la Religion. Il alla à Rome, où il commença à faire le Sofiste, en disant des injures à tout le monde, & même à l'Empereur ; son insolence le faisoit admirer des sots.

On le chassa de Rome, il se retira en Grece, où ces sortes de Filosofes étoient toujours bien receus. Il parloit beaucoup, & parmi quantité d'impertinences, il difoit quelquefois de bonnes chofes ; *quand le crime*, difoit il, *pouroit demeurer inconnu à Dieu même, il ne le faudroit pas commettre.* Ces manieres nouvelles lui attiroient des difciples. Il faifoit profeffion de meprifer les plaifirs, & en fecret il en prenoit de toutes façons, ne cherchant que la gloire exterieure & les loüanges des hommes. Mais voyant que toutes fes fineffes étoient épuifées, il s'imagina de finir par une mort qui pût à jamais le rendre celebre, & peut-être le faire paffer pour un Dieu. Il declara aux Jeux Olimpiques devant tous les Grecs, qu'à pareil jour quatre ans aprés, pandant la même folemnité, il fe brûleroit lui même, pour aprendre aux hommes à méprifer la mort.

Il écrivit à toutes les Villes de Grece, pour leur faire favoir cette nouvelle, & leur donner des regles de conduite. Il fe voyoit quatre ans devant lui, & fans doute fe flatoit de quelque évenement, ou que fes difciples l'empêcheroient d'accomplir une promeffe fi extraordinaire. Il en goûtoit le fruit tout entier, on le regardoit par tout avec admiration, les moindres paroles étoient écoutées comme des Oracles, & par avance, il jouïffoit du prix de fa mort. Enfin le jour fatal aprochoit, fes difciples étoient partagez, quelques-uns le blâmoient, mais le grand nombre l'élevoit au Ciel & l'encourageoit. Il creufoit lui-même une foffe dans un lieu facré, à une lieuë de la Ville d'Olimpe. Il fit la veille un discours sur la mort devant le Peuple ; quelques-uns lui crierent en pleurant, de se conserver pour le bien des Grecs ; mais la multitude avide d'un spectacle si nouveau, lui cria, qu'il faloit mourir ; il pâlit, il trembla, & ne pût achever son discours. Il laissa passer le jour marqué, sous prétexte que Jupiter l'avoit averti en songe, qu'il n'aprouvoit pas son dessein. Il tomba malade, & sur ce que le Medecin s'étonnant de son impatience lui dit, qu'un homme qui souhaitoit tant la mort, la devoit recevoir avec joie, quand elle se presentoit d'elle-même ; *quelle gloire*, lui répondit Peregrin, *de mourir de la fievre comme les autres*. Enfin la vanité l'emporta ; aprés avoir bien differé & attendu que les jeux fussent finis, il declara qu'il se brûleroit la nuit suivante : tout le monde accourut, & en effet, aprés minuit, il parut une torche à la main, suivi de tous ses disciples. On mit le feu au bucher, & quand il fut allumé, il demanda de l'encens, qu'il jetta dedans ; il pria tous les Dieux de lui être favorables, & se précipita dans le feu, où il fut bien-tôt étoufé. Lucien, qui étoit present, nous a donné toutes ces particularitez, & il conte ingenûment qu'ayant voulu faire des plaisanteries d'une mort si ridicule, il pensa être assommé par le Peuple.

Aprés la mort d'Antinoüs, Adrien promena sa douleur dans toutes les parties du monde. Il revenoit à Rome de tems en tems, mais il aimoit mieux demeurer à Athenes : Il en avoit été Magistrat, avant que d'être Empereur, & se souvenoit encore des plaisirs qu'il y avoit eus.

Les Atheniens étoient savans, curieux, & ne songeoient qu'à faire des fêtes. L'Empereur leur donna l'Isle de Cephalonie, & fit dans leur Ville des bâtimens magnifiques. Il acheva le Temple de Jupiter Olimpien, & s'y consacra un Autel à lui-même, où il mit la peau d'un dragon qu'on lui avoit envoyé des Indes. Il avoit été initié autrefois aux petits mysteres d'Eleusine ; mais à son dernier voyage, il fut admis aux plus grans.

Il y avoit dans Eleusis Ville de l'Attique, un Temple de Cerés, où l'on celebroit ces mysteres. On racontoit que quand Proserpine fut enlevée par Pluton, Eleüs Athenien reçut chez lui Cerés qui cherchoit sa fille, & que pour le recompenser de la bonne chere qu'il lui fit, elle envoya son fils Triptoleme aprendre aux hommes la maniere d'ensemencer la terre. On lui bâtit un Temple, où l'on celebroit de profons mysteres : les grans étoient pour Cerés, & les petits pour Proserpine.

Enfin Adrien se sentant vieux & mal sain, retourna à Rome, & y employa les dernieres années de sa vie à regler la Justice, & à perfectionner les Arts & les Sciences. Il fonda un

College

Collége d'Eloquence, qu'il nomma Athenée. Mais comme ses maux augmentoient, & qu'il perdoit beaucoup de sang par un saignement de nez, auquel il avoit toujours été sujet, & que les Medecins craignoient l'idropisie, il songea à se faire un Succeffeur, qui dans l'état de langueur où il alloit tomber, pût encore le faire respecter. Il adopta Verus, jeune homme, dont les inclinations étoient assez bonnes, mais peu proportionnées à une si grande fortune. Il étoit d'ailleurs d'une complexion si délicate, qu'il mourut l'année suivante. Adrien étoit assez embarassé à faire une autre adoption, lorsqu'en allant au Senat, il vit Antonin soutenir par dessous les bras son beaupere, cassé de vieillesse, & qui vouloit pourtant encore aller à tout. Cette action de bon naturel le determina; il connoissoit d'ailleurs Antonin pour homme de merite, & l'avoit mis dans son Conseil au retour d'Asie. Il lui envoya sur le champ le rescrit d'adoption, à condition qu'Antonin adopteroit Annius Verus, nommé depuis Marc Aurele; *Antonin sera bien fâché*, dit Adrien, en le faisant Cesar, *mais il faut le faire sans le consulter.*

Le mal d'Adrien augmentoit, & lui devenoit insuportable, sa constance étoit poussée à bout, il soufroit dans toutes les parties de son corps des douleurs cuisantes, & quelquefois sembloit perdre la raison. Alors se voyant prêt à mourir, il n'avoit de plaisir qu'à faire mourir les autres ; on lui obéissoit au commencement. Servien son beaufrere, à l'âge de quatre-vint-dix ans fut executé avec Fuscus son petit fils, qui n'en avoit que seize; mais dans la suite Antonin faisoit cacher ceux qu'Adrien condamnoit à la mort. Il demandoit dans le fort de ses accés, ou son épée ou du poison ; mais on le gardoit à vûë, & Antonin s'en faisoit un point d'honneur & de pieté. Il avoit un Chasseur hardi & brutal; il le fit venir en particulier, & lui montrant un certain endroit de son estomac; *frape-là*, lui dit-il, *& je mourai sans douleur*. Le Chasseur s'enfuit en tremblant.

Il voulut changer d'air, & s'en alla à Bayes, dans la Campanie, où changeant aussi de regime, il chassa ses Medecins, & se mit à boire & à manger, comme s'il eût été dans une santé parfaite. Il mourut quelques jours aprés, à l'âge de soixante & trois ans, dont il en regna vint & un. Son corps fut brûlé, & ses cendres portées à Rome, pour le mettre au nombre des Dieux; mais le Senat & le Peuple maudissoient sa memoire, ses dernieres cruautez avoient fait souvenir des premieres. Antonin leur representoit en vain, que condamner Adrien, c'étoit casser son adoption, & le dégrader de l'Empire; il ne les persuada, qu'en faisant paroître des Senateurs & des Chevaliers,

An de J. C.
138.

qu'on croyoit morts, & qu'il avoit fait cacher ; la joie de les revoir calma les esprits , & l'on fit enfin une Divinité d'un homme haï de tout le monde. On lui éleva un Mausolée, qui fut nommé *Moles Adriani* , & depuis le Château Saint Ange , parce que sous le Pontificat de Gregoire Septiéme, un Ange ayant peru dans les airs au dessus de ce Château, annonça que Dieu alloit délivrer la Ville de Rome d'une peste, qui la tourmentoit depuis lon-tems.

CHAPITRE SEPTIE'ME.

SI les Martirs cimentoient l'Eglise de leur sang , les Heretiques la déchiroient par leurs fausses imaginations. Papias, disciple de Saint Jean l'Evangeliste , étoit Evêque d'Hieraple en Asie, & n'étoit recommandable que par une grande simplicité de mœurs ; il faisoit grand cas de la tradition, & demandoit aux Anciens, ce qu'avoient dit Pierre, André, Thomas , Jaque ou Mathieu. Il mettoit par écrit tout ce qu'il avoit oüi dire , & composa cinq Livres, qu'il intitula ; *Exposition des paroles de Notre Seigneur* , où il raportoit plusieurs paraboles , & quelques nouvelles instructions de JESUS-CHRIST , dont les Evangelistes n'ont point parlé. Il ne laissa pas de se tromper avec bonne intention , & enseigna qu'aprés la Resurrection generale, JESUS-CHRIST regneroit sur la terre pandant mille ans d'une maniere corporelle : cette opinion fut suivie par Saint Justin, par Saint Irenée, par Lactance, & par Sulpice Severe : On l'apella l'opinion des Millenaires. Elle n'étoit pas encore condamnée par l'Eglise, & ils pouvoient soutenir une erreur sans être Heretiques.

Carpocrate étoit Magicien, & fut le plus infame des Gnostiques. Il prêchoit la Communauté des femmes, & prétendoit que pour se délivrer de la puissance des Princes du monde, & arriver à la perfection, il faloit passer par toutes sortes d'impudicitez. Il eut un fils nommé Epiphane, beaucoup plus habile que lui : il savoit parfaitement la Filosofie de Platon, & avoit composé divers Ouvrages à l'âge de dix-sept ans, qu'il mourut.

Les visions de Marcion étoient plus dangereuses ; il avoit été élevé dans la Religion Chrêtienne par l'Evêque de Sinope son pere : son esprit, sa vanité & sa jeunesse le perdirent: Il corrompit une vierge, & causa un tel scandale, que son pere ne voulut jamais le recevoir à penitence ; confus & desesperé, il s'abandonna à ses imaginations. Il ne pouvoit concevoir qu'un mauvais arbre pût porter de bons fruits, ou qu'un bon en pût porter de mauvais ; & par là il supposoit deux Dieux, l'un auteur du bien, & l'autre du mal. Il n'admettoit de resurrection, que pour ceux qui suivroient sa doctrine, & croyoit la metempsicose. Il eut beaucoup de disciples & de sectateurs, quoiqu'il ne prouvât ses dogmes nouveaux, ni par la sainteté de sa vie, ni par la force des raisonnemens.

Le regne d'Antonin fut assez favorable au Christianisme : un Prince surnommé le bon & le pieux, n'avoit garde de persecuter ceux qui faisoient du bien à tout le monde, & qui poussoient la vertu jusqu'à aimer leurs ennemis. D'ailleurs il avoit beaucoup d'esprit, & dans les differens emplois qu'il avoit exercez jusqu'à l'âge de cinquante ans ; il avoit connu qu'on faisoit injustice aux veritables Chrétiens, & que tous les crimes qu'on leur imputoit, étoient commis par les Juifs, ou par les Heretiques. La persecution ne cessa pourtant pas tout à fait, les Magistrats executoient encore les ordres d'Adrien, les Prêtres des faux Dieux, qui voyoient leur Empire prêt à finir, étoient plus irritez que jamais. Le Pape Telesphore, Saint Concorde & Saint Pontien souffrirent le martire.

Felicité, Dame Romaine, avoit sept enfans, qu'elle élevoit dans la veritable Religion, songeant moins à leur procurer les biens de la terre, que ceux du Ciel. On representa à l'Empereur, que pour apaiser la colere des Dieux, il faloit leur sacrifier Felicité ; elle fut aussi-tôt arrêtée avec ses sept enfans. Publius, Prefet de Rome, l'exhortoit à avoir au moins compassion de ses enfans ; *la pieté que vous demandez de moi*, lui répondit-elle, *seroit une veritable impieté*, puis se tournant vers ses enfans ; *regardez là-haut*, leur dit-elle, *c'est là où* JESUS-CHRIST *vous attend avec ses Saints, montrez-vous fideles à son amour, & combatez pour le salut de vos ames*. Le Prefet les fit tous mourir avant la mere, qui jusqu'à son dernier moment, remercia Dieu des graces qu'il faisoit à sa famille.

L'Empire n'avoit rien changé à la maniere de vivre d'Antonin. Il faisoit peu de cas des habits Imperiaux, des statuës, des feux, qu'on portoit alors devant l'Empereur, des gardes, dont il ne croyoit pas avoir besoin ; & enfin de tout ce qui flate la vanité. Il étoit fort riche de son patrimoine, qu'il avoit gouverné sagement, il n'avoit jamais prêté d'argent qu'à un tres-petit interêt : exact dans les pratiques de sa Religion, il témoignoit un grand respect pour la Divinité, bien loin de s'en attribuer les honneurs. La bonté faisoit son caractere : dans le tems qu'il étoit Proconsul d'Asie, on l'avoit logé à Smirne dans la plus belle maison de la Ville : le Sofiste Polemon, à qui elle apartenoit, étant revenu de la campagne, se plaignit hautement, qu'on le chassoit de chez lui, & sans hesiter, Antonin en sortit à minuit. Le Sofiste ne laissa pas de le venir saluer à Rome, quand il fut Empereur ; Antonin le reçut fort bien, & dit seulement en riant, *qu'on lui donne une chambre dans le Palais, & que personne ne l'en déloge.* Quelques jours aprés un Comedien vint se plaindre à l'Empereur, que ce même Sofiste l'avoit chassé du Theatre en plein midi, & qu'il en apelloit à sa justice ; *il m'a bien chassé,* lui répondit-il, *en plein minuit, & je n'en ai point appellé.*

Dés qu'Adrien fut mort, Antonin songea à soulager le Peuple, & commença par retrancher une infinité de pensions ; *c'est une chose indigne,* disoit-il, *c'est une cruauté de laisser manger la Republique par ceux qui ne lui rendent point de service.* Il retrancha entre autres une grosse pension, qu'Adrien avoit donnée à un Poëte, pour avoir fait des Vers à la loüange d'Antinoüs. *Tous les Peuples,* disoit-il, *composent une seule famille, & j'en suis le pere.* On ne laissa pas de conspirer contre lui, mais la conspiration fut découverte, Priscien, qui en étoit le chef, se tua lui-même, & Antonin ne voulut point qu'on informât contre les autres ; *je ne suis pas bien aise,* dit-il au Senat, *qu'on voie qu'il y a des gens qui ne m'aiment pas.*

Il avoit grand soin de l'éducation de Marc-Aurele, & fit venir d'Orient, un Stoïcien pour être son Précepteur. Dés qu'il fut arrivé à Rome, il lui fit dire de venir au Palais instruire le jeune Prince ; *c'est au disciple*, répondit le Stoïcien, *à venir trouver le Maître*; Antonin ne fit que rire d'une pareille fierté, & lui envoya Marc Aurele.

Il n'eut point de guerres à soutenir, la justice regloit ses droits, sa puissance les autorisoit ; les étrangers disputoient à ses Sujets la gloire de le servir & le plaisir de l'aimer. Il songeoit plus à conserver les bornes de l'Empire qu'à les étendre ; *j'aime mieux*, disoit-il, *la vie d'un Citoyen, que la mort de mille ennemis*, & ce repos lui étoit plus glorieux, que les triomfes ne le sont aux Conquerans.

Sa femme Faustine n'avoit pas une trop bonne conduite ; il étoit attentif à la cacher, & ne vouloit point que son domestique donnât de scéne au public. Il maria Annia Faustina sa fille unique à Marc Aurele, & lui assura tout son bien, s'en reservant l'usufruit, qu'il employoit aux besoins de l'Etat. Il fit plusieurs Ordonnances pour le bon gouvernement, & entre autres, qu'un homme ne pouroit poursuivre sa femme pour adultere, s'il ne lui avoit été fidele ; & s'il se trouvoit par les informations, que l'un & l'autre fût coupable, il vouloit que tous deux fussent punis.

Cependant la persécution recommençoit par tout contre les Chrêtiens, sans que l'Empereur en eût donné l'ordre ; ils augmentoient en nombre, & devenoient tous les jours plus

redoutables

redoutables aux Prêtres des Idoles : on les dépouïlloit de leurs biens, on les emprisonnoit, on les faisoit mourir. Dieu suscita pour leur defense, un Filosofe Payen entêté des études mondaines, & en fit la lumiere de son Eglise. Ce fut Saint Justin, dont nous avons deux excellentes Apologies de la Religion Chrétienne.

On avoit publié des défenses de lire les vers des Sibilles, parce que les Chrétiens en tiroient quelque avantage. Les écrits de ces Profetesses étoient en grande veneration parmi les Romains, & le témoignage de Saint Justin dans son Apologie adressée à Antonin, est bien fort là-dessus, n'y ayant gueres d'aparence, qu'il eût osé citer à l'Empereur même les écrits des Sibilles, s'ils n'avoient été connus & reçus de tout le monde. Il est vrai que Celse a accusé les Chrêtiens, d'y avoir ajouté beaucoup de choses ; mais comme il se contente de le dire sans le prouver, Origene n'a pas laissé de s'en servir, comme d'une addition aux preuves solides de la Religion Chrêtienne, & qu'on pouvoit alleguer aux Payens, qui en reconnoissoient l'autorité.

Ce fut vers l'an cent cinquante de JESUS-CHRIST, que Saint Justin composa sa premiere Apologie, il l'adresse à Antonin : *Tout le monde, lui dit-il, vous apelle religieux, il faut voir si vous l'êtes, vous pouvez nous tuer, mais vous ne pouvez nous nuire. On nous coupe la tête*, dit-il dans un autre endroit, *on nous attache à des croix, on nous expose à des bêtes, parce que nous ne voulons pas abandonner notre foi, mais plus on nous fait soufrir de maux, plus on voit augmenter le nombre des Fideles & de ceux qui servent Dieu par le nom de* Jesus-Christ. Il parle ensuite du Baptême, *lorsque quelqu'un,* dit il, *est persuadé de notre doctrine, on lui aprend à prier & à jeûner, nous prions & nous jeûnons avec lui. Nous l'amenons ensuite dans un lieu où il y a de l'eau, & nous le lavons au nom de Dieu le Pere, de notre Sauveur* Jesus-Christ *& du Saint Esprit.* Il parle aussi clairement de l'Eucharistie, *celui,* ajoute-t-il, *qui préside parmi les Freres, ayant receu le Pain & le Calice où est le vin mêlé d'eau, l'ofre au Pere commun de tous au nom du Fils & du Saint Esprit, & les Diacres distribuent à chacun ce pain & ce vin, & cette nouriture est apellée parmi nous Eucharistie, & nous ne recevons pas ces choses, comme si c'étoit un pain ordinaire & un breuvage commun ; mais comme nous savons que* Jesus-Christ *s'est revêtu de chair & de sang pour notre salut, de même nous savons aussi que cette viande & ce breuvage ayant été consacrez par les prieres, que le Verbe de Dieu a enseignées, sont la Chair & le Sang de ce même* Jesus-Christ, *qui s'est fait*

Homme pour l'amour de nous. Car les Apôtres nous aprenent dans les écrits qu'ils nous ont laissez, & qu'on nomme Evangile, que JESUS-CHRIST leur ordonna d'en user comme il avoit fait, lors qu'ayant pris le pain & rendu graces, il dit, faites ceci en memoire de moi, ceci est mon Corps, & qu'ayant pris aussi le Calice entre ses mains, il dit, ceci est mon Sang. Nous ne perdons jamais la memoire de ces Mysteres, & nous nous en faisons ressouvenir les uns les autres. Le Dimanche, qu'on apelle le jour du Soleil, tous ceux qui demeurent à la Ville ou à la Campagne, s'assemblent en un même lieu. On y lit les écrits des Apôtres, ou les Livres des Profetes. La lecture achevée, on fait une exhortation aux Fideles, on prie, on celebre les saints Mysteres : or, ajoûte Saint Justin, nous nous assemblons le Dimanche, parce que c'est le jour que Dieu a fait le monde, & que JESUS-CHRIST notre Sauveur est ressuscité. On nous persecute, ajoûte-t-il, tandis qu'on soufre toutes les autres Religions. Ils adorent des marbres, des fleuves, des rats, des chats, des crocodilles : A-t-on rien dit à Simon le Magicien, vous l'avez adoré comme un Dieu ; Menandre, Marcion, publient impunément qu'il y a un Dieu plus grand que le Createur. Ces gens-là se disent Chrétiens, on les accuse de faire bien des abominations, & vous ne les persecutez point. Enfin, dit-il, si vous trouvez notre

Doctrine raisonnable, respectez-la, si vous la jugez impertinente, meprisez-la ; mais ne condamnez pas à la mort des gens qui ne font mal à personne. Car nous vous declarons que vous n'éviterez pas le jugement de Dieu, si vous persèverez dans cette injustice : de notre part, nous dirons que la volonté de Dieu soit faite. Nous pouvions vous demander justice en vertu de la Lettre du grand illustre Cesar Adrien votre pere, mais nous avons mieux aimé nous fonder sur la seule justice de nos demandes. Orose, ancien Auteur Ecclesiastique, assure que l'Apologie de Saint Justin eut son effet.

 Les Chrétiens d'Asie se plaignirent en même tems à l'Empereur, de la maniere cruelle dont on les traitoit, & même quelques Gouverneurs de Province lui demanderent ses ordres là dessus ; il fit reponse à plusieurs, mais comme il ne nous reste que sa derniere Lettre aux Etats d'Asie, & que cette Lettre est autorisée par Saint Mileton, & raportée par Eusebe, nous l'insererons ici toute entiere, sans craindre qu'elle ennuye le Lecteur.

 Je ne doute point, dit l'Empereur, *que les Dieux n'ayent soin de livrer les Chrétiens entre vos mains, quelques efforts qu'ils fassent pour se cacher. Et assurément les Dieux souhaitent encore plus que vous le châtiment exemplaire de ceux qui refusent de les adorer. Mais vous devez prendre* garde qu'en tourmentant avec tant d'animosité ceux que vous accusez d'être des Athées, vous ne les rendiez plus obstinez, au lieu de les faire changer de sentiment : car ils ne souhaitent pas tant de vivre, qu'ils se trouvent heureux de souffrir la mort pour leur Dieu. Ainsi ils demeurent victorieux de vos tourmens, lors qu'ils aiment mieux exposer leur vie, que de consentir à ce que vous leur demandez. Pour ce qui est des tremblemens de terre, il n'est pas inutile qu'on vous avertisse de vous comparer un peu avec les personnes contre qui vous paroissez si animez : car quand ces malheurs arrivent, vous vous abatez & vous vous découragez entierement, & eux au contraire ne témoignent jamais plus de gayeté & plus de confiance. Aussi il semble que hors ces calamitez publiques, vous ne connoissiez pas seulement les Dieux, vous negligez toutes les choses de la Religion, & vous ne vous souvenez point du culte de l'immortel. Et parce que les Chrétiens l'honorent, vous en avez de la jalousie, & vous les persecutez jusqu'à la mort. Plusieurs d'entre les Gouverneurs ont autrefois écrit à mon Pere en leur faveur, & il leur a repondu qu'ils les faloit laisser en repos, à moins qu'on ne vît qu'ils fissent quelque entreprise contre l'autorité du Gouvernement. Beaucoup de persones m'ont aussi consulté sur cette affaire, & je leur ai fait la même reponse. Que si quelqu'un continuë d'accuser un Chrétien à cause *de sa Religion, que l'accusé soit renvoyé absous, quand il paroîtroit effectivement être Chrétien, & que l'accusateur soit puni selon les formes.*

Cette Lettre fut affichée à Ephese dans l'Assemblée des Etats d'Asie, & fit cesser la persecution. On y voit avec joie la justification, ou plutôt le Panegyrique des Chrêtiens, prononcé par un Empereur Payen.

Justin aprés avoir procuré la paix à l'Eglise, continua à s'apliquer à la conversion des Gentils. Il eut même quelques conferences à Ephese avec les Juifs. Triphon, l'un des principaux d'entre eux, l'aborda un jour à la promenade, le prenant à son habit pour un Filosofe ordinaire: ils parlerent de Religion avec beaucoup d'honnêtetez reciproques, & chacun demeura dans son sentiment; mais nous voyons par ces conferences, que dans ces premiers tems, les plus grands Saints ont eu des opinions, que l'Eglise a condamnées depuis; Saint Justin croit que les Anges ont des corps tres-subtils, & il soutient qu'au second avenement de JESUS-CHRIST, il se fera une Resurrection particuliere de tous les Justes, qui demeureront ensemble sur la terre avec JESUS-CHRIST pandant mille ans; *Je reconnois,* dit-il franchement, *que je suis dans ce sentiment; mais je declare aussi qu'il y a beaucoup de Chrétiens* d'une foi tres-pure, qui n'ont point cette croyance.

La paix de l'Eglife amena Saint Policarpe à Rome. Il y avoit foixante ans que Saint Jean l'Evangelifte l'avoit fait Evêque de Smirne ; Saint Ignace avoit reconnu plufieurs fois & admiré fa fainteté. L'honneur d'être difciple des Apôtres, & d'avoir converfé avec ceux qui avoient veu JESUS-CHRIST, rendoit fa vieilleffe venerable. On le refpectoit dans toutes les Eglifes d'Orient. Les Chrêtiens ne foufroient jamais qu'il fe déchaufsât lui-même, & chacun s'empreffoit à lui rendre ce petit office de charité. Il trouva fur la Chaire de Saint Pierre Anicet Succeffeur de Saint Pie, avec qui il convint de plufieurs points de difcipline Ecclefiaftique ; mais ils garderent chacun leur fentiment fur le tems de celebrer la Pâque. Saint Policarpe, & tous les Evêques d'Afie la celebroient précifément le 14. de la Lune de Mars, quelque jour de la Semaine qu'il arrivât, & les Evêques de Rome la celebroient toujours le Dimanche aprés le 14. de la Lune. Cette difpute ne les empêcha pas de demeurer dans la Communion Ecclefiaftique, & même Anicet, au raport de Saint Irenée, ceda l'Euchariftie à Policarpe pour lui faire honneur, c'eft-à-dire, qu'il lui fit offrir le Saint Sacrifice en fa place. Ils s'unirent pour la défenfe de la veritable doctrine.

An de J. C. 158.

Valentin, esprit plein de feu, & doüé de tous les talens naturels & acquis, avoit formé une Herefie: fes grandes qualitez l'avoient fait prétendre à l'Epifcopat; le dépit d'en voir préferer d'autres, l'ayant feparé de l'Eglife, le jetta dans le defir de l'indepandance & dans l'erreur. Il avoit étudié la Filofofie de Platon, & la mêlant avec l'Evangile de Saint Jean, qui étoit le feul qu'il recevoit, il fe fit une Religion affez femblable à celle de Simon le Magicien: Il refpectoit la doctrine des idées, & les myfteres des nombres, Hefiode & Pithagore étoient fes Heros. Il fuivit, il commenta les vifions des Gnoftiques, nia la refurrection des corps, prêcha la Metempficofe, fe moqua de la chafteté, condamna le mariage, & à la place d'un Dieu fouverain principe de tout; il imagina trente Eons ou fiecles, qu'il perfonifioit, qui avoient, difoit-il, tout produit, & prêcha hautement, que fes difciples étoient affurez d'aller au Ciel. Il diftinguoit trois fortes d'hommes, les terreftres, les animaux & les fpirituels. Il difoit que les terreftres, quoi qu'ils fiffent, ne pouvoient jamais être fauvez; que les animaux, qui étoient les Chrêtiens ordinaires, pouvoient être fauvez par les bonnes œuvres, & que fes fectateurs, qui étoient les fpirituels, ne pouvoient jamais être damnez, quelques pechez qu'ils euffent commis, ce qui leur donnoit la confiance

fiance de s'abandonner aux choses les plus abominables. Ces visions ne manquerent pas d'être suivies par un grand nombre de personnes : un mystere presque impenetrable faisoit le principal merite de cette doctrine. La severité dans les paroles, l'obscurité dans le dogme, & le relâchement dans les mœurs, ont fait de tout tems les Heretiques.

Policarpe rencontra aussi dans Rome l'Heresiarque Marcion, qui lui demanda effrontement, s'il le connoissoit ; *oüi*, répondit Policarpe, *tu es le fils aîné du diable*. Son séjour à Rome fit beaucoup de conversions, il passoit pour le Docteur de l'Asie, & rendoit hautement témoignage que la doctrine de l'Eglise Romaine étoit la même que celle qu'il avoit aprise des Apôtres.

An de J C.
158.

Egesippe travailloit aussi pour la foi, il avoit été Juif, fort savant dans sa Religion, & ne s'étoit fait Chrétien qu'aprés un long examen. Il s'apliqua à recuëillir les Traditions Apostoliques, & composa le premier une Histoire de l'Eglise en cinq Livres. Il y assuroit que jusqu'à son tems, il n'y avoit aucun Siege Episcopal depuis les Apôtres, où l'on ne gardât exactement ce que le Seigneur avoit prêché. Eusebe a inseré dans son Histoire Ecclesiastique quelques fragmens de celle d'Egesippe, entre autres, le Martire de Saint Jaque

Evêque de Jerusalem, & l'élection de Simeon. Il dit aussi qu'un nommé Thebutis fut le premier Chrétien, qui se deshonora par une Heresie.

LIVRE TROISIEME.

CHAPITRE PREMIER.

ANTONIN se voyant avancé en âge, initioit peu à peu Marc-Aurele au Gouvernement de l'Empire. Il lui avoit donné dés l'an 147. de Jesus-Christ, la puissance du Tribunat, & ne faisoit gueres d'affaires sans lui en parler, il avoit jusque-là conservé beaucoup de santé. Enfin à l'âge de soixante & quatorze ans, il tomba malade, pour avoir mangé trop de fromage, la fievre suivit le vomissement, il fit apeller Marc-Aurele, quand il se vit prêt à mourir, le declara son Successeur, lui recommanda l'Etat & sa fille, & ordonna qu'on portât dans sa chambre une statuë d'or de la victoire, qui étoit toujours dans la chambre de l'Empereur. Il donna tous ces ordres avec une grande presence d'esprit, & l'on remarqua, qu'un moment avant que d'expirer, le Prefet du Pretoire lui ayant demandé le mot, il dit, *tranquilité*; malheureux, que tant de vertus humaines n'ayent pû lui meriter la connoissance du vrai Dieu.

Jamais Prince ne fut plus regreté, chacun lui rendit justice, on porta son corps avec pompe dans le tombeau d'Adrien, & les honneurs divins ne lui furent pas épargnez. Marc-Aurele, & Lucius Verus, prononcerent son Panegyrique.

An de J C. 161.
Marc Aurele fut reconnu seul Empereur : il avoit quarante ans & beaucoup d'experience; mais il surprit le Senat, lorsqu'il declara Lucius Verus son Collegue à l'Empire, on donna beaucoup de loüanges à sa moderation. Ils gouvernerent avec union ; Verus, qui étoit plus jeune & moins habile, regarda toujours Marc-Aurele comme son pere, & la douceur du regne d'Antonin, parut continuer sous ces deux Princes. Ce n'est pas que Verus, s'il eût suivi son naturel, ne se fût porté à toutes sortes d'excés, mais il respectoit la vertu de l'Empereur & la craignoit. Il se lâchoit pourtant sur les plaisirs, & ne se retenoit que sur la cruauté que Marc-Aurele n'eût pas souferte. Verus, aprés quatre ans de guerre, où il ne songea qu'à faire bonne chere, obligea les Parthes à demander la paix. Il alla ensuite faire la guerre aux Allemans, & au retour mourut d'une apoplexie ; peu regretté, même de Marc-Aurele, qui avoit peine à le retenir, depuis que la guerre & la victoire lui avoient donné de la présomption.

La persecution contre les Chrétiens avoit recommencé avec plus de fureur que jamais. Marc-Aurele attaché dés son enfance à l'Idolatrie, avoit beaucoup de pieté dans sa Religion, & ne pouvoit foufrir tout ce qui attaquoit fes premieres préventions. La Filofofie, dont il avoit fait fa principale étude, le rendoit encore plus fevere. La perfecution commença en Afie, pandant que Quadratus en étoit Proconful. Germanique, & dix autres Chrêtiens furent expofez aux bêtes dans l'amfiteatre de Smirne, & foufrirent la mort avec tant de courage, que le Peuple au lieu de s'apaifer, commença à crier ; *qu'on extermine tous les Impies, qu'on cherche Policarpe.* Ce Saint Evêque étoit depuis lon-tems l'apui & la confolation des Chrêtiens, & les Payens croyoient en le faifant mourir, exterminer fa Religion. Quadratus donna auſſi-tôt fes ordres pour le chercher, mais les Fideles l'avoient déja fait retirer à une maifon de campagne. On le chercha deux jours durant, & enfin on le trouva, parce qu'il ne voulut point fe fauver dans une maifon voifine, en difant ; *la volonté de Dieu foit faite.* Les Soldats le mirent fur un âne, pour le conduire à la Ville ; & en chemin, Herode Irenarque, ou Juge de paix de Smirne, l'ayant rencontré, le fit monter dans fon chariot ; il tâcha de lui perfuader de facrifier aux Dieux, Policarpe l'écoutoit & ne répondoit rien ; mais fe voyant preffé, il lui dit fimplement ; *je ne faurois faire ce que vous me confeillez.* Le Magiftrat en colere, lui dit des injures, & le jetta en bas du chariot. Il marcha gaye-

An de J. C.
166.

ment vers la place où le Peuple étoit assemblé. Plusieurs Chrêtiens protesterent depuis, que lorsqu'il y entra, ils entendirent une voix du Ciel qui lui disoit : *Courage, Policarpe, soyez genereux jusqu'à la mort.* Le Proconsul Quadratus l'attendoit sur son Tribunal. *Jurez*, lui dit-il, *par la fortune de Cesar, & priez qu'on extermine les Impies.* Alors le Saint regardant d'un œil severe toute cette multitude d'Impies, qui étoient dans la place, s'écria en levant les yeux aux Ciel ; *Exterminez les Impies.* Le Proconsul à ces paroles, crut avoir ébranlé sa constance ; *Jurez*, lui cria-t il, *par la fortune de Cesar, & maudissez le* CHRIST. *Il y a quatre-vint-six ans que je le sers*, lui répondit Policarpe, *& il ne m'a jamais fait que du bien.* Le Proconsul le pressant encore de jurer par la fortune de Cesar, il lui dit qu'il étoit Chrêtien. *Apaise ce Peuple & le persuade*, lui dit le Proconsul, *je veux bien vous instruire & vous persuader*, lui dit le Saint, *notre Religion nous aprend à rendre aux Puissances établies de Dieu, l'honneur qui leur est dû ; mais pour ce Peuple, ils ne m'entendroient pas, & ne sont pas dignes que je me défende devant eux.* Aussi-tôt un Heraut cria par trois fois ; *Policarpe a confessé qu'il est Chrétien.* Alors le Peuple en fureur cria ; *c'est le Docteur de l'Asie, le Pere des Chrétiens, l'ennemi de nos Dieux, qu'on l'expose aux bétes.* Mais comme les Jeux venoient de finir, ils crierent, qu'il faloit le brûler tout vif. La Sentence renduë par le Peuple, fut prononcée par le Juge; le bucher fut prêt en un moment, les Juifs s'y acharnerent encore plus que les Gentils. Le Saint se deshabilla lui-même, on vouloit l'attacher avec des clous, il dit que cela étoit inutile, on se contenta de cordes. *Seigneur, Dieu tout puissant*, s'écria-t-il en levant les yeux au Ciel, *Pere de* JESUS CHRIST, *votre Fils bien aimé, par qui nous avons receu la grace de vous connoître, Dieu des Anges & des Puissances, Dieu de toutes les creatures & de toute la nation des Justes qui vivent en votre presence, je vous rends grace de ce que vous m'avez fait arriver à ce jour & à cette heure, où je dois prendre part au Calice de votre* CHRIST, *pour ressusciter à la vie éternelle de l'ame & du corps, dans l'incorruptibilité du Saint Esprit : que je sois admis aujourd'hui en votre presence.*

Pandant qu'il faisoit sa priere, les Juifs avoient allumé le feu, on le jetta dedans; mais les flâmes ayant fait une espece de cercle autour de lui sans le toucher, on lui donna un coup d'épée au travers du corps, dont il sortit beaucoup de sang. Les Chrêtiens de Smirne manderent à ceux de Philomele en Phrigie, toutes les particularitez du martire de Saint Policarpe. *Les Payens empêcherent les Fideles d'emporter son corps*; ce sont les propres termes de la Lettre, *de peur*, disoient-ils, *qu'ils ne l'a-*

dorassent au lieu de Jesus-Christ : *Insensez,* qu'ils étoient, ils ignoroient que les Chrétiens n'adorent Jesus-Christ, que parce qu'il est le Fils de Dieu, & qu'ils aiment seulement les Martirs, qui sont ses disciples & ses imitateurs, à cause de l'amour qu'ils témoignent avoir pour leur Maître. Le Centurion ayant fait brûler le corps de ce Martir, les Chrétiens emporterent ses os, plus précieux que les pierres les plus rares & plus purs que l'or, qu'ils ensevelirent dans un lieu, où ils s'assembloient pour celebrer avec joie le jour de son Martire. Voilà les sentimens de l'ancienne Eglise, touchant le respect dû aux Martirs & à leurs reliques, également éloignez du mépris qu'en font les Heretiques de notre tems, & de la superstition qu'on reproche à quelques Catholiques.

Cette admirable Lettre a été inserée en partie dans l'Histoire d'Eusebe, & l'on a trouvé depuis plusieurs Manuscrits, où elle est toute entiere, tant en Grec qu'en Latin, & à la fin de quelques anciens exemplaires, on lit ces paroles ; *ceci a été transcrit sur la copie d'Irenée, disciple de Policarpe par Gaïus, qui a vécu avec Irenée & moi Socrate, je l'ai écrit à Corinthe sur la copie de Gaïus.*

Il nous est resté une Epître de Saint Policarpe aux Philippiens; *il y a,* dit Saint Irenée dans son Livre troisiéme, contre les Heresies; *Une Epître de Saint Policarpe aux Chrétiens de Philippes*

Philippes, laquelle est tres édifiante, & fort propre à faire connoître le caractere de la foi & la doctrine de la verité, à ceux qui ont soin de leur salut. Eusebe, Saint Jerôme & Photius la citent en plusieurs endroits, & il n'est presque pas croyable, qu'après de pareils témoignages, quelques Auteurs Protestans en osent disputer la verité.

La Tradition de l'Eglise de Lion, est que Saint Pothin, Saint Benigne, Saint Andoche, Saint Thirse, Saint Andeol, & Saint Irenée, ont été disciples de Saint Policarpe, & que c'est lui qui dans le tems qu'il étoit à Rome, les a envoyez dans les Gaules. Il est certain, qu'entre les Martirs de Lion, il s'en trouve plusieurs de l'Asie Mineure, & la Lettre qui contient leur Martire, est adressée aux Eglises d'Asie & de Phrigie. On remarque aussi que dans la suite les Fideles de Lion & de Vienne écrivoient en Grec aux Eglises d'Asie, & même au Pape. Il n'y a pas de difficulté pour Saint Irenée, qui declare en plusieurs endroits de ses ouvrages, qu'il a été élevé dans l'école de Saint Policarpe.

Les Chrétiens n'étoient pas plus en repos à Rome. Ptolomée & Luce furent martirisez, parce qu'ils s'avoüerent Chrétiens ; *quiconque, dit Saint Justin, ne s'avouë pas pour Chrétien, rejette cette qualité, ou parce qu'il croit notre Religion mauvaise, ou parce qu'il se reconnoît indigne de ce nom, & que ses mœurs n'y répondent pas.* Justin qui avoit si bien défendu la Religion sous Antonin, n'en fit pas moins sous Marc-Aurele, & lui presenta sa seconde Apologie. Il dit que Dieu permet souvent que les méchans persecutent les bons ; mais que quand le nombre de ses élûs sera rempli, il vangera le sang de ses serviteurs. *S'il n'y a point d'Enfer,* ajoûte-t-il, *il n'y a point de Dieu, il n'y a ni vertu ni vice, & les loix ont tort de punir ou de recompenser.* Il y fait remarquer qu'aucun disciple de Socrate n'a voulu mourir pour la doctrine de son Maître, & que les plus grans hommes, les esprits les plus sublimes, meurent tous les jours pour celle de Jesus-Christ. Il finit son Apologie, en demandant qu'elle soit renduë publique, afin de detromper les hommes de la mauvaise opinion qu'ils avoient des Chrêtiens ; ce qui peut faire juger que l'Empereur avoit défendu la lecture, non seulement des Profetes, mais aussi de tous les écrits qu'on faisoit pour la justification du Christianisme.

Justin avoit eu une conference sur la Religion avec Crescent Filosofe Cinique, il en parle avec beaucoup de mépris ; *Crescent,* dit-il dans sa premiere Apologie, *accuse les Chrêtiens d'Atheïsme & d'impieté, sans avoir aucun fondement de le faire, que son ignorance & le dessein qu'il a de flater une multitude aussi ignorante que lui. Il craint peut-être de passer lui-*

même pour *Chrétien*, & *n'a pas la force de se mettre au dessus des jugemens d'un Peuple ignorant & passionné.* Marc-Aurele ne reçut pas Justin, comme avoit fait Antonin : la seconde Apologie n'eut pas la destinée de la premiere : On arrêta Justin ; Rustique Prefet de Rome, le fit venir devant son Tribunal ; *obéïssez, je vous prie*, lui dit-il, *à la volonté des Dieux, & aux ordres de l'Empereur.* Justin répondit; *j'obéïs à* JESUS-CHRIST. *A quelle science vous apliquez-vous*, dit Rustique. *J'ai taché*, répondit Justin, *à connoître toutes sortes de Filosofies, & à me rendre habile dans toutes les sciences ; mais aprés avoir cherché la verité de tous côtez, je me suis enfin attaché à la Filosofie des Chrétiens. Quoi, miserable !* s'écria Rustique, *vous suivez cette doctrine*; oüi, dit Justin, *parce que j'y trouve la verité. Je crois un seul Dieu, qui a créé toutes choses, tant les visibles que les invisibles, je confesse Notre Seigneur* JESUS-CHRIST, *Fils de Dieu, annoncé par les Profetes, qui doit venir un jour juger tous les hommes.* Le Prefet lui demanda ensuite où les Chrétiens s'assembloient ; il le dit avec simplicité : *Enfin*, ajoûta le Prefet, *vous êtes donc Chrétien*, oüi, répliqua Justin, *je suis Chrétien.* Il s'adressa ensuite à Cariton, à Caritine, à Hierax, à Peon, à Evelpiste, & à Liberien, qui tous confesserent JESUS-CHRIST ; *je vous commande à tous*, dit le Prefet, *de sacrifier aux*

Dieux. Nous sommes Chrétiens, répondit Justin, pour tous les autres, *& nous ne souhaitons rien tant que de souffrir pour le nom de* Jesus Christ. Le Prefet leur dit encore, *vous vous imaginez donc aprés votre mort monter au Ciel pour y recevoir quelque recompense ;* non, repliqua Justin, *je ne me l'imagine pas, mais je le sai certainement. Que ceux*, s'écria le Prefet, *qui ont refusé de sacrifier aux Dieux, & d'obéir à l'Edit de l'Empereur, soient fouëttez & ensuite décapitez.* Les Saints Martirs remercierent Dieu de cette faveur, & la Sentence fut executée. Les actes de leur Martire, qui paroissent fort anciens, sont inserez dans l'Histoire de Baronius, comme une piece autentique, que la Providence nous a conservée pour notre édification. Saint Justin, outre les deux Apologies, & le Dialogue avec le Juif Triphon, avoit fait un Traité de la Monarchie, dans lequel il prouvoit l'Unité d'un Dieu, par l'Ecriture Sainte & par les Auteurs Payens ; nous avons encore la seconde partie de cet Ouvrage & deux Oraisons, où il exhorte les Gentils à embrasser la Religion Chrêtienne. Les autres Ouvrages qui sont sous son nom, ne paroissent pas aussi anciens que lui.

On arrêta aussi à Bisance plusieurs serviteurs de Jesus-Christ, qui furent martirisez. Saint Denis Evêque de Corinthe, fut celebre dans le même tems, il écrivit à differentes Eglises, sept Epîtres pleines d'instructions tres-utiles, dans son Epître aux Romains, il marque la coûtume inviolablement observée par les Evêques de Rome, d'envoyer des charitez aux autres Eglises du monde Chrêtien, & les fait souvenir que Saint Pierre & Saint Paul après avoir prêché ensemble à Corinthe, étoient passez en Italie, & y avoient soufert le martire.

Pandant que la Religion Chrêtienne s'affermissoit de plus en plus par le sang de ses Martirs, & par les écrits de ses Apologistes, l'esprit de tenebres faisoit tous ses efforts pour soutenir l'Idolatrie chancelante. Il avoit suscité Simon le Magicien, & Apollonius de Tiane, Peregrin avoit fait parler de lui, mais comme leurs miracles n'étoient fondez que sur le mensonge, leur regne n'avoit pas été de durée. Alexandre de Paphlagonie fit son personage sous Marc-Aurele; il fit d'abord le Magicien, & courut le monde avec une vieille femme fort riche; mais quand elle fut devenuë pauvre, il revint dans son Pays, & s'avisa d'y faire le Profete. Les avantages qu'il avoit receus de la nature, du côté du corps & de l'esprit, lui en donnerent le moyen parmi des peuples grossiers & superstitieux. Il composa quelques Oracles des Sibilles, & annonça la venuë prochaine du Dieu Esculape: il montra quelques jours après un petit serpent qu'il avoit caché dans un œuf, & le lendemain il fit paroître un grand ferpent, qu'il avoit aprivoifé. Il lui mit une tête d'homme, qui remuoit par une machine. Le Peuple crut que le petit ferpent étoit devenu grand en une nuit; il n'en falut pas davantage pour l'adorer; les Oracles ne manquerent pas, & les offrandes fuivirent. On éleva au nouveau Dieu des Statuës d'argent, & de toutes parts on venoit le confulter. Vindex Prefet du Pretoire, qui commandoit une armée Romaine en Germanie, y envoya, & l'Oracle l'affura de la victoire, pourveu qu'il fît jetter un lion dans le Danube avec de certaines ceremonies; Vindex le fit, donna la bataille & fut défait. Alexandre de Paphlagonie, ne fe décourageoit pas pour un Oracle, qu'on avoit mal entendu, & le Peuple le foutenoit toujours, jufqu'à lui élever des Statuës & lui offrir des facrifices, auffi bien qu'à Efculape. Sa mort arrêta la fuperftition. Il avoit dit plufieurs fois, qu'il vivroit cent quatre-vint ans, & il n'en vêcut que foixante & dix; les vers le mangerent tout vivant. Lucien, qui avoit trop d'efprit pour donner dans ces fortes de Charlatans, les tournoit en ridicule, & fouvent couroit fortune de la vie, pour en avoir parlé trop librement. Apulée eut auffi de la reputation dans le même tems; on l'accufa de Magie devant Maxime Proconful d'Afrique, & il s'en défendit, comme d'un crime par un beau difcours, qui eft venu jufqu'à nous. Ses disciples disoient qu'il faisoit des miracles, & lui le nioit: la fiction de son âne d'or est ingenieuse & bien écrite, il avoit de l'esprit, de l'étude & de l'éloquence, & n'étoit point Magicien.

Cependant Marc Aurele délivré de l'embaras que lui donnoient les fausses vertus de Verus, parut plus grand que jamais. Il remaria sa fille Lucille veuve de Verus, à Pompeyen, moins connu par sa noblesse que par son merite, & se servit de son gendre dans les guerres de Germanie. L'Empereur n'y eut pas toujours la fortune favorable. Il s'y trouva un jour dans un poste desavantageux entouré par une multitude inombrable de Barbares, la chaleur excessive étoufoit les Soldats, & ils ne trouvoient point d'eau : alors la douziéme Legion, qui avoit le titre de Foudroyante, se mit en prieres (elle étoit presque toute de Chrêtiens) les cataractes du Ciel s'ouvrirent, & dans le tems que la pluïe tomboit en abondance sur le camp des Romains, la grêle & la foudre tomboient sur les Barbares. Ce prodige encouragea les uns, effraya les autres ; les Romains rafraichis, reprirent des forces & du courage, & les Barbares s'enfuyrent au lieu de combatre. Tertullien assure, que Marc-Aurele dans la Lettre qu'il en écrivit au Senat, attribuë ce miracle aux prieres des Chrêtiens, & qu'ensuite il défendit sur peine de la vie de les ac-

An de J. C. 171.

cuſer, ſans toutefois les abſoudre, lorſqu'ils étoient dénoncez comme Chrêtiens, & convaincus de l'être.

Aprés avoir fini la guerre de Germanie, Marc-Aurele paſſa en Orient, où il perdit l'Imperatrice Fauſtine fille d'Antonin. Elle avoit eu une conduite fort dereglée, ſans que l'Empereur eût pû ſe reſoudre à la repudier; *ſi je la repudie*, diſoit-il, *il faudra lui rendre ſa dot, & ce n'eſt que l'Empire.* Il viſita la Sirie & l'Egypte, encore émûës de la revolte de Caſſius, & retourna triomfer à Rome avec ſon fils Commode, qui n'avoit que ſeize ans, & qu'il ne laiſſa pas de créer Ceſar & de faire Conſul.

An de J. C. 176. Dés que l'Egliſe avoit quelque relâche du côté des Payens, elle étoit déchirée par ſes propres enfans. Montan, qu'on croit avoir été poſſedé par le demon, fit le Profete, & parut tout d'un coup agité comme un furieux; il ſe diſoit être le Saint Eſprit, & ſous ce grand nom, il avançoit tout ce qui lui venoit à la tête; il diſoit que Dieu avoit voulu premierement ſauver le monde par Moyſe & par les Profetes: que ne l'ayant pû, il s'étoit incarné, & que n'ayant pas encore réüſſi, il étoit déſcendu par le moyen du Saint Eſprit, en Montan, en Priſcille, & en Maximille ſes deux Profeteſſes. Il adoptoit les erreurs de Simon le Magicien & celles des Millenaires, & prêchoit
une

une morale si severe, qu'elle en étoit impraticable. Il alloit bien plus loin que les Apôtres, défendoit les secondes nôces, ordonnoit trois Carêmes, au lieu d'un, & vouloit qu'on se presentât au martire. Priscille & Maximille, étoient toutes deux fort riches, & soutenoient sa doctrine, quelque impertinente qu'elle fût. Meliton Evêque de Sardis s'y oposa fortement; il étoit consideré dans l'Eglise pour ses Ouvrages ; son Catalogue des Livres Canoniques de l'ancien Testament, & son Apologie pour les Chrétiens, en étoient les principaux. Il adresse à Marc-Aurele son Apologie, où il prouve la Divinité & l'Humanité de JESUS-CHRIST, & lui represente que la Religion Chrétienne n'avoit été persecutée que par de méchans Empereurs, tels que Neron & Domitien, qu'Adrien & Antonin avoient donné des Lettres en sa faveur, & qu'il esperoit la même grace de sa clemence.

Apollinaire Evêque d'Hieraples en Phrigie, fit aussi une Apologie : mais Athenagoras Athenien & Filosofe, en fit une encore plus celebre ; il y montre l'innocence des Chrétiens. On les accusoit d'être des Athées, de manger de la chair humaine, & de commettre des crimes infames dans leurs Assemblées. Il répond qu'ils adoroient un seul Dieu en trois Persones, & vivoient suivant ses Commandemens, & se moque de ceux qui les accusoient de crimes infames; il fait au contraire plufieurs belles peintures de la fainteté de leurs mœurs, il louë la virginité, il parle de la refurrection & du jugement dernier, & raconte les faux miracles de Peregrin, d'Alexandre de Paphlagonie, & d'un certain Nerullin, à la Statuë duquel on offroit des facrifices à Troade pour la guerifon des maladies, pandant que lui-même étoit malade.

Toutes ces Apologies n'empêcherent pas que la perfecution ne recommençât dans les Gaules. Si la Religion Chrêtienne, au raport de Saint Sulpice Severe, y avoit été portée un peu tard, elle y avoit fait de grans progrés en peu de tems, & les Martirs de Lion, dont l'Hiftoire eft tres autentique, l'honorerent infiniment. Plus la Ville de Lion étoit grande & peuplée, plus les Prêtres des faux Dieux y avoient de pouvoir. Le Gouverneur & les Magiftrats étoient pour eux, & les Chrêtiens n'ofoient fe trouver dans les lieux publics, où le Peuple les accabloit d'injures & de pierres. Epagathus illuftre par fa naiffance & par fa pieté, voulut prendre leur défenfe, & fut emprifonné avec eux. On commença à les tourmenter. Mature, Attale & Blandine, foufrirent conftamment; dix autres renierent la Foi, & pleurant enfuite leur crime, ils le laverent dans leur fang. Saint Pothin premier Evêque de Lion, mourut dans la prifon des coups qu'il avoit reçus, il avoit quatre-vint dix ans.

Le Gouverneur de la Ville voyant leur nombre & leur constance, écrivit à Marc-Aurele, pour avoir de nouveaux ordres. L'Empereur lui manda de faire mourir ceux qui persisteroient dans leurs erreurs, & de pardonner aux autres. Le Gouverneur les interrogea dans l'amphiteatre, tous confesserent JesusChrist, ceux même qui l'avoient renié ; ils furent tous livrez aux bêtes, à la reserve des Citoyens Romains qui eurent la tête tranchée. On brûla ensuite les corps des Saints Martirs, & leurs cendres furent jettées dans le Rhône, les Payens croyant les priver pour jamais de toute esperance de resurrection ; *c'est sur cette esperance*, disoient-ils, *qu'ils ont couru à la mort avec joie, voyons maintenant comment ils pourront faire pour ressusciter.* On bâtit dans la suite une Eglise en leur honneur ; tous les Chrétiens du Pays y alloient en procession, & au retour, ils chantoient des Litanies, où aprés Saint Etienne, on invoquoit Saint Ignace, Saint Policarpe, Saint Lin, Saint Clet, Saint Clement, & ensuite Saint Pothin, Saint Epagathe, & quarante autres Saints & Saintes, qui souffrirent avec eux. Les Fideles des Eglises de Lion & de Vienne, raportent toute leur Histoire dans la Lettre qu'ils écrivirent aux Eglises d'Asie & de Phrigie, ce qui sert à prouver que ces Eglises avoient été fondées par les disciples de Saint Policarpe.

Aprés la mort de Saint Pothin, Irenée fut fait Evêque de Lion. Il avoit été difciple de Saint Policarpe ; *Je me fouviens mieux de ce qui fe paffoit alors*, dit-il en écrivant à Florin, *que de tout ce qui eſt arrivé depuis, les chofes qu'on a vûës dans la jeuneffe ne s'oublient jamais ; je pourrois dire le lieu où étoit affis le Bienheureux Policarpe, lorſqu'il préchoit la parole de Dieu. J'ai encore préſent dans l'eſprit fa gravité, fa fainteté, la majeſté qui éclatoit fur fon viſage. Il me femble que je lui entens encore dire de quelle forte il avoit converfé avec Saint Jean & avec plufieurs autres qui avoient veu* JESUS-CHRIST. *Les paroles qu'il avoit entenduës de leur bouche, & les particularitez qu'ils avoient apriſes de ce divin Sauveur. Et tout ce qu'il en difoit étoit tout à fait conforme aux divines Ecritures, comme étant raporté par ceux qui avoient été les témoins oculaires du Verbe & de la parole de vie. J'écoutois toutes ces choſes*, ajoûte Irenée, *avec ardeur, je les gravois, non fur des tablettes, mais dans le plus profond de mon cœur, elles y font demeurées tres-vives, & Dieu me fait la grace de les repaffer fans ceffe dans mon eſprit.*

Une fi fainte éducation fut fuivie de l'étude des Lettres humaines, & d'une connoiffance parfaite de la Theologie Payenne, ce qui étoit alors abſolument neceffaire pour batre les Gentils de leurs propres armes ; Irenée devint la lumiere de l'Egliſe Occidentale. Les Saints

Martirs de Lion durant leur prison eurent dessein de l'envoyer au Pape : *Nous vous suplions, lui écrivoient-ils, de le considerer comme un homme tout à fait zelé pour le Testament de* Jesus-Christ *; il est Prêtre de notre Eglise.* Mais comme Saint Pothin leur Evêque mourut, ils mirent Irenée en sa place.

Ce fut alors que tous ses talens furent employez, la Ville de Lion devint presque toute Chrétienne. Les miracles étoient encore fort communs dans l'Eglise ; *Il n'est pas possible*, dit le Saint Evêque *de faire le dénombrement des dons & des graces que l'Eglise a reçuës de Dieu, & qu'elle répand tous les jours sur les Gentils au nom de* Jesus-Christ, *& tout cela sans illusion, aussi bien que sans avarice ; car recevant ces dons gratuitement, elle les distribuë de même. Elle ne les obtient que par de simples prieres, sans y mêler ni enchantement, ni rien qui puisse paroître superstitieux, & elle en use aussi avec simplicité pour le bien des hommes.*

Il croyoit que le principal devoir d'un Evêque est de combatre les Heretiques : si leur doctrine lui faisoit horreur, leur persone lui étoit chere ; *L'Eglise leur Mere les pleure*, dit-il dans son Livre des Heresies , *ils se sont attirez eux-mêmes les justes malheurs qui les accablent. Ils ne sauroient entrer dans la plenitude de la verité. Ils retombent toujours dans le vuide & dans les tenebres du mensonge, parce que le*

Saint Esprit ne les a point reçus dans le lieu de la paix & du repos. Nous prions Dieu qu'ils sortent de l'abîme où ils se sont précipitez, qu'ils abandonnent ce vuide, où ils se perdent; qu'ils quittent cette ombre où ils s'égarent, & qu'ils se convertissent à l'Eglise de Jesus-Christ. *C'est la prière que nous faisons pour eux de tout notre cœur. Car nous les aimons plus utilement pour leur salut, qu'ils ne s'imaginent s'aimer eux mêmes : & l'amour que nous avons pour eux leur sera aussi avantageux qu'il est sincere, s'ils veulent en recevoir les effets. Notre charité leur paroît rude & severe, parce qu'elle presse leurs plaies pour faire sortir le venin de l'orgüeil & de la vanité qui les enfle, & que semblable à la pierre du Chirurgien, elle brûle les chairs mortes & corrompuës. Ainsi quelque sentiment qu'ils en ayent, nous ne nous ennuyerons point de les aider de tout notre pouvoir.* Il avoit intitulé les cinq Livres qu'il composa contre les Heresies ; *refutation ou renversement de ce qu'on apelle faussement connoissance.*

Irenée zelé pour la conversion de tous les Heretiques, écrivit en particulier à Florin & à Blastus, Prêtres de l'Eglise Romaine, qui tous deux avoient été depolez pour leurs erreurs. Blastus vouloit faire revivre le Judaïsme, Irenée lui écrivit une Lettre du Schisme. Florin admettoit deux premiers principes, l'un auteur du bien & l'autre du mal ; Irenée lui écrivit une Lettre de la Monarchie, c'est-à-dire, de l'unité de principe. On craignoit déja l'infidelité des Copistes; *Toi qui transcriras ce Livre*, dit Irenée à la fin de l'ouvrage, *je te conjure par notre Seigneur* JESUS, *& par son glorieux avenement, où il jugera les vivans & les morts, de le collationner aprés que tu l'auras copié, & de le corriger exactement sur l'original.* Il dit dans la Preface de son premier Livre contre les Heresies, qu'on ne doit point rechercher dans ses ouvrages la politesse du discours, parce que demeurant parmi les Celtes; il est impossible, qu'il ne lui échape plusieurs mots Barbares; il ajoûte qu'il n'affecte point de parler avec éloquence ni avec ornement, qu'il ne sait point persuader par la force des termes, & qu'il écrit avec une simplicité vulgaire. Mais cette simplicité, qu'il avoit dans la conduite, aussi-bien que dans le discours, étoit accompagnée d'une science profonde & de beaucoup de pieté.

CHAPITRE SECOND.

Marc-Aurele gouvernoit l'Empire comme un bon pere. Aprés avoir triomfé des ennemis du dehors, il songeoit à rendre ses Peuples heureux; il remettoit les dêtes publiques, il diminuoit les impôts, il avoit soin des grans chemins & des aqueducs; il fit rebâtir la Ville de Smirne, qu'un tremblement de terre avoit ruïnée ; mais au milieu de la paix il n'oublioit pas les Soldats, & leur faisoit faire l'exercice regulierement, payant par ses largesses la contrainte continuelle où il les tenoit.

Les Marcomans Peuples de Germanie, & les Sarmates, remuoient toujours. Les deux Quintilles Lieutenans de l'Empereur, lui manderent que sa presence y étoit encore necessaire ; il alla en partant prier les Dieux dans le Capitole, & y jura, que depuis qu'il regnoit, aucun Senateur n'avoit été tué par son ordre, & que lorsque Cassius s'étoit revolté, il lui eût pardonné & à tous les rebelles, s'ils n'avoient été tuez avant qu'il l'eût sceu. Il demanda au Senat l'argent qui lui étoit necessaire pour la guerre, & le prit dans le tresor public, en disant *qu'un Empereur Romain n'avoit rien à lui, & que tout étoit au Senat & au Peuple.* Il alloit partir

partir, lorfque tous les Filofofes de Rome le fuplierent de leur accorder quelques conferences, où il leur expliquât ce qu'il y avoit de plus obfcur dans leurs differentes Sectes. Ce n'étoit point flaterie, il en favoit plus qu'eux, & il voulut bien les inftruire pandant trois jours. Il marcha en Germanie, & gagna une bataille contre les Marcomans; mais au milieu des acclamations de la victoire, il tomba malade d'une maladie contagieufe. Son fils Commode, qu'il avoit fait declarer Augufte, étoit auprés de lui, & marquoit fouvent fon impatience de fe voir le Maître. Le bruit courut alors que les Medecins, pour lui plaire, empoifonnerent l'Empereur, & que lui-même en foupçonna quelque chofe. Sa vertu lui fit diffimuler ce qu'il en penfoit, il dit feulement au Tribun, qui lui vint demander le mot : *allez au Soleil levant, pour moi je me couche*. Il ne vouloit pas que fon fils ni fes amis aprochaffent de fon lit, de peur, difoit-il, qu'ils ne gagnaffent fon mal, & voyant qu'ils ne lui obéïffoient pas, il ne voulut plus prendre de nouriture, fon mal en augmenta. Il dit en particulier à fes amis, que la vie lui étoit devenuë ennuyeufe, depuis qu'il s'étoit aperçu des mauvaifes inclinations de fon fils, il ne laiffa pas de le recommander aux Soldats. Il le fit apeler un peu avant que de mourir, & lui donna encore quelques avis; & puis s'étant couvert la tête comme pour dormir, il expira doucement, l'an de Jesus-Christ cent quatre-vint, à l'âge de cinquante-neuf ans, dont il en avoit regné dix neuf. Tout l'Empire le regreta, Peuples & Soldats, sa bonté le faisoit aimer ; mais cette vertu à force d'être outrée en lui, aprochoit, si on l'ose dire, d'un vice. Il ne faisoit point de mal, mais il croyoit devoir excuser ce que les autres faisoient ; *il est impossible*, disoit-il, *de faire les hommes tels qu'on veut qu'ils soient ; il faut les prendre tels qu'ils sont, & s'en servir le mieux qu'on peut.* Ses écrits ne l'ont pas rendu moins celebre que ses actions. Il nous en reste douze Livres, où l'on voit tout ce que la raison humaine, aidée de la Filosofie, a pû trouver de plus beau & de plus sage sur la morale.

{.An de J. C. 180.} Commode avoit dix-neuf ans à la mort de Marc-Aurele ; il étoit bien fait, vigoureux, adroit, mais dés son enfance, on remarqua son mauvais naturel, que nulle éducation ne put domter. Il n'avoit que douze ans, lors qu'il voulut faire jetter dans la fournaise des bains, celui qui les faisoit chaufer, parce qu'il avoit trouvé l'eau un peu trop chaude, & pour l'apaiser, il falut faire semblant de lui obéïr. Il étoit liberal jusqu'à la prodigalité, ce qui le rendit avare & cruel : sa timidité lui faisoit croire & craindre tout ce qu'on lui disoit. Il fit d'abord la paix avec les Quades & les Marcomans, & rentra à Rome en triomfe. Le Senat

& le Peuple attendoient tout du fils de Marc-Aurele, ils trouverent un monstre, qui égala, & peut-être surpassa Neron par ses folies & par ses cruautez. Il fit mourir sa femme, sa sœur, & quantité de Senateurs. On fit contre lui diverses conspirations, qui furent découvertes & punies; mais enfin Martia, qu'il entretenoit, ayant sçu qu'il la vouloit faire mourir, lui donna du poison; il fit de grans efforts pour le rejetter & commença à vomir, Martia eut peur qu'il n'en rechapât, & fit venir l'atlete Narcisse, qui sous prétexte de joüer avec lui, l'étrangla.

Cepandant l'Eglise de Rome étoit gouvernée par de Saints Papes, qui continuoient leurs soins paternels à toutes les autres Eglises. Ils écrivoient de tems en tems aux Evêques, & envoyoient des aumônes aux Fideles. Anicet sous son Pontificat avoit eu à combatre Valentin & Marcion les plus dangereux Heretiques, qui ayent déchiré l'Eglise dans les premiers siecles; mais il avoit été secondé par de grans Saints. Policarpe, disciple de Saint Jean l'Evangeliste, étoit venu exprés à Rome. Son autorité & sa doctrine avoient confondu les nouvelles opinions. Justin n'avoit pas moins fait par ses Apologies, & tous deux avoient scellé leur témoignage par le Martire. Le Pape Soter succeda au zele d'Anicet; il écrivit à l'Eglise de Corinthe une Lettre pleine d'inſtructions, qu'on y liſoit avec reſpect, & s'appliqua particulierement à combatre l'Hereſie des Montaniſtes, qui commençoient à paroître. Meliton Evêque de Sardis, & Apollinaire Evêque d'Hieraples, publierent auſſi contre les Heretiques divers écrits, que le Pape fit extremement valoir. Il témoigna auſſi beaucoup de fermeté pour garder la pratique Romaine de celebrer la Pâque, & quoi qu'il ne refuſât pas ſa Communion aux Evêques d'Aſie, qui la celebroient differemment, il voulut que les Chrêtiens qui ſe trouvoient à Rome au tems de la Pâque, la celebraſſent ſelon la Tradition de ſon Egliſe, en ſuivant la regle generale de ſe conformer dans les points de diſcipline à la coûtume des lieux où l'on ſe rencontre. Il mourut ſous le regne de Marc-Aurele l'an 177. de Jesus-Christ. Quelques Auteurs ſe ſont aviſez depuis trois cens ans de le faire Martir, ce qui a été parfaitement inconnu à Saint Irenée & à tous les Anciens. Eleutere fut mis à ſa place, & fut le douziéme Evêque de Rome. Les Martirs de Lion lui écrivirent de leur priſon, pour le conſulter ſur les viſions des Montaniſtes, dont la ſpiritualité rafinée avoit ſurpris quelques gens de bien. Irenée devoit être le Porteur de cette Lettre, comme nous l'avons déja dit ; mais Saint Pothin Evêque de Lion étant mort pandant la perſecution, Irenée fut jugé plus neceſſaire pour gouverner cette Eglise abandonnée, & il en fut élû Evêque.

 Les Chrêtiens profitoient de la paix de l'Eglise. L'Empereur Commode étoit trop abandonné à ses plaisirs pour songer à la persécuter, & d'ailleurs le zele de ses Dieux ne le pressoit pas. Il se faisoit tous les jours des conversions éclatantes, & ce n'étoit plus le simple Peuple, comme dans les commencemens, les Senateurs & les Dames Romaines entroient en foule dans le sein de l'Eglise. Il n'y avoit plus ni honte, ni presque danger à s'avoüer Chrêtien. L'Empereur n'avoit point fait de nouvelles Ordonnances contre la Religion, & c'étoit sans son ordre que quelques Magistrats executoient encore celles de Marc-Aurele. Il y en avoit une qui défendoit sur peine de la vie, d'accuser les Chrêtiens, & qui cepandant ordonnoit que quand ils seroient une fois accusez, on les condamneroit, s'ils ne se retractoient. Le cas arriva, & l'Ordonnance fut prise au pied de la lettre. Un Esclave du Senateur Apollone l'accusa d'être Chrêtien. La cause fut portée devant Perennis Prefet du Pretoire, qui d'abord fit mettre l'Esclave en croix, & pour sauver Apollone, que son rang & son merite personel rendoient considerable; il le pria d'expliquer devant le Senat ses sentimens sur la Religion, dans l'esperance que la crainte l'obligeroit à les cacher, ou du moins à les déguiser. Mais ce brave Confesseur de Jesus-Christ ne rougit point du nom de son Maître ; il demanda du tems pour se preparer, & composa une Apologie de la Religion Chrêtienne, qu'il prononça hardiment devant ses Confreres Payens. Il l'écouterent sans l'interrompre, l'admirerent, & pour l'exemple le condamnerent à la mort.

Ce fut alors que les Martirs Scillitains donnerent leur sang pour la cause de Jesus-Christ. Ils étoient de la Ville de Scillite en Afrique, dans la Province de Carthage; Baronius raporte leurs Actes comme une piece tres-autentique : Ils étoient douze, tant hommes que femmes ; Sperat Evêque de Scillite étoit le plus considerable. Le Proconsul Saturnin les fit venir selon la coûtume devant son Tribunal, & leur promit le pardon du passé, s'ils vouloient adorer les Dieux des Romains ; *Nous ne demandons point de pardon*, lui dit Sperat au nom de tous, *nous n'avons offensé personne, & nous prions toujours pour nos persecuteurs selon la loi, que le Seigneur nous en a donnée. Jure*, s'écria Saturnin, *jure par le genie de l'Empereur. Je ne connois point ce genie*, répondit Sperat, *je sers le Dieu du Ciel & le Roi des Rois, que nul homme n'a vû, ni ne peut voir, je le sers par la Foi, l'Esperance & la Charité. Cela n'empêche pas que l'Empereur ne soit mon Seigneur, je lui rens ce qui lui est dû, je lui paye le tribut du trafic que je fais.* Les autres prisonniers interrogez, répondirent avec le même courage. Le Proconsul les pressa de demander quelque délai pour y penser; *tout est pensé,* lui dit Sperat, *nous sommes Chrétiens, que tout le monde l'entende; nous sommes Chrétiens, faites ce que vous voudrez.* Saturnin leur demanda quels étoient les Livres qu'ils adoroient en les lisant; *ce sont,* répondit Sperat, *les quatre Evangiles de notre Seigneur* Jesus-Christ *, les Epîtres de l'Apôtre Saint Paul, & toute l'Ecriture inspirée de Dieu.* Le Proconsul voyant leur fermeté, desespera de les faire changer, & les condamna à avoir la tête tranchée.

On dit qu'en ce tems-là un Roi de la Grande Bretagne, qui se nomme aujourd'hui Angleterre, manda au Pape qu'il vouloit se faire Chrétien, & le pria de lui envoyer des Prédicateurs. Ce Roi s'apelloit Lucius, & il y a aparence qu'il étoit sous la domination des Romains, qui ordinairement pour contenter les Peuples, laissoient à leurs Princes le nom de Roi avec peu d'autorité. C'est une maxime que les Hollandois observent presentement dans les Indes. Lucius reçut la foi, & eut beaucoup de zele pour la conversion de ses Sujets, qui demeurerent Chrétiens jusqu'à la persecution de Diocletien, ce qui prouve clairement, qu'ils étoient soumis à toutes les volontez des Empereurs. Eleutere mourut l'an de

An de J. C.

JESUS-CHRIST 192. le Martirologe Romain lui donne le titre de Martir, furquoi Baronius remarque, que ce titre fe donnoit en ce tems-là à tous ceux qui avoient foufert quelque chofe pour la Foi, quoiqu'ils ne fuffent pas morts dans les tourmens : Et cette remarque doit fervir à plufieurs Papes, à qui les Anciens ont donné la qualité de Martirs, quoique Saint Irenée ne les ait nommés que Confeffeurs.

Dés que Commode fut mort, Letus Prefet du Pretoire, & quelques autres conjurez, allerent chez Pertinax Prefet de Rome, dont la fageffe & la valeur étoient connuës & refpectées. Il s'étoit élevé par fon merite d'une naiffance fort baffe aux premiers emplois de la Republique, & chacun le croyoit digne de l'Empire. Il ne douta pas en voyant entrer les conjurez dans fa maifon pandant la nuit, que fa derniere heure ne fût arrivée : *Frapez*, leur dit-il, *je fuis le dernier des amis de Marc-Aurele ; non, Seigneur*, lui dit Letus, *nous vous aportons l'Empire*. Il protefta qu'il en étoit indigne ; mais quand ils l'eurent bien affuré que le Tiran étoit mort, & qu'il en vit des preuves conftantes, il marcha avec eux au Camp, & s'y laiffa proclamer. Il vint enfuite au Senat, qui en avoit encore plus de joie que les Soldats; Il arrêta autant qu'il put les acclamations, dit tout haut, que fon pere avoit été Marchand de bois, & que pour l'honneur du Peuple Romain,

il

il faloit faire Empereur Acilius Glabrio, dont les Ancêtres remontoient jusqu'à Anchise pere d'Enée. Les acclamations redoublerent, & les Senateurs le forcerent de s'asseoir sur le Trône Imperial. Sa vertu ne se démentit point, il reforma les abus qui s'étoient glissez sous Commode, & tâcha d'imiter Marc-Aurele. Sa sagesse parut, principalement en ce qu'il empêcha son fils de prendre des airs de Prince, qu'il n'eût pas pû soûtenir à cause de sa grande jeunesse. Tout le monde aimoit Pertinax, excepté les Pretoriens, qu'il tenoit dans la discipline ; les affranchis du Palais accoûtumez à gouverner sous Commode, murmuroient aussi : Enfin un jour deux ou trois cens Soldats enragez contre lui, entrerent au Palais l'épée à la main pour le tuer ; il crut que sa seule presence les intimideroit, & se presenta à eux avec la gravité d'un Empereur ; mais ils n'en furent point touchez, & l'assassinerent trois mois aprés l'avoir fait leur Maître. Ils se retirerent aussi-tôt dans leur Camp, & firent publier qu'ils donneroient l'Empire à celui qui leur feroit une plus grande largesse.

Deux hommes n'eurent point de honte d'aller à l'enchere l'un sur l'autre : Sulpicien, beaupere de Pertinax, & Didius Julien. Mais comme Sulpicien n'encherissoit à chaque fois que d'une petite somme, Julien s'avisa de monter tout d'un coup de cinq mille dragmes à six

JESUS-CHRIST 192. le Martirologe Romain lui donne le titre de Martir, surquoi Baronius remarque, que ce titre se donnoit en ce tems-là à tous ceux qui avoient soufert quelque chose pour la Foi, quoiqu'ils ne fussent pas morts dans les tourmens : Et cette remarque doit servir à plusieurs Papes, à qui les Anciens ont donné la qualité de Martirs, quoique Saint Irenée ne les ait nommés que Confesseurs.

Dés que Commode fut mort, Letus Prefet du Pretoire, & quelques autres conjurez, allerent chez Pertinax Prefet de Rome, dont la sagesse & la valeur étoient connuës & respectées. Il s'étoit élevé par son merite d'une naissance fort basse aux premiers emplois de la Republique, & chacun le croyoit digne de l'Empire. Il ne douta pas en voyant entrer les conjurez dans sa maison pandant la nuit, que sa derniere heure ne fût arrivée : *Frapez*, leur dit-il, *je suis le dernier des amis de Marc-Aurele ; non, Seigneur*, lui dit Letus, *nous vous aportons l'Empire*. Il protesta qu'il en étoit indigne ; mais quand ils l'eurent bien assuré que le Tiran étoit mort, & qu'il en vit des preuves constantes, il marcha avec eux au Camp, & s'y laissa proclamer. Il vint ensuite au Senat, qui en avoit encore plus de joie que les Soldats; Il arrêta autant qu'il put les acclamations, dit tout haut, que son pere avoit été Marchand de bois, & que pour l'honneur du Peuple Romain,

il

il faloit faire Empereur Acilius Glabrio, dont les Ancêtres remontoient jusqu'à Anchise pere d'Enée. Les acclamations redoublerent, & les Senateurs le forcerent de s'asseoir sur le Trône Imperial. Sa vertu ne se démentit point, il reforma les abus qui s'étoient glissez sous Commode, & tâcha d'imiter Marc-Aurele. Sa sagesse parut, principalement en ce qu'il empêcha son fils de prendre des airs de Prince, qu'il n'eût pas pû soûtenir à cause de sa grande jeunesse. Tout le monde aimoit Pertinax, excepté les Pretoriens, qu'il tenoit dans la discipline; les affranchis du Palais accoûtumez à gouverner sous Commode, murmuroient aussi: Enfin un jour deux ou trois cens Soldats enragez contre lui, entrerent au Palais l'épée à la main pour le tuer; il crut que sa seule presence les intimideroit, & se presenta à eux avec la gravité d'un Empereur; mais ils n'en furent point touchez, & l'assassinerent trois mois aprés l'avoir fait leur Maître. Ils se retirerent aussi-tôt dans leur Camp, & firent publier qu'ils donneroient l'Empire à celui qui leur feroit une plus grande largesse.

Deux hommes n'eurent point de honte d'aller à l'enchere l'un sur l'autre : Sulpicien, beaupere de Pertinax, & Didius Julien. Mais comme Sulpicien n'encherissoit à chaque fois que d'une petite somme, Julien s'avisa de monter tout d'un coup de cinq mille dragmes à six mille deux cens cinquante, ce qui charma tellement les Soldats, qu'ils le proclamerent Empereur. Il n'en joüit pas lon-tems, Niger en Sirie, Albin en Bretagne, & Severe en Illirie, furent proclamez par les armées qu'ils commandoient. Severe, le plus habile des trois, adopta Albin, afin d'avoir un ennemi de moins, & le declara Cefar. Il marcha enfuite à Rome, où Julien, incapable de défendre une place acquife si honteufement, se preparoit à la guerre, en faifant mourir des enfans pour fes operations magiques. Le Senat indigné de fa foibleffe, & le voyant abandonné de fes Soldats, le condamna à la mort, ce qui fut executé avant que Severe arrivât à Rome, où il trouva tout tranquille.

Aprés la mort du Pape Eleutere, Victor fut élû, & gouverna douze ans. L'Eglife avoit alors plufieurs grans Evêques, comme Theophile de Cefarée, Narciffe de Jerufalem, Bacchile de Corinthe, Policarpe d'Ephefe, & Serapion d'Antioche. Ce dernier fit plufieurs Ouvrages. Il couroit un Evangile fous le nom de S. Pierre, Serapion en fit voir la fauffeté; *nous recevons Pierre, dit-il, & les autres Apôtres, mais nous rejettons les écrits qui portent fauffement leur nom, fachant que nous ne les avons point receus par la Tradition.*

Pantenus vivoit auffi à Alexandrie, il avoit été Filofofe Stoïcien, & gouvernoit l'Ecole Chrêtienne. L'Evêque Demetrius l'envoya dans les Indes prêcher la Foi. Il y trouva encore quelque teinture de la Religion, que l'Apôtre Saint Barthelemi y avoit enseignée, & en raporta un Evangile de Saint Mathieu écrit en Hebreu. Il reprit à son retour le soin de l'Ecole Chrêtienne, & recommença à expliquer l'Ecriture Sainte. Il étoit fort dans les Allegories, & trouvoit par tout des mysteres, s'éloignant presque toujours de la lettre.

Il s'éleva aussi des Heretiques, entre autres Theodote de Bisance, il avoit été Coroyeur; mais son esprit & sa capacité l'ayant fait connoître, il fut arrêté pandant la persecution, & apostasia: de honte il quitta son Pays & vint à Rome, où les Chrêtiens lui reprocherent son crime; il dit pour s'excuser, qu'en reniant JESUS-CHRIST, il n'avoit renié qu'un Homme; il renouvelloit par là l'Heresie de Cerinthus & d'Ebion, & osoit dire, que les Apôtres avoient enseigné la même doctrine. *Il avoit contre lui, dit Eusebe, les écritures divines, les écrits de Justin, de Miltiade, de Tatien, de Clement, & de plusieurs autres qui disent que* JESUS-CHRIST *est Dieu. Car qui ne connoît les Livres d'Irenée, de Mileton & des autres, qui disent que* JESUS-CHRIST *est Dieu & Homme? Combien les Freres ont-ils de Cantiques & d'Himnes écrites dés le commencement par les Fideles, qui chantent que* JESUS-CHRIST *est le Verbe de Dieu & Dieu lui-même.* Le Pape excommunia Theodote.

Cependant Clement d'Alexandrie, ou Alexandrin, avoit succedé à Pantenus dans le gouvernement de l'Ecole Chrétienne, apliquée particulierement à l'instruction des Catechumenes. Alexandre Evêque de Jerusalem, & Origene furent ses disciples. Il avoit été élevé dans le Paganisme ; mais en cherchant la verité dans les sciences profanes, il la trouva dans la haute simplicité de l'Evangile, & en devint le Défenseur. *J'ai apris*, dit-il dans le Livre de ses Stromates ou Tapisseries, *la science de l'Evangile & la doctrine de la Tradition, par l'instruction de plusieurs grans hommes, dont j'ai eu le bonheur d'être disciple.* Il fit plusieurs Ouvrages pleins d'érudition, le premier fut son exhortation aux Payens, où il leur fait voir combien le culte qu'ils rendoient à leurs Idoles étoit ridicule ; *les uns*, dit-il, *regardant les astres & admirant leur cours, en ont fait des Dieux ; ainsi les Indiens ont adoré le Soleil, & les Phrigiens la Lune : les autres cuëillant avec plaisir les fruits qui naissent de la terre, ont fait une divinité du blé, qu'ils ont apellé Cerés, & une de la vigne, qu'ils ont nommée Bacchus. D'autres apréhendant les peines & les miseres, ont imaginé des Divinitez, qui les envoyassent aux hommes, ou qui les en preservassent. Quelques Filosofes ont divinisé les vertus & même les passions. Enfin le commun des hommes a fait des Dieux de ceux dont ils avoient receu des bienfaits.*

Aprés avoir ainſi découvert l'origine de l'Idolatrie, il en fait voir la folie, & montre que les plus ſages Filoſofes, tels que Platon, Cleante, Pithagore, & Zenophon, ont reconnu qu'il n'y avoit qu'un ſeul Dieu, & que les Poëtes même les plus anciens, comme Aratus, Heſiode, Euripide & Orphée, ont été obligez de l'avoüer. Il fit auſſi le Pedagogue ou le Précepteur, où il explique la vie d'un Chrêtien depuis l'enfance, & propoſe beaucoup de bonne morale. Ses Stromates ou Tapiſſeries, parurent enſuite : cet Ouvrage eſt ainſi nommé, parce que c'eſt un tiſſu de la Filoſofie Chrêtienne, où l'Auteur paſſe d'une matiere à l'autre ſans ordre, mais avec une agréable varieté. *Ce n'eſt pas*, dit-il lui-même, *une piece faite avec art pour acquerir l'eſtime des hommes, je ne la conſidere que comme un recüeil & des memoires, dont je pourai me ſervir dans ma vieilleſſe, pour ſupléer au défaut de ma memoire, & me repreſenter comme dans un miroir obſcur, ou dans une peinture groſſiere, les diſcours des grans hommes, par qui j'ai eu l'avantage d'être inſtruit.* Il dit que cet ouvrage eſt ſemblable à une pepiniere de toutes ſortes d'arbres fruitiers & ſauvages mêlez enſemble pour tromper les voleurs, mais dont un habile Jardinier ſaura bien faire le diſcernement, pour y trouver de quoi planter un fort beau Jardin.

Ce fut la quatriéme année de Severe, que la

question du tems auquel il faloit celebrer la Pâque, fut fort agitée dans l'Eglise. Toute l'Asie la celebroit le 14. de la Lune de Mars, quelque jour de la Semaine qu'il arrivât, & suivoit en cela la coûtume établie par les Apôtres Saint Jean & Saint Philippe, & suivie par Policarpe, par Meliton, & par tous les Evêques de Jerusalem & d'Antioche. D'autre côté les Papes avoient une Tradition constante, que les Apôtres Saint Pierre & Saint Paul la celebroient toujours le Dimanche aprés le 14. de la Lune. Ces differentes coûtumes avoient été suivies en differens lieux, sans que la charité en eût été alterée, ou la communion rompuë ; mais enfin la dispute s'échaufant davantage sous le Pape Victor, il se tint plusieurs Conciles particuliers en Palestine, à Rome, dans le Pont, dans l'Achaïe, dans les Gaules, qui tous declarerent, que la coûtume de celebrer la Pâque le Dimanche aprés le 14. de la Lune de Mars, étoit de Tradition Apostolique. Policrate Evêque d'Ephese s'oposa à cette resolution, presque universelle. Il convoqua un Concile des Evêques d'Asie, qui protesterent unanimement, qu'ils vouloient s'en tenir à la Tradition des Apôtres Saint Jean & Saint Philippe, & écrivit au Pape la Lettre suivante, que j'ai copiée toute entiere dans l'Histoire Ecclesiastique d'Eusebe.

Nous celebrons le jour de la Pâque inviola-

blement, sans rien ajoûter ni diminuer : car c'est dans l'Asie que se sont endormis au Seigneur ces grandes lumieres de l'Eglise, qui ressusciteront au jour de son glorieux avenement. Je veux dire, Philippe, l'un des douze Apôtres, qui est à Hieraple, & deux de ses filles, qui sont demeurées Vierges jusqu'à une extréme vieillesse, & une autre de ses filles, qui étoit inspirée du Saint Esprit, & qui aprés avoir vécu saintement, est decedée à Ephese. Ajoûtez-y Jean, qui a reposé sur la poitrine du Seigneur, qui a été Pontife, & a porté la lame d'or, qui a été Martir & Docteur, & enfin s'est endormi à Ephese ; & Policarpe Evéque & Martir à Smirne, & Traseas Evéque d'Eumenie, mort à Ephese. Qu'est-il besoin de nommer Sagaris Evéque & Martir, qui est mort à Laodicée, & le Bienheureux Papirius, & l'Evéque Meliton qui s'est conduit en tout par le Saint Esprit, & est enterré à Sardis, attendant d'être visité du Ciel pour ressusciter. Tous ceux-là ont celebré la Pâque le 14. de la Lune suivant l'Evangile sans s'écarter, mais observant la regle de la Foi : & moi, Policrate, le dernier de vous tous, j'observe la tradition de mes parens, dont quelques-uns ont été mes Maîtres. J'ai eu sept Evéques de mes parens, & je suis le huitiéme. Ils ont toujours celebré le jour de Pâque, dans le tems où les Juifs purgoient le levain. Moi donc, qui ai vécu au Seigneur soixante & cinq ans, qui ait communiqué avec les Freres de tout le monde, *qui ai lû toute l'Ecriture Sainte. Je ne suis point troublé de ce qu'on nous opose pour nous faire peur. Car ceux qui étoient plus grans que moi ont dit, il faut obéïr à Dieu plutôt qu'aux hommes. Je pourois mettre ici les noms des Evêques que j'ai convoquez à votre prière. Si j'écrivois leurs noms, vous verriez leur grande multitude, & que connoissant ma petitesse, ils n'ont pas laissé d'aprouver cette Lettre, sachant que je ne porte pas en vain ces cheveux blans, mais que je me suis toujours conduit selon* JESUS-CHRIST.

Le Pape Victor ne fut point touché de cette Lettre, & voyant l'obstination des Evêques d'Asie, il les excommunia, & fit tout ce qu'il put pour les retrancher de la Communion des Fideles. Mais beaucoup d'Evêques, quoique de son sentiment, s'oposerent à un zele si amer; Irenée lui en écrivit fortement au nom de l'Eglise des Gaules. Il lui mande, que quoi qu'il celebre la Fête de Pâque le Dimanche comme lui, il ne peut aprouver qu'il veüille excommunier des Eglises entieres, pour une coûtume qu'elles ont reccuë de leurs Ancêtres. Il l'avertit que ce n'est pas seulement sur la Fête de Pâque, mais aussi sur les jeûnes, & sur plusieurs autres pratiques, que les Eglises ont des coûtumes differentes. Il lui represente que ses Prédecesseurs ne se sont point broüillez pour ce sujet avec les Evêques Asiatiques; & qu'enfin Saint Policarpe ayant conferé avec le

Pape

Pape Anicet sur cette pratique, ils avoient jugé qu'il ne faloit pas rompre la Communion pour si peu de chose. Il y a aparence que le Pape Victor se rendit à de si bonnes raisons. Il mourut peu aprés. Zephirin fut mis en sa place, & chacun demeura sur la celebration de la Pâque, dans la pratique qu'il avoit receuë de ses Prédecesseurs.

Severe en arrivant à Rome, cassa les Soldats Prétoriens, qui avoient assassiné Pertinax, & abandonné Julien. Il entra dans la Ville, entouré des principaux Officiers de son armée, & dans un apareil à donner de la terreur, plûtôt que de l'amour. Il fit declarer Niger ennemi de la Patrie, & l'année suivante marcha contre lui, faisant d'un autre côté dresser des Statuës à Albin, qu'il amusoit par ces vains honneurs, & par mille marques d'une amitié sincere. Niger perdit plusieurs batailles, & enfin la vie. Severe eut moins de peine à le vaincre, qu'à prendre Bisance, qui soûtint le Siege trois ans, & ne se rendit que par famine. Aprés avoir soumis l'Orient, il ne se contraignit plus, & declara la guerre à Albin, qu'il n'avoit menagé jusque là que pour n'avoir pas tant d'ennemis sur les bras. Il le défit auprés de Lion dans une bataille, qui fut fort disputée; Albin se tua de desespoir. Aprés une victoire si complete, Severe retourna à Rome, & y fit mourir tous ceux qu'il soupçonna d'avoir favorisé le parti d'Albin.

Le Christianisme avoit fait de grans progrés sous le regne de Commode, & dans les premieres années de Severe, qui sembla favoriser les Chrétiens, jusqu'à ce qu'il eût vaincu tous ses ennemis. Il avoit été guéri dans sa jeunesse avec de l'huile par un Chrétien nommé Procule, & lorsqu'il fut Empereur, il l'envoya chercher, & lui donna un apartement dans le Palais. D'ailleurs il n'avoit trouvé aucun Chrétien dans le parti de ses ennemis; ils ne songeoient qu'au Ciel & à combatre les demons, & ne se croyant point interessez dans ces grans mouvemens, où il s'agit d'un Empire; ils ne se mêloient gueres des guerres des hommes, ni des affaires d'Etat. Ils faisoient déja presque la moitié des Habitans de l'Empire: leur constance dans la persecution avoit étonné, on vouloit savoir d'où leur venoit tant de courage; en s'en informant, on aprenoit ce que c'étoit que le Christianisme; en l'aprenant on l'admiroit, on l'aimoit, on l'embrassoit: les plus criminels étoient attirez par l'esperance du pardon, & ceux qui menoient une vie reglée, par la joie de pouvoir esperer des recompenses éternelles. Les Prêtres des faux Dieux ne laissoient pas d'animer le Peuple contre eux, & comme les Chrétiens ne se défendoient que par la patience & par la douceur, ils étoient toujours les plus foibles & toujours oprimez.

La Providence suscitoit de tems en tems des esprits du premier ordre pour défendre la Religion. Tertullien Prêtre de Carthage, illustre par son savoir, composa plusieurs Ouvrages fort utiles à l'Eglise. Il fit un Traité de la Resurrection contre les Valentiniens, qui n'admettant que la resurrection de l'ame, c'est-à-dire sa conversion, nioient celle de la chair ; *Il releve la dignité de la chair par les avantages de la création, par son union avec l'ame, qui est telle, que l'on ne sait si c'est la chair qui porte l'ame, ou l'ame qui porte la chair : il la releve par les Sacremens, en disant ; on lave la chair pour purifier l'ame ; on oint la chair, pour consacrer l'ame ; on fait sur la chair le signe de la croix pour fortifier l'ame ; la chair mange le Corps & boit le Sang de* JESUS-CHRIST, *afin que l'ame soit engraissée de Dieu même. Il ajoûte la gloire qui revient à la chair par le Martire, & conclut ; quoi cette chair que Dieu a formée de ses mains, & animée de son soufle, qu'il a honorée de ses Sacremens, dont il aime la pureté, la mortification, & les souffrances ; cette chair ne ressuscitera pas, elle qui est à Dieu par tant de titres ? Sa justice ne le pourroit pas souffrir, la chair fait partie de l'homme, &* JESUS-CHRIST *est venu racheter l'homme tout entier.* C'est ainsi que M. l'Abbé Fleuri a fait l'extrait du Traité de Tertullien sur la Resurrection.

Tertullien écrivit aussi sur le Baptême, sur

la Penitence, & sur la Priere. Il represente dans un autre endroit le bonheur d'un mariage Chrêtien. *L'Eglise*, dit-il, *en fait le traité, l'oblation le confirme, la benediction en est le sceau, les Anges le raportent au Pere Celeste qui le ratifie. Le mari & la femme ne sont qu'une chair & un esprit, ils prient ensemble, ils se prosternent, ils jeûnent, ils s'exhortent l'un l'autre, ils ne se cachent rien, ils visitent les malades, ils chantent les Pseaumes & les Himnes, ils s'excitent à loüer Dieu.*

Mais ce fut dans la suite, vers la dixiéme année du regne de Severe, que la persecution s'échaufa. Ce Prince naturellement cruel, n'ayant plus de Competiteurs à l'empire, voulut se faire un merite du zele de ses Dieux, & fit publier des Edits severes contre les Chrêtiens. Il y eut par tout l'Empire une infinité de Martirs. Leonide, pere du fameux Origene, fut arrêté à Alexandrie, & son fils, quoi qu'il n'eût que dix-sept ans, l'encouragea au Martire. Il vouloit l'aller trouver à la prison, mais sa mere ayant caché ses habits, il lui écrivit ces paroles : *Prenez garde à vous, mon pere, & que notre consideration ne vous fasse pas changer.* Il parloit de sa mere & de ses six petits freres, qui alloient demeurer dans une extrême pauvreté. Leonide soufrit la mort constamment.

Une Esclave nommée Potamienne, fut accusée par son Maître, qui n'avoit pû, ni par

An de J. C. 202.

careffes, ni par menaces, l'obliger à fe rendre à fes defirs. Le Magiftrat peu touché de fa beauté, lui montra une chaudiere boüillante; *obéis à ton Maître*, lui dit-il, *où je te ferai jetter là dedans; à Dieu ne plaife*, lui répondit elle, *qu'il y ait un Juge affez injufte pour me condamner confentir à la perte de mon honneur*. Le Magiftrat furieux, commanda qu'elle fût dépoüillée & jettée dans la chaudiere; *hà par la vie de l'Empereur*, lui dit-elle, *qu'on me décende peu à peu dans la chaudiere avec mes habits, vous verrez quelle patience me donnera ce* JESUS-CHRIST, *que vous ne connoiffez pas*. Elle fut bien-tôt étouffée. Sa mere Marcelle fut brûlée. Plutarque, Serenus & Bafilide eurent la tête tranchée. Ils étoient tous difciples d'Origene, qui malgré fa jeuneffe, gouvernoit déja l'Ecole Chrêtienne d'Alexandrie. Il y arrivoit tous les jours des Chrêtiens de la Thebaïde, qui quitoient la tranquilité de leurs deferts, pour venir chercher le martire.

La perfecution n'étoit pas moins violente en Afrique. On arrêta à Carthage, Satur, Revocatus, Secondulus, Perpetuë & Felicité. Le Juge aprés les avoir fait beaucoup foufrir dans la prifon, les condamna à être expofez aux bêtes dans l'amphiteatre. Ils s'y difpofoient tous avec joie. Il n'y avoit que Felicité, qu'on ne vouloit pas faire mourir, parce qu'elle étoit groffe de huit mois. Sa douleur étoit grande en voyant les autres prêts à donner leur vie pour Jesus-Christ. Ils eurent pitié d'elle, & se mirent à prier Dieu que la couronne ne fût point différée à Felicité : aussi-tôt les douleurs de l'enfantement la prirent, & comme elle se plaignoit ; *que feras-tu tantôt*, lui dit un des Geoliers; *c'est moi qui soufre maintenant*, lui répondit-elle, *mais tantôt il y en aura un autre en moi, qui soufrira pour moi, parce que je soufrirai pour lui.* Ils soufrirent tous en rendant grace à leurs boureaux. Perpetuë écrivit elle-même l'Histoire de son Martire. Elle raporte en termes fort touchans, que son pere, qui étoit fort vieux, l'attendrissoit beaucoup; il se jettoit par terre, s'arrachoit la barbe, maudissoit ses années, & disoit des choses capables d'émouvoir toutes les creatures. Elle eut en dormant plusieurs visions qui l'encouragerent ; *je m'éveillai*, dit-elle, *& compris que je ne combatrois pas contre les bêtes, mais contre les demons, & me tins assurée de la victoire. C'est ce que j'ai fait jusqu'à la veille du spectacle, quelqu'un écrira s'il veut tout ce qui s'y passera.*

Les Gaules eurent aussi leur part aux soufrances de l'Eglise. Saint Andeol prêchoit dans un Village auprés de Carpentras, lorsque l'Empereur Severe y passa, & lui fit fendre la tête avec une épée de bois: Gregoire de Tours assure que le sang des Fideles couloit à Lion dans tous les lieux publics, comme par ruisseaux. Saint

Irenée leur donna l'exemple, Uſuard & Adon, dans leurs Martirologes, diſent qu'il ſoufrit avec preſque tout ſon Peuple, qu'il avoit gouverné vint-quatre ans; & les Menées des Grecs portent, qu'aprés avoir arraché au demon un grand nombre de perſones par ſes Prédications, il envoya encore devant lui à Jesus-Christ pluſieurs Martirs, & fut enfin couronné lui même par l'épée des perſecuteurs. Nous ne ſavons point les particularitez de ſon Martire. Toutes les Gaules le regretterent extrêmement, il avoit formé quantité de diſciples, qui porterent la Foi en differens endroits: Hippolite & Caïus furent les plus conſiderables. Ferreol Prêtre, & Ferrutien Diacre, allerent à Beſançon, Felix Fortunat, & Achilée s'établirent à Vienne en Dauphiné. Les Chrétiens évitoient quelquefois la mort & les tourmens, ou en fuyant, ou en donnant de l'argent aux Gouverneurs. Tertullien, dont nous aurons dans la ſuite beaucoup de choſes à dire, condamne ces deux moyens, que l'Egliſe a toujours aprouvez, & veut même qu'on cherche le Martire. Rutile s'étoit caché pluſieurs fois, craignant plutôt d'expoſer ſa foi que ſa vie; mais enfin il fut arrêté, & montra une conſtance que ſon humilité avoit meritée.

Cepandant Severe étoit retourné en Orient, faire la guerre aux Parthes & aux Armeniens, qui avoient aſſiſté Niger contre lui. L'Armenie ne lui refifta pas, & il prit aprés un long Siege, la Ville de Ctefiphonte Capitale des Parthes. Il en abandonna le pillage à fes Soldats, pour les recompenfer d'avoir proclamé Empereur fon fils aîné Caracalla, & d'avoir nommé Cefar, Geta fon fecond fils : ce que le Senat ne manqua pas de confirmer. Il repaffa par la Mefopotamie, & attaqua inutilement la Ville d'Atra, où Trajan avoit échoüé aprés toutes fes victoires. Piqué qu'une montagne un peu efcarpée, eût refifté à toute fa puiffance ; il laiffa repofer fes troupes, amaffa des vivres & des munitions de guerre, fit faire des machines prodigieufes, & retourna affieger Atra. Les Affiegez fe croyant protegez du Soleil, fe défendirent en defefperez ; ils jettoient de deffus les murailles de petits animaux venimeux, & des feux d'artifice, qui brûloient les machines ; mais comme l'Empereur étoit à la tête de toutes les attaques, les Romains ne laifferent pas de faire une grande brêche, & fe preparoient déja à l'affaut, dans l'efperance de piller des richeffes immenfes, lorfque Severe, qui les vouloit conferver pour lui feul, arrêta leur ardeur, & fit propofer aux Affiegez de fe rendre à difcretion. Ils firent femblant d'avoir peur, & traînerent la negociation, pandant qu'ils reparoient la brêche, & qu'ils faifoient de nouveaux retranchemens. L'Empereur s'en aperçut trop tard, & commanda l'affaut ; mais les troupes d'Europe d'Europe indignez, qu'on eût laiſſé échaper le moment de la victoire, refuſerent de donner; les Aſiatiques donnerent, & furent repouſſez avec grande perte. Ainſi il falut encore lever le Siege.

L'Empereur las de la guerre, & affoibli par la goute, retourna à Rome, où il s'occupa à rendre la juſtice, & ſe fit aimer plus que dans les premieres années de ſon regne. Il éleva Papinien, celebre Juriſconſulte, à la dignité de Prefet du Pretoire, & il ſuivoit ordinairement ſon conſeil en décidant les difficultez de Droit; *Papinien*, diſoit il, *aime autant la juſtice qu'il la connoît*. Il ſe ſervit de ſa capacité & de ſa plume pour faire quantité de bonnes Ordonnances contre les voleurs & contre les adulteres. Sa principale attention étoit à choiſir de bons Magiſtrats, & des Gouverneurs de Provinces, qui euſſent été Aſſeſſeurs ou Lieutenans, perſuadé que pour bien commander, il faloit avoir obéi. Mais ſur tout il menageoit les revenus de l'Etat; en ſorte que malgré toutes les dépenſes de la guerre, il laiſſa un grand treſor. Il y avoit quand il mourut, du bled dans les greniers publics, pour nourir ſix cens mille perſonnes pandant ſept ans, & ce n'étoit que pour les Soldats & pour le petit Peuple, à qui on en donnoit gratuitement.

Severe croyoit achever en paix le reſte de ſa vie, lorſqu'il aprit que les Bretons s'étoient re=

voltez ; il y marcha avec l'ardeur d'un jeune homme, paſſa dans leur Iſle, & les obligea à lui demander la paix. Il étoit à cheval entre les deux armées prêt à ſigner le traité, lorſque ſon fils Caracalla, dont les mauvaiſes inclinations avoient déja paru plus d'une fois, s'abandonna à ſa fureur : il marchoit derriere ſon pere, & tout d'un coup, il mit l'épée à la main pour le fraper. Tous ceux qui étoient preſens, jetterent un grand cri, qui fit peur à ce parricide & le retint. Severe ſe retourna à l'inſtant, il vit ſon fils l'épée à la main, & ne fit ſemblant de rien. Caracalla tout éperdu, tout effaré, remit ſon épée dans le foureau, & garda un morne ſilence, qui marquoit encore ſon crime. L'Empereur ſigna la paix avec les Barbares, & acheva la journée avec ſa tranquilité ordinaire : le ſoir aprés s'être couché, il fit apeller Papinien & Caracalla, fit mettre une épée auprés de ſon lit, & lui dit : *Mon fils, ſi vous voulez commettre un parricide, faites le preſentement, & non pas à la vûë de nos ennemis, où s'il vous reſte encore quelque horreur de tuer votre pere, voilà Papinien à qui vous le pouvez commander, vous êtes ſon Empereur, il vous obéira.* Caracalla fit ce qu'il put pour s'excuſer ; mais comme Severe connoiſſoit ſon mauvais naturel, & la rage qu'il avoit d'être le Maître, il ne le perſuada pas. Le lendemain l'Empereur tomba malade, il avoit beaucoup pris ſur lui, ſa fievre étoit violente, & la goute le mettoit dans l'impuissance d'agir. Il souffroit de grandes douleurs par tout le corps, & souhaita la mort plus d'une fois; enfin la voyant fort proche, il fit apeller ses deux enfans, Caracalla & Geta, qui avoient été tous deux declarez Augustes, & leur recommanda l'union. Il se fit ensuite aporter l'urne où l'on devoit mettre ses cendres, & dit en la voyant ; *tu renfermeras celui à qui toute la terre sembloit trop petite*, & mourut à Iork à l'âge de soixante & six ans, dont il en avoit regné prés de dix-huit.

CHAPITRE TROISIE'ME.

LE Pape Victor étant mort la neuviéme année du regne de Severe, Zephirin fut mis en sa place. Il eut la joie sensible d'admirer la ferveur des Chrêtiens tant que dura la persecution, c'est-à-dire jusqu'à la mort de Severe; mais s'il revit ensuite l'Eglise en paix, ce fut pour la voir déchirée par une infinité d'Heretiques, qu'il combattit par ses Prédications & par ses écrits. Minutius Felix, celebre Avocat, ne lui fut pas inutile dans la défense de la Foi; il composa avec beaucoup d'esprit & d'éloquence, un Dialogue entre Cecilius, qui attaquoit le Christianisme, & Octavius qui le défendoit. Ils étoient tous deux de ses amis,

An de J. C. 202.

& se trouvoient alors à sa maison de campagne. Ils se promenoient, dit-il, sur le bord de la mer, lors qu'ayant rencontré une Statuë de Serapis, Cecilius porta la main à sa bouche pour la baiser, ce qui étoit une maniere d'adoration parmi les Payens. *Est-il possible*, dit Octavius, *qu'un homme d'esprit & notre ami, demeure dans un tel aveuglement.* Cecilius piqué au vif, prit la défense de ses Dieux, avec le zele d'un homme qui étoit dans la bonne foi; il parla assez lon tems, mais il n'attaqua proprement les Chrêtiens, que par les calomnies qu'on leur imposoit; Octavius le laissa dire tout ce qu'il voulut sans se fâcher, & se souvenant qu'il défendoit une Religion, qui prêche la charité & l'humilité, il répondit aux injures par des loüanges. Il commença par établir les principes & les maximes de la Religion Chrêtienne, quoiqu'il soit plus facile de les sentir, que de les exprimer. Il les apuya de preuves, d'exemples & d'autoritez, & tourna contre les Payens les armes mêmes de leurs Filosofes. Minutius, qui étoit present à la dispute, & qui en devoit être le Juge, admiroit sans rien dire la force du discours d'Octavius, lorsque Cecilius s'écria tout d'un coup; *je n'atens point la Sentence de notre arbitre, nous sommes tous deux victorieux, Octavius triomfe de moi, & je triomfe de mon erreur. Je suis Chrétien.* Il tint parole, & eut beaucoup de zele pour la conversion des Idolâtres. L'Eglise lui eut dans la suite l'obligation d'avoir converti Saint Cyprien.

Caïus Prêtre de l'Eglise de Rome, eut peu de tems aprés une conference avec Proclus Montaniste. Eusebe & Theodoret en raportent le beau passage des tombeaux des Saints Apôtres Pierre & Paul, *dont l'un*, dit il, *est au Vatican, & l'autre sur le chemin d'Ostie*. Il y parle aussi de Saint Philippe & de ses quatre filles Profetesses, condamne absolument l'opinion des Millenaires, & ne peut assez s'étonner de la hardiesse des Montanistes, qui ajoûtoient aux Livres de la Sainte Ecriture, les visions de Montan, de Priscille, & de Maximille : mais le zele de Caïus le portant à la conversion des Idolâtres, il fut ordonné Evêque des Nations, ainsi que Pantenus l'avoit été à Alexandrie, pour aller prêcher les Infideles, sans avoir aucun Peuple, ni aucun Diocese particulier & limité. Cette ferveur d'annoncer l'Evangile aux Payens étoit assez commune dans les premiers siecles & par la misericorde de Dieu, nous voyons qu'elle s'est ranimée dans les derniers tems, & que malgré les travaux & les perils inévitables d'une si longue navigation, il se presente en foule des hommes Apostoliques pour porter la Foi aux extremitez de la terre : Que s'ils ne sont pas toujours de même avis, c'est la nature de l'esprit humain, qui ne voyant pas les objets avec les mêmes yeux, n'y remarque pas toujours les mêmes choses : Saint Paul & Saint Barnabé, quoique brûlant du même zele n'étoient pas toujours de même avis, & furent obligez de se separer. Nous esperons que nos nouveaux Apôtres s'exposant aux mêmes dangers pour la même cause, auront part à la même gloire.

Narcisse Evêque de Jerusalem n'ayant pû soutenir la calomnie, s'étoit retiré dans le desert, & y avoit passé plusieurs années dans l'austerité. L'ordre de Dieu le rapella enfin à son Eglise, où il trouva Gordius sur le Siege Episcopal. Il n'y eut de dispute entre eux, qu'à qui ne prendroit pas une place, que les gens de bien ne recherchent gueres. Gordius se retira, & Narcisse étant trop vieux pour remplir toutes les fonctions (il avoit cent seize ans) Alexandre Evêque en Cappadoce lui fut donné pour Coadjuteur & Successeur, par une providence particuliere, qui marqua la volonté de Dieu en cette occasion d'une maniere si expresse, que persone n'osa s'y oposer. Les plus Saints des Prêtres de Jerusalem entendirent la nuit une voix, qui leur ordonnoit de prendre pour Evêque, celui qu'ils trouveroient le lendemain à la porte de la Ville ; ils y trouverent Alexandre, qui venoit visiter les Saints Lieux, & le reconnurent pour leur Eveque. Il y a aparence que Narcisse ne songea plus qu'à prier

Dieu: *Je vous saluë*, dit Alexandre dans une Lettre aux Habitans d'Antinople en Egypte ; *de la part de Narcisse, qui a gouverné avant moi le Siege Episcopal de cette Eglise, & qui le gouverne encore presentement par ses prieres.*

Cependant Tertullien enrichissoit l'Eglise de ses Ouvrages. Il découvrit l'Heresie de Praxeas, qui nioit la Trinité des Persones en Dieu, & vouloit que le Pere eût soufert pour nous, aussi-bien que le Fils, l'un & l'autre étant le même, & l'obligea à se retracter publiquement. Il écrivit aussi contre les Juifs, & fit divers Ouvrages de pieté qui sont perdus. Le plus celebre de ceux qui nous restent, est son Apologie ou Apologetique, où il défend la Religion Chrêtienne avec plus de force qu'aucun autre n'avoit fait avant lui: *Les Chrétiens*, dit-il, *sont les seuls accusez, à qui il n'est pas permis de se justifier; si un homme avoit dit qu'il est homicide, on ne le condamneroit pas sur sa parole, on examineroit la qualité de son crime ; que n'en use-t on de même à notre égard, & pourquoi est il défendu d'informer contre nous ?* Là dessus il se moque de la réponse de Trajan à Pline ; *qu'on ne recherche point les Chrétiens*, dit cet Empereur, *mais s'ils sont deferez au Juge, qu'on les punisse. Quiconque*, ajoûte-t-il, *se corrige & devient meilleur, en se faisant Chrétien, aliene les cœurs, au lieu de les gagner, la haine du nom l'emporte sur tout le bien qui en revient. Nous sommes tous* les jours assiegez, trahis & oprimez, dans le tems même de nos Assemblées. A-t-on jamais trouvé cet enfant mort ou mourant, qu'on nous reproche ? Y a-t-il jamais eu quelque témoin de ces crimes ? Il dit au contraire, qu'on égorgeoit autrefois des enfans en Afrique, en l'honneur de Saturne, & que Tibere fit crucifier les Ministres de ces sacrifices abominables. Il leur fit voir ensuite la vanité de leurs Dieux, qui tous avoient été des hommes adonnez à toutes sortes de vices; *la foudre*, leur dit il, *grondoit dans les airs avant Jupiter, & la terre produisoit du bled, avant que Cerés fut née. Que si Bacchus est Dieu pour l'invention de la vigne, on a fait tort à Lucullus, qui aporta les cerises de Pont en Italie. Pour nous*, continuë-t-il, *nous adorons un seul Dieu, Createur de l'Univers, qui est invisible & incompréhensible, qui doit recompenser les bons d'une vie éternelle, & punir les méchans de suplices éternels, ses Ouvrages le font assez connoître; mais écoutez le témoignage de l'ame, qui malgré la mauvaise éducation & la servitude des faux Dieux, a recours à Dieu dans le peril, & le nomme par son nom Grand Dieu, ô Dieu, mon Dieu, témoignage de l'ame naturellement Chrétienne, & en disant cela, on ne regarde pas le Capitole.* Il apuye ensuite sur la Resurrection de JESUS-CHRIST; & *toutes ces choses*, dit-il, *sont autorisez du témoignage de Pilate, qui déja Chrétien dans sa conscience, les a écrites à Tibere Cesar.*

Il

Il fait le portrait des Chrétiens ; *nous composons*, dit-il, *un corps unique par le lien d'une même Religion, par la ressemblance de sa discipline, & par le gage d'une même esperance. Nous nous assemblons, & nous faisons, pour ainsi dire, un corps d'armée, pour forcer le Ciel par nos prieres ; cette violence est agréable à Dieu.* Il finit en disant, que si la Religion Chrétienne est fausse, au moins elle est utile, puisqu'elle nous rend meilleurs, & qu'il faudroit tout au plus se moquer de ceux qui la professent, sans employer contre eux le fer, le feu, & les plus horribles suplices. *Vous nous traitez de desesperez*, ajoûte-t-il, *parce que nous méprisons la mort, vous loüez Scœvola, Regulus, Empedocle, Anaxarque ; ils sont morts pour leur Patrie, pour l'Empire, pour l'amitié, il n'y a que de mourir pour Dieu, qui vous paroît une folie ; mais tourmentez-nous tant qu'il vous plaira, votre injustice est la preuve de nostre innocence.*

Il adressa aussi deux Livres aux Nations sur le même sujet, qu'il traite differemment, l'Apologie étant proprement pour les persones de qualité, & le Livre aux Nations pour le Peuple. Il fit une exhortation aux Confesseurs, qui étoient en prison, & qu'il apelle Martirs selon l'usage de ce tems là ; *nous sommes*, dit il, *dans la plus grande ardeur, & comme dans la canicule de la persecution. La constance des Chrétiens a été éprouvée, des uns par le feu, des autres par l'é-*

pée, des autres par les dents des bêtes. Il y en a aussi qui soupirent dans les prisons aprés le Martire, dont ils ont déja goûté la douceur par les ongles de fer qu'ils ont endurés. *Nous sommes destinez nous mêmes*, ajoûte-t-il, *à ce sort heureux.* Il écrivit ensuite contre les spectacles, où le sang humain étoit repandu & l'idolâtrie triomfante. Vers le même tems, il s'adresse à Scapula, Proconsul d'Afrique, pour l'exhorter à faire cesser la persecution ; *non*, lui dit-il, *pour l'interêt des Chrétiens, qui se réjouissent d'être condamnez, mais pour l'interêt des persecuteurs mêmes.*

Tertullien jusque-là avoit bien merité de l'Eglise par sa doctrine & par sa pieté, lorsqu'il se laissa séduire aux visions des Montanistes. Ils avoient été condamnez & excommuniez par toutes les Eglises d'Asie, leurs erreurs étoient grossieres, & quoique Montan, qui se disoit le Paraclet, ou Saint Esprit, eût paru faire des choses extraordinaires ; il étoit aisé de discerner les opérations du demon qui le possedoit, d'avec les dons de Dieu, qu'il se vantoit d'avoir, & peu de gens avoient crû à ses Profeties. Tertullien se joignit à ce malheureux petit troupeau, la sainteté aparente de Proclus, fameux Montaniste l'enleva : & d'ailleurs il avoit été choqué des mauvais traitemens qu'on lui avoit faits à Rome ; la plupart des Ecclesiastiques, jaloux de son savoir, avoient cherché à l'offenser, & il se separa de leur Communion, pour n'avoir rien à démêler avec des persones si déraisonables. Ce qui doit faire trembler les plus saints & les faire tenir dans l'humilité, en voyant la chute d'un si grand homme, d'autant plus exposé à la tentation de l'orgüeil, qu'il avoit receu plus de dons de la nature & de la grace. Car il avoit un esprit vif & subtil, beaucoup de science, la raillerie fine & piquante, le stile coupé, les termes energiques, & toutes ces qualitez étoient soutenuës par une vie austere & une ardente charité. Mais dés qu'il se fut separé de l'Eglise Catholique, il tomba dans une infinité d'erreurs. Un abîme en attire un autre. Il condamnoit avec Montan les secondes nôces, refusoit la penitence aux adulteres, & vouloit qu'on allât s'offrir au Martire. Il croyoit l'ame corporelle, & lui donnoit longueur, largeur & profondeur. Il admettoit entre les ames la difference de sexe, & prétendoit qu'elles venoient l'une de l'autre, par une espece de propagation. Son Paradis, qu'il croyoit être separé du monde par une muraille de feu, n'étoit que pour les Martirs ; toutes les autres ames, soit des bons, soit des méchans, suivant sa pensée, devoient être retenuës dans les enfers jusqu'au jour du Jugement. Il ne se contenta pas de quitter l'Eglise, il écrivit contre elle avec la même ardeur, qu'il avoit euë pour la bonne cause ; mais on remarqua qu'auſſi bien que Saül, il avoit beaucoup perdu de ſes talens exterieurs, en obligeant l'eſprit de Dieu à ſe retirer de lui : il devint obſcur, & employa preſque indifferemment toutes ſortes de raiſons, bonnes ou mauvaiſes, pourveu qu'elles euſſent quelque éclat. On remarqua plus de brillant que de ſolide dans ſes raïſonnemens, & ce ne fut plus le même homme. Comme il vêcut fort lon-tems, nous aurons occaſion d'en reparler encore.

Severe en mourant, laiſſa l'Empire à ſes deux enfans, Caracalla & Geta ; il les avoit fait declarer tous deux Auguſtes, & avoit ordonné qu'ils regneroient jour par jour, & qu'alternativement ils auroient dans leur chambre la Statuë de la Victoire. C'étoit le vrai moyen de cauſer la diviſion entre eux, quand leurs mauvaiſes inclinations ne les y euſſent pas aſſez portez d'eux-mêmes. Caracalla fut nouri & élevé par une Chrêtienne, que Proculus lui avoit donnée, ſon enfance fut fort aimable, il étoit doux, careſſant, & montroit beaucoup d'eſprit & de docilité. Il ne pouvoit voir ſans pleurer les criminels expoſez aux bêtes, & quoique le Peuple vît ces ſuplices avec un plaiſir cruel, ils ne laiſſoient pas d'aimer cette marque de bonté dans un enfant, qui devoit être un jour leur Maître ; mais bien tôt ce bon naturel devint diſſimulation, & enſuite fureur : violent dans toutes ſes paſſions, il paroiſſoit toujours en colere, & se soucioit peu d'être aimé, pourveu qu'il fut craint & obéï.

Geta mieux fait de sa personne que son frere, étoit guai, humain, & ne songeoit qu'à se réjoüir. On dit de lui, qu'étant encore enfant, & voyant que l'Empereur son pere avoit donné l'ordre, qu'on fit mourir les enfans des amis de Niger & d'Albin, il demanda s'ils avoient bien des parens ; on lui dit qu'oüi : *helas*, s'écria t-il en pleurant, *il y aura donc bien des gens afligez*.

Ces deux Princes avoient chacun leurs Partisans, qui prétendoient les soutenir. Caracalla plus emporté, ne se contraignoit point, & fit d'abord tout ce qu'il put pour se faire declarer seul Empereur ; mais les Soldats qui respectoient la memoire du pere, les reconnurent tous deux. L'aîné eut pourtant plus de pouvoir. Il s'en servit d'abord pour faire mourir les anciens Officiers de son pere, & tua de sa main tous les Medecins, qui n'avoient pas voulu l'empoisonner. Geta de son côté s'assuroit de ses amis, & se précautionnoit contre son frere. Ils retournerent à Rome, & pandant le voyage, on s'aperçut aisément de leur défiance mutuelle. Ils avoient leur garde separée, & ne mangeoient jamais ensemble.

Dés qu'ils furent arrivez à Rome, leur mesintelligence augmenta, & voyant bien qu'ils ne pouroient jamais s'accorder tant qu'ils demeureroient enfemble; ils refolurent de partager l'Empire, Geta devoit avoir l'Afie & l'Egypte, & tenir fa Cour à Alexandrie. Il fe preparoit déja à partir, lorfque l'Imperatrice Julie, qui les aimoit tous deux tendrement s'y opofa; *Cruels*, leur dit-elle, *partagez-moi donc comme le refte*. Geta fe rendit à fes larmes, & Caracalla fit femblant d'en être touché; mais quelque tems aprés, voyant que les voïes fecretes ne lui réüffiffoient pas, il prit l'horrible refolution de tuer lui-même fon frere. Il propofa à fa mere de les faire venir tous deux dans fa chambre pour tâcher de les reconcilier. Geta y vint avec confiance; mais il y fut percé de mille coups, dans les bras même de fa mere, qui fut bleffée & toute couverte du fang de fon fils: Caracalla lui donna les derniers coups.

Dés que Geta fut mort, Caracalla fortit de la chambre, cria dans le Palais qu'on vint à fon fecours, & courut au Camp conter aux Soldats, que Geta l'ayant voulu affaffiner, les Dieux l'avoient fait mourir lui-même. Il leur dit enfuite, que puifqu'il étoit prefentement le Maître, il leur abandonnoit le trefor de Severe, ce qui les apaifa; mais s'il fit tout ce qu'il put pour cacher fon crime aux autres, il ne put fe le cacher à lui même. Il croyoit voir toujours aprés lui l'ombre fanglante de fon frere, & tous les facrifices qu'il faifoit à fes Dieux, ne

le rendoient pas plus tranquille. Les demons &
la magie y furent employez inutilement ; on
dit même qu'il fit évoquer des enfers l'ame de
son pere, mais que celle de Geta, qu'il ne cherchoit pas, lui aparut aussi d'une maniere effroyable. Il croyoit faire taire sa conscience
par de nouveaux crimes, & fut sur le point de
tuer sa mere, parce qu'elle paroissoit un peu
melancolique aprés la mort de Geta. Papinien,
Cilo, Pompeyen furent mis à mort. Il faisoit
tirer l'horoscope de tous les gens de qualité, &
quand l'Astrologue trouvoit ou vouloit trouver
dans les astres, qu'ils n'aimoient pas l'Empereur, on les faisoit mourir sans examiner autre
chose. Il ruïnoit tout le monde, & ne songeoit
qu'à gagner les Soldats par ses liberalitez, pra-
tiquant la maxime que Severe lui avoit donnée
en mourant, d'être toujours Maître des armées,
& de méprifer tout le reste. Malgré tant de
cruautez, il prit le nom d'Antonin ; on le nommoit Bassien dans son enfance ; mais le nom
de Caracalla prévalut, à cause d'une certaine
espece de casaque apellée Caracalla, qu'il
aporta des Gaules, & dont il fit present au petit Peuple de Rome, qui se soucioit peu du
mauvais gouvernement, pourveu qu'il tirât
quelque profit de la prodigalité du Prince. Il
ne laissa pas de faire une Ordonnance, dont il
a été fort loüé ; il declara tous les Sujets de
l'Empire Citoyens Romains, mais ce fut moins

pour leur faire honneur, que pour en tirer de plus gros tributs.

La legereté de son esprit, & les remords de sa conscience lui faisoient toujours changer de place; il voyageoit continuellement, & vouloit qu'on crût qu'il voyageoit en Conquerant. Il fit la guerre aux Allemans, qui habitoient entre le Danube & le Rhin, & c'est la premiere fois que le nom d'Allemans, devenu depuis si celebre, paroît dans l'Histoire; mais au lieu de se batre, il achetoit toujours la victoire, & donnoit de l'argent aux Barbares, pourvû qu'ils essuyassent quelques paroles dures & imperieuses.

Il triomfa aussi des Getes sur les frontieres de la Dace, ce qui fit dire à Pertinax, fils de l'Empereur du même nom, qu'il y avoit déja lontems qu'il meritoit le surnom de Getique; plaisanterie qui lui coûta la vie. Quelques Auteurs prétendent que les Getes ont depuis été nommés Gots, & qu'ils vinrent du Septentrion s'établir entre la Vistule & l'Elbe; mais il y a plus d'aparence que les Gots originaires de Suede s'étoient saisis du Pays des anciens Getes sur les bords du Danube du côté de la Thrace. Caracalla passa ensuite en Asie, & fit à Pergame des sacrifices à Esculape, sans pouvoir obtenir la guerison de son corps ni celle de son esprit. Il revint par Alexandrie, dont il haïssoit les Habitans, parce que suivant leur naturel vif, leger & piquant,

ils

ils avoient fait des railleries de lui. La vangeance passa le crime, il en fit faire une horrible boucherie, pandant qu'il se tenoit dans le Temple de Serapis comme un homme pur, qui ne vouloit pas voir repandre le sang. Il retourna à Antioche, & fit une irruption dans le Pays des Parthes, qui se reposoient sur la foi des Traitez, aprés quoi il écrivit au Senat des Lettres magnifiques, comme s'il eût vaincu tout l'Orient. On savoit bien ce qui en étoit, puisqu'il n'y a persone à qui le mensonge serve moins qu'aux Princes. Enfin ses crimes lui ayant fait tant d'ennemis, Macrin Prefet du Pretoire, & plusieurs Officiers de ses Gardes le firent assassiner par un Soldat dans un bois, où il avoit mis pied à terre pour quelque necessité. Il avoit vint-neuf ans, & en avoit regné six.

Mais pour revenir aux affaires de l'Eglise, si la mort de Leonide pere d'Origene le laissa dans une extreme pauvreté, son esprit ne l'abandonna pas ; il avoit fort bien étudié les humanitez, il s'y donna tout entier, & les enseigna à Alexandrie. L'Evêque Demetrius reconnut bien-tôt son merite, & le fit Chef de l'Ecole Chrêtienne, quoiqu'il n'eût que dix-huit ans. Alors ne croyant pas que la profession des belles Lettres fût compatible avec l'instruction de la Foi, il vendit tous ses Livres qui parloient de sciences profanes, & les vendit à un homme, qui s'engagea à lui donner toute sa vie quatre oboles par jour, fomme tres-modique, mais qui fuffifoit pour fa fubfiftance. Il commença à s'apliquer uniquement à l'Ecriture Sainte, & particulierement aux écrits des Apôtres. Ses exhortations étoient vives, patetiques, & apuyées par l'exemple de fa vie, dont l'aufterité étoit plus admirable qu'imitable. Il alloit ordinairement nuds pieds, & ne dépenfoit par jour que fes quatre oboles, refufant genereufement toutes les charitez que les Dames d'Alexandrie vouloient lui faire : auffi vit-on fortir de fon école des Saints & des Martirs; Plutarque, Bafilide, & une infinité d'autres lui eurent obligation de leur foi ; il les alloit exhorter à la mort, fans craindre d'être leur Compagnon : car comme il étoit leur Maître en JESUS-CHRIST, les Payens lui imputoient la conftance des autres, & fouvent l'en vouloient punir. Ils le raferent un jour, le mirent fur les degrez du Temple de Serapis, & lui commanderent de diftribuer des branches de palmier, à tous ceux qui alloient adorer l'Idole; il le fit, mais il leur difoit à haute voix ; *Prenez ces branches de la main de* JESUS-CHRIST. Ce fut en ce tems-là que par un zele indifcret, expliquant mal ce que le Sauveur dit de ceux qui fe font Eunuques pour le Royaume de Dieu ; il fuivit ces paroles à la lettre, & les executa fur lui-même ; l'Evêque Demetrius le fut, & lui pardonna fa faute, à caufe de la grandeur de sa foi. Il alla pourtant faire un voyage à Rome, pour faire oublier ce qu'il venoit de faire, & pour voir de prés une Eglise si sainte & si celebre ; mais il rétourna bientôt à Alexandrie, où il continua à instruire les Catecumenes, dont le grand nombre l'accabloit. Il aprit l'Hebreu, pour penetrer davantage dans le sens de l'Ecriture, dont il ramassa les differentes versions.

Il y en avoit alors plusieurs, celle des Septante, faite sous Ptolomée Philadelfe Roi d'Egypte, deux cens soixante & dix sept ans avant Jesus-Christ, étoit la premiere & la plus estimée. Aquila, qui de Payen s'étant fait Chrétien, finit par être Juif, en avoit fait une que Saint Jerôme apelle *l'Exacte* par excellence ; mais son exactitude alloit souvent jusqu'à l'excés, traduisant les mots, plutôt sur leur etimologie, que selon le sens, que l'usage leur donnoit. La troisiéme étoit de Simmaque Samaritain, elle étoit plus claire que l'autre. Theodotion en donna une quatriéme sous l'Empire de Commode, que Saint Epiphane prétend être plus conforme à celle des Septante. La cinquiéme version fut trouvée à Jerico, cachée dans des muids avec d'autres Livres Grecs & Hebreux. La sixiéme fut trouvée à Nicople en Epire par Origene même, qui de ces six versions, jointes au texte Hebreu, composa ses Hexaples, en mettant six versions vis-à-vis l'une de l'autre, & par colomnes. Saint Jerôme & Saint Epiphane assurent que cet Ouvrage fut tres utile à l'Eglise. Mais dans la suite Origene n'étant pas content de la science divine, se jetta dans la Filosofie de Platon & dans celle de Pithagore, qui lui inspirerent la bonne opinion de lui même, & la présomption de croire à son propre esprit.

La mort de Caracalla surprit & fâcha les Soldats qui l'aimoient fort, parce qu'il leur prodiguoit toutes les richesses de l'Empire, dans la pensée qu'il pouvoit tout faire, pourveu qu'il fût Maître de l'armée. Ils passerent deux jours dans la fureur, dans les cris, & sans songer à faire un Empereur : enfin poussez par les Conjurez, qui craignoient qu'on ne les découvrît, ils proclamerent Macrin Prefet du Pretoire, que son courage & son humeur douce & bienfaisante avoient élevé à cette Dignité, quoiqu'il fût de Mauritanie, & d'une naissance fort basse. Macrin leur fit d'abord de grandes largesses, & parut vouloir reparer une partie des maux qu'avoit fait son Prédecesseur : il cassa toutes ses Ordonnances, retrancha toutes les pensions qu'il avoit données, & fit punir les Delateurs. Son fils Diadumene fut presque en même tems declaré Cesar.

Le Senat désormais trop foible pour resister à la volonté des Soldats, aprouva tout, & leur fit rendre dans Rome tous les honneurs accoutumez. Macrin fit enfuite la paix avec les Parthes, & vint tenir fa Cour à Antioche, où il s'abandonna à toutes fortes de débauches, fans prefque donner aucune aplication au Gouvernement. Il ne fongeoit qu'à faire obferver la difcipline aux Soldats, & à les obliger à camper comme en pleine guerre, pour les tenir toujours en haleine, ce qui leur faifoit regretter Caracalla, qui ne les contraignoit en rien. Auffi arriva-t-il qu'ils fe revolterent à la premiere occafion. La plûpart des forces de l'Empire avoient été menées en Afie, pour la guerre des Parthes. Il y avoit un Camp auprés d'Antioche, & un autre aux environs d'Emefe en Phenicie, & ce fut dans ce dernier que commença la revolte contre Macrin.

L'Imperatrice Julie femme de Severe, avoit une fœur nommée Mefa, qui avoit amaffé de grandes richeffes fous Severe & fous Caracalla. Comme elle avoit beaucoup d'efprit & d'amis, Macrin la craignoit & l'envoya en exil à Emefe, où elle étoit née. Elle y mena fon petit fils Avitus; il n'avoit alors que quatorze ans, mais il étoit fort grand pour fon âge, bien-fait, & fi beau de vifage, qu'on ne pouvoit le voir fans l'aimer. Les Habitans d'Emefe le firent d'abord Pontife de leur Temple, dedié au Soleil fous le nom d'Heliogabale, c'eft-à-dire Dieu des montagnes. On lui donna un habit fort extraordinaire, mais fi magnifique par l'or & par les pierreries, qu'il augmentoit encore les charmes de sa persone ; il officioit avec tant de grace, que pour le voir, on venoit de toutes les Villes voisines. Il avoit sur la tête une couronne d'or enrichie de perles & de diamans, & dansoit au son des flutes & des autres instrumens, qui accompagnoient ordinairement les sacrifices. Les Soldats y venoient de leur Camp & ne pouvoient se lasser de l'admirer : ils le regardoient en quelque sorte comme le neveu de Caracalla, & quelques-uns osoient le souhaiter pour Empereur. Son aycule Mesa voulant augmenter encore leur affection, fit courir le bruit secretement qu'il étoit fils de Caracalla, & que pour lui sauver la vie, elle avoit caché sa naissance. Les Soldats déja prévenus en sa faveur, le crurent, ou firent semblant de le croire ; ils ne cherchoient qu'un prétexte de se défaire de Macrin, & s'imaginoient peut-être, que le fils ou le neveu de Caracalla lui ressembleroit. Mesa échaufa leur bonne volonté par ses presens, persuadée que si son petit fils étoit Empereur, elle auroit bien-tôt rempli ses coffres. Ses brigues étant faites avec les principaux de l'armée, elle sortit de la Ville à l'entrée de la nuit avec toute sa famille, & marcha au Camp. Avitus avoit un habit qui avoit autrefois servi à Caracalla. Il fut receu par les Soldats avec de grandes acclamations & revêtu de la pourpre. Mesa tint parole & commença à leur distribuer ſes treſors, ce qui attira tous les Soldats des garniſons voiſines, en ſorte que l'armée ſe vit bien-tôt en état de ſoûtenir ſon choix. Il arriva même que Macrin ayant envoïé des troupes pour reduire les rebelles, elles ſe joignirent aux autres & maſſacrerent leurs Chefs. Avitus prit le nom d'Antonin; mais comme il avoit été Pontife du Soleil, celui d'Heliogabale lui demeura. Il marcha ſans perdre de tems vers Antioche, & ſe mit à la tête de ſon armée, comme s'il eût été capable de la commander. Macrin de ſon côté ramaſſa ce qu'il put de troupes, & la bataille ſe donna à neuf lieuës d'Antioche. Macrin fut défait, pris enſuite, & tué aprés avoir regné quatorze mois. Son fils Diadumene, qui n'avoit que dix ans, mourut par la main du Boureau.

An de J. C. 218.

Heliogabale étoit trop jeune pour ne ſe pas laiſſer aller aux plaiſirs du pouvoir abſolu; ſa grand'mere Meſa ne conſerva pas lon-tems l'autorité qu'elle devoit avoir ſur lui, il devint un monſtre de ſomptuoſité, de prodigalité & de folie, & paſſa tout ce qu'on peut imaginer d'un jeune homme ſans eſprit & ſans retenuë, qui ne ſonge qu'à contenter toutes ſes paſſions. Il alla à Rome, & fit entrer ſa mere dans le Senat, ce que Livie & Agrippine n'avoient jamais oſé entreprendre. Il amena d'Aſie ſon Dieu Heliogabale, & le mit au deſſus de Jupiter, s'attirant par là la haine des Romains: les

Juifs & les Chrétiens le méprisoient. Il fit en même tems aporter de Carthage, l'Idole d'une certaine Celeste, qui passoit pour la Lune, & la maria publiquement avec son Soleil, obligeant tous les Peuples de l'Empire à leur faire des presens de nôces. Ces folies étoient accompagnées de cruautez, persone n'étoit en seureté de sa vie, & comme chacun murmuroit, la vieille Mesa, pour s'asseurer une protection, persuada à Heliogabale d'adopter Alexien fils de sa fille Mamée & son petit fils, aussi-bien que lui. Il le fit dans un moment de complaisance, le nomma Alexandre, & le declara Cesar, mais il ne fut pas lon-tems à s'en repentir. Alexandre avoit toutes les inclinations portées à la vertu, & l'Empereur s'aperçut bientôt qu'on l'aimoit. C'en fut assez pour le lui faire haïr. Il employa toutes sortes de moyens pour le faire mourir; on ne lui obéïssoit pas, Mamée mere d'Alexandre étoit avertie à point nommé des mauvais desseins d'Heliogabale. Enfin transporté de fureur & de jalousie, il commanda à quelques Soldats de le tuer; mais ils le tuerent lui-même, & jetterent son corps dans le Tibre avec une corde au cou. Il ne regna que trois ans & neuf mois, & trouva le moyen en si peu de tems d'effacer toutes les horreurs de Caligula & de Neron.

La Religion Chrêtienne pandant les regnes de Caracalla, de Macrin & d'Heliogabale,
n'eut

n'eut à soufrir que des Heretiques, ses ennemis domestiques ; ces trois Empereurs regnerent trop peu, ou furent trop adonnez à leurs plaisirs, pour songer à la persecuter. Il y a même aparence qu'elle fit de grans progrés sous le regne d'Heliogabale. La Princesse Mamée sa tante & mere d'Alexandre, alors declaré Cesar, la protegeoit ouvertement. Elle envoya des Gardes de l'Empereur à Alexandrie chercher Origene, dont la reputation étoit venuë jusqu'à elle. Il se rendit à Antioche où étoit la Cour, & y fut fort bien reçu. Plusieurs anciens Historiens assurent, qu'il montra à Mamée par tant de preuve la gloire du Seigneur & la sainteté de l'Evangile, qu'elle se convertit ; ce qu'on peut croire aisément par toute la suite de la vie de cette Princesse, également habile & pieuse.

CHAPITRE QUATRIE'ME.

DE's qu'Heliogabale eut été tué, les Soldats proclamerent Alexandre, & le Senat lui prodigua tous les noms d'Auguste, d'Antonin, & de Pere de la Patrie, quoiqu'il n'eût que treize ans & demi. Il est vrai qu'il avoit été si bien élevé, qu'on avoit lieu d'en tout esperer, sa mere Mamée n'avoit rien oublié pour son éducation. Les débordemens d'Heliogabale en étoient cauſe en partie, & la peur qu'elle eut que ſon fils ne lui reſſemblât, lui fit chercher les Maîtres les plus habiles & les plus ſages pour l'inſtruire. Ils y avoient réüſſi, il ſavoit parfaitement les Langues & la Geometrie, aimoit fort la Muſique, & joüoit de divers inſtrumens. Mais quand il fut Empereur, il s'apliqua à des choſes plus ſolides. Il compoſa un Conſeil de ſeize Senateurs, & pandant pluſieurs années, il ne fit rien que par leur avis. Mamée ſa mere, & Meſa ſa grandmere, avoient beaucoup de credit, & n'en abuſoient pas: la malheureuſe deſtinée d'Heliogabale leur avoit apris que le ſouverain pouvoir ne ſe maintient que par la juſtice. Ainſi l'innocence ſi lon-tems perſecutée, commençoit à reſpirer. L'Empereur avoit beaucoup de pieté auſſi bien que ſa mere, & reſpectoit tout ce qui paſſoit pour Divinité; heureux s'il eût ſçu diſcerner la veritable d'avec la fauſſe. Il alloit tous les matins ſacrifier dans un Temple, où il avoit mis les Statuës des bons Empereurs, & des hommes les plus vertueux, qu'il honoroit comme des Dieux, & de ce nombre étoient Jesus-Christ, Abraham, Apollonius de Tiane, Orphée & Alexandre le Grand. On peut juger de là qu'il ne perſecuta pas les Chrêtiens; il en avoit même un grand nombre dans ſa maiſon, & avoit toujours à la bouche une maxime qu'il avoit apriſe d'eux: *Ne faites point à autrui ce que vous ne voudriez pas qui vous fût fait.* Lampridius Historien Payen, assure qu'il vouloit faire bâtir un Temple à CHRIST, mais qu'il en fut détourné par tous les Oracles, qui protestoient, que s'il le faisoit, tout le monde seroit bien tôt Chrêtien, & tous les autres Dieux méprisez & abandonnez. Mais il est constant, qu'il laissa les Chrêtiens dans une entiere liberté, & que n'osant leur bâtir lui même des Eglises, il leur donna la permission de le faire à la vûë des Payens & des Magistrats, & qu'enfin il les favorisa en toutes rencontres. Ils s'étoient saisis de leur propre autorité d'une place publique à Rome, & y avoient fait quelques bâtimens ; des Cabaretiers apuyez de quelques Senateurs, les en vouloient chasser ; mais la cause ayant été portée devant l'Empereur, il adjugea la place aux Chrêtiens, en disant ces paroles remarquables; *Il vaut encore mieux que la Divinité y soit adorée, de quelque maniere que ce soit ;* ce qu'il ne pouvoit dire, qu'en donnant aux Chrétiens la liberté de professer leur Religion. Le Pape Calixte, qui avoit succedé à Zephirin, profita de la bonté de l'Empereur, & fit plusieurs établissemens. Il bâtit ou augmenta sur le chemin d'Appius, le Cimetiere qui porte son nom, si fameux par le grand nombre de Papes & de Martirs qu'on y a enterrez. Il ne laissa pas d'être couronné du martire dans une sédition,

& son corps fut jetté dans un puits. L'Empereur pour reparer les desordres des regnes passez, donnoit les plus grans emplois aux plus habiles Jurisconsultes, tels qu'Ulpien, Paul, Africain, & Modestin; mais comme ces Jurisconsultes étoient fort attachez aux anciennes Loix Romaines, ils traitoient la Religion Chrêtienne de nouveauté dangereuse, & de source de division, & la persecutoient de tems en tems.

Alexandre étoit bon, populaire, sans faste, & vivoit familierement avec les Senateurs. Ses habits étoient toujours fort modestes, ni or ni argent. Il ne portoit pas même de perles, disant que ces sortes de parures n'étoient bonnes que pour les femmes, encore ne vouloit-il pas que l'Imperatrice en eût de trop belles, de peur du mauvais exemple. Ainsi ses mœurs furent une espece de censure publique, & le luxe fut reprimé. Mais il n'épargnoit pas pour amasser; persuadé qu'il n'étoit que l'œconome du Public, il ne retranchoit la dépense que pour soulager le Peuple, & ne mettoit d'impôts, que sur les choses inutiles & superfluës, afin que les necessaires fussent toujours à bon marché. Il croyoit qu'il faloit des spectacles pour amuser la multitude, & l'empêcher de se porter à la débauche; mais il ne les regardoit que comme un moindre mal, qu'il est bon quelquefois de soufrir pour en éviter de plus grans. Son attention particuliere étoit sur les Gouverneurs de Provinces, qu'il châtioit ou recompensoit selon leurs merites. Les pauvres avoient toute la tendresse de son cœur, il souhaittoit qu'il n'y en eût point dans tout l'Empire, les distributions de viande furent augmentées par son ordre. Aimable aux gens de bien, impitoyable aux méchans, il n'accordoit jamais de grace à ceux qui étoient condamnez, & poussoit la severité jusque sur ses parens & sur ses meilleurs amis, quand ils avoient fait quelque faute; *la Republique*, disoit-il, *est ce qui m'est le plus cher*. Quelques Princes Etrangers qui étoient à sa Cour, lui ayant demandé une Charge pour un homme qu'il n'estimoit pas, il ne laissa pas de l'accorder; mais il fit examiner la conduite de cet homme de si prés, que l'ayant trouvé coupable, il demanda à ces Princes comment ils punissoient les voleurs dans leur Pays, ils lui dirent qu'on les crucifioit, & l'homme fut crucifié deux heures aprés. Un nommé Turinus avoit beaucoup de familiarité chez l'Empereur, & se vantoit secrettement, qu'on n'accordoit gueres d'emplois sans lui en parler. Plusieurs persones donnoient dans ce piege, venoient solliciter Turinus, & lui avançoient de grosses sommes pour faire réüssir des affaires, dont souvent il ne disoit pas un mot. Alexandre en fut averti, & l'ayant convaincu, le fit attacher à un poteau, & allumer autour de lui du foin & du bois verd, pandant qu'un Heraut crioit ; *le vendeur de fumée est payé en sa monoie.* Il ne faisoit rien sans prendre conseil, & ne publioit aucune Ordonnance que par l'avis des plus habiles Jurisconsultes, il ne vendoit jamais aucune Charge ; *il faut*, disoit-il, *que qui les achete les vende, & je ferois conscience de l'empécher.* Il faisoit même afficher le nom de ceux à qui il vouloit donner des emplois, afin qu'on l'avertît de leur conduite : Et il avoit pris cette coutume des Chrétiens, qui la suivoient inviolablement avant que d'élever persone aux Ordres sacrez ; mais il ne faloit pas se joüer à faire de fausses accusations.

Pandant qu'Alexandre gouvernoit l'Empire avec tant de sagesse, les Parthes furent soumis par Artaxerxés, ou Artaxare, qui rétablit le Royaume de Perse, cinq cens cinquante ans aprés que Darius eut été défait par Alexandre le Grand. Ce nouveau Conquerant s'étant rendu Maître de tout l'Empire des Parthes, osa attaquer les Romains, qu'une longue paix avoit rendus moins redoutables. Il s'avança avec une armée victorieuse vers la Mesopotamie ; mais n'osant laisser derriere lui la fameuse Ville d'Atra, il l'assiegea, y donna plusieurs assauts inutilement, & y vit perir une partie de ses troupes : son destin n'étoit pas plus fort que ceux de Trajan & de Severe. Ses pertes ne rendoient Artaxerxés que plus insolent ; il s'aprocha l'année suivante des frontieres de l'Empire Romain, & l'Empereur fut obligé d'aller en Orient pour les défendre.

An de J C. 232.

Il y avoit alors trente-deux Legions de cinq mille chacune, dispersées sur toutes les frontieres de l'Empire ; il en fit marcher la plus grande partie vers l'Orient, & les conduisit lui-même, faisant observer par tout une exacte discipline. Quand il fut arrivé à Antioche, il y trouva une Legion toute effeminée dans les délices ; il en fit assembler tous les Soldats & les menaça ; ils murmurerent, ils crierent ; *Taisez-vous*, leur dit-il, *c'est contre les Perses qu'il faut crier, & non contre votre Empereur.* Les cris redoublerent ; *ne pensez pas m'effrayer,* leur dit-il, *je ne crains point la mort, vous m'obéirez.* Mais comme ils ne s'apaisoient pas ; *Citoyens*, leur cria t-il d'une voix imperieuse & menaçante, *quittez vos armes & retirez-vous* ; à ce mot tout obéït, ils mirent bas les armes, & s'en allerent dans la Ville, sans oser retourner au Camp. Leur obéïssance le désarma, & il les retablit Soldats un mois aprés. Il marcha ensuite contre les Perses, dont la puissance étoit formidable ; Artaxerxés avoit plus de six vint-mille chevaux, dix-mille hommes armez de toutes pieces, dix-huit cens chariots avec des faux, & sept cens Elephans, qui portoient des Archers. Alexandre partagea son Armée en trois corps, qui se rejoignirent dans le Pays ennemi; la bataille fut fanglante & difputée ; enfin les Romains remporterent la victoire, & prirent trois cens Elephans avec tous les chariots de guerre. L'Empereur peu de tems aprés retourna à Rome, & y entra fur un char traîné par quatre Elephans; mais à peine eut-il le temps de fe repofer, il falut marcher vers le Rhin. Les Germains l'avoient paffé en plufieurs endroits, & ravageoient les Gaules. Ils repafferent le fleuve à l'aproche d'Alexandre, qui fe preparoit à les aller attaquer chez eux, lorfqu'il fut affafliné auprés de Mayence par quelques Soldats Gaulois enragez, de ce qu'il les vouloit empêcher de piller le Peuple. Sa mere Mamée, qui l'accompagnoit par tout, fut aufli maffacrée avec quelques Officiers du Palais, qui voulurent fe mettre en défenfe. Jamais nouvelle ne fut receuë avec plus de douleur à Rome & dans toutes les Provinces. Il y avoit treize ans qu'Alexandre regnoit, & que la juftice regnoit avec lui.

Le Chriftianifme s'étoit merveilleufement fortifié pandant vint-quatre ans de paix. Origene au retour d'Antioche, où fuivant l'opinion commune, il avoit converti l'Imperatrice Mamée, avoit recommencé fes exercices ordinaires dans l'Eglife d'Alexandrie. Il lui venoit des difciples de tous côtez, & comme il leur aprenoit la Geometrie, l'Arithmetique & la Filofofie, aufli bien que les Myfteres, afin qu'ils
puffent

puſſent défendre la Religion Chrêtienne contre les Payens, il étoit aimé & ſuivi de tout le monde. Gregoire qui fut depuis ſi fameux par le nom de Taumaturge ou faiſeur de miracles, y aprit d'abord toutes les ſciences humaines, & enſuite les divines : il quitta le Paganiſme & reçut le Baptême ; la pureté de ſes mœurs dans une grande jeuneſſe lui attira cette grace. Sa modeſtie ne laiſſa pas d'être attaquée. Un jour qu'il s'entretenoit avec quelques Filoſofes dans une place d'Alexandrie, une femme inſolente lui vint demander ſon ſalaire, ſes amis ſe vouloient fâcher de la calomnie ; mais lui ſans s'émouvoir ; *je vous prie*, leur dit-il, *donnez lui ce qu'elle demande, & qu'elle nous laiſſe en repos.* Aprés ſon Baptême, il prononça une Harangue à la loüange d'Origene, où il le remercie des ſoins qu'il a pris pour le rendre capable de ſervir l'Egliſe. C'eſt une piece tres-éloquente : il y raconte de quelle maniere Origene l'exhortoit d'abord à l'étude de la Filoſofie, & lui inſpiroit enſuite la veneration pour les Livres Saints, & pour la Religion de Jesus-Christ, & finit par le regret qu'il a de quitter un ſi bon Maître. Il rétourna à Neoceſarée, où il avoit des parens & des biens conſiderables. L'amour de la ſcience & de la priere lui fit chercher la retraite ; il diſtribua ſon bien à ſa famille & aux pauvres, & ne ſe reſerva, dit l'Hiſtorien Socrate, que ſa vertu & ſa foi. Mais Phedime Evêque d'Amaſée inſtruit de ſon merite, le voulut conſacrer Evêque, Gregoire ſe cacha pluſieurs fois ; enfin Phedime ſans doute inſpiré d'enhaut, leva les yeux au Ciel, & declara en preſence du Peuple, qu'il conſacroit Gregoire, quoi qu'abſent, Evêque de Neoceſarée ; il ceda à cette inſpiration, ſortit de ſa retraite, & fut conſacré avec les ceremonies ordinaires. La ſuite de ſon Epiſcopat répondit à ce commencement. Il dreſſa un ſimbole de Foi, que la Sainte Vierge & Saint Jean l'Evangeliſte lui dicterent par revelation, ce qui n'eſt pas incroyable aprés tous les miracles dont Dieu voulut honorer ſon ſerviteur. Ruſin raporte ce ſimbole tout entier, & Baronius dit qu'il a été cité dans le cinquiéme Concile general.

La reputation de Gregoire établie par des miracles autentiques, paſſa dans les Pays voiſins : la Ville de Comane, où il y avoit déja beaucoup de Chrêtiens, l'envoya prier de leur aider à élire un bon Evêque. Il y alla auſſi-tôt, & commença à prêcher avec ſon éloquence & ſon zele ordinaires ; les principaux de la Ville cherchoient un homme conſiderable par la naiſſance & par les qualitez perſonelles, & n'en trouvoient point. Gregoire attendoit que Dieu lui en montrât quelqu'un, comme il avoit montré David à Samuel, lors qu'une voix cria ; *Donnez-nous Alexandre le Charbonier.* Gregoire demanda, qui c'étoit. On lui dit que c'étoit un homme de qualité, qui imitoit la vie pauvre & laborieuse de Jesus-Christ ; il le fit venir, & connoissant que c'étoit un digne sujet, il lui fit changer d'habit, le presenta au Peuple, & le fit Prêtre. Alexandre prêcha sur le champ, fut ensuite consacré Evêque de Comane, & couronna dans la suite une sainte vie par le Martire, qu'il endura sous l'Empire de Decius.

Mais pour revenir à Origene, il est constant que les Gouverneurs d'Arabie & de Palestine, le prierent d'y aller, & qu'il y fit plusieurs voyages, sans que les Historiens nous en ayent dit la raison. Il retournoit toujours à Alexandrie, mais lorsque Caracalla y fit massacrer le Peuple, il se retira à Cesarée ; & quoiqu'il n'eût que trente-trois ans, & ne fût que simple Laïque, l'Evêque Theoctiste l'obligea à prêcher dans l'Eglise en sa presence. Demetrius Evêque d'Alexandrie s'en plaignit amerement comme d'une nouveauté contraire à la discipline Ecclesiastique; mais Theoctiste prétendit avoir plusieurs exemples de cette pratique. Demetrius craignoit sur tout qu'on ne lui enlevât Origene. Il lui écrivit avec l'autorité d'un Evêque & la douceur d'un pere, & le fit revenir à Alexandrie. Ce fut alors qu'il commença ses Commantaires sur les Livres Sacrez. Il faloit faire beaucoup de dépense pour récouvrer les meilleurs Manuscrits & pour les faire transcrire; Origene étoit pauvre, & vouloit toujours l'être, Dieu y pourvût, en lui donnant l'amitié & la protection d'Ambroise, dont le bien pouvoit suffire à tout. Ambroise avoit quitté les emplois du monde pour ne songer qu'à son salut ; mais en voulant trop penetrer dans les divers sens de l'Ecriture, il étoit tombé dans l'Heresie de Valentin; Origene lui fit connoître la verité, & ils s'apliquerent l'un & l'autre avec un zele infatigable à la conversion des Heretiques. Origene écrivoit & dictoit nuit & jour, & Ambroise lui entretenoit sept Secretaires, qu'il trouvoit le moyen d'occuper. *Il me surpasse si fort*, dit Origene, en parlant d'Ambroise à un de ses amis, *dans l'ardeur qu'il a pour la parole de Dieu, que je succombe presque à l'étude & aux travaux qu'il m'impose*. Et de son côté Ambroise écrivoit à un Evêque, que leur emploi jour & nuit étoit de faire succeder la lecture à la priere, & la priere à la lecture.

Origene écrivit alors son Livre contre Celse, qui sous l'Empire de Marc-Aurele avoit publié un Ouvrage contre la Religion Chrétienne. Celse avoit intitulé son Ouvrage, Discours veritable; ce qu'Eusebe apelle un titre vain & insolent. Origene le méprisoit assez pour n'y pas répondre; JESUS-CHRIST, disoit-il à Ambroise, *est demeuré dans le silence au milieu des accusations, la meilleure Apologie de l'Eglise est la sainteté de ses serviteurs, & Saint Paul n'a* jamais pris garde aux discours des ennemis de la verité. Il se rendit pourtant aux sollicitations de son Ami, & écrivit ce Livre admirable, à qui Monsieur Huet Evêque d'Avranches donne de grans éloges,& que M. du Pin croit être la meilleure Apologie qui ait jamais été faite pour la Religion Chrêtienne. Celse avoüoit que Jesus-Christ avoit fait des miracles, mais il les attribuoit à la magie des Egyptiens & à l'operation des demons; *Si vous admettez une fois*, lui disoit Origene, *une puissance au dessus de la nature, s'il y en a une mauvaise, il faut qu'il y en ait une bonne encore plus puissante, & s'il y a de faux miracles, dont les demons soient Auteurs, il y en a de vrais, qui viennent de Dieu, & l'on peut les discerner par la doctrine & par les mœurs de ceux qui les font. Or* Jesus-Christ *n'a rien enseigné que de digne de Dieu ; il a rassemblé toutes les Nations dans la connoissance du premier être, & dans la pratique d'une morale conforme à la raison. Sa Resurrection n'est pas douteuse, il a aparu à Pierre, aux douze Apôtres, & à cinq cens disciples tout à la fois ; & si ces premiers Fideles n'avoient pas été bien persuadez de sa Divinité, auroient-ils soufert la mort pour la soutenir ? Toutes les Puissances de la terre & de l'enfer n'ont pû empécher que la parole de Dieu sortie d'un coin de la Judée, ne se répandît sur tous les hommes.*

Les réponses d'Origene à Celse suposent que

Jesus Christ étoit reconnu par les Chrêtiens pour un Dieu; *c'étoit*, dit il, *comme un composé de Dieu, & d'un homme mortel; l'homme qui paroissoit, étoit proprement le Fils de Dieu, le Verbe de Dieu, la puissance & la sagesse de Dieu.*

Mais Origene écrivit aussi un autre Livre, qui n'a pas été si aprouvé. Ce fut le Periarchon ou des principes, où il prétendoit établir les principes de la Religion. Il y suivoit la Filosofie de Platon, autant & plus que l'Écriture Sainte, ce qui fournissoit de faux raisonnemens à presque tous les Heretiques.

Origene n'étoit pas si attaché à l'étude, qu'il ne fît de tems en tems quelques voyages. Il alla en Arabie, où plusieurs Evêques s'étoient assemblez, pour tâcher à ramener à la bonne doctrine, Berille Evêque de Bostres. Ils n'y pouvoient réüssir, lors qu'Origene arriva. Berille soutenoit que Jesus-Christ n'étoit Dieu que depuis son Incarnation, c'étoit détruire la Persone du Verbe. Il voulut bien entrer en conference avec Origene, qui lui fit connoître la verité. Saint Jerôme assure qu'on avoit encore leur Dialogue à la fin du quatriéme siecle. D'Arabie Origene revint en Palestine, où il étoit fort aimé, & la Providence lui ayant fait rencontrer Alexandre Evêque de Jerusalem, & Theoctiste Evêque de Cesarée; ils lui imposerent les mains, & le firent Prêtre à l'âge de quarante trois ans. Demetrius Evêque d'Alexandrie fut fort offensé, qu'on l'eût ordonné sans sa permission, mais n'ayant rien à lui reprocher sur sa conduite, encore moins sur sa capacité, il lui reprocha le crime qu'il avoit commis sur lui-même dans sa jeunesse, quoiqu'il l'eût excusé dans le tems, en l'attribuant à un zele indiscret. Il assembla un Concile des Evêques d'Egypte, qui déposerent Origene, & l'excommunierent, l'accusant d'avancer diverses erreurs, & lui supposant divers Ouvrages, ausquels il n'avoit jamais songé. Presque toute l'Eglise aprouva sa condamnation, & il n'y eut que les Evêques de Palestine, de Phenicie, d'Arabie & d'Achaïe, qui ne l'abandonnerent point. Son innocence fut reconnuë dans la suite. *Quelle recompense*, dit Saint Jerôme, *Origene a-t il reçuë de tant de travaux? Il est condamné par l'Evêque Demetrius, Rome même s'assemble contre lui, non qu'il enseignât de nouveaux dogmes, non qu'il eût des sentimens Heretiques, mais parce que l'on ne pouvoit suporter l'éclat de son éloquence & de sa science, & que lorsqu'il parloit, tous les autres devenoient muets.* Il se retira à Cesarée en Palestine, & continua à y travailler pour l'Eglise, comme il avoit fait à Alexandrie, se contentant de prier Dieu, qu'il éclairât ses ennemis & leur pardonnât.

Cependant l'armée Romaine voyant Alexandre mort, & le mal sans remede, éleva à l'Empire Maximin, qui commandoit les nouvelles Legions. Il étoit Goth, fier & barbare, huit pieds de haut, & d'une force si extraordinaire, qu'il remuoit lui seul un chariot chargé, fracassoit les dents à un cheval d'un coup de poing, & d'un coup de pied luy cassoit une jambe. On l'acusa d'avoir fait assassiner Alexandre. Il méprisa les bruits populaires, & ne songea qu'à se faire obéïr. Il declara son Fils Maxime, Cesar & Prince de la jeunesse. Quelques Officiers conspirerent contre lui, il fit aussi-tôt donner la mort à quatre mille hommes sans forme de procés, & l'on disoit même que tout leur crime étoit d'avoir versé quelques larmes à la mort d'Alexandre.

Les Chrêtiens qu'Alexandre avoit favorisez en toutes choses, & par inclination, & à la priere de sa mere, avoient témoigné beaucoup de douleur de sa mort, ce qui leur attira la haine & la persecution de Maximin. Il les accusoit suivant la coutume des Payens, de toutes les calamitez de l'Empire; les guerres étrangeres, la famine, la peste, les tremblemens de terre, tout mal venoit d'eux, & il les en rendoit responsables. Il est pourtant vrai qu'il n'en vouloit qu'aux Chefs des Eglises, comme étant la cause principale du progrés que faisoit la Doctrine de l'Evangile; les Prêtres étoient particulierement attaquez, & les Clercs quand ils prêchoient la foi de Jesus-Christ. Elius-Serenianus Gouverneur de Cappadoce,

homme

homme d'une grande vertu, fut un des plus ardans à la persecution : *Et il n'est pas étrange*, dit Baronius, *que ceux des Payens, qui passòient pour avoir le plus de Religion & de probité, fussent les plus cruels ennemis de la vraie Religion.*

C'étoit la coutume que les Soldats recevoient la liberalité des Empereurs une Couronne de laurier sur la tête. Ils alloient en foule recevoir celle de Maximin, aprés qu'il eut été proclamé, lorsqu'on aperçut un Soldat tête-nuë, tenant sa couronne à la main, le Tribun luy demanda pourquoi cette singularité: *parce*, dit-il, *que je suis Chrétien*. On le dépoüilla, on le dégrada des armes, & ce fut le signal de la persecution. Son zele fut condamné, la plupart ne pouvant comprendre quelle sorte d'idolatrie, il pouvoit y avoir dans cette couronne de laurier. Tertullien assure qu'il y en avoit, & défend le Soldat. *Il y a beaucoup de choses*, dit-il, *que nous faisons par tradition ; par exemple, à chacune de nos actions, nous marquons nôtre front du signe de la Croix, nous prions pour les deffunts; nous ne jeunons point le Dimanche, si vous me demandez une loi tirée des Ecritures pour ces pratiques, vous n'en trouverez point : On vous dira que la tradition les a autorisées, que la coutume les a confirmées ; & que la foi les observe.*

Tertullien en parlant ainsi, parloit juste, quoiqu'il fût Montaniste. Il écrivit dans le même tems un Livre sur la persecution, où il prétend contre les propres paroles de JESUS-CHRIST qu'il n'eſt pas permis de s'enfuir, ni de racheter ſa vie avec de l'argent. Celui qu'il écrivit ſur les voiles des filles, étoit plus conforme à la diſcipline de l'Egliſe. Saint Paul dans l'Epitre aux Corinthiens avoit ordonné, que les femmes priaſſent toujours voilées, & quoique cette regle s'obſervât par tout à l'égard des femmes mariées, il y avoit beaucoup de lieux, où les filles ne portoient point de voile, ce que Tertullien condamnoit comme un abus. Il étoit depuis pluſieurs années parmi les Montaniſtes; mais enfin il reconnut leurs erreurs, & l'impoſture du faux Paraclet. Il ſe ſepara de leur communion; mais ce ne fut pas pour faire penitence, la ſcience en lui avoit fait naître l'orgüeil & ne ſe contentant pas d'être heretique, il devint hereſiarque. Il tint ſes aſſemblées à part, ſon ſçavoir, ſa pieté, ſes Ouvrages lui attiroient aſſez de diſciples. On ignore les particularitez de ſa mort, on ſçait ſeulement que la Secte des Tertulliniſtes dura deux cens ans dans la ville de Carthage, & ne ſe réünit à l'Egliſe que du tems de Saint Auguſtin. Quelques Auteurs ont prétendu, qu'il avoit abjuré ſes erreurs; mais ils n'en apportent aucune preuve, & la Secte qu'il avoit formée, & qui dura quelque tems aprés ſa mort, eſt un fâcheux préjugé pour ſon ſalut. Nous ne laiſſons pas d'admirer ſes écrits, ſur tout ceux qu'il a compoſez pour la défenſe de la verité, & l'on peut en cela le comparer à Salomon, dont la chute n'empêche pas, que nous ne respections les Ouvrages que le Saint Esprit lui a dictez.

CHAPITRE CINQUIE'ME.

Mais si Tertullien avec tous ses talents se perdit dans la vaine gloire, Origene, qui ne lui cedoit ni en esprit ni en science, ni même en pieté, resista mieux au Demon de l'orgueïl, qu'il terrassa par une profonde humilité. Il s'étoit retiré en Cappadoce avec Ambroise son ami & son protecteur. Ambroise y fut arrêté, & ses biens pillez; il vit la mort sans crainte, & ne succomba pas à la tentation de sa femme & de ses enfans; les exhortations d'Origene ne lui furent pas inutiles, il ne mourut pourtant pas encore, & sa couronne lui fut differée. Sainte Barbe Vierge, à qui l'Eglise Greque a rendu de grans honneurs, soufrit le martire à Nicomedie. Plusieurs Auteurs ont cru qu'elle avoit été instruite par Origene. Les noms des autres martirs ne sont pas venus jusqu'à nous ; *mais il est certain*, dit Origene en expliquant Saint Mathieu, *qu'on brûla les Eglises*. Ce qui fait voir que les Chrétiens s'étoient servis de la faveur d'Alexandre pour élever des Temples au vrai Dieu; ce qu'ils n'avoient pû faire jusques-là, leurs assemblées se faisant dans des maisons particulieres, peut-être consacrées par quelque benediction.

Dés que Maximin fut le maître, il fit la guerre aux Germains, aux Daces & aux Sarmates, & fut toujours vainqueur, on ne lui pouvoit pas disputer le courage & la capacité. Mais il étoit si injuste & si cruel, qu'on se revolta de toutes parts contre sa tirannie. Les Africains proclamerent Gordien leur Proconsul, & la ville de Rome le reconnut.

Gordien avoit quatre-vint ans, qu'il avoit employez au service de la Patrie; sa naissance & sa vertu le faisoient aimer de tout le monde. Il créa son fils Gordien Cesar; mais ils furent tuez l'un & l'autre trois mois aprés. Le Senat ne perdit pas courage, & craignant la fureur de Maximin, il fit deux Empereurs, Maxime & Balbin, qui furent élevez à l'Empire dans un âge fort avancé, & dans un tems où la necessité ne permettoit pas de considerer autre chose que le merite. Mais le peuple ne les voulut pas reconnoître, qu'ils n'eussent fait Cesar le jeune Gordien, quoiqu'il n'eût que douze ans. On se souvenoit des bonnes qualitez de son grand pere, & de son oncle, & l'on esperoit qu'il leur ressembleroit.

L'année suivante on se prepara à la guerre de part & d'autre. Maximin furieux entra en Italie, & assiegea Aquilée. Il y donna plusieurs assauts inutilement ; & s'en prenant à ses Soldats, il en tua plusieurs de sa propre main. Sa force extraordinaire & gigantesque lui faisoit tout entreprendre, & tout executer impunément. Mais enfin sa barbarie irrita les Soldats à tel point, que le voyant un jour dans sa fureur couper bras & jambes à leurs compagnons, aussi bien qu'à leurs ennemis, ils se jetterent sur lui en si grand nombre, qu'ils le massacrerent, & son fils aussi. Il ne regna que trois ans.

An de J. C. 238.

La joie de Maxime, qui commandoit l'armée contre Maximin, fut extrême, quand il aprit la mort d'un ennemi si redoutable : Il le craignoit, & encore plus ses troupes aguerries, aussi n'épargna-t-il pas les sacrifices aux Dieux, & les Letres au Senat qu'il envoya couvertes de lauriers, ce qui se faisoit quand on mandoit des victoires. Il rentra dans Rome en triomfe avec Balbin & le jeune Gordien, qui vinrent au devant de lui. Ils commencerent à gouverner avec la sagesse & la bonté des Antonins ; mais ils ne gouvernerent pas lon-tems. Les Prétoriens fâchez de voir des Empereurs, qui n'étoient pas de leur main, les attaquerent dans le Palais, & les assassinerent. Il semble que Maxime l'eût prévu, en disant un jour à Balbin : *Si nous sommes vainqueurs, nous aurons l'amour du Senat & du peuple, mais je crains que nous ne nous attirions la haine des Soldats.*

An de J. C. 238.

Il sembloit que l'assassinat de deux bons

Empereurs devoit causer de grans mouvemens dans l'Etat, & il n'en arriva que du bien. Les Soldats Prétoriens reparerent leur crime, & en obtinrent l'abolition en proclamant Gordien. Ce jeune Prince étoit si bien-fait, & paroissoit avoir de si bonnes inclinations, qu'on oublia tout en le voyant seul sur le Trône; les Soldats l'apelloient leur enfant, (il n'avoit que treize ans) les Senateurs leur fils, le Peuple sa joie & ses délices. Il s'apliqua extrêmement aux sciences pour n'être pas trompé, & il ne laissa pas de l'être: sa mere qui ne songeoit qu'à amasser des tresors, le mit entre les mains d'Eunuques & d'Afranchis, dont l'ame basse lui fit faire beaucoup d'injustices, sans qu'il s'en aperçût. Il se maria à l'âge de dix-huit ans, & épousa pour son bonheur & celui de l'Empire, Furia Sabina fille de Misithée. Il la choisit entre mille autres, à cause de son pere celebre par sa vertu & par sa capacité. Il le fit d'abord Prefet du Pretoire, & lui donna toute sa confiance. Misithée s'en servit utilement, changea la face de la Cour, chassa les Eunuques, ou les réduisit à leurs emplois ordinaires, & reforma tous les desordres. L'Empereur, qui avoit bon esprit, reconnut bien-tôt qu'il lui devoit plus qu'à son pere; aussi le combla-t-il d'honneurs, & permit même que le Senat lui donnât le titre de Pere des Princes, & de Tuteur de la Republique. Il le remercioit continuellement de lui avoir ouvert les yeux ; *Un Prince est bien mal-heureux*, disoit-il, *quand on lui cache la verité ; car il ne peut pas tout voir par lui-même, & il faut bien qu'il agisse suivant ce que les autres lui disent.*

Misithée pourvoyoit à tout, les Soldats étoient bien payez, mais ils vivoient dans l'exacte discipline: toutes les Villes frontieres étoient autant de magasins de bled, de fourages, d'orge, de lard, & chacune à proportion de sa grandeur, pouvoit pandant un certain tems nourir l'armée de l'Empereur. Toutes ces précautions étoient necessaires contre Sapor Roi des Perses, qui avoit declaré la guerre aux Romains. Sapor étoit fils du fameux Artaxerxés, & il commençoit à faire des conquêtes. Il assiegea Nisibe en Mesopotamie, y donna plusieurs assauts, & ne pouvant la forcer, il fit bâtir auprés des murailles de cette Ville, un Château extrêmement fort, voulant perir ou l'emporter. Une revolte en Perse l'ayant obligé d'y retourner, il convint avec les Habitans de Nisibe, qu'il ne laisseroit point de garnison dans son Château, mais aussi ils jurerent qu'ils n'y toucheroient pas jusqu'à son retour. Dés qu'il fut parti, ils éleverent autour du Château des murailles, qu'ils joignirent à leurs anciennes murailles, & l'enfermerent ainsi dans leur Ville. Sapor l'année suivante revint furieux, les accusant de lui avoir manqué de parole, il recommença le Siege, mais il n'avançoit pas beaucoup, lorsque deux inconnus l'assurerent, que Dieu vangeur des parjures, le rendroit Maître de la Ville, si lui & tous ses Soldats s'unissoient ensemble pour l'en prier. Sapor le fit & le fit faire à toute son armée, mais ne voyant point l'effet de ses prieres, il s'en plaignit aux deux inconnus; *sans doute*, lui répondirent-ils, *qu'on n'a pas prié Dieu de bon cœur.* Il recommença avec plus de ferveur, & dans le moment la muraille se fendit depuis le haut jusqu'en bas, & les Perses entrerent dans la Ville & la pillerent. Cette Histoire un peu extraordinaire, est raportée par l'Historien Eutique. Sapor victorieux s'avança jusqu'à Antioche, qu'il prit & pilla. Saint Babilas en étoit Evêque.

Gordien marcha en persone contre les Perses, & les défit en plusieurs rencontres; il y perdit Misithée, qui mourut de la dissenterie. Philippe Arabe, de basse naissance, mais habile & Soldat, fut accusé de l'avoir fait empoisonner pour prendre sa place. En effet comme c'étoit un homme de guerre, on avoit besoin de lui. Il fut fait Prefet du Pretoire, & bien-tôt son ambition le fit aspirer à l'Empire. Il commença par faire manquer de vivres à l'armée, afin de rendre Gordien odieux & méprisable, & peu aprés il le fit assassiner. Les Auteurs raportent tous la foiblesse de Gordien, qui

An de J. C. 244.

qui pour sauver sa vie, consentit d'abord à ceder à Philippe une partie de l'Empire, & puis le tout, demandant seulement la Charge de Prefet du Pretoire, & enfin un gouvernement de Province; tout lui fut refusé, le Senat & le Peuple l'aimoient trop, pour qu'on osât lui laisser la vie; Philippe sçut profiter de la mauvaise humeur des Soldats, & le fit mourir à l'âge de dix neuf ans, dont il en avoit regné six.

Cependant l'Eglise de Rome conservoit sa prééminence sur toutes les Eglises du monde Chrêtien, par la capacité & par la sainteté de ses Papes, Urbain avoit succedé à Calixte vers l'an de Jesus Christ 223. son Pontificat, qui avoit duré prés de huit ans, s'étoit passé en paix sous le regne d'Alexandre. Il avoit profité des bontez de l'Empereur, & avoit fait bâtir une infinité d'Eglises où Jesus-Christ étoit adoré publiquement. Quelques Martirologes le font Martir, mais il y a peu d'aparence, & ce n'est pas la premiere fois que les anciens donnent cette qualité aux Confesseurs. Nous croyons aussi que le martire de Sainte Cecile, sous le Prefet Almachius, doit être renvoyé au tems de Marc-Aurele : les circonstances de sa mort, & le grand nombre des autres Martirs, marquant une persecution ouverte, ce qui ne s'accorde pas avec la douceur d'Alexandre, & son inclination pour les Chrêtiens.

Pontien fut élevé sur la Chaire de Saint Pierre aprés Urbain, il assembla le Clergé de Rome & quelques Evêques voisins pour condamner Origene, que Demetrius Evêque d'Alexandrie avoit excommunié: & comme Maximin à son avenement à l'Empire persecuta l'Eglise, Pontien en étant le Chef, fut attaqué des premiers, & relegué dans l'Isle de Sardagne, où il mourut, aprés avoir gouverné l'Eglise prés de cinq ans. Antere lui succeda l'an de JESUS-CHRIST deux cens trente cinq, & ne gouverna qu'un mois; mais Fabien gouverna quatorze ans, & fut un des plus grans Papes de son siecle. Son ordination parut marquée par le Saint Esprit; *Tous les Freres,* dit Eusebe, *étoient assemblez dans l'Eglise, pour choisir celui qui devoit succeder à l'Episcopat, la plupart jettoient les yeux sur plusieurs persones considerables, sans qu'aucun pensât à Fabien, lorsqu'on vit un pigeon décendre de la voute, & se reposer sur sa tête; tout le Peuple surpris du prodige s'écria: voilà l'Evêque, & il fut aussi tôt consacré.*

Un commencement si glorieux ne se démentit point. Il distribua aux sept Diacres les quatorze Regions de Rome, pour y prendre soin des pauvres. Il établit aussi sept Soudiacres, pour veiller sur les sept Notaires commis pour recüeillir les Actes des Martirs. Il fit bâtir beaucoup d'Eglises sur les tombeaux des Martirs. Mais ce qui le doit rendre plus recommandable, c'est qu'à proprement parler, il fut l'Apôtre des Gaules, puisqu'il y envoya sept Evêques pour y prêcher la Foi ; Saturnin à Touloule, Trophime à Arles, Gatien à Tours, Denis à Paris, Paul à Narbone, Auftremoine à Clermont, & Martial à Limoge. Ce n'est pas qu'avant eux la Foi de Jesus-Christ n'eût été prêchée dans les Gaules, l'Eglise de Lion & celle de Vienne avoient donné plusieurs Martirs vers l'an 177. & même l'Eglise d'Arles prétend avoir été fondée par les disciples des Apôtres. Saint Irenée Evêque de Lion s'étoit rendu illustre par sa science & par sa pieté. On voit qu'il assembla des Conciles, ce qui marque plusieurs Evêques, & par conséquent beaucoup de Fideles. Mais enfin, il est certain que Sulpice Severe, l'un des plus anciens Historiens que nous ayons, dit que Dieu a donné Saint Martin à la France, afin qu'elle ne fût pas inferieure aux Pays où Saint Paul & les autres Apôtres avoient prêché ; ce qui marque assez que la Religion a été reçuë fort tard au deça des Alpes, ou du moins, qu'elle n'y a fait de grans progrés que vers le milieu du troisiéme siecle.

Dés que Philippe eut été proclamé Empereur, il fit la paix avec Sapor Roi de Perse. On ne peut pas douter que Philippe ne fût Chrétien. Saint Denis d'Alexandrie, Eusebe, Saint Jerôme, Vincent de Lerins, Orose, & une infinité d'autres Auteurs le disent, & sur tout Saint

Jean Chrisosthome, qui raporte comme un fait constant, l'action genereuse de saint Babilas Evêque d'Antioche. Philippe en retournant à Rome passa à Antioche, & la veille de Paque voulut entrer dans l'Eglise pour y participer aux prieres des fideles. Babilas l'arrêta à la porte, & lui dit sans l'accuser de crimes, qu'il devoit se reprocher assez : *Seigneur vous n'êtes pas digne d'entrer dans la maison de Dieu, il faut auparavant vous soumettre à la penitence publique.* L'Empereur touché de la sainte hardiesse d'un Evêque, promit avec humilité de s'y soumettre ; mais on n'a pas de preuves qu'il l'ait fait, & s'il fut Chrêtien, comme il n'y a pas lieu d'en douter, ce fut un mauvais Chrêtien, qui se contentant de la doctrine, n'avoit pas grande attention à la Morale : la crainte du peuple & du Senat, l'empêcha toujours de se declarer, & s'il s'abstenoit du culte des Idoles, il n'employoit pas son autorité pour le détruire. Il demanda même l'apotheose de Gordien, qu'il traitoit toujours de Dieu ; mais cela ne prouve rien contre sa Religion. Constantin & quelques-uns de ses successeurs en usoient de même, ce que l'Eglise toleroit avec bien d'autres choses, comme le titre de grans Pontifes, que les Empereurs prenoient, même aprés avoir été baptisez.

Origene écrivit à Philippe pour lui faire connoître tous les devoirs de la Religion de Jesus-

Christ ; & Vincent de Lerins assure que dans cette Lettre, il lui parloit en maître & en Docteur. Sa science & sa reputation avoient toujours été en augmentant. Il prêchoit sur le champ avec une facilité surprenante, & ses discours s'apelloient Homelies du mot Grec, qui signifie discours familier. Des gens, qui savoient l'art d'écrire en notes abregées, dont chacune valoit un mot, les écrivoient, & si vite, qu'ils suivoient sans peine la parole dans les discours les plus animez, & marquoient jusqu'aux exclamations & aux interruptions. On les nommoit Notaires, & l'on apelloit Antiquaires ceux qui mettoient au net, ce que les autres avoient écrit en notes. Ils ramasserent plus de mille Homelies d'Origene, où l'on trouve toute l'ancienne discipline de l'Eglise. Monsieur l'Abbé Fleury a fait l'Analise d'un grand nombre de ces Homelies, dans le second Tome de son Histoire Ecclesiastique.

Origene avoit composé de trois sortes de Livres sur l'Ecriture Sainte, savoir, des Commentaires, des Scholies & des Homelies, sans parler des Exaples & des Tetraples, qui sont une Collection, plutôt qu'un Ouvrage. Dans les Commentaires, il abandonnoit son esprit au feu, qui l'emportoit, & tâchoit de penetrer les sens les plus mysterieux. Ses Scholies étoient de petites notes pour expliquer les endroits difficiles. Ces deux sortes d'Ouvrages étoient plus pour les

Savans que pour le peuple, au lieu que les Homelies, que les Latins apellent Traitez, & que nous apellons Prônes, étoient des instructions morales.

La Lettre d'Origene à Philippe, ne fit pas grand effet, & c'est le peu de zele de cet Empereur, qui a fait dire dans la suite de tous les siecles, que Constantin a été le premier Empereur Chrêtien, parce que ç'a été le premier, qui en abatant les Temples des Idoles a fait triomfer Jesus Christ.

An de J. C. 247.

L'an mille de la fondation de Rome, fut celebré par des jeux magnifiques, où l'on vit durant trois jours & trois nuits toutes sortes de spectacles. Philippe y assista, quoi qu'on y immolât des hosties, par l'ordre des Pontifes, & que les Aruspices y fussent consultez, ce qui ne s'accordoit guéres avec la Religion Chrêtienne; il n'y prenoit pas garde de si prés, & n'osoit se declarer publiquement ennemi de l'Idolatrie. Mais il fit une Ordonnance celebre pour purger Rome de la plus grande de ses abominations, qui jusqu'alors s'y étoit exercée publiquement, moyennant un tribut, qu'on payoit au Prince, & il executa ce qu'Alexandre, tout vertueux qu'il étoit, n'avoit osé entreprendre: ce qui montre qu'un Prince Chrêtien, quelques défauts qu'il ait, est capable de faire de plus grandes choses sur la Morale, que le meilleur Prince Idolatre.

Deux ans aprés Decius, qui commandoit les Legions de Pannonie, se revolta contre Philippe, & se fit proclamer Empereur. Ils marcherent l'un contre l'autre, & se battirent auprés de Verone, Philippe fut défait & tué, son fils qu'il avoit fait declarer Cesar & Auguste, fut massacré à Rome par les Soldats Pretoriens, qui se soumirent au vainqueur.

Il sembloit que l'Eglise devoit être en paix sous un Prince Chrétien, & cepandant la derniere année de l'Empire de Philippe, il s'éleva une violente persecution à Alexandrie. Metran, Cointa & Apoline, soufrirent le martire. Serapion eut toutes les jointures fracassées, & fut ensuite précipité du haut d'une maison. Denis Evêque d'Alexandrie les exhorta au martire : *Il seroit inutile*, dit-il, en écrivant à Domice ; *de vous nommer en particulier tous nos freres, qui ont soufert dans la persecution, ils sont en trop grand nombre de tout âge, de tout sexe, de toute qualité : plusieurs se sont offerts au sacrifice; mais* JESUS-CHRIST *ne les a pas encore voulu recevoir au nombre de ses victimes.*

Cette persecution, qui n'étoit que particuliere à Alexandrie, devint bien tôt generale dans tout l'Empire. Polieucte, Seigneur d'Armenie fut le premier des martirs. Sa naissance, ses emplois, ses richesses le rendoient considerable ; la beauté de sa femme Pauline, devoit l'attacher à la vie, l'autorité de son beau pere

Felix, pouvoit l'arrêter, il sacrifia tout à Jesus-Christ : *Adieu Nearque*, dit-il à son ami, *je m'en vais mourir, suivez mon exemple, & vous souvenez de ce que nous nous sommes promis.* Il souffrit le martire à Melitene.

Decius crut qu'il falloit faire oublier Philippe en tourmentant les Chrêtiens, qu'il avoit aimez, croyant d'ailleurs par là gagner l'afection du Senat, & des principaux Magistrats, qui étoient encore attachez à l'Idolatrie. L'Eglise étoit alors dans un état assez florissant : la paix, dont elle joüissoit depuis trente huit ans, c'est-à-dire, depuis la mort de l'Empereur Severe jusqu'à celle de Philippe, avoit extremement augmenté le nombre des fideles, l'Empereur Alexandre & sa mere Mamée les avoient favorisez en tout, & Philippe lui-même avoit embrassé leur Religion. On avoit bâti des Eglises dans toutes les Provinces, & les Idoles avoient été renversées en beaucoup d'endroits. D'ailleurs plusieurs grans hommes soûtenoient la bonne doctrine par leur science & par la sainteté de leur vie. Le Pape Fabien, Cyprien Evêque de Carthage, Denis d'Alexandrie, Babilas d'Antioche, Firmilien de Cesarée, Alexandre de Jerusalem, Gregoire Taumaturge, tous Saints Evéques, étoient les colomnes de la foi, & ne dédaignoient pas de consulter Origene, quoiqu'il fût d'un rang inferieur. Il faut pourtant avoüer que la douceur de la paix avoit
fait

fait relâcher la discipline : *Il n'y avoit plus de charité*, dit Saint Cyprien, *dans la vie des Chrétiens, ni de discipline dans les mœurs, les hommes peignoient leur barbe, les femmes fardoient leur visage ; on méprisoit l'humilité, (t) chacun s'aimoit tellement soi-même, qu'il ne se faisoit aimer de persone. Plusieurs Evêques au lieu d'assister les pauvres de leurs Eglises, couroient de Province en Province, faisant peu de cas de la residence.*

Dieu voulant reveiller la ferveur des Chrétiens, permit que Decius fît publier un Edit, par lequel il declaroit que pour apaiser les Dieux irritez, il ordonnoit que tout Chrêtien sans distinction seroit obligé de leur sacrifier, & que ceux qui refuseroient de le faire, seroient exposez aux plus cruels suplices. L'Edit fut envoyé dans toutes les Provinces, & executé avec la derniere rigueur. Un faux zele s'empara des esprits, chacun avoit peur d'être impie ; le fils trahissoit son pere, le pere alloit lui-même dénoncer son fils, tout le monde étoit dans la défiance, toutes les familles dans la division. La foiblesse du sexe n'empêchoit pas qu'on ne traitât les femmes avec la même rigueur, une même loi de cruauté, envelopoit dans la même peine tous ceux, qu'une même foi faisoit haïr également aux adorateurs des Demons.

Ce qui paroissoit le plus redoutable, c'est que les persecuteurs en vouloient à la constance des martirs, & non à leur vie ; leurs suplices étoient lons & douloureux, sans aller à la mort. C'est ainsi qu'Origene, qui s'étoit retiré depuis lon-tems à Cesarée en Palestine, fut mis dans des cachots, chargé de chaînes de fer, qu'on lui fit soufrir la faim, la soif, la nudité, sans que tous ces divers suplices pussent ébranler son courage, qu'une vie longue & sainte avoit mis à toute épreuve. Saint Alexandre, qui avoit été fait Evêque de Jerusalem par une vocation particuliere, & miraculeuse, mourut dans la prison accablé de suplices & de vieillesse. Il y avoit plus de quarante ans que sous le regne de Severe, il avoit confessé JESUS-CHRIST en Capadoce. Saint Babilas Evêque d'Antioche eut même destinée. Ambroise, le grand ami & le protecteur d'Origene, mourut dans le même tems, & fut blâmé de ne lui avoir pas laissé au moins dequoi vivre, Origene étoit vieux & pauvre.

L'Evêque Acace fit dans le même-tems une confession glorieuse, dont nous avons des actes tres-autentiques. *Vous devez aimer nos Princes*, lui dit le Consulaire Marcien, *vous qui vivez sous les loix Romaines: Hé qui les aime plus que nous*, répondit Acace, *Nous prions continuellement pour eux & pour tout le monde. Sacrifiez donc avec nous*, reprit Marcien ; *à qui*, répondit Acace, *à cet Apollon, qui brûlant pour une fille, couroit aprés elle, sans deviner qu'elle lui échaperoit ; à Jupiter, dont le tombeau est en Crete. Dois-je adorer ceux que je ne dois pas imiter, & dont vous puniriez vous-même les imitateurs? Donne-moi le nom de tous les Chrétiens*, lui dit brusquement Marcien, Acace n'en voulut rien faire : *Est ce*, lui répondit-il, *que vous croyez nous vaincre, quand nous serons tous ensemble, vous qui ne pouvez rien sur moi, quand je suis tout seul. Sacrifie ou meurs, sans tant de raisons*, lui dit Marcien : *voilà*, reprit Acace, *la loi du plus fort*. Le Consulaire n'osa pourtant le faire mourir. Il envoya à l'Empereur le Procés verbal de son interrogatoire, & quelque tems aprés le mit en liberté.

Mais si la constance des Martirs, & celle des Confesseurs faisoit honneur à l'Eglise, *il faut avoüer*, dit Saint Cyprien, *que plusieurs renoncerent à la foi en Afrique & dans l'Egypte*. Ils n'atendoient pas qu'on les interrogeât, ni qu'on se saisît de leurs persones pour brûler de l'encens devant les faux Dieux, vaincus avant le combat, ils couroient d'eux-mêmes à la place publique, & quelques-uns croyant tromper Dieu, achetoient des Magistrats certains billets, qui portoient, qu'ils avoient sacrifié aux Idoles, quoi qu'ils n'en eussent rien fait, ce qui les fit apeller Libellatiques. Les prisons ne laissoient pas d'être pleines de Chrétiens, qu'on faisoit souvent mourir de faim & de soif: *Il y a huit jours*, dit Lucien, Prêtre de Carthage, en écrivant à Celerin, Prêtre de l'Eglise de Rome : *Il y a huit jours que nous sommes dans le ca-*

chot, on ne nous donne qu'un peu de pain & de l'eau par mesure, Mappalicus est mort à la question, Fortune, Victorin, Victor, Herenée, Credula, Donat, Firmus, Julie, Martial & Ariston sont morts de faim.

Les mêmes cruautez s'exercerent à Alexandrie au raport de saint Denis, plusieurs renoncerent JESUS-CHRIST ; mais plusieurs aussi le confesserent genereusement ; Julien, Eune, Epimaque, Amonarie, & trois autres femmes, Heron, Ater, Isidore, Macaire, Faustine, Isquirion & une infinité d'autres souffrirent constamment.

CHAPITRE SIXIE'ME.

SI les Martirs consoloient l'Eglise, les Apostats l'affligeoient extrêmement. Eudemon Evêque de Smirne dans l'Asie Mineure, sacrifia aux Dieux, sans qu'un pareil exemple ébranlât la plûpart de son Clergé. Le Prêtre Pionius les soûtint par son courage, on lui fit soufrir toutes sortes de tourmens, pour l'obliger à sacrifier, on le traîna par force dans le Temple ; *Si vous avez ordre*, disoit-il au Gouverneur, *de persuader ou de punir, punissez, vous ne persuaderez pas.* Un Soldat l'ayant attaché avec des clouds sur une piece de bois ; *change d'avis*, lui disoit le Soldat, *j'ôterai ces clouds*, *non*, lui répondit Pionius, *je les ai bien sentis.* Il fut brûlé tout vif.

Gregoire Taumaturge, Denis d'Alexandrie, & Cyprien de Carthage, éviterent la persecution par la fuite, suivant le conseil de Jesus-Christ, se reservant à de plus grans combats pour sa gloire. Plusieurs Chrêtiens d'Alexandrie prirent le même parti, & se retirerent dans les deserts de l'Egypte, qu'on apelloit Thebaïde : d'autres se sauverent dans les montagnes d'Arabie, où la plûpart moururent de faim. Cheremon Evêque de Nicopolis, y perit malheureusement avec sa famille.

Paul qui devint dans la suite le premier des Ermites, vivoit alors dans la basse Thebaïde. Sa jeunesse, sa condition & ses grans biens ne l'avoient point jetté dans le desordre, l'amour de Dieu animoit toutes ses actions. La crainte de la mort le fit retirer dans une maison de campagne ; mais ayant apris que son beaufrere pour avoir son bien le vouloit livrer aux persecuteurs, il s'enfonça dans le desert, & y trouva de si grandes consolations, qu'il oublia sans peine tous les plaisirs de la terre. La Providence le conduisit sur le haut d'une montagne, où la nature avoit taillé une grande Salle, ouverte par en haut, & ombragée d'un palmier. Une fontaine d'une eau fort claire, en sortoit & s'alloit précipiter dans la plaine. Là n'ayant pour compagnie que les oyseaux, qui sembloient avoir attention à le divertir, & les bêtes sauvages qui respectoient sa presence; il prioit continuellement,& ne vivoit que d'herbes & de racines, jusqu'à ce que sa sainteté lui eût attiré du Ciel une nourriture plus solide. Les Villes & les Bourgs d'Egypte, qu'il voyoit dans l'éloignement, lui étoient un sujet continuel de meditation : il se representoit les passions honteuses & criminelles, qui agitoient les plus grans hommes, & se comparant à eux, il jouïssoit de son innocence, & goûtoit toute la douceur de sa retraite. Il y demeura inconnu à toute la terre, pendant quatre-vint douze ans, puisque s'y étant retiré à l'âge de vint & un an, Dieu ne le découvrit à Saint Antoine, que lorsqu'il mourut âgé de cent treize ans.

L'Eglise de Rome fut aussi honorée du sang des Martirs. Le Pape Saint Fabien après quatorze ans de Pontificat, donna sa vie pour son troupeau, Abdon & Sennen illustres Persans, les Vierges Victoire & Anatolie, Secondien, Marcellin, Magnus & Felicien furent martirisez.

L'Asie eut aussi beaucoup de Martirs, Optime Proconsul en couronna plusieurs ; *Sacrifie aux Dieux*, disoit-il à Maxime, *pour éviter les tourmens ; je ne les crains point*, répondit le Saint, *les vrais tourmens sont les peines éternelles que je soufrirois, si j'abandonnois l'Evangile. Ce que je soufre, n'est pas un tourment, c'est une grace.*

L'avanture des sept Dormans est fort celebre: Saint Gregoire de Tours, Photius, Vincent de Beauvais & tous les Grecs raportent leur Histoire, & disent qu'ayant confessé JESUS-CHRIST dans la Ville d'Ephese devant l'Empereur Decius, il les fit enfermer auprés de la Ville dans une caverne, dont on mura l'entrée, qu'ils s'y endormirent selon les Latins, & y moururent selon les Grecs, qu'ils demeurerent en cet état prés de deux cens ans, jusqu'à ce que sous le regne de Theodose le Jeune, ils se reveillerent ou ressusciterent, parlerent à Etienne alors Evêque d'Ephese, & à l'Empereur même, qui sur cette nouvelle vint exprés de Constantinople, puis s'étant prosternez en terre en presence de tout le monde, y rendirent l'esprit tous en même tems. Il seroit à souhaitter pour l'autanticité de cette Histoire, que Decius eût été à Ephese, & que Saint Prosper, Marcellin & Evagrius, qui ont écrit la Vie de Theodose le Jeune, n'eussent pas oublié d'en parler. Mais il est certain que ces Saints ont souffert sous Decius, & que leurs corps furent trouvez dans une caverne sous Theodose: & peut-être que cette découverte fut regardée comme une espece de reveil, la mort n'étant à proprement parler, qu'un sommeil, à cause de la certitude de la Resurrection. L'Histoire de Saint Christophle, n'est pas moins celebre ni moins incertaine.

La persecution ne dura qu'un an dans sa grande violence, Decius eut la guerre à soûtenir en Illirie, & le zele de ses Dieux ceda à une necessité plus pressante. Il ne s'oposa plus à l'élection d'un Pape, qu'il avoit toujours empêchée depuis la mort de Fabien. Corneille fut élû aprés une vacance de seize mois, pandant laquelle les Prêtres & les Diacres gouvernerent les Fideles.

L'Eglise Romaine étoit alors composée de quarante-six Prêtres, de sept Diacres, de sept Soudiacres, de quarante-deux Acolites, de cinquante-deux, tant Exorcistes que Lecteurs & Portiers, & de plus de quinze cens veuves, ou autres pauvres, sans parler du Peuple, dont le nombre étoit tres-grand. Il se trouva parmi tant de persones pieuses & sçavantes, un esprit fier & indocile, qui s'oposa à l'élection de Corneille. Ce fut Novatien, soûtenu de cinq autres Prêtres, & de quelques Confesseurs. Son éloquence & la Filosofie Payenne qu'il possedoit parfaitement, lui donnoient du credit, & le faisoient écouter de la multitude. Il se piquoit d'une morale severe, & enseignoit que ceux qui avoient renoncé à la Foi pandant la persecution, qu'on appelloit les Tombés, ne pouvoient jamais être admis à la penitence. Mais ce fut Novat Prêtre de Carthage, qui acheva de le perdre, & qui lui persuada de former un schisme en se faisant ordonner Evêque de Rome,

Rome. Ce Novat avoit lui-même fait un schifme à Carthage contre saint Cyprien en soûtenant Feliciscime, & ce qui est difficile à comprendre, il étoit à Rome de l'avis de Novatien, qui rejettoit les Tombez, & à Carthage de celui de Feliciscime, qui les admettoit tous indifferemment, sans les obliger à aucune penitence.

Corneille & Novatien écrivirent chacun de leur côté en Afrique, dont l'Eglise étoit alors fort considerable, tant par le grand nombre de ses Evêques, que par le merite de Saint Cyprien. L'affaire fut examinée dans un Concile à Carthage, seize Evêques, qui avoient assisté à l'ordination de Corneille, s'y trouverent, ou y envoyerent leur témoignage; Corneille y fut reconnu, & Novatien condamné. Aussi-tôt le Pape assembla à Rome soixante Evêques, qui declarerent, en suivant le sentiment des Evêques d'Afrique, qu'il faloit admettre les Tombez à la penitence, & cette doctrine fut aprouvée par les Evêques dans toutes les Provinces de l'Empire. Corneille en écrivit à Denis d'Alexandrie, & à Fabius d'Antioche. Le Concile de Rome avoit ordonné qu'aprés une longue penitence, on recevroit les Tombez à la Communion, & qu'on déposeroit les Evêques simplement libellatiques, en les recevant neanmoins à la penitence. Corneille, qui se souvenoit de la douceur de JESUS-CHRIST, adoucit encore ce Decret en faveur de l'Evêque Trophime. Il avoit offert de l'encens aux Idoles, & son exemple avoit entraîné tout son Peuple; il en fit penitence, & à son même exemple, tout son Peuple rentra dans l'Eglise : Corneille l'admit, ne croyant pas devoir s'en tenir à l'exacte severité dans un cas si particulier. Il eut la consolation quelque tems aprés de voir Novatien abandonné par Maxime, Urbain, Sidoine & Macaire, qui tous quatre avoient merité pandant la persecution, le glorieux nom de Confesseurs, & qui revinrent humblement demander pardon de leur faute.

Cepandant l'Empereur Decius avoit créé Cesar Decius son fils aîné, & l'avoit envoyé en Illirie & en Thrace, défendre les frontieres de l'Empire contre l'irruption des Gots. Leur Roi Cniva avoit passé le Danube avec soixante & dix mille hommes, & ravageoit la basse Mesie. Le General Gallus qui y commandoit, l'ayant obligé d'en sortir, il se jetta sur la Thrace, & y surprit l'armée Romaine, commandée par le jeune Decius, qui se sauva dans la Mesie. L'Empereur son pere à cette nouvelle, sortit de Rome pour aller au secours de son fils, & l'on voit par ses medailles, qu'il défit les Gots en plusieurs occasions. Il envoya Claude, qui depuis fut Empereur, défendre le passage des Thermopiles, pour empêcher les Barbares d'entrer dans le Peloponese.

Mais en faisant la guerre, Decius n'oublioit pas la conduite de l'Empire. Il manda au Senat qu'il vouloit rétablir à Rome la charge de Censeur, abolie depuis lon-tems à cause de sa trop grande autorité, & qu'ils pouvoient élire celui, qu'ils en croiroient le plus capable. Le Senat s'étant assemblé, & le Preteur demandant les avis, ce qui marque qu'il n'y avoit point alors de Consuls à Rome, tous s'écrierent tout d'une voix, que persone n'étoit plus digne de cette Charge que Valerien. Ils écrivirent à l'Empereur, que c'étoit un homme sans reproche, ennemi des vices, qui meritoit d'être établi le Censeur des autres, parce qu'il étoit le meilleur de tous. Valerien fut Empereur deux ans après. Il étoit alors à l'armée auprés de Decius, qui en le pressant d'accepter cette Charge, lui marqua que son pouvoir s'étendoit sur toutes sortes de persones, excepté le Prefet de Rome, les Consuls, le Roi des Sacrifices, & la premiere Vestale.

L'Empereur avoit reduit les Gots à lui demander la paix, lorsque voulant les avoir à discretion, il partagea ses troupes, en envoya une partie sous Gallus pour leur couper le passage du Danube, & les alla attaquer avec le reste; ils s'étoient campez derriere un marais, où l'Empereur s'embourba avec toute son armée. Il y perit miserablement avec son fils. On accusa Gallus d'avoir averti les Barbares, &

An de J. C.
251.

ce bruit se fortifia, lors qu'on le vit proclamer Empereur par les Armées, qui restoient dans la Mesie & dans la Thrace, & son fils Volusien declaré Cesar. Il fit pourtant tout ce qu'il put pour se faire croire innocent. Decius fut mis au nombre des Dieux, sa fille Herennia Etruscilla épousa Volusien, & son fils Hostilien eut le titre d'Auguste avec la puissance du Tribunat.

Dés que la persecution fut finie, les Evêques s'apliquerent par tout à combatre les Heretiques & à rétablir la discipline. Cyprien Evêque de Carthage étoit le plus considerable qui fût alors dans l'Eglise, non par la dignité de son Siege, mais par son merite personel. Il étoit né Payen, & ne s'étoit converti que dans un âge assez avancé, & aprés une meure déliberation. Sa noblesse, son esprit, son éloquence & ses richesses le mettoient au dessus des autres, sa sagesse & sa modestie le faisoient aimer de tout le monde. Il avoit étudié les belles Lettres, & s'étoit rempli de toute la science des Filosofes. Le Prêtre Cecilius, dont nous avons parlé dans le Dialogue de Minucius Felix, lui fit connoître la verité, & le baptisa vers l'an de JESUS-CHRIST 246. Il devint un nouvel homme, & la grace fit en lui ses miracles ordinaires ; *Mes doutes*, dit-il lui-même dans son Epître à Donat, *s'éclaircirent, mes tenebres se dissiperent, & il me fut aisé de com-*

prendre que mon ancienne vie toute charnelle, venoit de la terre, & que celle dont le Saint Esprit commençoit à me faire vivre, tiroit son origine de Dieu même. Il commença à faire voir qu'il étoit Chrêtien, par la chasteté & par le mépris des richesses, il vendit toutes ses terres pour en donner le prix aux pauvres: il assujettit son corps à de rudes mortifications. Il s'habilla simplement & sans affectation, persuadé que l'air sale & negligé, marque souvent autant d'orgueïl, que la plus grande magnificence. Mais sur toutes choses, il s'apliqua à l'étude de l'Ecriture Sainte, & en peu d'années y fit de grans progrés, la beauté de son genie déja cultivé par les sciences humaines, lui aplanissoit toutes les difficultez. Tertullien étoit son Auteur favori, y distinguant fort bien le bon grain d'avec le mauvais ; il s'instruisoit dans sa doctrine, se purifioit dans ses mœurs, & s'humilioit dans sa chute. On le fit Prêtre bien-tôt après, contre la regle ordinaire de l'Eglise ; & lorsque l'Evêque Donat mourut, l'Assemblée des Ecclesiastiques & du Peuple & tous les Evêques voisins qui s'y trouverent, le nommerent tout d'une voix pour remplir une place si éminente. Il se soumit à l'ordre de Dieu, & prit dés lors la resolution de ne rien faire sans le Conseil de son Clergé, & sans la participation de son Peuple. Feliciscime & quelques autres Prêtres lui refuserent l'obéissance, & firent un Schifme. Il pardonna à ceux qui reconnurent leur faute, & ne fit point de mal aux autres. Il écrivit dans la suite tous ces beaux Ouvrages, dont nous avons encore une partie, mais qui furent interrompus par la persecution de Decius. Cyprien ceda à l'orage, & se mit dans un lieu de seureté, d'où il gouvernoit son Eglise, avec la même vigilance que s'il eût été present. Ce fut de sa retraite qu'il écrivit ce grand nombre d'Epîtres, qui sont encore aujourd'hui notre instruction. Il s'apliqua sur tout à conserver la discipline de la penitence, & n'accorda la communion aux Tombez, qu'après avoir accompli la penitence, ou à l'article de la mort. Une conduite si sage ne laissa pas d'être blâmée, les Prêtres de l'Eglise de Rome, dont le Siege étoit alors vacant, furent scandalisez de ce que Cyprien accordoit la Communion aux Tombez, quelque penitence qu'ils pussent faire. Il ne dédaigna pas de se justifier auprés d'eux, & les persuada si bien de son innocence, qu'ils lui écrivirent une Lettre admirable, qui est imprimée la trente & uniéme parmi celles de ce grand Evêque. Novatien, qui n'avoit pas encore formé son Schifme, la composa.

Mais ce fut aprés la persecution que le zele de Cyprien éclata davantage ; il regla dans un Concile, la question des Tombez, comme nous l'avons déja dit, *Si quelqu'un est surpris de maladie*, dit-il dans sa Lettre à Antonin Eveque de Numidie, *on le secourera dans le peril, comme il a été resolu ; mais aprés que nous leur avons ainsi donné la paix, nous ne pouvons pas les étoufer de nos propres mains, ni les obliger à mourir effectivement, parce qu'ils n'ont reçu la paix que comme mourans.* Il excuse ensuite autant qu'il peut les Libellatiques. *Ils avoient oüi prêcher à l'Evêque, qu'il ne faut point sacrifier aux Idoles, ils vont au Magistrat, ils disent qu'ils sont Chrétiens, ils donnent de l'argent & prennent un billet ; mais quand on leur dit que c'est mal fait, ils pleurent, ils gemissent, il faut bien les recevoir à penitence, de peur qu'ils ne tombent dans le desespoir. Au reste*, ajoûte-t-il, *il ne faut pas craindre que cette indulgence diminue le nombre des martirs : on accorde la penitence aux adulteres, & il ne laisse pas d'y avoir des Vierges.* Le sentiment de Cyprien fut suivi par toute l'Eglise. Il fit reconnoître en Afrique le Pape Corneille, & condamner l'Antipape Novatien, qui ne laissoit pas d'avoir ses Sectateurs, & d'envoyer des Evêques par toute la terre, pour y établir ses erreurs. Ce fut à peu prés en ce tems là que Cyprien publia ses Ouvrages sur l'unité de l'Eglise & sur l'Oraison Dominicale.

Cependant l'Empereur Gallus avoit fait la paix avec les Gots, & s'étoit obligé à leur payer tous les ans une certaine quantité d'or, leur laissant emmener le butin & les prisonniers.

Ce n'étoit pas la premiere fois depuis Domitien, que les Romains avoient payé tribut aux Barbares. Gallus vouloit joüir des delices de l'Empire, & il s'y abandonna tout entier ; sa bonté le faisoit aimer du peuple, son luxe l'en faisoit méprifer. La peste ravagea fous son regne & fous les fuivans, toutes les Provinces de l'Empire. Saint Gregoire de Nysse raporte, qu'elle vint d'Ethiopie en Egypte, & dans le Pont, & qu'elle étoit précedée de l'aparition d'un spectre devant chaque maison, qui en devoit être affligée.

Gregoire Eveque de Neocesarée se servit de l'occasion pour convertir tous les habitans de fa Ville. Ce peuple s'étoit attiré ce fleau de Dieu par son impieté : car dans une fête d'une Idole, se voyant fort pressez dans le teatre, ils s'écrierent, *faites nous place Jupiter.* Gregoire l'ayant sçu leur dit : *Qu'il y auroit bien tôt plus de place qu'ils ne voudroient.* En effet, la peste devint si furieuse, que ni la medecine, ni l'invocation des Idoles n'y faisoient rien. Ils eurent recours à leur Eveque, il prioit pour eux, & ses prieres étoient toujours exaucées. Si tôt qu'on avoit vû le Spectre, on l'alloit apeller ; il chassoit par tout la maladie, on ne cherchoit plus d'autre remede, on ne consulta plus les Oracles, on ne fit plus de facrifices ; les Temples des Dieux furent abatus, & la Ville entiere s'étant trouvée Chrétienne, on y bâtit des Temples

ples à la gloire de JESUS-CHRIST.

L'Eglise perdit alors un de ses plus grans ornemens, Origene mourut à l'âge de soixante & six ans, plus estimable encore par son humilité, que par la profondeur de son savoir. Il avoit confessé JESUS-CHRIST durant la persecution de Decius, sans que les plus cruels tourmens eussent ébranlé sa constance ; & si pandant sa vie, malgré les grans services qu'il rendit à la Religion, il avoit été persecuté par de saints Evêques ; il est visible que Dieu l'avoit permis pour éprouver sa vertu, & couronner sa patience. Il faut pourtant avoüer, que dans le grand nombre de Livres qu'il a faits, & d'Homelies qu'il a prononcées, presque sans préparation, il a laissé échaper beaucoup d'erreurs. Il dit que les ames parviennent par degrés à la beatitude, qui est l'union avec Dieu ; qu'aprés être sorties des corps, elles sont quelque tems sur la terre pour se purifier, qu'ensuite elles sont élevées dans l'air, & instruites par les Anges ; qu'elles passent par plusieurs lieux, où elles demeurent quelque tems, & qu'enfin elles parviennent au Ciel souverain au dessus du firmament. Que plus elles tiennent de la terre, plus elles sont de tems à ce voyage ; que les ames, qui sont parvenuës à ce souverain degré de bonheur, peuvent en déchoir, & qu'elles sont renvoyées dans des corps celestes, qu'ainsi la beatitude peut finir, & les suplices aussi.

Il ne fait point de difficulté d'affurer qu'il y a eu plufieurs mondes avant celui-ci, & qu'il y en aura plufieurs aprés. Toutes opinions fondées fur trois principes de la Filofofie de Platon. 1°. Que les creatures intelligentes ont été & feront de tout tems. 2°. Qu'elles ont toujours été libres de faire le bien & le mal ; & enfin, qu'elles font precipitées dans des lieux bas & attachées à des corps en punition de leurs pechez.

La pefte continuoit fes ravages par tout l'Empire. Gallus & Volufien n'épargnerent ni foins ni dépenfe pour foulager les peuples; mais ils accuferent les Chrétiens d'avoir attiré ce malheureux fleau de la colere de leurs Dieux, & les perfecuterent. Le Pape Corneille confeffa genereufement Jesus-Christ, & fut relegué à Civita-vechia, où il mourut bien tôt aprés. Il avoit toujours entretenu une grande liaifon avec Cyprien, & ils s'étoient foûtenus mutuellement contre les Schifmes de Novatien & de Felicifcime. Luce fut mis fur la Chaire de Saint Pierre à la place de Saint Corneille, & huit mois aprés fut martirifé. Mais fi la pefte ravageoit l'Empire, la guerre ne le faifoit pas moins; les Barbares y entrerent de tous côtez, les Gots, les Bourguignons; les Carpes entrerent en Europe ; les Scithes & les Perfes en Afie. La negligence & la moleffe de l'Empereur rendit audacieufes toutes ces nations barbares. Son fils Volusien plus jeune, étoit encore plus adonné à ses plaisirs.

Emilien, qui commandoit l'armée de Pannonie, marcha contre les Gots & les défit, sans que les Empereurs lui eussent envoyé aucun secours, ni même donné aucun ordre. Cette victoire excita son ambition, il se fit proclamer Empereur, & marcha droit en Italie. Gallus alors se reveilla, ramassa ce qu'il put de troupes aux environs de Rome, & envoya Valerien chercher les Legions des Gaules & de Germanie. Il s'avança même jusqu'à Terrie dans l'Ombrie ; mais comme il se préparoit à combatre son ennemi, ses Soldats qui le méprisoient, l'assassinerent & son fils aussi. Emilien qu'ils reconnurent aussi tôt, manda au Senat qu'il lui laisseroit l'autorité souveraine, ne se regardant que comme Lieutenant de l'Etat.

Cepandant Valerien avoit ramassé les Legions des Gaules & de Germanie, & marchoit au secours de Gallus. Il étoit déja dans la Rhetie, qui est presentement le pays des Grisons, lorsqu'il aprit sa mort & celle de Volusien. Il continua son chemin, se fit declarer Empereur par ses Soldats, & entra en Italie avec une armée formidable. Emilien qui avoit du courage s'avança vers Spolete resolu de combatre ; mais ses Soldats se voyant beaucoup plus foibles, l'assassinerent sur un Pont, qui en a retenu le nom de Pont-sanglant. Ainsi Valerien demeura seul maître de l'Empire, que tous les gens de bien lui souhaitoient depuis lontems.

Il avoit exercé avec honneur les premiers emplois de la Republique, sur tout la charge de Censeur, que le Senat lui avoit déferée avec tant d'éloges; mais on reconnut bien-tôt que les vertus des particuliers ne sont pas celles des Empereurs; la grandeur de la dignité parut au dessus de son genie, qui n'étoit que mediocre; il ne montra pas assez de vigueur dans les affaires difficiles, & l'on attribua à ses fautes tous les malheurs de son regne. Il faut pourtant avoüer que ce fut un bon Prince, & s'il n'avoit pas de grandes vûës pour le gouvernement, il suivoit le conseil des plus habiles, & s'en faisoit honneur. Il se fit une loi de n'avoir point d'Officiers honoraires & inutiles, ni persone dans ses gardes, qui ne fût homme de guerre; & l'on remarque dans la suite, que presque tous ceux qu'il avança dans les armées devinrent Empereurs. Il associa son fils Gallien à l'Empire pour lui aider à le défendre contre les irruptions des Barbares.

Les Francs, dont le nom commença à être connu, faisoient alors de grans ravages sur les bords du Rhin, ils occupoient ce que nous apellons aujourd'hui la Vvestphalie & le pays de Hesse. On croit communément, que divers anciens peuples d'au delà du Rhin s'étoient unis

& liguez enſemble pour ſe délivrer du joug des Romains, & qu'ils avoient pris le nom de Francs, qui dans nôtre Langue ſignifie encore un homme libre. On les apelloit auſſi quelquefois Sicambres, parce qu'ils s'étoient emparez du pays de ces peuples, autrefois celebres ſous Auguſte. Les Francs étoient alors gouvernez par divers Princes ou petits Rois, car il eſt preſque conſtant, que Clovis a été le premier à qui toute la Nation a obéï. On les accuſoit de manquer aiſément à leur parole; vice dont ils ſe ſont bien corrigez depuis, en prenant la bonne foi des Gaulois avec leur pays.

L'Empereur Valerien qui naturellement étoit bon, & d'une humeur douce, ne perſecuta point les Chrétiens dans le commencement de ſon regne, la plûpart de ſes domeſtiques l'étoient. Les Evêques profiterent du tems, & s'aſſemblerent par tout pour rétabir la diſcipline que la perſecution avoit alterée. Cyprien tint à Carthage un Concile de ſoixante-ſix Evêques, qui deciderent qu'il faloit donner le baptême aux enfans: *Si les grans pecheurs*, dit-il à Fidus, *venant à la foi reçoivent la remiſſion des pechez en recevant le baptême, combien doit-on moins le refuſer à un enfant qui n'a point peché, ſi ce n'eſt en Adam ſelon la chair.* Ce qui marque bien clairement le peché originel.

Mais l'Empereur changea bien-tôt à l'égard

des Chrétiens & devint leur plus mortel ennemi. Ce fut Macrien qui lui inspira le zele ardent des faux Dieux. Cet homme d'une naissance fort basse s'étoit élevé aux plus grans emplois de la guerre par quelques qualitez exterieures compatibles avec les plus grans vices. Il avoit beaucoup d'esprit & de finesse, & gouvernoit absolument Valerien. Il lui persuada que son regne seroit heureux s'il offroit aux Demons ces sacrifices abominables, où l'on égorgeoit des enfans, & comme les Chrêtiens étoient ennemis declarez de la magie, ils furent bientôt regardez comme les ennemis du Prince & de l'Etat.

La persecution ne fut pas d'abord fort violente dans les Provinces, les Gouverneurs permettoient d'adorer JESUS-CHRIST, pourvû qu'on adorât aussi les Dieux des Romains ; on envoyoit seulement en exil ceux qui refusoient d'obéïr, ce qui arriva à Saint Cyprien & à Saint Denis d'Alexandrie. On n'en vouloit d'abord qu'aux Evêques & aux Prêtres. Mais la persecution étoit fort violente à Rome. Eusebe, Magnus, Adrias & Maxime y furent martirisez.

L'Empereur étoit déja parti pour aller défendre l'Orient contre Sapor Roi des Perses, & voulant plaire à ses Dieux, dont il croyoit avoir besoin en cette occasion, il fit publier un Edit severe contre les Chrétiens ; il ordonnoit que les Evêques, les Prêtres & les Diacres seroient executez sur le champ : que les Senateurs & les Chevaliers seroient d'abord privez de leurs dignitez, & ensuite decapitez, s'ils persistoient ; que les femmes de condition seroient envoyées en exil, & que les Cesariens, (on nommoit ainsi les domestiques de l'Empereur) seroient mis au nombre des esclaves.

Cet Edit fut executé par tout avec rigueur. Le Pape Etienne qui avoit succedé à Luce, mourut Confesseur, & selon plusieurs Auteurs, Martir, aprés avoir gouverné l'Eglise quatre ans & demi. Son Pontificat est celebre par la grande dispute qu'il eut avec Cyprien sur le baptême des heretiques ; il prétendoit toujours, & l'Eglise l'a decidé depuis, que le baptême donné par les heretiques est bon, lors qu'ils y observent la même forme que l'Eglise Catolique, & qu'ils baptisent au nom du Pere, du Fils & du Saint Esprit ; & il se fondoit sur la tradition Apostolique conservée dans l'Eglise de Rome. Cyprien au contraire prétendoit que tout baptême donné hors de l'Eglise Catolique est nul, & que par consequent il faloit baptiser les heretiques, qui abjuroient leurs erreurs. La question fut agitée de part & d'autre avec beaucoup de chaleur, on tint des Conciles ; ceux d'Afrique suivirent le sentiment de leur Evêque, & ceux d'Italie adhererent au Pape ; l'Orient fut partagé. Firmilien Evêque de Cesarée en Cappadoce l'un des plus grans Prelats de l'Eglise, étoit de l'avis de Cyprien. Mais il faut avoüer que si le Pape Etienne avoit raison, il la soûtenoit avec trop d'aigreur, menaçant à toute heure d'excommunier ceux qui n'étoient pas de son sentiment, au lieu que Cyprien se défendoit avec douceur, & d'une maniere à faire croire qu'il ne cherchoit que la verité. Denis d'Alexandrie s'entremit de l'accommodement, & l'on convint aprés la mort d'Etienne, que sans se separer de communion, chacun demeureroit dans la pratique de son Eglise. Ce qui dura jusqu'au Concile d'Arles, qui aprouva le baptême des heretiques, pourvû qu'il fût donné dans les formes ordinaires de l'Eglise. L'Orient fut encore quelque temps avant que de se soûmettre à la pratique generale.

CHAPITRE SEPTIE'ME.

LA persecution continuoit avec fureur, le Pape Sixte qui avoit succedé à Corneille, fut conduit au suplice; Laurent Archidiacre de l'Eglise Romaine le suivit en pleurant; *vous me suivrez dans trois jours*, lui dit Sixte. Aussitôt Laurent assuré du martire, distribua aux pauvres tous les tresors de l'Eglise, & même les Vases sacrez, de peur qu'ils ne fussent profanez. Une si grande liberalité fit du bruit, le Juge Payen en voulut avoir sa part, il envoya
chercher

chercher Laurent, & lui demanda avec douceur où étoient ses tresors ; *les voilà*, lui dit l'Archidiacre, en lui montrant les pauvres ; aussi-tôt le Juge avare & furieux, le fit étendre sur des charbons ardans. Laurent paroissoit insensible à la douleur ; *ce côté ci est assez roti*, dit-il aux Boureaux, *tournez-moi de l'autre*. Les particularitez de son Martire sont raportées par Saint Ambroise & par Saint Augustin, qui l'ont comparé à Saint Etienne. L'Espagne se glorifie de lui avoir donné la naissance. Saint Ambroise ne craint point d'assurer que son frere Satire fut sauvé du naufrage par un vœu qu'il fit à Saint Laurent, & Prudence attribuë à ses prieres, la conversion de la Ville de Rome, où l'Idolatrie avoit pris de si profondes racines.

Les choses n'étoient pas plus tranquilles dans les Gaules. Saturnin premier Evêque de Toulouse y souffrit la mort, les Actes de son Martire sont tres-autentiques, & sont citez dés le sixiéme siecle par Gregoire de Tours. Il avoit été envoyé dans les Gaules par le Pape Saint Fabien, avec Denis Evêque de Paris, & Paul Evêque de Narbone. Son zele l'avoit porté en differentes Provinces, mais la Providence le fixa à Toulouse. Il y fit bâtir une petite Eglise, où il confirmoit sa doctrine par ses miracles ; il falloit passer pour y aller devant le Capitole, où l'on adoroit les faux Dieux ; on l'accusa d'avoir fait taire les Oracles, le Peu-

étoit de l'avis de Cyprien. Mais il faut avoüer que si le Pape Etienne avoit raison, il la soûtenoit avec trop d'aigreur, menaçant à toute heure d'excommunier ceux qui n'étoient pas de son sentiment, au lieu que Cyprien se défendoit avec douceur, & d'une maniere à faire croire qu'il ne cherchoit que la verité. Denis d'Alexandrie s'entremit de l'accommodement, & l'on convint aprés la mort d'Etienne, que sans se separer de communion, chacun demeureroit dans la pratique de son Eglise. Ce qui dura jusqu'au Concile d'Arles, qui aprouva le baptême des heretiques, pourvû qu'il fût donné dans les formes ordinaires de l'Eglise. L'Orient fut encore quelque temps avant que de se soûmettre à la pratique generale.

CHAPITRE SEPTIE'ME.

LA persecution continuoit avec fureur, le Pape Sixte qui avoit succedé à Corneille, fut conduit au suplice; Laurent Archidiacre de l'Eglise Romaine le suivit en pleurant ; *vous me suivrez dans trois jours*, lui dit Sixte. Aussitôt Laurent assuré du martire, distribüa aux pauvres tous les tresors de l'Eglise, & même les Vases sacrez, de peur qu'ils ne fussent profanez. Une si grande liberalité fit du bruit, le Juge Payen en voulut avoir sa part, il envoya

chercher

chercher Laurent, & lui demanda avec douceur où étoient ses tresors; *les voilà*, lui dit l'Archidiacre, en lui montrant les pauvres; aussi-tôt le Juge avare & furieux, le fit étendre sur des charbons ardans. Laurent paroissoit insensible à la douleur; *ce côté ci est assez roti*, dit-il aux Boureaux, *tournez-moi de l'autre*. Les particularitez de son Martire sont raportées par Saint Ambroise & par Saint Augustin, qui l'ont comparé à Saint Etienne. L'Espagne se glorifie de lui avoir donné la naissance. Saint Ambroise ne craint point d'assurer que son frere Satire fut sauvé du naufrage par un vœu qu'il fit à Saint Laurent, & Prudence attribuë à ses prieres, la conversion de la Ville de Rome, où l'Idolatrie avoit pris de si profondes racines.

Les choses n'étoient pas plus tranquilles dans les Gaules. Saturnin premier Evêque de Toulouse y soufrit la mort, les Actes de son Martire sont tres-autentiques, & sont citez dés le sixiéme siecle par Gregoire de Tours. Il avoit été envoyé dans les Gaules par le Pape Saint Fabien, avec Denis Evêque de Paris, & Paul Evêque de Narbone. Son zele l'avoit porté en differentes Provinces, mais la Providence le fixa à Toulouse. Il y fit bâtir une petite Eglise, où il confirmoit sa doctrine par ses miracles; il falloit passer pour y aller devant le Capitole, où l'on adoroit les faux Dieux; on l'accusa d'avoir fait taire les Oracles, le Peuple furieux se saisit de lui, & le voulut obliger à sacrifier aux Idoles; *comment pourois-je adorer*, leur dit-il, *des Dieux assez foibles pour me craindre* ; on l'attacha à la queuë d'un taureau indompté, que l'on fit précipiter du haut du Capitole de Toulouse.

Cyprien preparoit son Peuple au Martire par ses Prédications, par un ouvrage fait sur ce sujet, & encore mieux par son exemple. Paternus Proconsul d'Afrique, l'ayant fait venir devant son Tribunal, il dit hautement qu'il étoit Chrétien & Evêque, qu'il n'adoroit qu'un Dieu, & qu'il prioit nuit & jour pour la conservation des Empereurs. Le Proconsul le condamna à aller en exil à Curube ou Curbis. A quoi le Saint Evêque répondit seulement ces mots ; *je m'y en vas.* Mais, lui dit le Proconsul, *où sont les Prêtres de Carthage* ; *je n'ai garde de vous le dire*, lui répondit Cyprien, *les loix civiles condamnent justement les Delateurs, & d'ailleurs les regles de la discipline Chrétienne, ne permettent pas de se venir presenter soi-même.* Paroles remarquables, dont Saint Augustin se servit depuis, pour prouver, qu'il étoit défendu de se presenter au Martire.

Cyprien passa une année entiere dans son exil, & l'employa à encourager les Confesseurs de Jesus-Christ par ses Lettres & par ses aumônes. Il écrivit son admirable Epître soixante & dix-septiéme à neuf Evêques, qui avoient été condamnez aux Mines. Ils lui répondirent avec respect, & le remercierent avec tendresse; *Tant de choses excellentes*, disent-ils, *que nous lisons dans vos Ouvrages, sont un portrait que vous nous faites de vous même sans y penser: car persone n'a plus de lumiere que vous, pour traiter les veritez, ni plus d'éloquence pour parler, ni plus de sagesse pour le conseil, ni plus de liberalité dans les aumônes, ni plus de zele pour faire le bien & pour fuir le mal.*

Cependant le Proconsul Maxime, qui avoit succedé à Paternus, permit à Cyprien de revenir dans un jardin qu'il avoit auprés de Carthage, & l'y laissa quelque tems en repos, jusqu'à ce que les ordres de persecuter les Chrétiens ayant été renouvellez, il le fit amener devant son Tribunal; *c'est vous*, lui dit-il d'une voix menaçante, *qui vous declarez l'ennemi de nos Dieux, & qui ne voulez pas obéir à nos Empereurs, nous vous condamnons à avoir la tête tranchée, votre sang sera l'affermissement de la discipline.* Ce qui se verifia dans la suite, la mort de ce grand Evêque, ayant affermi la discipline de l'Eglise d'Afrique, qu'il avoit si bien maintenuë pandant sa vie. C'étoit un Payen qui parloit, mais Dieu le faisoit parler; Saül & Caïphe avoient bien pû profetiser par l'ordre du Seigneur, qui en vouloit tirer sa gloire. Le Saint fut conduit au lieu de l'execution au milieu d'une grande foule de Chrétiens, qui fans s'opofer à la juftice du Prince, fe contentoient de pleurer ; il fe banda lui-même les yeux, & reçut le coup avec une fermeté Chrétienne. Les Fideles & les Payens mêmes qu'il avoit affiftez pandant la pefte, le regretterent, publiant hautement, que fa charité s'étendoit à tous, & qu'il regardoit tous les hommes comme fes enfans.

Le courage de Saint Cyprien en donna à tous les nouveaux Chrétiens ; plus on les perfecutoit, plus ils avoient de zele : Arcade étoit l'un des premiers de la Ville de Cefarée en Mauritanie, on le vouloit arrêter, il fe fauva à la campagne, & s'y tint caché ; les Soldats, qui le cherchoient, trouverent dans fa maifon un de fes amis, qu'ils menerent en prifon, jurant qu'ils ne le mettroient en liberté, que quand Arcade auroit été découvert. Il le fçut, & vint auffi-tôt à la Ville fe livrer entre les mains du Gouverneur. *Je vous pardonne*, lui dit le Gouverneur, *pourveu que vous facrifiez aux Dieux ; fçavez vous*, lui dit Arcade, *ce que c'eft qu'un veritable ferviteur du vrai Dieu ? C'eft un homme qui ne fe laiffe ébranler, ni par la crainte de perdre une vie de peu de durée, ni par les menaces des fuplices : qui lors qu'il faut vivre, ne vit que pour* JESUS-CHRIST, *& à qui la mort eft un avantage, lorfqu'il faut mourir.* Le Gouverneur piqué du mépris que le Saint faifoit de lui, s'avifa de le punir par un long fuplice ; il lui fit couper les extremitez des membres peu à peu & à divers reprises, sans toucher aux parties principales du corps, où sont les principes de la vie. On lui coupa les doits lentement d'une jointure à l'autre, les mains jusqu'au poignet, puis au coude, & enfin à l'épaule. Il chantoit les loüanges de Dieu, & demandoit la conversion de ses ennemis, tout pleuroit autour de lui. On lui coupa ensuite les pieds & les cuisses jusqu'aux reins, sans que de si effroyables douleurs pussent lui arracher un soupir ou une plainte de la bouche. Il jettoit les yeux sur ses membres coupez épars autour de lui; *c'est ainsi*, s'écria-t-il avant que d'expirer, *qu'il faut être divisé pour l'amour de* JESUS-CHRIST, *afin de se voir réüni en lui par l'immortalité*.

Dans le même tems cent cinquante Chrétiens souffrirent la mort à Utique, & tous ensemble: le Gouverneur avoit fait preparer une grande fosse pleine de chaux vive; *choisissez*, leur dit il, *ou d'offrir de l'encens aux Idoles, ou d'être jettez dans cette fosse*. Ils ne delibererent pas, & poussez sans doute par une inspiration divine, ils se précipiterent dans la fosse, & y furent bien-tôt consumez. On en tira leurs os, & comme ils ne faisoient qu'un corps avec la chaux; on les apella la masse blanche.

La mort de Saint Cyprien donna quelque relâche à l'Eglise d'Afrique, le Proconsul Maxime, qui l'avoit condamné, mourut peu de jours aprés. Il est vrai, que son Successeur recommença avec la même furie, & fit arrêter Luce, Montan, Flavien, Primole & Victor ; il vouloit les faire brûler tout vifs, il se contenta de les laisser dans un cachot pandant six semaines, où ils penserent mourir de faim & de soif, aprés quoi ils eurent la tête tranchée.

L'Espagne envoya au Ciel dans le même tems le premier de ses Martirs, Fructueux Evêque de Tarragone. Le Gouverneur n'ayant rien pû tirer de lui, se tourna vers Augustus l'un de ses Diacres ; *& vous*, lui dit-il, *adorez-vous Fructueux*; *non*, répondit le Diacre, *mais celui que Fructueux lui-même adore*. Ils furent condamnez à être brûlez tout vifs ; les Fideles qui les assistoient en allant au suplice, leur offrirent à boire une certaine liqueur parfumée ; mais comme il n'étoit que dix heures du matin, Fructueux n'en voulut pas boire ; *il n'est pas encore trois heures*, leur dit-il, *pour rompre le jeûne ordinaire du Vendredi, & j'espere à cette heure-là être en la compagnie des Profetes & des Martirs*. Un Soldat Chrêtien le pria en passant de se souvenir de lui ; *je suis obligé*, répondit-il tout haut, *de me souvenir de toute l'Eglise Catolique, répanduë depuis l'Orient jusqu'à l'Occident, & de prier Dieu pour elle*. Le Peuple etoit assemblé dans l'amphiteatre, Fructueux en y entrant, cria aux Chrétiens,

DE L'EGLISE. Liv. III. Ch. VII. 367

Mes enfans, il ne faut pas craindre une douleur d'un moment qui conduit à un bonheur éternel. Il les assura qu'aprés sa mort, ils ne manqueroient pas de Pasteurs. On alluma le feu autour des Martirs, qui en furent bien-tôt consumez.

L'Orient fournit aussi grand nombre de Martirs. L'Histoire de Nicephore est fort édifiante, & paroît apuyée sur des actes inconteftables. C'étoit un simple Laïque, ami d'un Prêtre nommé Saprice. Ils se broüillerent & devinrent ennemis. Mais Nicephore, soit qu'il eût tort ou non, fit tout ce qu'il put pour se racommoder. Il alla même plusieurs fois demander pardon à Saprice, qui ne le voulut jamais écouter. La persecution arriva, Saprice fut pris & mené au Gouverneur, devant lequel il confessa Jesus-Christ. On le mit à la question, qu'il souffrit avec une constance admirable, il fut condamné à avoir le cou coupé. On le menoit au suplice, lorsque Nicephore tout en larmes, le conjura encore de lui pardonner; Saprice inexorable ne le regarda pas. Les Payens se moquoient de Nicephore; *helas, leur dit-il, vous ne savez pas ce que je lui demande.* Enfin le moment de l'execution étant arrivé, le Boureau dit à Saprice de se mettre à genoux pour recevoir le coup de la mort. Alors ce malheureux, qui n'avoit pas voulu pardonner à son frere, renia Jesus-Christ, au lieu que

Nicephore transporté de zele, dit hautement, qu'il étoit Chrétien & Laïque, & demanda la Couronne, qu'un Prêtre vindicatif n'avoit pas meritée; on lui trancha la tête.

Les Historiens de l'Eglise ont crû que Felix Prêtre de Nole, avoit confessé JESUS-CHRIST sous l'Empire de Valerien; c'est un des Saints des premiers siecles qui a été le plus honoré. Saint Paulin, Gregoire de Tours, le Venerable Bede, & plusieurs autres ont écrit sa vie. Il se donna à Dieu dés l'enfance, servit toujours l'Eglise, & fut élevé par degrez à la dignité de Prêtre par Maxime Evêque de Nole. La persecution ayant obligé Maxime à se cacher dans une Forêt, Felix demeura dans la Ville, & y continua ses fonctions; on le mit en prison, on chargea ses pieds & ses mains de chaînes de fer, & le plancher de sa chambre fut semé de pots cassez. Un Ange le tira de sa prison comme Saint Pierre, & le conduisit au lieu où Maxime étoit prêt à rendre la vie. Il le rechaufa, le consola, & le raporta à la Ville sur ses épaules. Une si bonne action excita la rage des persecuteurs; ils l'attaquerent dans la place publique, où il prêchoit, & le poursuivirent jusque dans une mazure, où il se sauva. Il n'y avoit point de porte qui fermât; mais à peine y fut-il entré, que la porte par où il avoit passé, parut toute couverte d'une toile d'araignées fort épaisse; en sorte que les persecuteurs

ne

ne croyant pas qu'il y eût passé, l'allerent chercher ailleurs. Il demeura six mois dans une citerne, nouri par une femme qui par l'ordre de Dieu, lui portoit tous les jours dequoi vivre, sans savoir à qui elle rendoit ce pieux office. Enfin Dieu ayant rendu la paix à son Eglise, Felix sortit de sa citerne, & fut receu du Peuple de Nole, avec autant de surprise & de joie, que s'il fût revenu de l'autre monde. L'Evêque Maxime mourut peu de tems aprés, tout le monde demanda Felix pour Evêque; sa sainteté, sa doctrine, le titre glorieux de Confesseur lui donnoient toutes les voix ; mais il fit élire Quintus, parce qu'il avoit été fait Prêtre sept jours avant lui. Son bien, qui étoit fort considerable, avoit été confisqué pandant la persecution ; il ne daigna pas seulement le redemander, craignant que les richesses ne lui fissent perdre la recompense promise à ceux qui quittent tout pour Jesus-Christ. Il avoit loüé un jardin, qu'il cultivoit de ses propres mains, & qui suffisoit à sa nouriture, & même à celle de quelques pauvres. Enfin plein d'années & de merites, il mourut au milieu des Fideles, qui ne pouvoient s'affliger de son bonheur éternel. On lui éleva un tombeau, que le grand nombre de miracles rendit celebre, & par tout le monde Chrétien on bâtit en son honneur des Eglises magnifiques.

Cepandant Valerien étoit à Bisance, où il

se preparoit à la guerre contre les Perses. Il avoit partagé la défense des frontieres de l'Empire entre ses principaux Officiers ; Memmius Fuscus étoit Consul, Mamer Prefet du Pretoire, Ancarius Gouverneur de Sirie, Murence General d'Egypte, Crinitus General d'Illirie & de Thrace. Aurelien lui vint rendre compte de la guerre qu'il avoit faite aux Gots, & pour recompense l'Empereur le désigna Consul, & lui donna tous les ornemens de cette dignité, à la reserve du bâton d'ivoire, & des faisseaux de verges, qu'on ne prenoit qu'au Senat. Il voulut aussi faire tous les frais de son Consulat, persuadé qu'un homme qui avoit vieilli au service de l'Etat, sans s'y enrichir, meritoit la liberalité du Prince. Aprés avoir donné ses ordres & fait ses preparatifs, Valerien marcha contre les Perses. Sapor que ses victoires passées rendoient insolent, ravageoit la Cappadoce & les Provinces voisines, il étoit suivi par Balere Roi des Caduciens Peuples celebres vers la mer Caspienne ; Artabasde Roi d'Armenie lui avoit envoyé des troupes, & tout sembloit flechir devant lui. Valerien ne laissa pas de faire avancer son armée par le conseil de Macrien, qui avoit ses desseins, sa magie lui faisoit esperer l'Empire, & pour y parvenir, il faloit faire perir l'Empereur. On donna plusieurs combats qui n'étoient point décisifs, les Perses assiegerent Edesse en Mesopotamie, & furent obligez à lever le Siege ; mais enfin la derniere bataille fut fatale aux Romains, & Valerien se sauva avec beaucoup de peine dans des lieux inaccessibles. Il envoya aussi tôt demander la paix à Sapor, & lui offrir un gros tribut. Ce Prince dissimulé demanda une conference avec l'Empereur même, assurant qu'ils seroient bien-tôt d'acord ; Valerien qui se voyoit sans armée, le crut, l'alla trouver, & se livra entre ses mains. Ce fut alors que Sapor s'abandonna à toute son insolence, il fit charger l'Empereur de chaînes, lui laissant toujours les ornemens Imperiaux, & le fit coucher le ventre à terre, se servant de son dos, comme d'un étrier pour monter à cheval ; *voilà, lui disoit-il, veritablement triomfer, & ce ne sont point là de ces triomfes imaginaires, que vous autres Romains peignez sur des murailles.*

La prise de l'Empereur causa une grande consternation dans toutes les Provinces, il n'y eut que son fils Gallien qui en témoigna de la joie. La vertu & la severité de son pere l'incommodoient, & quoi qu'il gouvernât l'Occident avec une autorité absoluë, il lui venoit souvent de l'Orient des remontrances fâcheuses, & des conseils qu'il faloit regarder comme des ordres. *Je sçavois bien,* dit-il froidement, en aprenant cette nouvelle, *que mon pere étoit mortel, & je me console de son malheur, parce qu'il a montré son courage.* Là dessus on loüoit sa constance,

& les Courtifans vantoient fa Filofofie. Auffi ne fit-il aucun pas pour la liberté de Valerien, & comme dans la fuite fes Lieutenans remporterent quelque petit avantage fur les Perfes, il en voulut triomfer fans faire aucune mention de fon pere, & comme s'il eût été mort. Il n'épargna point la pompe du triomfe, & fit paroître des prifoniers habillez en Perfes; mais quelques mauvais plaifans s'étant mis à les regarder l'un aprés l'autre, quelqu'un leur demanda ce qu'ils cherchoient: *Nous cherchons*, dirent-ils, *le pere de l'Empereur.* Ces paroles leur coûterent la vie, Gallien les fit brûler tout vifs.

Il commença un regne tout nouveau & tout different de celui de Valerien. Il fit publier des Edits en faveur des Chrêtiens, permit aux Evêques de faire leurs fonctions ordinaires, & leur fit rendre les biens, dont fes Officiers s'étoient emparez, & même les cimetieres. Mais il arriva que plufieurs Evêques méprifant les chofes de ce monde, ne daignerent redemander leurs biens, qu'ils regardoient comme un obftacle au falut.

La paix de l'Eglife ne fut pas univerfelle, quelques Gouverneurs & quelques Juges entêtez de leurs Dieux, executoient encore les Edits de Valerien, & faifoient des Martirs. Marin demandoit une charge de Centenier, fon competiteur l'accufa d'être Chrétien; il ne renia point son maître. Le Juge de Cesarée en Palestine le cita devant le Pretoire. L'Evêque Theotecne l'ayant sçu, le mena dans l'Eglise sans lui dire son dessein, & lui montrant une épée d'un côté & le Livre des Evangiles de l'autre : *Choisissez*, lui dit-il, *ce que vous aimez le mieux.* Cependant le Heraut le citoit à la porte du Pretoire, il y alla tout plein de zele, confessa Jesus-Christ, & eut la tête tranchée.

Asterius Senateur Romain étoit present à son suplice, & sans rien craindre, il chargea lui-même sur ses épaules le corps du Saint Martir, & lui rendit publiquement les devoirs de la sepulture. Cet Asterius est celebre par sa foi. Les Payens depuis plusieurs siecles faisoient tous les ans une certaine Ceremonie à la source du Jourdain, & y jettoient une victime, qui disparoissoit aussi-tôt. Asterius s'étant trouvé un jour à ce prétendu miracle, leva les yeux au Ciel, & pria Dieu d'éclairer ces miserables en empêchant cette illusion ; alors la victime parut sur l'eau, & le Peuple fut désabusé.

Gallien avoit comme la plupart des hommes de bonnes & de mauvaises qualitez, beaucoup d'esprit & de genie, éloquent, doux, furieux quand il se laissoit aller à la colere, l'amour des plaisirs l'emporta, & persone n'osa lui dire la verité, ce qui n'est pas fort surprenant, puisque les Princes les plus sages ont bien de la peine à la soufrir. Il negligea absolument les affaires ne songeant qu'à se réjoüir, & lors qu'on lui dit que l'Egypte & les Gaules se revoltoient; *hé bien*, répondit-il, *ne saurions-nous vivre sans le lin d'Egypte & les draps d'Arras*. Cette insensibilité fit revolter plusieurs Provinces, on compta dix huit Princes ou Tirans en même tems, sans parler des Barbares, qui entrerent de tous côtez sur les terres de l'Empire. Il en vint une inondation en Italie, soit qu'ils fussent Scithes, Goths, Allemans ou Francs, ou peut-être de toutes ces Nations; Gallien y accourut des Gaules, le Senat & tout le Peuple Romain prirent les armes, les Barbares se retirerent. Ingenuus qui commandoit en Illirie, se fit proclamer Empereur; Gallien, qui étoit assez diligent en de certaines occasions, y vola, lui donna une bataille & le défit. Mais il ternit sa victoire par sa cruauté, il fit mourir presque tous les Habitans de la Mesie; *N'épargnez*, disoit-il à Celer l'un de ses Generaux, *ni femmes ni enfans, déchirez, tuez, hâchez en pieces, vous voyez ma volonté, prenez mon esprit, satisfaites ma colere.*

Mais pandant qu'il faisoit la guerre en Illirie, Posthume qui commandoit dans les Gaules, se fit proclamer Empereur. Il avoit été Gouverneur de Gallien, qui l'avoit ensuite chargé de l'éducation de son fils Salonin. Ces marques de confiance, ne purent resister à son ambition, il fut reconnu dans toutes les

Gaules, en Espagne, & en Angleterre, & poussa l'inhumanité, jusqu'à faire mourir Salonin fils de son Maître & son Pupille. Gallien fut outré de douleur, & tout paresseux qu'il étoit, il vouloit marcher contre Posthume; mais il ne le put faire d'abord, il fallut aller au plus pressé, & envoyer des secours en Sirie. L'Orient étoit ravagé par les Perses ; Sapor fier de la prise de Valerien, s'avança jusqu'en Sirie, pilla Antioche, & Tarse capitale de Cilicie, passa en Cappadoce, où il prit Cesarée, & retourna dans son Pays chargé de richesses, & suivi d'un nombre presque infini d'esclaves. Sa gloire & ses triomfes lui attiroient les respects de tous ses voisins.

Odenat petit Prince des Sarrasins, qui habitoient aux environs de Palmire (quelques Auteurs ont dit qu'il en étoit Prince) lui écrivit une Lettre fort respectueuse, & lui envoya quelques chameaux chargez de presens plus considerables, par leur rareté que par leur prix. Sapor à qui les prosperitez avoient fait tourner la tête, déchira sa Lettre, fit jetter ses presens dans la riviere, & lui manda qu'il étoit bien insolent de ne pas aporter ses presens lui-même, & qu'il l'exterminreroit lui & sa Patrie, s'il ne venoit se prosterner à ses pieds, les mains liées derriere le dos. Odenat indigné de ce traitement, se jetta du côté des Romains, il rassembla leurs troupes dispersées, y joignit les siennes, apella Baliste l'un de leurs meilleurs Generaux, & commença à faire la guerre à Sapor. Les Perses ne trouvant aucune resistance, s'endormoient dans leurs conquêtes ; Odenat les reveilloit par tout, & les batoit en détail. Il enleva même les femmes & les tresors de Sapor, & au passage de l'Euphrate il défit son arriere garde. Zonare assure qu'il se trouva parmi les Captifs Perses, plusieurs femmes habillées en hommes. Ce fut alors qu'Odenat prit le titre de Roi de Palmire ; Gallien le declara General de l'Empire en Orient, & se reposa sur lui de la vangeance de son pere. Odenat ne s'y épargna pas, il étoit toujours à cheval, il reprit sur les Perses la Mesopotamie, Nisibe, & toutes leurs conquêtes, défit les troupes de Sapor en vint occasions, & l'alla assieger dans Ctesiphonte capitale de ses Etats. Mais il fut obligé à lever le siege, par la revolte de Macrien.

Cet homme avoit eu la confiance entiere de Valerien, & depuis sa prise, il s'étoit conservé un grand pouvoir en Orient. Ses Magiciens l'avoient toujours assuré qu'il parviendroit à l'Empire, & l'on croit même que dans cette vûë, il avoit persuadé à son Maître de se fier à la bonne foi de Sapor. Aprés avoir trahi le pere, il se souleva contre le fils ; Baliste qui avoit du credit sur les Soldats, se joignit à lui & fut Prefet de son Pretoire. Il créa aussi-tôt

ses

ſes deux enfans Ceſars. L'Egypte & les Provinces d'Aſie le reconnurent, & non content de l'Empire d'Orient, il marcha du côté de l'Occident pour attaquer Aureole, qui commandoit les Legions d'Illirie. Ses Soldats l'abandonnerent à la vûë d'Aureole, & le maſſacrerent.

Cependant Odenat toujours fidele à Gallien, avoit levé le ſiége de Cteſiphonte pour venir attaquer Macrien. Il le trouva déja parti pour l'Illirie, mais il attaqua ſon fils Quietus, qui étoit demeuré en Sirie avec Baliſte General de la Cavalerie. Il les eut bien-tôt vaincus. Quietus fut tué, & Baliſte eut ſa grace. Gallien ne pouvant reſiſter à la reconnoiſſance, & peut-être à la force, fit Odenat Auguſte, l'aſſocia à l'Empire, & lui envoya toutes les marques de la Puiſſance Souveraine. Il les avoit bien meritées par ſes victoires, & encore plus par tous les efforts qu'il fit pour délivrer Valerien. Il rétablit autant qu'il pût les Provinces, ravagées par tant de guerres civiles & étrangeres, & encore plus par la peſte, & par la famine, qui dépeuploient le monde.

Gallien ne craignant plus Sapor ni Macrien, ſe prepara à paſſer dans les Gaules contre Poſthume, il ne pouvoit lui pardonner d'avoir fait mourir ſon fils, & en cette occaſion, c'étoit moins l'Empire qui le faiſoit marcher que la vangeance. Poſthume s'étoit affermi dans son nouvel Etat par le secours des Francs, qui s'étoient joints à lui ; il se donna plusieurs combats, où la fortune fut diverse ; Gallien avoit pourtant l'avantage, lorsqu'il fut blessé au dos d'un coup de fleche en faisant le tour d'une Place qu'il assiegeoit ; il leva le siege, & dés qu'il fut gueri, il prit le chemin de Bisance, dont il fit passer tous les Habitans au fil de l'épée, on ne voit pas bien dans l'Histoire ce qui leur attira ce malheur. Il retourna ensuite à Rome se replonger dans les délices, & laissa Posthume regner dans les Gaules, jusqu'à ce que ses Soldats las de sa severité, le massacrerent dans la Ville de Mayence, dont il ne vouloit pas leur abandonner le pillage. Lollien & Victor partagerent l'Empire des Gaules, & n'en jouïrent pas lon-tems, leur cruauté & leurs débauches les firent assassiner. La Reine Victoire se saisit du Gouvernement, & fit proclamer par les Soldats un Serrurier nommé Marius, qui deux jours aprés fut tué par un Soldat ; *meurs*, lui dit ce Soldat en l'assassinant, *meurs de cette épée, elle est de ta façon*. Victoire mit en sa place Tetricus Senateur Romain, qui la fit tuer pour regner, sans avoir la honte de partager son pouvoir avec une femme.

Cepandant Odenat n'oublioit pas le malheureux Valerien, à qui Sapor continuoit à faire sentir toutes les miseres de la captivité ; Odenat faisoit depuis lon-tems de grans preparatifs pour faire la guerre aux Perfes, il entra dans leur Pays, les défit en plufieurs rencontres, & affiegea Ctefiphonte pour la feconde fois. Il fut encore obligé à lever le fiege pour venir défendre fon Pays contre les Scithes & contre les Gots, dont la multitude innombrable ne trouvoit point de refiftance. Ils tremblerent pourtant au nom d'Odenat, & fe retirerent dans leur Pays par le Pont-Euxin.

 La gloire d'Odenat ne pouvoit guere augmenter, lorsqu'il trouva la mort au milieu de fa famille. Il avoit un fils aîné nommé Herodien, qu'il avoit fait declarer Augufte & trois autres enfans d'un fecond mariage, qui tous trois portoient auffi les ornemens Imperiaux. Sa femme Zenobie Princeffe comparable aux plus grans Heros, ne pouvoit foufrir l'infolence d'Herodien, qui traitoit fes freres comme des Efclaves, & le pere ne faifoit pas femblant de le voir. Odenat étoit à Emefe en Mefopotamie, où dans la chaleur d'un feftin, il fe trouva tué, & fon fils Herodien auffi. Zenobie verfa des larmes & fe faifit du Gouvernement, elle en favoit autant que fon mari. Sa naiffance qu'elle tiroit des Ptoloméés Rois d'Egypte, & fa beauté qui paffoit pour une merveille, la rendoient recommandable: Elevée & fortifiée dans les travaux de la chaffe, & même de la guerre; elle étoit toujours à cheval, & quelquefois marchoit à pied avec les troupes. Le

An de J. C, 264.

celebre Sophiste Longin lui avoit apris l'Histoire & les belles Lettres. Saint Athanase prétend qu'elle suivoit la Religion des Juifs. On lui avoit toujours donné grande part aux victoires de son mari, qu'elle soulageoit en toutes choses, & lors qu'il fut mort, elle prit l'habit Imperial, y ajoûta le diademe, & se fit nommer Reine de l'Orient. Ses trois fils furent declarez Augustes: sa magnificence égaloit celle des Empereurs ; elle vouloit qu'on l'adorât comme les Rois de Perse, toutes ses vertus n'ayant pû la garantir de l'orgüeil.

Ce fut sous sa protection que Paul de Samosates Evêque d'Antioche répandit ses erreurs avec impunité. Il ne suivoit pas la methode ordinaire des Heresiarques, qui sous une vie austere, cachent le venin de la doctrine, ses mœurs étoient scandaleuses; il avoit chez lui de jeunes femmes, & faisant bonne chere, il vouloit que ses Ecclesiastiques fissent de même, afin que la communauté des crimes les empêchât de trouver à redire à sa conduite. Son orgüeil étoit insuportable, il se faisoit loüer en sa presence, dans la Chaire de verité, & au lieu des Himnes, qu'on avoit accoûtumé de chanter dans l'Eglise en l'honneur de Jesus Christ, il avoit l'insolence d'en faire chanter à sa loüange par des femmes habillées comme des Comediennes. Les Fideles gemissoient & n'osoient rien dire, il gouvernoit l'esprit & la conscience de la Reine Zenobie. La corruption des mœurs fut suivie de la corruption de la foi. Il enseigna qu'en Dieu le Pere, le Fils, & le Saint Esprit, n'étoient qu'une même persone. Il disoit que Jesus-Christ étoit né du Saint Esprit & de Marie, qu'il n'étoit qu'un pur homme, que le Verbe Divin s'étoit joint à lui pandant sa vie, & s'en étoit separé à sa mort. Sabellius, & avant lui Cerinthus, avoient presque enseigné la même chose. Ces opinions alloient au Judaïsme, & c'étoit pour plaire à Zenobie, qu'il les soutenoit avec opiniâtreté. Les Evêques de l'Eglise d'Orient ne purent pas dissimuler davantage, Denis d'Alexandrie refuta ces erreurs, & l'on assembla un Concile à Antioche. Firmilien Evêque de Cesarée en Cappadoce, Gregoire Taumaturge, & son frere Athenodore, Helenus de Tarse, Himeneus de Jerusalem, & plusieurs autres s'y rendirent. Denis d'Alexandrie n'y put venir à cause de sa vieillesse. Paul de Samosates y comparut, & voyant son sentiment condamné par tous les autres, il donna sa retractation. Mais il n'étoit pas de bonne foi, il continua à enseigner les mêmes erreurs, & il falut dans la suite assembler un autre Concile pour le déposer.

An de J. C. 264.

La multiplicité des Empereurs, ou pour mieux dire des Tirans, les guerres civiles & étrangeres, la peste & la famine, qui désoloient toutes les Provinces, tant de malheurs publics faisoient la paix de l'Eglise; le zele des Dieux cedoit à la necessité particuliere, & chacun ne songeant qu'à vivre, ne songeoit pas à persecuter les autres. Gallien au milieu de tant d'affaires s'abîmoit dans les voluptez les plus honteuses, ou s'amusoit à composer des pieces d'éloquence & de Poësie, bon Orateur, bon Poëte, & tres méchant Empereur.

Le Filosofe Plotin avoit alors beaucoup de reputation. Il passoit pour ne rien ignorer dans toutes les Sciences, & suivoit la Doctrine de Platon, & la Morale de Pithagore. Il faisoit peu de cas des Dieux vulgaires, s'étant élevé par la lumiere de son genie, jusqu'au Souverain Dieu, qui n'a ni forme ni idée, & qui est au dessus de tout esprit & de toute intelligence. Il avoit du credit auprés de l'Empereur, qui lui promit de faire bâtir une Ville dans la Campanie, qu'on nommeroit Platonopolis, mais ce dessein ne put s'éxecuter; tant il est vrai que la Filosofie est foible, même avec la faveur des Princes, tandis que la Religion Chrêtienne triomfe par tout malgré eux. Plotin mourut de la peste, & ses disciples prétendirent que quand il expira, un serpent son esprit familier, passa sous son lit, & se sauva dans un trou de la muraille. Il n'avoit jamais voulu dire le jour de sa naissance, de peur qu'on n'en solemnisât la fête, & qu'on ne lui rendît les mêmes honneurs qu'à Platon & à Pithagore ses Maîtres.

Le Filosofe Amelius curieux de savoir où étoit allée l'ame de Plotin aprés sa mort, alla consulter l'Oracle d'Apollon, qui répondit bien clairement, qu'elle étoit aux Champs Elisées avec Platon & Pithagore. Porphire, qui écrivit depuis contre la Religion Chrêtienne, releve fort cet Oracle.

Cependant Gallien fut obligé de prendre les armes, ce qu'il ne faisoit jamais que malgré lui, & lorsque ses ennemis menaçoient de le venir chercher en Italie. Aureole commandoit les Legions d'Illirie, & depuis plusieurs années, il n'obéïssoit qu'à peine aux ordres de l'Empereur; il leva enfin le masque, se fit proclamer par ses Soldats, entra en Italie, & se rendit maître de plusieurs places; Gallien à cette nouvelle sortit de Rome avec son armée, l'attaqua & le défit auprés de Milan. Aureole se renferma dans cette Ville, & y soûtint un long Siege: il étoit prêt d'y être forcé, lorsqu'il s'avisa de contrefaire l'écriture de Gallien, & de faire passer dans son camp un memoire, où l'Empereur devoit avoir écrit les noms de tous ceux qu'il vouloit faire mourir; Heraclien Prefet du Pretoire, & Murcien s'y étant trouvez, resolurent de se défaire de Gallien. Ils lui firent donner une fausse allarme pandant qu'il soupoit, comme si Aureole avoit fait une sortie, & dans le tems que chacun couroit aux armes, le Maure Cecrops le tua à coups d'épée. Il n'avoit que trente-cinq ans, dont il en avoit regné quinze, fept avec Valerien, & huit depuis la prife de fon pere, pandant qu'une douzaine de Tirans partageoient l'Empire, & lui laiſſoient à peine le Gouvernement de l'Italie. Le Senat fit précipiter du haut du Capitole, le fils de Gallien & fon frere, qu'il avoit declarez Auguftes.

Les Soldats, quoiqu'ils le méprifaſſent, ne laiſſerent pas de faire de grans cris, & ne furent apaifez qu'à force d'argent. Les Chefs leur propoferent de faire Claude Empereur. Son merite étoit connu depuis lon-tems. Decius lui avoit confié le paſſage des Thermopiles contre les Barbares, & Valerien l'avoit fait General de l'Illirie aprés la mort de Crinitus. Il étoit alors à Pavie, regardé de tout le monde, comme feul capable de rétablir les affaires de l'Empire. Il fut proclamé dans l'armée, & reconnu à Rome avec de grandes acclamations.

LIVRE QUATRIE'ME.

CHAPITRE PREMIER.

L'EMPIRE étoit dans un état déplorable à la mort de Gallien, Tetricus étoit Maître des Gaules, de la Grande Bretagne & de l'Espagne, & la Reine Zenobie commandoit dans tout l'Orient, ne reconnoissant les ordres de persone, plus fiere & plus hardie que son mari Odenat, qui avoit toujours eu beaucoup de déference pour Gallien. Aureole étoit encore dans Milan, il demanda aussi-tôt la paix; mais Claude lui manda que cela étoit bon du tems de Gallien, & qu'il faloit se soumettre aveuglement, il le fit, & fut tué par les Soldats.

Claude alla passer le reste de l'année à Rome, où il gagna tous les cœurs par sa justice, sa bonté, sa douceur, son affabilité. Il y rétablit la Police, & cassa toutes les donations faites par son Prédecesseur. Une femme lui vint redemander effrontement une terre que Gallien avoit donnée à un certain Claude Officier de guerre; l'Empereur entendit bien que c'étoit de lui-même qu'elle vouloit parler, & loin de s'en offenser; *il est juste*, lui dit-il, *que Claude Empereur restituë ce qu'il a pris, lorsqu'il n'étoit que particulier.*

Mais toutes ces vertus humaines ne l'empêcherent pas d'être ennemi des Chrétiens, il vouloit paroître different en tout de son Prédecesseur, & comme Gallien ne les avoit pas persecutez, Claude crut le devoir faire, pour se rendre agréable au Senat & au Peuple. Il n'en eut pourtant pas le tems, & fut obligé l'année suivante, de faire la guerre aux Gots, aux Gepides, aux Herules, & à d'autres Nations Septentrionales, qui au nombre de plus de trois cens mille étoient dêcendus en Grece par le Pont-Euxin. Il y envoya d'abord des troupes, sous la conduite d'Aurelien, & y marcha bien-tôt en persone; *cette guerre*, dit-il, *est celle du Public, nous irons ensuite visiter Tetricus & Zenobie, ce sont mes ennemis particuliers.*

Les Barbares s'étoient partagez, Claude en rencontra une partie dans la haute Mesie, & les défit: les autres avoient ravagé la Grece & pris Athenes. Zonare marque qu'ayant fait un monceau de tous les Livres qu'ils y trouverent, ils étoient prêts à y mettre le feu, lorsqu'un d'entre eux les en empêcha, en leur disant, *que les Grecs n'étoient si aisés à vaincre, que parce qu'ils s'amusoient à lire.* Ils pillerent tout ce qu'ils purent, & s'en retournerent dans leur Pays ; mais en croyant mener avec eux des Chrétiens captifs, ils menerent des Apôtres, qui leur enseignerent la veritable Religion. Plusieurs Prêtres & même quelques Evêques furent de ce nombre : ils guerissoient les malades, & chassoient les demons au nom de Jesus-Christ, verifiant ce passage de l'Ecriture ; *ils prendront ceux qui les avoient pris, & seront les Maîtres de ceux qui avoient été leurs Tirans.* Et c'est à eux que s'adressent veritablement ces paroles de Tobie ; *Dieu vous a dispersez parmi les Nations, qui ne le connoissoient pas, afin que vous ayez occasion de publier ses merveilles, & que vous fassiez connoître à ces Peuples, qu'il est le Dieu Tout-Puissant, & qu'il n'y en a point d'autre.* Les Barbares écoutoient leurs discours, admiroient leurs miracles, & plusieurs demandoient le Baptême.

Le Pape Denis étoit alors sur la Chaire de Saint Pierre, & son zele suivant les exemples de ses Prédecesseurs, s'étendoit dans tout le monde Chrêtien. Il envoya des charitez aux captifs, qui languissoient parmi les Barbares, & secourut de ses aumônes, les Fideles de Cesarée en Cappadoce, qui avoient été pillez & brûlez par les Gots. Il assembla un Concile à Rome, où Sabellius & Paul de Samosates furent condamnez, & mourut aprés avoir gouverné l'Eglise plus de dix ans. On dit qu'il partagea entre les Prêtres de Rome les Eglises & les Cimetieres, & qu'il établit les Paroisses & mêmes les Dioceses.

Cepandant l'Empereur Claude second aprés

avoir défait les Gots, mourut de la peste à Sirmium, la troisiéme année de son regne, plus aimé & plus regretté qu'aucun de ses Predecesseurs ; on lui dressa par tout après sa mort des Statuës, des Temples & des Autels, dans un tems où il ne pouvoit faire ni bien ni mal. Son frere Quintillus fut declaré Empereur par le Senat ; mais les Soldats proclamerent Aurelien, Quintillus se fit ouvrir les veines, & fut apotheosé par Aurelien, qui aima mieux lui accorder le titre de Dieu que celui d'Empereur.

Ce fut au commencement du regne d'Aurelien, que se tint le troisiéme Concile d'Antioche. Helenus de Tarse y présida à plus de quatre-vint Evêques, Saint Firmilien venoit de mourir. On y examina tout de nouveau les sentimens de Paul de Samosates, & le Prêtre Malquion, celebre par la connoissance de la Filosofie, aussi bien que par celle de la Sainte Ecriture, le convainquit d'erreur. On le pria de se souvenir de sa parole, & de se rendre à l'avis commun. Les Evêques y exposerent leur croyance, & l'on voit encore dans la Biblioteque des Peres une de leurs Lettres, qui établit tres-clairement l'union de la nature divine & de la nature humaine en la seule persone de JESUS-CHRIST, & la distinction personelle du Pere & du Fils en une seule substance : *Et c'est ce que nous croyons*, disent-ils, *par une tradition toujours gardée dans l'Eglife Catolique, depuis les Apôtres jufqu'à nous.* Paul demeura opiniâtre, & fut dépofé tout d'une voix & excommunié. Domnus fils de Demetrien fon Prédeceffeur fut élû Evêque d'Antioche. Le Concile écrivit fur cela à toute l'Eglife une Lettre Sinodale. L'adreffe en eft à Denis Evêque de Rome, à Maxime Evêque d'Alexandrie, à tous les Evêques, à tous les Prêtres, à tous les Diacres, & à toute l'Eglife Catolique. Mais Paul ne fe foûmit pas, il demeura toujours dans la maifon Epifcopale, & s'y maintint, tant que Zenobie gouverna l'Empire d'Orient. Elle l'avoit fait Receveur de fes revenus à Antioche, qualité qu'il eftimoit bien autant que celle d'Evêque.

Gregoire Taumaturge ne furvêcut pas lontems à la condamnation de Paul de Samofates, il mourut à Neocefarée, & eut la confolation de n'y laiffer que dix-fept Payens, au lieu qu'à fon avenement à l'Epifcopat, il n'y avoit trouvé que dix-fept Chrêtiens. Sa memoire demeura en benediction, & fon Peuple conferva lontems la pureté de fa doctrine; il avoit fait plufieurs Ouvrages, mais il ne nous refte que fon Epître Canonique, dont la verité au raport de Monfieur du Pin n'eft pas conteftée.

Dés qu'Aurelien eut été proclamé Empereur à Sirmium, il alla à Rome, où fon autorité étoit déja établie par la mort de Quintil- *An de J. C. 270.*

lus frere de Claude. Il gouverna d'abord avec hauteur ; *deux choses*, disoit-il, *sont necessaires à un Prince, du fer pour ceux dont il n'est pas content, & de l'or pour ses bons serviteurs.* Il marcha ensuite en Pannonie, & accorda la paix aux Gots. Les Allemans plus fiers ou plus puissans, le previnrent & entrerent en Italie, où ils firent de grans ravages. Il les suivit, & les combatit auprés de Plaisance, mais il perdit la bataille. La consternation fut grande dans la Ville de Rome, l'Empereur manda au Senat qu'il rassembloit des troupes, mais qu'il faloit consulter les Sibilles, & offrir des sacrifices aux Dieux ; *je m'étonne*, leur dit il, *que vous ayez été si lon-tems à le faire, comme si vous étiez dans une Eglise de Chrétiens, & non pas dans le Temple de tous les Dieux ;* ce qui marque clairement que les Chrétiens regardoient alors les Livres des Sibilles comme profanes, & qu'ils n'y ajoûtoient aucune foi.

Les Sibilles avoient été en grande veneration dans les premiers tems de la Republique Romaine : c'étoit certaines filles, qui furieuses, ou par une bile échauffée, ou par la possession des demons, prononçoient des Sentences si obscures, qu'elles passoient pour des Oracles. On les gardoit précieusement pour y avoir recours dans les necessitez pressantes ; mais tous ces papiers Profetiques ayant été brûlez avec le Capitole, quatre-vint ans avant la Naissance de JESUS-CHRIST, les Consuls envoyerent des Ambassadeurs à Attalus Roi de Pergame pour avoir des Copies de ces prétendus Oracles, qu'il avoit fait ramasser avec soin par toute l'Asie. Le Senat nomma quinze persones, qui corrigerent tout ce qu'on en trouva, & les enfermerent dans deux cassettes d'or, qu'on gardoit dans le Temple d'Apollon : Auguste aprés la mort de Lepidus, étant devenu Grand Pontife, ramassa plus de deux mille volumes Grecs & Latins remplis de prédictions, & les fit tous brûler, à la reserve des écrits des Sibilles qu'il fit transcrire par les Pontifes mêmes, de peur que le Peuple n'en eût connoissance : & tant qu'il y eut à Rome des Empereurs Payens, on les respecta comme une chose sacrée. Quand aux huit Livres que nous avons sous le nom des Sibilles ; il est constant que ce ne sont point ceux des Romains, ils parlent presque toujours de prédictions & d'instructions, qui regardent le Christianisme, au lieu que les autres étoient tout pleins de superstitions payennes, & qu'on n'y aprenoit autre chose, qu'à celebrer des jeux en l'honneur de Jupiter, & à placer quelque cloud dans le Capitole. Il eût été à souhaiter que les uns eussent été perdus, aussi-bien que les autres, puisque ceux qui nous restent ont été manifestement suposez dans le second siecle par quelque Chrêtien, dont le faux zele eût fait tort à la Religion, si elle n'étoit pas apuyée sur des fondemens plus solides : Et si quelques anciens Peres ont cité les Livres des Sibilles comme veritables ; il faut avoüer qu'ils se sont trompez sur la foi même de quelques Payens, qui ne s'avisoient pas de les contredire. *On peut croire*, dit Saint Augustin, *que toutes les Profeties touchant* Jesus Christ, *qui ne sont point dans l'Ecriture, ont été faites par des Chrétiens.* Ainsi il n'y a rien de plus solide pour refuter les Payens, que de raporter les Profeties que nous tirons des Livres des Juifs. Les deux Dialogues attribuez à Mercure Trismegistes, ne doivent pas avoir plus d'autorité ; le premier est de la volonté de Dieu, & le second de sa puissance ; l'Auteur y parle comme un Filosofe Platonicien, qui a pris dans l'Ecriture Sainte ce qu'il dit du Verbe de Dieu, & de la création du monde ; mais l'on ne pouvoit pas le mettre sous un plus grand nom que sous celui du Trismegiste, que les plus anciens Auteurs Payens, ont regardé comme l'Inventeur de tous les Arts & de toutes les Sciences, & qui avoit composé, à ce qu'ils prétendent, plus de trente-mille volumes sur toutes sortes de sujets.

Pandant qu'on faisoit des sacrifices à Rome, Aurelien ramassoit des troupes, & les Barbares pilloient l'Italie. Ce fut leur perte, l'Empereur les attaqua separez & chargez de butin, & les défit en détail. Il en poursuivit les restes jusqu'au qu'au de-là des Alpes, où il trouva les Vandales, à qui il acorda la paix, aprés les avoir batus en plusieurs rencontres. Il alla ensuite à Rome, & en commença les murailles, qui ne furent achevées que sous Diocletien ; Enfin voyant l'Occident soumis & pacifié, il fit de grans préparatifs pour aller en Orient rétablir son autorité.

Zenobie y commandoit souverainement : non contente de l'Empire d'Odenat, elle avoit conquis l'Egypte & la Bithinie. Aurelien qui la connoissoit, ne la méprisoit pas, il rassembla toutes ses forces pour l'aller attaquer. La Bithinie se soumit d'abord. Tiane en Cappadoce lui ferma les portes, il jura de n'y pas laisser un chien ; *mais il s'adoucit*, dit Vopiscus, *parce qu'Apollonius de Tiane si fameux sous Domitien, lui aparut*. Les Soldats peu credules, demanderent à piller la Ville ; *vous pouvez*, leur dit-il, *tuer tous les chiens* Il marcha ensuite vers Antioche, où Zenobie l'attendoit avec son armée. La bataille se donna sur les bords de l'Oronte, les Romains la gagnerent, Antioche leur ouvrit ses portes, & Zenobie se retira à Emese. Là se donna une seconde bataille, où la cavalerie Palmirenienne eut d'abord quelque avantage ; mais comme leur Infanterie plia, Zenobie fut obligée à se sauver à Palmire, où elle se prepara à soûtenir un long Siege, en attendant les secours des Perses

& des Sarrazins ses Alliez. Aurelien sans perdre tems l'alla assieger ; la place étoit bonne, bien pourveuë de tout, & la Reine par sa presence la rendoit presque imprenable. Les Romains aprés y avoir donné plusieurs assauts inutilement, convertirent le siege en blocus ; mais l'Empereur las & fâché de se voir arrêté si lon-tems par une femme, lui offrit des conditions honorables ; elle lui fit une réponse fort fiere ; *vous n'avez*, lui disoit elle, *nul sujet de triomfer, ayant encore à combatre les Sarrazins & les Perses ; en un mot vous savez que Cleopatre, dont je suis décenduë, aima mieux mourir que d'être esclave.*

Peu de temps aprés les Perses vinrent au secours de Zenobie & furent défaits ; ils n'étoient plus commandez par Sapor, qui avoit fait tant de mal aux Romains. Ce Prince étoit mort l'année d'auparavant, aprés avoit traitté indignement l'Empereur Valerien, pandant les dix années de sa captivité. D'autre côté les Sarrazins bien loin de secourir Palmire, avoient pris parti parmi les Romains. D'ailleurs les vivres commençoient à manquer dans la Place: Zenobie se voyant reduite à l'extrêmité, en sortit la nuit sur un chameau, & prit le chemin de Perse. Aurelien en fut averti, on la suivit, on l'arrêta dans le tems qu'elle alloit passer l'Eufrate, & l'on la ramena aux pieds de l'Empereur, qui se crut dans ce moment vainqueur de tous ses ennemis. *Comment*, lui dit-il, d'un ton imperieux, *avez-vous prétendu l'emporter sur les Empereurs Romains. J'avoüe*, lui répondit-elle, avec une fierté respectueuse, *que vous étes Empereur, mais Gallien l'étoit-il ?* La ville de Palmire se rendit le lendemain, Aurelien revint à Emese, où il fit mourir plusieurs de ses prisoniers, & entre autres Longin.

Ce Filosofe avoit apris la langue Greque à Zenobie, & l'on prétendoit que c'étoit par son conseil, qu'elle avoit écrit si fierement à l'Empereur pandant le siege de Palmire. Tous ses Ouvrages ont été perdus à la reserve de son Traité du sublime, qui seul peut donner l'idée de son Auteur. Il y raporte plusieurs exemples du sublime, & dit en parlant de Moyse, *ce Legislateur des Juifs, qui n'étoit pas un homme ordinaire, ayant fort bien conceu la grandeur & la puissance de Dieu, l'a exprimée dans toute sa dignité au commencement de ses loix par ces paroles, Dieu dit, que la lumiere se fasse, & la lumiere se fit, que la terre se fasse, & elle fut faite.* Il juge encore fort bien d'Homere, lorsqu'il dit que de la maniere, dont il parle de ses Heros & de ses Dieux, il fait des Dieux de ses Heros, & de ses Dieux, il en fait des hommes miserables & immortels dans leur misere. On blama fort l'Empereur d'avoir fait mourir Longin.

Il fit en même tems grand plaisir aux Chrétiens sans le vouloir. Paul de Samosates, quoique deposé par le Concile d'Antioche, s'étoit toujours maintenu sur son siege par l'autorité de Zenobie, & n'avoit point voulu sortir de la maison Episcopale. Les Evêques s'en plaignirent à l'Empereur, qui ordonna que la maison seroit remise à celui que les Evêques de Rome & d'Alexandrie reconnoissoient pour Evêque, & Paul en fut chassé honteusement.

La prise de Zenobie rendit Aurelien maître de tout l'Orient, les Arabes, les Perses, les Bactriens, les Sarazins, les Ethiopiens, & les Indiens, lui envoyerent des Ambassadeurs & des presens. Il repassa ensuite en Occident, défit Tetricus, qui se rendit à lui volontairement, & reunit à l'Empire les Gaules, l'Espagne & la Grande Bretagne. Aprés tant d'exploits Aurelien revint à Rome, & triomfa de toutes les parties du monde. Zenobie parut au triomfe liée de chaînes d'or, & toute couverte de perles : elle vecut depuis assez lon-tems dans une Terre que l'Empereur lui donna à Tivoli, respectée comme une Dame Romaine, c'est à dire, un peu plus qu'une Reine. Tetricus fut aussi fort bien traité, & laissa de grans biens à ses enfans.

Il sembloit qu'Aurelien dans le commencement de son Regne eût de l'inclination pour la Religion Chrétienne, il l'avoit même favorisée en Orient en chassant Paul de Samofates à la prierc des Evêques, mais quand il fe vit à Rome triomfant de tous fes ennemis, & qu'il crut n'avoir plus rien à craindre, il prit la refolution de plaire au Senat, & au Peuple, en perfecutant les ennemis de leurs Dieux. *Sa plume*, difent les Auteurs de fa vie, *alloit figner une declaration terrible contre l'Eglife, lorfqu'il fut effrayé d'un coup de foudre, qui tomba auprés de lui, fa main s'arrêta pour quelque tems, mais fa volonté ne changea pas*, & comme tout le monde étoit informé de fon intention, la perfecution commença, avant qu'il en eût donné l'ordre. Les Gaules fournirent beaucoup de Martirs, Colombe fouffrit à Sens, Patrocle, Sabinien, Venerand & Sabine à Troie, Reverien à Autun, & Prifque à Auxerre.

Le Pape Felix, qui avoit fuccedé à faint Denis exhorta à la mort un grand nombre de Martirs, entre autre Eutrope, Bonofe & Zofime & cinquante foldats que Bonofe avoit convertis & enfuite lui-même fut couronné du Martire, aprés avoir gouverné l'Eglife pandant cinq ans. On dit qu'il ordonna le premier de celebrer des Meffes fur les tombeaux des Martirs, mais il y a des preuves que cela eft beaucoup plus ancien. Le martire de Conon & de fon fils furent celebres en Licaonie. Conon avoit paffé une vie fort longue dans les aufterités, le Gouverneur

Romain lui demandoit avec un ris moqueur, pourquoy il n'aimoit pas les festins ; *J'aime mieux*, luy répondit-il, *avoir part aux peines & à la Croix de* JESUS-CHRIST, *la seule grace que je vous demande, c'est de ne pas m'oter la vie par un supplice de peu de durée, mais par divers tourmens, qui se succedent les uns aux autres, afin que j'en goûte tout le plaisir.* Le Gouverneur lui demanda, s'il avoit des enfans, *J'en ai un*, lui dit-il, *& je suis ravi qu'il confesse* JESUS-CHRIST *avec moi.* On l'amena aussi-tôt, on les mit l'un auprés de l'autre sur le lit enflammé, & dans la chaudiere d'huile bouillante, on leur coupa les mains avec une scie de bois, & ils rendirent l'esprit en remerciant Dieu de leurs souffrances.

Un jeune enfant nommé Cirille mourut en Cappadoce avec un courage extraordinaire. Le Juge l'avoit condamné à la mort seulement pour lui faire peur, le feu étoit allumé, il le regardoit avec un visage riant, lorsqu'on lui dit, qu'il pouvoit retourner chés son pere, *hà Tiran*, s'écria-t'il, *tu me fais grand tort*, tous les assistans pleuroient, *vous ne savés pas*, leur disoit il *quelle cité je vais habiter, ni quelle est mon esperance.* On le jetta dans le feu.

Le berger Mamas soufrit aussi à Cesarée, & y devint fort celebre, saint Gregoire de Nazianze, & saint Basile ont fait son éloge, & l'historien Sozomene raporte comme un fait constant, & attesté par plusieurs témoins contemporains, que vers le milieu du quatriéme siecle, Julien, dit depuis l'Apostat, & Gallus son frere, voulant ensemble bâtir une Eglise en l'honneur de Saint Mamas, ils y firent travailler l'un & l'autre avec émulation: mais dans le tems que l'ouvrage de Gallus s'achevoit, celui de Julien ne pouvoit avancer, la nuit détruisoit le travail du jour, & il paroissoit une vertu secrette dans les fondemens, qui repoussoit les pierres posées par une main sacrilege. Saint Gregoire de Nazianze dit avoir apris cette Histoire de ceux même qui l'avoient veu.

La foi & le zele agissoient differemment, les uns s'offroient au martire, les autres par une sainte défiance d'eux-mêmes se cachoient dans le desert. Antoine Egyptien quitta le monde en ce tems-là, & devint le modele des Solitaires. Il avoit eu beaucoup de pieté dés sa plus tendre enfance, & quoiqu'il ne sçût ni lire ni écrire, il alloit si souvent à l'Eglise, & étoit si attentif aux lectures qui s'y faisoient, qu'ayant beaucoup de memoire, il en savoit autant que les plus habiles. Son pere & sa mere lui laisserent de grans biens ; mais étant un jour entré dans l'Eglise, il entendit que Notre Seigneur disoit dans l'Evangile à un homme riche: *Si tu veux être parfait, vend tout ce que tu as, le donne aux pauvres & me suis, tu auras un tre-*

for au Ciel. Ces paroles le toucherent, il les crut dites pour lui, & sans tarder davantage, il alla vendre son bien, & le distribua aux pauvres. L'amour de la solitude le prit alors, & il se retira dans un sepulcre éloigné de la Ville. C'étoit un assez grand bâtiment, où les demons commencerent à l'attaquer. Il crut voir les quatre murailles ouvertes, & entrer en foule des lions, des ours, des tigres & des leopards, des scorpions, des aspics & des serpens, qui s'élançoient sur lui avec furie. Il se mit en prieres, & méprisa tous ces monstres. Un moment aprés le Ciel lui sembla s'ouvrir, les demons disparurent ; *Seigneur*, s'écria Antoine, *où étiez vous ? J'étois ici*, lui répondit une voix Celeste, *mais je voulois voir ton courage.* Le lendemain Antoine s'en alla dans le grand desert de la Thebaïde, où il n'y avoit point encore eu de Solitaires. Ils se contentoient de sortir de leurs Villes & de leurs Bourgs, & de s'établir dans quelque bois du voisinage, où les gens de bien leur portoient du pain & de l'eau. Mais Antoine s'abandonna entierement à la Providence, & s'éloigna du commerce de tous les hommes. Là il eut à diverses fois ces tentations si celebres, que nous raporte Saint Athanase, & ne les surmonta qu'à force de prieres & d'austeritez.

CHAPITRE

CHAPITRE SECOND.

L'Empereur Aurelien aprés avoir vaincu tous ses ennemis & donné la paix à l'Empire, embelissoit la Ville de Rome, qu'il regardoit comme la premiere Ville du monde ; il fit creuser le canal du Tibre, & y fit faire des quais, mais sur tout il songea à rendre le Peuple heureux. Quelques Empereurs avoient déja établi des distributions de pain & d'huile, il y ajoûta une once de pain par jour, & s'estimoit glorieux de l'avoir pû faire. Il vouloit aussi établir une distribution de vin, & faire planter des vignes en plusieurs endroits d'Italie, mais le Prefet du Pretoire s'y oposa par politique, ne jugeant pas à propos de mettre le Peuple si à son aise. Il avoit promis un peu imprudemment, que s'il revenoit vainqueur de Zenobie, il donneroit à chaque particulier de Rome une couronne de deux livres pesant, on s'attendoit qu'elle seroit d'or, mais il falut qu'il se contentât de leur donner chaque jour des pains faits en forme de couronnes. Il fit aussi plusieurs Loix utiles au Public, regla le prix des Eunuques, qui étoit devenu excessif, & défendit d'avoir des Concubines. Les Délateurs n'oserent paroître sous son regne. Il inventoit des suplices pour ceux qui avoient pillé le Peuple, quoique ces sortes d'injustices paroissent d'ordinaire assez peu de chose aux gens de guerre, plus accoûtumez à faire des violences qu'à les souffrir ; mais ce qui le fit encore plus aimer, ce fut qu'un jour il fit brûler dans la place de Trajan, toutes les obligations dûës au tresor du Prince, & arrêta par-là une infinité de vexations.

Sa maison dont il étoit encore plus le Maître, étoit reglée comme celle d'un particulier. Il obligeoit sa femme & sa fille à prendre soin du ménage, & ne voulut pas souffrir qu'elles portassent des habits de soie ; *je ne veux pas, leur disoit-il, que vous portiez des étofes qui se vendent au poids de l'or*; c'étoit alors le prix de la soie. Mais au milieu de tant de modestie, il prit le Diademe, ce qu'aucun Empereur Romain n'avoit encore osé faire. Suetone assure que Caligula en avoit eu la pensée, & que ses amis l'en empêcherent. Heliogabale en prenoit un en secret & dans son Palais.

L'Empereur travailloit en même tems à rendre publique sa devotion particuliere. Il adoroit le Soleil, & en faisoit son grand Dieu. Il avoit trouvé son culte établi dans l'Orient, & s'étoit imaginé que cet Astre en l'éclairant dans les combats, lui avoit donné la victoire. Il lui fit bâtir un Temple magnifique au milieu de Rome, les Statuës du Soleil, & celle de Bel ou Baal y furent aportées de Palmire, & l'on y voyoit une quantité prodigieuse de perles &

d'ouvrages d'or & d'argent. L'Empereur consacra lui-même le Temple du Soleil, & établit des Jeux en son nom.

Mais il voulut reformer la monoie, qui avoit été fort alterée sous les regnes précedens, & il y eut à Rome une sédition si furieuse, que plus de sept mille Soldats y furent tuez. L'Empereur en punit les Auteurs si severement, qu'il se fit haïr; sa justice degeneroit en cruauté, & l'on dit même qu'il se servit de ce prétexte pour avoir le bien de plusieurs Senateurs fort innocens.

L'année suivante il passa dans les Gaules pour y reprimer les courses des Francs & des Allemans. Il y avoit déja envoyé Probus, qui fut depuis Empereur, & qui merita le nom de Francique. Il fit rebâtir les Villes d'Orleans & de Dijon, & passa ensuite dans l'Illirie, qu'il trouva entierement dépeuplée, aussi-bien que la Mesie. Trajan avoit fait la Dace, nouvelle Province de l'Empire, Aurelien l'abandonna aux Gots, & en retira les Colonies Romaines, qu'il remit dans la Mesie, sans s'arrêter à l'imagination des Romains, qui prétendoient que leur Dieu Terme ne leur laisseroit jamais rien perdre de ce qui avoit été une fois uni à leur Empire. Les Turcs sans avoir de Dieu Terme, ont crû lon-tems ne devoir jamais rien perdre de ce qu'ils avoient une fois conquis, mais ils sont bien revenus de cette imagination.

Valerien se preparoit à rétourner en Orient,

lorsqu'il fut assassiné auprés de Bizance, par plusieurs Officiers de son Armée, qui craignoient sa severité. On trouva aprés sa mort un Journal de ses actions, qu'il avoit eu soin de faire mettre à Rome dans la Bibliotheque de Trajan.

Aprés la mort d'Aurelien, les Soldats qui avoient accoûtumé de faire les Empereurs, renvoyerent l'affaire au Senat, ne pouvant se resoudre à donner l'Empire à l'un de ceux qu'ils accusoient de la mort de l'Empereur. Le Senat étonné de cette déference inaccoûtumée, n'en voulut pas profiter; & pandant sept ou huit mois que l'Empire fut vacant, les Soldats & les Senateurs disputerent de modestie, chose incroyable, si elle n'étoit attestée par tous les Historiens. Il falut pourtant que le Senat se rendît; mais il élut Tacite Vieillard, qu'il savoit être fort agréable aux Soldats; *je consens*, dit le Consulaire Falconius, *à faire Tacite mon Empereur, mais je le prie de ne pas traiter l'Empire comme une terre en le laissant à ses enfans, s'ils ne sont pas capables de le gouverner, il lui sera bien plus glorieux de montrer qu'il aime la Republique plus que sa famille*.

Tacite répondit à l'attente du public par sa sagesse & par sa douceur. Il demanda au Senat le Consulat pour son frere Florien, & lorsqu'on lui dit avec liberté que les places des Consuls étoient remplies; *j'en suis bien aise*, dit-il, *le Senat fait bien à qui il a affaire.* Il alla ensuite trouver l'armée en Thrace, & punit avec severité tous ceux qui avoient eu part à la mort d'Aurelien. Il batit les Scithes, & ne laissa pas de les renvoyer dans leur Pays avec des presens. Il fut tué six mois aprés par des Siriens, qui se plaignoient des violences d'un de ses parens, nommé Maximin qu'il avoit fait Gouverneur de Sirie. Son frere Florien se fit aussi-tôt proclamer Empereur, sans attendre l'avis du Senat ni de l'armée, mais les troupes d'Orient élurent Probus.

Quelques Auteurs raportent que peu de jours avant la mort de Tacite, le tombeau de son pere s'ouvrit, & que l'ombre de sa mere lui aparut. On lui éleva à Terni un Mausolée, qui fut abbatu par le tonnerre, & les Devins consultez assurerent que dans mille ans un Prince de sa race feroit la conquête du monde, & rétabliroit la Republique. De Pareilles prédictions, sont d'autant meilleures, que d'ordinaire on en a perdu la memoire, avant que leur tems soit arrivé.

An de J. C. 276.

Ce fut à peu prés dans les premieres années du regne de Probus, qu'on commença à parler de l'heresie des Manichéens : si pourtant on doit donner le nom d'Heresie à une Religion toute nouvelle fondée sur des principes tout differens de ceux de la Religion Chrétienne. Elle ne fit pas d'abord de grans progrés, l'Herefiarque mourut prefque fans difciples, mais il faut avoüer à la honte de l'efprit humain, que fes imaginations, toutes ridicules qu'elles étoient trouverent dans la fuite grand nombre de Sectateurs, & que pandant plufieurs fiecles, elles furent foûtenuës par des genies du premier ordre.

Le fondement de l'erreur des Manichéens eft, qu'ils vouloient que le mal fût une fubftance réelle & non un fimple deffaut, par lequel on s'éloigne de ce qui a plus d'être, pour tomber dans ce qui en a moins. Comme il faut donc qu'un effet réel ait une caufe réelle & que Dieu ne peut être l'auteur & la caufe du mal, ils établiffoient deux natures, ou deux principes oppofez, tous deux fouverains, éternels & independans l'un de l'autre, dont ils faifoient l'un auteur du bien, & l'autre auteur du mal, & qu'ils appelloient quelquefois deux Dieux, quoiqu'ordinairement ils ne donnaffent le nom de Dieu, qu'au bon principe l'appellant lumiere, au lieu qu'ils appelloient le mechant tenebres, Satan, le Prince du monde, la matiere & la mort. Ils admettoient un feul Dieu fous un triple nom, & difoient que le Pere habite une lumiere inacceffible, que le Fils eft dans le Soleil & dans la Lune, & le Saint-Efprit dans l'air. Ils prétendoient que les hommes avoient chacun deux ames, l'une bonne, & l'autre mauvaife, & ne se croyoient point coupables des plus mechantes actions, qu'ils attribuoient à la mauvaise ame. Ils assuroient que les ames purifiées par les bonnes œuvres alloient se joindre aprés la mort à la source de la lumiere, & que celles qui étoient encore soüillées retournoient dans d'autres corps, ou d'hommes, ou d'animaux, pour y être punies à proportion de leurs pechés. Enfin ils ne reconnoissoient point de feu éternel, & vouloient que l'Enfer ne fût que passager. La plûpart de ces imaginations sont encore à present assés communes dans les Indes Orientales. Elles avoient été autrefois soutenuës par les Marcionites : Un Sarazin nommé Scithien les avoit renouvellées. Il ne laissa qu'un Disciple nommé Terbinthe. Ce malheureux voulut prêcher la Doctrine de son maître dans la Palestine, mais s'y voyant méprisé, il passa en Perse, & mourut miserablement chés une veuve, qui herita de ses papiers & de son argent. Elle en acheta un petit esclave nommé Cubrique, l'adopta & le fit élever dans la science des Perses. Cubrique trouva les papiers de Scithien, & y suça sa doctrine, il se fit appeller Manés, mot qui en Persan signifie discours, parce qu'il parloit avec beaucoup de facilité, ses disciples l'appellerent Manichée. Il commença à prêcher sa nouvelle Doctrine, & la voyant rejettée par tout, & principalement par les Chrétiens, il crut les gagner en nommant seulement le nom de Jesus-Christ, dont il se dit l'Apôtre : mais cette humilité ne lui dura pas lon-tems, & il se vanta d'être le Saint Esprit envoyé pour l'instruction des hommes.

Un si grand nom devoit être soutenu par des miracles. Le fils du Roi de Perse étoit malade, il promit de le guerir, & lui donna des remedes, il en mourut un peu plus vîte. Le Roi furieux fit mettre Manichée dans un cachot, mais il trouva moyen de se sauver en Mesopotamie. Là il eut une conference sur la Religion avec Archelaus Evêque de Cascar. Il en eut une autre avec un saint Prêtre nommé Triphon, & fut toujours confondu sans rentrer en lui-même, Enfin il fut arrêté par l'ordre du Roi de Perse, qui le fit écorcher tout vif avec une pointe de roseau. Ses disciples ne laisserent pas de prêcher par tout sa doctrine.

Cependant Probus que ses vertus & de grandes actions à la guerre avoient élevé à l'Empire, en fut bien-tôt paisible possesseur par la mort de Florien, que ses soldats abandonnerent. Le Senat le reconnut ainsi que toutes les Provinces, & il comença à gouverner avec l'aplaudissement de tout le monde. Il alla dans les Gaules, & en chassa les Barbares, qui s'en étoient emparez. Il en fit mourir en plusieurs rencontres plus de quatre cens mille, & en envoya de prisonniers jusque dans

le

le Pont. Là un petit nombre de Francs, las de la servitude, se saisirent de quelques vaisseaux, ravagerent les côtes de l'Asie & de la Grece, aborderent en divers endroits de l'Afrique, pillerent Siracuse en Sicile, entrerent dans l'Ocean par le détroit de Gibraltar, côtoyerent l'Espagne & les Gaules, toujours en pillant, & regagnerent heureusement leur Pays par l'embouchure du Rhin.

L'Empereur aprés avoir rétabli la paix dans les Gaules & dans la Thrace, d'où il chassa les Gots, marcha contre les Perses, qui avoient fait des courses sur les terres de l'Empire, pandant qu'il étoit éloigné. Leur Roi Varanez fils de Sapor, lui envoya des Ambassadeurs pour lui demander la paix. Probus soupoit au pied d'un arbre, & mangeoit sur l'herbe des poix cuits depuis plusieurs jours, & quelque morceau de porc salé. Il fit aprocher les Ambassadeurs, & continuant à manger devant eux, leur dit; *Je suis l'Empereur, dites à votre Maître, que s'il ne fait ce que je souhaite, je rendrai ses campagnes aussi dénuées d'arbres, que ma tête l'est de cheveux.* Il étoit chauve. Les Ambassadeurs étonnez de voir un Prince si peu entêté de sa grandeur, & en même tems si absolu, rétournerent à Varanez, qui accepta toutes les conditions qu'on voulut lui imposer; l'Empereur réprit le chemin de Rome.

Cependant les Blemmies ou Ethiopiens,

étoient entrez en Egypte, & y faisoient de grans ravages. Probus manda à Saturnin General de l'Armée, qu'il laissoit en Orient, d'y envoyer des troupes, lui défendant expressement d'y aller. Saturnin crut que sa presence y étoit necessaire, chassa les Ethiopiens, & rentra vainqueur dans Alexandrie. Sa victoire fit sa perte, les Alexandrins amateurs de nouveautez, le saluerent Empereur. Il sentit le danger où cet honneur l'exposoit, & rétourna promptement dans la Palestine; mais ses amis lui ayant dit, qu'après ce qui étoit arrivé, il ne pouvoit plus vivre en seureté comme particulier, il prit la pourpre & le nom d'Auguste. Il versoit des larmes au milieu des acclamations publiques; *je fais ce que vous voulez*, leur disoit-il, *je creuse mon tombeau*. En effet il ne resista pas aux troupes que Probus envoya contre lui, & fut tué par les mêmes Soldats qui l'avoient proclamé.

Probus étoit rétourné à Rome, & y avoit triomfé de tous les ennemis de l'Empire. La paix, dont il jouït quelques années, lui donna le moyen de rétablir les Provinces; il fit planter des vignes sur les colines des Gaules, de la Pannonie & de la Mesie, & permit aux Habitans de ces Pays d'en planter tant qu'ils voudroient, ce que Domitien leur avoit défendu. Il fit rebâtir plus de soixante & dix Villes, faisant travailler les Soldats aux ouvrages publics, de peur qu'ils ne se corrompissent par l'oisiveté & ne mangeassent leur paye sans la meriter. Mais cette discipline, qu'il leur fit observer peut-être avec trop de severité, les irrita contre lui. Ils aprirent aussi qu'il avoit dit qu'on se passeroit bien d'eux, quand la paix seroit fondée sur le bonheur des Peuples. Ces paroles causerent sa mort : ils le tuerent auprés de Sirmium, où il les faisoit travailler à desseicher un marais.

An de J C. 282.

 Quoiqu'il n'y eût point de persecution ouverte contre les Chrêtiens sous le regne de Tacite, ni sous celui de Probus, il ne laissa pas d'y avoir quelques Martirs. Des Magistrats particuliers se servoient encore des anciens Edits des Empereurs, & suivoient leur zele. Sabace Chrêtien fut déferé à Heliodore Magistrat d'Antioche & apliqué à la question ; il confessa Jesus-Christ, mais il pleura amerement, le Magistrat insultoit à ses larmes ; *je sens*, lui dit Sabace, *la violence des tourmens, mais je les soufre pour* Jesus-Christ, *que mes larmes, Tiran, te fassent comprendre combien je l'aime, mes douleurs cedent à mon amour.*

CHAPITRE TROISIEME.

Aprés la mort de Probus, les Soldats mirent sur le Trône Carus, Prefet du Pretoire, il étoit de Narbone dans les Gaules, & fit Cefars fes deux enfans Carin & Numerien. Il ne regna que deux ans, & fut tué d'un coup de tonnerre. Son fils aîné Carin, qui étoit à Rome fe fit proclamer Empereur, Numerien fut reconnu dans tout l'Orient, & pleura tant aprés la mort de fon pere, qu'il lui en vint une fluxion fur les yeux. Cette incommodité l'obligeoit à marcher toujours dans fa litiere, & donna occafion à fon beau-pere Aper de le faire affaffiner. Aper étoit Prefet du Pretoire, & croyoit s'élever à l'Empire ; mais les Soldats eurent horreur de fon crime, & ne le voulurent point reconnoître. Ils jetterent les yeux fur Diocletien & le proclamerent. Il monta auffi-tôt fur fon Tribunal, & protefta avec ferment l'épée nuë à la main, en atteftant le Soleil, qu'il n'avoit eu aucune part à la mort de Numerien ; *c'eft Aper*, s'écria-t-il, *qui a fait affaffiner fon Empereur & fon gendre, il en moura de ma main.* Il dêcendit dans le moment du Tribunal, & paffa fon épée au travers du corps d'Aper, dont perfone ne prit la défenfe. Il n'hefita pas fur une action qui pouvoit le faire paffer pour cruel ; une Druide lui avoit autrefois prédit dans les Gaules, qu'il parviendroit à l'Empire, quand il auroit tué le fanglier, & en Latin Aper fignifie fanglier.

Carin commandoit dans tout l'Occident. La mort de fon pere qu'il craignoit, & celle de fon frere qu'il eftimoit, mirent fes paffions au large ; il n'eut plus aucune retenuë, & s'abandonna à toutes fortes de déreglemens. Il ne laiffoit pas d'avoir du courage, & fur la nouvelle que Diocletien venoit l'attaquer avec les troupes d'Orient, il fit la moitié du chemin. La bataille fe donna auprés du Mont-d'or dans la Mefie, Carus la gagna, mais en pourfuivant fes ennemis, il fut tué par un Tribun, dont il avoit enlevé la femme. Les deux armées fe réünirent, & reconnurent Diocletien.

Ce Prince Maître de tous fes mouvemens regagna tous les efprits, confirma tous les officiers de Carin dans leurs Charges, & s'alla faire reconnoître à Rome. Il prit alors la refolution de partager l'Empire, pour le mieux défendre des incurfions des Barbares, & affocia Maximien vieux Soldat & fon Ami dés l'enfance. Il lui donna l'Italie, l'Afrique, les Gaules & l'Efpagne, & fe referva l'Orient, mais il eut toujours de l'autorité dans tout l'Empire. Il avoit même l'adreffe de fe faire aimer, pandant que Maximien fe faifoit haïr ; il prenoit toutes les refolutions violentes, mais il les faisoit executer par son Collegue, & l'on disoit communément que Diocletien faisoit un siecle d'or, & que Maximien en faisoit un de fer.

L'Eglise éprouva bien tôt la cruauté de Maximien. Elle avoit été cruellement persecutée sous les Empereurs Decius, Gallus & Valerien. Claude second avoit peu regné; Valerien avoit fait publier un Edit contre les Chrêtiens, mais son fils Gallien les avoit protegez, ses Successeurs n'avoient pas songé à eux. Maximien, moins par zele pour sa Religion, que par un naturel barbare, commença à les persecuter. Il fit plusieurs Martirs dans les Gaules, où le nombre des Chrêtiens commençoit à s'augmenter.

Saint Sulpice Severe le plus ancien & le plus fidele Historien Gaulois que nous ayons, assure que la Foy avoit été receuë assez tard au deça des Alpes, & nous ne voyons rien d'autentique avant les Martirs de Lion & ceux de Vienne, qui souffrirent l'an de JESUS-CHRIST cent soixante & dix-sept, y ayant peu d'apparence que les Apôtres ou leurs Disciples y soient venus, comme le prétendent plusieurs Eglises de France, qui semblent le croire en suivant une Tradition pieuse, mais fort incertaine. Ce qui est constant, c'est que le Pape saint Fabien voyant que la Religion ne faisoit pas de si grands progrés dans les Gaules, que dans les autres Provinces de l'Empire, y envoya vers l'an deux cens cinquante de Jesus-Christ, sept Evêques pour y prêcher l'Evangile par tout où l'esprit de Dieu les conduiroit. Gatien s'arrêta & se fixa à Tours, Trophime à Arles, Paul à Narbone, Saturnin à Toulouse, Austremoine à Clermont en Auvergne, Martial à Limoge & Denis à Paris. Ce sont eux que nous regardons comme les premiers Evêques de ces Eglises, non que la Religion n'y eût été prêchée avant eux, & qu'il ne puisse même y avoir eu quelques Evêques, mais on doit regarder ceux-ci comme les premiers de tous, parce qu'ils ont laissé une succession d'Evêques, que les persecutions n'ont jamais pû interrompre. Denis Evêque de Paris est le plus illustre de tous, il avoit plusieurs compagnons de ses travaux Apostoliques; Fuscien, Victoric, Crepin, Crepinien, Rufin, Valere, Lucien, Quentin & Marcel étoient les plus considerables, soit qu'ils fussent venus de Rome avec lui ou qu'il les eût convertis dans les Gaules. Il y prêcha pandant quarante ans, s'arrêta à Paris, y forma un Clergé, & y bâtit une Eglise, ses miracles appuyoient ses prédications. Enfin la persecution ayant commencé sous Maximien, il eut la tête tranchée avec le Prêtre Rustique & l'Archidiacre Eleutere. Le lieu de son martire n'est pas bien certain, ce fut hors de la Ville de Paris, & apparamment à Montmartre, qu'on a peut-être appellé pour cette raison, le mont des Martirs. Ses Reliques furent en grande veneration & deux cens ans après, on bâtit en son honneur à deux lieuës de Paris l'Abbaye, qu'il a renduë si celebre. Les Rois de France l'ont toujours regardé comme leur Patron, ils venoient visiter son tombeau avant que d'aller à la guerre, & faisoient marcher devant eux dans les batailles, son Etendart si connu sous le nom d'Oriflamme, voulant même qu'après la mort, leurs cendres reposassent auprés des siennes.

Le martire de saint Denis fut précedé, accompagné & suivi d'une infinité d'autres. Agoard & Aglibert soufrirent à Creteil, leurs corps y sont encore aujourd'huy & leur Fête s'y celebre le jour de saint Jean ; & parce que pandant les guerres, ils furent portés à saint Maur pour y être plus en sureté, le peuple s'est accoutumé à y aller ce jour-là. Le saint Prêtre Yon fut martirisé à Chartres, saint Paxent & sainte Albine sa sœur à Paris ; saint Eugene à Montmorenci, Fulcien & Victoire à Amiens, Rufin & Valere, Crepin & Crepinien à Soissons, Marcel en Berri, Cheron à Chartres. Mais il n'est pas certain, que tous ces Martirs fussent Disciples de saint Denis. Ses premiers compagnons qui étoient venus de Rome avec lui, convertirent des Peuples infinis. Trophime Evêque d'Arles, Paul Evêque de Narbone, Auſtremoine Evêque de Clermont en Auvergne, & Martial Evêque de Limoge étoient morts dans la paix du Seigneur. Saint Saturnin avoit été martirisé à Toulouſe, & ſaint Gatien Evêque de Tours, ne mourut que vers l'an de JESUS-CHRIST deux cens quatre-vint-ſeize, aprés avoir prêché la foi pandant cinquante années. La Grande Bretagne qui avoit connu JESUS-CHRIST lorſque le Roy Lucius ſe fit Chrétien ſous le Pontificat d'Eleutere, ne s'étoit point ſentie de la perſecution de Severe, de celle de Decius ni même de celle de Valerien. Saint Alban fut le premier de ſes Martirs, & fut ſuivi d'une infinité d'autres.

Tiburce fut accuſé devant le Prefet Fabien, qui aprés bien des diſcours, lui commanda d'offrir de l'encens aux Idoles ou de marcher pieds nus ſur les charbons ardans. Tiburce fit le ſigne de la Croix & marcha auſſitôt ſur les charbons ſans en reſſentir aucune douleur. *Tiran*, s'écria-t'il, *mets la main ſeulement dans de l'eau boüillante au nom de ton Jupiter; Qui ne ſait*, repliqua le Prefet, *que vôtre Chriſt vous a apris la magie.* A ces mots la modeſtie de Tiburce ceda à ſon zele, *taiſés-vous malheureux*, dit-il au Prefet, *& ne prononcés pas un nom ſi ſacré.* Ces paroles lui coûterent la vie, on lui coupa la tête; Caſtule, Marc & Marcellien eurent les pieds percés de clouds

& enfin furent achevés à coups de lance.

C'étoit la coûtume d'enrôler au service des Empereurs, tous les jeunes gens capables de porter les armes & principalement ceux, dont les peres avoient servi. On choisissoit les plus grans & les mieux faits, on les mesuroit, on les marquoit ensuite avec le fer, & ils étoient obligez de porter au cou une espece de medaille de plomb. Les Chrétiens les plus zelés croyoient alors que le metier de la guerre étoit incompatible avec leur Religion & qu'ils ne pouvoient pas en conscience suivre des Etendars où l'on voyoit l'image de Mars ou celle de Jupiter, ni faire la sentinelle devant les temples, ni profaner le Dimanche par les factions militaires. Dion Proconsul de Numidie ayant veu Maximilien, ordonna qu'on le mesurât, il s'en deffendit lon-tems : On le mesura malgré lui, *il a cinq pieds dix pouces*, s'écria le mesureur, *il est de bonne taille ; Il est vrai*, dit Maximilien, *mais je suis Chrétien & soldat de* JESUS-CHRIST, *je ne puis servir les Empereurs, je te l'ordonne sous peine de la vie* ; reprit le Proconsul, *& si tu n'obeïs, je t'envoyerai tout à l'heure à ton Christ, c'est tout ce que je souhaite*, dit le saint jeune homme, *c'est mon bonheur, c'est ma gloire. Nous voyons tous les jours*, reprit le Proconsul, *à la suite de nos maîtres Diocletien & Maximien, Constantius & Galerius, des Chrétiens, qui font le ser-*

vice sans scrupule, ils savent ce qui leur convient, dit Maximilien, *pour moi je ne le ferai jamais, tu mourras donc*, s'écria le Proconsul furieux, & il le condamna à avoir la tête tranchée, *Dieu soit loué*, reprit le Martir, *je m'en vais voir le Seigneur*. Il fut exécuté aussi-tôt & son pere le vit mourir avec une joie incroyable & surnaturelle, *je vous rends graces, ô mon Dieu*, s'écrioit-il, *d'avoir bien voulu accepter le present que je vous envoie, heureux si bientôt je le peux suivre moi-même*.

Mais entre tous les Martirs, qui soufrirent sous Maximien, nul n'est plus celebre que saint Sebastien ; sa vie que nous avons, a été attribuée à saint Ambroise, & quoique cela soit contesté, il est pourtant constant qu'elle est trés ancienne & qu'elle doit être d'une grande autorité. Sebastien étoit de Narbone, il avoit quelque commandement dans les troupes de l'Empereur & dans toutes les occasions, il assistoit les Chrétiens & les encourageoit au martire. Il convertit Nicostrate, Tranquillin & Chromace Prefet de Rome, & fut honoré par le Pape du titre glorieux de deffenseur de l'Eglise. Mais malgré toutes les précautions qu'il prenoit, ayant été denoncé au Prefet du Pretoire, on le conduisit devant Diocletien. Ce Prince étoit venu à Rome de Nicomedie, où il demeuroit ordinairement, pour conferer avec Maximien sur les affaires generales de l'Empire, *vous reconnoissés mal les obligations que vous m'avés*, dit il à Sebastien, *il faut mourir ou sacrifier aux Dieux, je ne les connois point*, répondit Sebastien, *je ne sacrifie qu'au Dieu du Ciel.* L'Empereur irrité ordonna aux Archers Maures de le tuer à coups de fleches. Ils le laisserent pour mort sur la place, mais une sainte veuve l'ayant porté chés elle pour l'enterrer, le trouva encore vivant, lui fit des remedes & le guérit. Ses amis lui conseilloient de se cacher, il s'alla presenter tout d'un coup à Diocletien & lui reprocha son impieté. L'Empereur frisonna à la veuë d'un homme qu'il croyoit mort, mais s'étant bien-tôt remis, il le fit assommer à coups de baton.

On bâtit par tout des Eglises sous le nom de saint Sebastien, & parce qu'en six cens quatre-vint la peste cessa à Rome aprés qu'on l'eut invoqué, on s'est toûjours adressé à lui dans les maladies populaires. Baronius assure qu'on voyoit encore de son tems dans l'Eglise de saint Pierre aux liens, un Tableau de Mosaïque, où saint Sebastien étoit representé comme un vieillard, quoique la fantaisie des Peintres en ait fait un jeune homme.

Il faut pourtant avoüer que Diocletien dans les quinze premieres années de son Regne, favorisa les Chrêtiens. Lucien le premier de ses Chambellans l'étoit, ainsi que plusieurs Eunuques du Palais, ceux mêmes qui avoient la garde des ornemens Imperiaux, des pierreries, des habits & du tresor particulier de l'Empereur.

Theonas le quinsiéme Evêque d'Alexandrie depuis saint Marc, étoit alors celebre dans l'Eglise par sa vertu & par sa doctrine. Il écrivit à Lucien une Lettre, qui a été imprimée depuis peu par les soins des savans Peres Benedictins, il l'instruit sur la maniere dont lui & les autres Officiers du Palais se devoient conduire, *que la crainte de Dieu*, lui dit-il, *& l'amour du Prince vous portent à vous acquiter chacun de vos emplois particuliers, afin que le nom de* JESUS-CHRIST *soit glorifié dans les petites choses comme dans les grandes. Puisque l'Empereur vous confie sa vie & sa persone, dans la croyance que vous lui serés plus fideles que les autres, parce que vous étes Chrétiens, menagés cet avantage pour honorer la Foi, rendés-vous agreables au Prince, ensorte que lors-qu'il sera fatigué des affaires de l'Etat, il trouve sa joie & son repos dans la douceur, la patience, le visage ouvert, la gaieté & l'obeissance de ses domestiques.* Il lui recommande ensuite d'être propre sans affectation, & de bonne humeur sans sortir de la modestie. *Ne faites peine à persone*, ajoûte-t'il, *& si l'on vous fait tort, regardés* JESUS-CHRIST, *& pardonnés comme vous voulés qu'il vous pardonne.* Il l'avertit de ne passer pas un seul jour sans lire & mediter l'Ecriture Sainte, *rien*, dit-il, *ne nourit tant l'ame & ne lui donne tant de force*. Il y avoit quelque esperance que le Bibliotecaire de l'Empereur se feroit Chrètien. Le saint Evêque mande à Lucien de conseiller au Bibliotecaire de ne point negliger les Lettres humaines, *qu'il témoigne*, dit-il, *devant le Prince estimer les Poëtes, les Orateurs, les Historiens & les Filosofes, qu'il tâche adroitement à lui faire lire les Livres, où il peut apprendre ses devoirs, plû-tôt que ceux, qui ne servent qu'à le divertir, qu'il cherche l'occasion de lui parler de l'Ecriture Sainte, qu'il lui raconte avec quel soin le Roi Ptolomée Philadelphe l'avoit fait traduire en Grec, qu'il releve autant qu'il poura l'Evangile, & les écrits des Apôtres, pour pouvoir venir insensiblement à lui parler de* Jesus-Christ; *tout cela*, ajoûte-t-il, *peut réussir avec le secours de Dieu*.

Il y a aparence que la Lettre de Theonas fit son effet. On verra dans la suite que Dorothée, qui succeda à Lucien dans la Charge de premier Chambellan, soufrit le martire, ainsi que plusieurs autres Oficiers du Palais de Diocletien. Il y a même lieu de croire que l'Imperatrice Prisca & sa fille Valerie femme de Galerius, embrasserent la Foi, puisque lorsque la persecution fut declarée, on eut bien de la peine à les obliger à sacrifier aux Dieux: Et l'on ne peut pas douter, que le jeune Constantin fils de Conſtancius Ceſar, que Diocletien faiſoit élever dans ſon Palais, n'ait apris dans une ſi bonne Ecole à connoître & à eſtimer la Religion Chrêt...ne, qu'il fit triomfer dans la ſuite, quand il eut vaincu tous ſes ennemis, & qu'il ſe vit Maître de l'Empire.

Maximien voulut paſſer dans les Gaûles, pour les défendre contre les Barbares. Il raſſembla ſes troupes, & leur donna le rendez-vous auprés de Geneve. Diocletien lui envoya pluſieurs Legions de l'Orient, entre autres la Legion Thebeenne, ou de la Thebaïde. Elle étoit toute compoſée de Chrêtiens, auſſi fideles à Dieu qu'à leur Prince. Maurice la commandoit. Maximien avant que d'aller aux ennemis, voulut obliger ſes troupes à ſacrifier aux Dieux; la Legion Thebeenne refuſa d'obéïr, & s'alla camper à un lieu nommé Agaunum, à vint lieuës de Geneve. Maximien furieux envoya auſſi-tôt l'ordre de décimer les Soldats, ils étoient prés de ſix mille. Ceux ſur qui le ſort tomba, furent égorgez comme des agneaux, veritables diſciples de l'Agneau ſans tâche, ſans que leurs camarades en murmuraſſent. Les autres animez par leur exemple, ne voulurent point ſacrifier, toute l'armée Payenne les entoura, & par l'ordre de l'Empereur, ils furent tous maſſacrez, la terre fut couverte de morts, & jamais ſans combat, on ne vit un ſi grand carnage. L'Hiſtoire ne nous a conſervé des noms de tant de Martirs, que ceux de Maurice, d'Exupere, & de Candide. La Legion Thebeenne ne fut pas massacrée toute ensemble, on en avoit fait divers détachemens, qui eurent par tout le même courage & la même destinée.

Aprés une action si barbare, Maximien marcha contre les Allemans, les Bourguignons & les Herules, qui étoient entrez dans les Gaules avec des armées nombreuses, & si chargez de femmes & d'enfans, que la plûpart mouroient de faim, sans que les Romains fussent obligez à les combatre. Les Francs & les Saxons couroient en même tems les mers & pilloient les côtes. Maximien fit bâtir des vaisseaux à Boulogne, & en donna le commandement à Carause Belge, habile dans la Navigation ; mais Carause aprés avoir défait les Pirates, passa dans la Grande Bretagne, & se revolta contre l'Empereur, qui ne pouvant l'aller attaquer dans son Isle, fut obligé à le laisser en paix, & à le reconnoître Auguste. L'Empire jouïssoit d'une profonde paix, les Barbares se détruisoient les uns les autres. Les Gots aprés avoir vaincu les Bourguignons, faisoient la guerre aux Vandales & aux Gepides, les Blemmies attaquoient les Ethiopiens, & les Perses avoient chez eux des troubles domestiques, qui les empêchoient de songer au dehors.

Cette

Cette tranquilité ne dura pas, les Perses se réünirent contre les Romains, Achillée se fit proclamer Empereur à Alexandrie, & les Maures se revolterent. Alors les deux Empereurs se voyant accablez d'affaires, firent deux Cesars, avec lesquels ils partagerent l'Empire pour le mieux défendre. Diocletien nomma Galerius, & Maximien choisit Constancius. An de J. C. 292.

Galerius étoit fils d'un Paysan de Dace, la guerre l'avoit élevé aux premieres Charges. Il étoit brave de sa persone, audacieux & fort heureux. L'Empereur lui fit épouser sa fille Valerie, dont il n'eut point d'enfans; mais Valerie pour lui faire plaisir, adopta Candidien, qu'il avoit eu d'une Concubine. Il eut pour son partage la Thrace, l'Illirie, la Macedoine, le reste de la Grece, & la basse Pannonie. Diocletien conserva l'Asie & l'Egypte, & s'établit à Nicomedie capitale de Bithinie.

Maximien se piquant d'imiter en tout Diocletien son bien-faicteur, partagea aussi l'Empire d'Occident, & prit pour Cesar Constancius Chlorus, petit neveu par les femmes de l'Empereur Claude second. Constancius s'étoit fort signalé sous Carus, qui connoissant son merite, eut quelque envie de le faire Cesar au préjudice de son fils. Il se contenta de lui donner le Gouvernement de la Dalmatie. Maximien en le faisant Cesar, le revêtit de la Pourpre, & lui abandonna les Gaules, l'Espagne

& la Grande Bretagne, se reservant l'Italie, l'Afrique & la haute Pannonie. Ils gouvernerent tous quatre pandant douze ans dans une union si parfaite, qu'ils étoient toujours de même avis par une deference mutuelle. Il est vrai qu'à proprement parler, il n'y avoit que Diocletien qui fût Empereur, les trois autres le regardoient comme leur pere, pandant que lui de son côté les aimoit comme ses enfans, & les respectoit comme ses égaux. Cette multiplicité d'Empereurs faisoit pourtant un fort mauvais effet, chacun vouloit avoir ses troupes & ses Officiers, & la dépense de l'Etat étant augmentée, il faloit charger les Peuples de nouveaux impôts.

Dés que l'Empire eut été partagé entre les Empereurs & les Cesars, ils se préparerent à faire la guerre à leurs ennemis communs, & eurent bien-tôt soûmis tous ceux qui s'étoient revoltez. Maximien passa en Afrique, & remit les Maures à la raison. Diocletien défit Achillée & reprit l'Egypte, & Galerius, qui n'étoit pas moins habile que les autres dans le métier de la guerre, repoussa les Barbares au delà du Danube.

Constancius avoit affaire à des ennemis plus redoutables. Il chassa les Francs de la Batavie avec assez de peine, & passa dans la Grande Bretagne. L'usurpateur Carause étoit mort depuis trois ans, son Successeur n'avoit ni son courage, ni sa capacité, il fut défait, & les aigles Romaines receuës par tout.

L'Eglise de Rome s'étoit toujours maintenuë dans sa splendeur, par la sainteté de ses Evêques. Eutichien Successeur de Saint Felix, étoit mort en deux cens quatre-vint-trois, & Caïus lui avoit succedé. On prétend qu'il étoit parent de l'Empereur Diocletien, il n'en étoit que plus ardent à la gloire de l'Eglise ; il assista de ses aumônes plusieurs Soldats de la Legion Thebeenne, qui passerent à Rome en allant à Geneve, & encouragea au martire son frere Gabinius & sa niéce Susanne, dont le nom est demeuré fort celebre. On doute s'il fut couronné du martire, on sait seulement qu'il gouverna l'Eglise plus de douze ans, & mourut en deux cens quatre.vint.seize.

Cependant Narsés Roi de Perse étant entré sur les Terres de l'Empire, Diocletien chargea Galerius de cette guerre. Elle ne lui fut pas heureuse, il s'exposa temerairement avec peu de troupes, & fut défait. Il revint trouver l'Empereur, qui le fit marcher plus de mille pas à pied à côté de son char, tout habillé de pourpre qu'il étoit, sans daigner le regarder. Galerius ne perdit point courage, & lui demanda avec humilité d'autres troupes ; l'année suivante il rétourna chercher les Perses. Son malheur l'avoit rendu plus sage, il combatit avec précaution, défit Narsés, qui se sauva, & prit ses femmes, ses enfans, & ses tresors. Narsés envoya aussi tôt des Ambassadeurs lui demander la paix, & le prier de bien user de la victoire, en lui rendant ses femmes & ses enfans. *C'est bien aux Perses*, répondit Galerius aux Ambassadeurs, *à demander de la moderation aux autres, après le traitement qu'ils ont fait à Valerien.* Il les renvoya à Diocletien, qu'il vint trouver à Nisibe, & dont il fut receu comme le meritoit sa victoire. Ils accorderent pourtant la paix à Narsés, en l'obligeant à ceder aux Romains cinq Provinces, & ses prétentions sur la Mesopotamie.

CHAPITRE QUATRIE'ME.

An de J. C 298.

LA victoire augmenta la fierté naturelle de Galerius, il commença à ne plus tant respecter Diocletien, & à vouloir regner par lui-même; *c'est être trop lon-tems Cesar*, disoit-il hautement, *ne me veut-on pas faire Auguste?* Il avoit été élevé dans la haine du nom Chrêtien, sa mere superstitieuse faisoit tous les jours des sacrifices, les Chrêtiens n'y venoient jamais, elle haïssoit ceux qui blâmoient sa conduite par leurs actions, & pressoit son fils de les persecuter. Il commença à le faire dans les Provinces, qui lui obéïssoient. Eutique fils de Saint Polieucte souffrit le martire, & le Tribun

André s'étant declaré Chrétien avec tous les Soldats qui étoient sous sa charge, fut conduit au suplice, en invoquant le nom de JESUS-CHRIST.

Galerius n'étant pas content d'une persecution particuliere, la voulut rendre generale par tout l'Empire. Il vint trouver Diocletien, que l'âge commençoit à rendre plus timide, & lui persuada que les Chrêtiens empêchoient Apollon de rendre ses Oracles accoûtumez, & qu'on en devoit craindre de grans malheurs. Il arriva même que ses Prêtres ne connoissant plus rien dans les entrailles des victimes, ils s'en prirent à la presence de quelques Officiers du Palais, que leurs Dieux, disoient-ils, ne pouvoient pas souffrir. L'Empereur demanda à ses Officiers, s'il étoit vrai qu'ils fussent Chrétiens, & aprés qu'ils l'eurent avoüé, il ordonna qu'ils sacrifieroient où qu'ils seroient cassez. Galerius demandoit qu'ils fussent brûlez tout vifs ; mais Diocletien, plus doux ou plus politique, craignoit un soulevement, à cause du grand nombre de Chrêtiens, & vouloit seulement interdire la Religion à ceux du Palais & aux Soldats. On mit la chose en déliberation dans le Conseil, qui conclut à obliger tous les Chrêtiens à sacrifier, mais pourtant sans les faire mourir.

Ce fut le vint-troisiéme de Février qu'on ouvrit la persecution. Diocletien étoit alors à Nicomedie. Le Prefet du Pretoire accompa-

An de J. C. 303.

gné des principaux Officiers de l'Armée, se rendit à la pointe du jour à l'Eglise des Chrétiens ; elle étoit sur une éminence hors de la Ville à la vûë du Palais. On enfonça d'abord les portes, & l'on chercha quelque figure du Dieu que les Chrêtiens adoroient, mais on n'en trouva point. On trouva seulement les Livres de l'Ecriture Sainte qu'on brûla, les Vases sacrez furent pillez par les Soldats. Galerius vouloit qu'on mît le feu à l'Eglise ; mais Diocletien s'y oposa, de peur d'un embrasement, on la démolit, les Empereurs étoient aux fenêtres du Palais. Le lendemain on publia un Edit, qui privoit les Chrêtiens de leurs dignitez, & les exposoit à toutes sortes d'avanies, sans pourtant les condamner à la mort. On leur défendoit de s'assembler, & par tout on devoit abbatre les Eglises. Galerius n'étoit pas content, il fit mettre le feu au Palais, & en fit accuser les Chrêtiens. Il fit même semblant d'avoir peur d'eux, & sortit avec précipitation de Nicomedie, *ne voulant pas*, disoit il, *y être brûlé par les Chrétiens*; alors Diocletien croyant qu'ils en vouloient à sa vie, s'emporta de fureur, & fit donner à tous ses Officiers une rude question, qu'ils soufrirent constamment, sans rien avoüer: on ne la donna point aux Officiers de Galerius, qui étoient seuls coupables de l'embrasement du Palais. L'Imperatrice Prisca, & sa fille Valerie femme de Galerius, furent forcées à sacrifier, ce qui fait juger qu'elles étoient Chrétiennes: leur dignité fut un obstacle à leur salut, & peut être qu'elles eussent été Martires, si elles n'avoient point été Imperatrices. Mais leur Apostasie reçut sa peine dés ce monde, elles furent traitées quelques années aprés avec la derniere indignité, & moururent enfin par la main des Boureaux.

Diocletien n'avoit plus besoin d'être animé par Galerius, il fit mourir dans son Palais Dorothée son grand Chambellan, qui avoit succedé à Lucien, Pierre, Gorgone, Inde, Mardone, les Vierges Domne & Theophile, & une infinité d'autres. Pierre qu'il aimoit fort, fut amené devant lui, il refusa de sacrifier, on le déchira à coups de foüet, on versa sur ses plaies du sel & du vinaigre, on l'étendit sur des charbons ardens. La presence de l'Empereur sembloit lui donner du courage. Il expira en loüant Dieu, & en le priant pour ses persecuteurs. L'Evêque Anthime eut la téte tranchée: on brûla des persones de tout âge & de tout sexe, & plusieurs par une sainte ardeur, que Dieu leur inspiroit, se jetterent eux-mêmes dans les flâmes.

La persecution s'étendit bien-tôt dans toutes les Villes voisines, Agatope & Theodule souffrirent le martire à Thessalonique. Le Juge Faustin les interrogea plusieurs fois, il vouloit les sauver, la vieillesse d'Agatope & la jeunesse de Theodule lui faisoient pitié, *sacrifiés à Jupiter*, leur disoit Faustin, *il y auroit bien plus de raison*, lui répondit Theodule, *de sacrifier à l'ouvrier qui l'a fait*. On les jetta dans la mer une corde au cou.

Philippe Evêque d'Heraclée Metropole de la Thrace fut arrêté par le Gouverneur Bassus. On lui demanda les Livres & les Vases sacrés, il refusa les Livres & donna les Vases, *un cœur pur*, dit-il à Bassus, *plaist autant à* Jesus-Christ *qu'une Eglise bien ornée*. Le Prêtre Severe & le Diacre Hermés furent pris en même tems. On leur fit soufrir pandant sept mois toutes sortes de tourmens, & enfin ils furent conduits à Adrianople. Là commencerent les suplices fort inutilement, on les enterra jusqu'aux genoux, on cloüa leurs mains à un poteau, on alluma le feu, & ils furent brulés en remerciant le Juge de la grace qu'il leur faisoit.

Cepandant Diocletien fit savoir en Occident la resolution qu'il avoit prise d'exterminer les Chrétiens, afin que son Edit fût publié & executé par tout. Maximien, qui aimoit le sang, s'y conforma sans peine dans les lieux de son obéïssance; Constancius ne le voulut point recevoir. Il favorisoit les Chrétiens, autant qu'il le pouvoit, mais n'étant que Cesar, il n'osoit pas s'oposer ouvertement aux volontez des deux Empereurs, & comme il se trouvoit

voit dans les Gaules & en Espagne des Magistrats zelez pour les Idoles ; il s'y élevoit de tems en tems quelque persecution, que Constancius apaisoit moins par autorité que par prudence & par insinuation.

On y ordonna une Fête solemnelle pour le jour de la naissance de l'Empereur Maximien, on faisoit en ces occasions des sacrifices aux Dieux & aux Empereurs, & tout le monde, principalement les Soldats, étoient obligez d'y prendre part. Marcel Centenier de la Legion Trajane, quitta son épée & son baudrier au milieu du Camp, à l'endroit le plus respecté, où étoient les drapeaux de la Legion, & dit tout haut, qu'il étoit Chrétien ; il jetta en même tems la Cane, qui étoit la marque de Centenier ; *Je ne veux point,* s'écria-t-il, *adorer du bois & de la pierre, & si l'on ne peut porter les armes sans sacrifier aux Dieux & aux Empereurs, je les abandonne pour toujours.* On l'arrêta, & Fortunat Lieutenant & Juge de la Legion, le fit mettre en prison. Il l'envoya ensuite à Agricolaüs Vicaire du Prefet, qui demeuroit à Tanger en Mauritanie, qui étoit alors une Province dépendante de l'Espagne. Le Vicaire aprés bien des interrogatoires, condamna Marcel à la mort, pour avoir violé le serment de la Milice ; mais le Greffier nommé Cassien croyant la Sentence injuste, ne la voulut pas écrire ; il jetta par terre la plume & le papier,

& Marcel avant que de mourir, eut la confolation de fe voir un compagnon de foufrance & de gloire. Ils furent tous deux martirifez. Ces particularitez font raportées dans les Actes de Saint Marcel, que Baronius, & la plupart des plus feveres Critiques, regardent comme une piece originale & tres-fidele.

Ainfi la perfecution continuoit en Afrique. On en vouloit principalement aux Livres Sacrez, & quelques mauvais Chrétiens eurent l'impieté de les livrer, ce qui les fit nommer Traditeurs. Menfurius Evêque de Carthage les cacha avec foin, & laiffa dans fon Eglife tous les écrits des Heretiques, que les Payens brûlerent en pompe, fans lui rien demander davantage. Il parut bien-tôt après, un fecond & un troifiéme Edit de l'Empereur, qui condamnoient les Ecclefiaftiques à la prifon, & puis à la mort, s'ils ne vouloient pas facrifier. Plufieurs renierent JESUS-CHRIST publiquement, & quelques-uns en fecret. Les Magiftrats, qui n'étoient pas fi paffionnez que les Empereurs, cherchoient à les fauver. Ils les faifoient traîner au facrifice, & puis les mettoient en liberté, en difant qu'ils avoient facrifié. Quelques-uns contens du témoignage de leur confcience, s'en alloient fans rien dire, mais la plupart proteftoient qu'ils ne l'avoient point fait. La perfecution n'étoit violente, que dans les lieux où les Gouverneurs étoient zelez pour les Idoles.

Le Cabaretier Theodote étoit l'exemple des Chrétiens d'Ancire en Galacie : il employoit son tems & son bien au soulagement des pauvres. Il prioit, il jeûnoit, il assistoit les Confesseurs dans les prisons, il exhortoit les Martirs, & enterroit leurs corps ; il fournissoit le pain & le vin pour le Saint Sacrifice, qu'on celebroit dans sa maison, où les serviteurs de Dieu étoient toujours bien reçus. Un de ses amis nommé Victor, eut la présomption de dire aux Prêtres de Diane, que leur Apollon avoit violé sa propre sœur dans le Temple de Delos ; on l'arrêta, on le chargea de chaînes, on lui fit soufrir de grans tourmens, il confessoit Jesus-Christ ; mais comme on l'alloit achever, il demanda quelque relâche, on le remena à la prison, où il mourut aussi tôt, laissant à son ami la douleur de ne savoir que penser de son salut. Theodote travailloit continuellement pour le prochain. Il fit remettre en liberté à force d'argent quelques Chrétiens, qui contre la discipline de l'Eglise, avoient abbatu un Autel de Diane. Il exhorta au martire Tecuse & six autres Vierges, & eut soin de leur sepulture. Mais enfin il fut arrêté lui-même, & conduit dans une grande Sale où les feux étoient allumez, les chaudieres boüillantes, les roues & les chevalets preparez ; il regardoit en souriant les instrumens de sa gloire, lorsque le Gouverneur lui offrit une grande fortune ; *Tu seras*, lui dit-il, *Sacrificateur d'Apollon, & les Empereurs te feront l'honneur de t'écrire.* Theodote lui répondit que tous les faux Dieux s'étoient plongez dans le crime, & que le seul JESUS, l'innocence même, étoit le veritable Dieu. Alors les Prêtres des Idoles déchirerent leurs habits, & jetterent les couronnes de fleurs qu'ils portoient sur la tête ; le Peuple animé poussa de grans cris, & pour les apaiser, Theodote fut déchiré avec les ongles de fer. Le Martir sentant l'odeur de sa propre chair brûlée, détourna un peu le visage. Le Gouverneur crut sa constance ébranlée, mais Theodote lisant dans sa pensée, lui dit, *non, non, invente de nouveaux tourmens pour m'éprouver, ou plutôt reconnois le courage que me donne JESUS-CHRIST, & qui fait que je te méprise comme un vil esclave, & les Empereurs aussi.* On lui cassa les dents ; *coupe moi la langue si tu veux*, dit le Martir, *Dieu exauce les Chrétiens, sans qu'ils parlent : admirez*, disoit-il au Peuple, *quelle est la puissance de* JESUS-CHRIST, *qui met les persones les plus viles, tels que moi, au dessus des Edits des Princes, & des ménaces des Magistrats* ; voilà ajoûtoit-t-il, en montrant ses plaies, *les sacrifices qu'il faut offrir à ce Dieu, qui a bien voulu soufrir le premier la même chose pour chacun de nous.* Le Gouverneur irrité, le condamna à avoir la tête tranchée. On le conduisit aussi-tôt au lieu de l'execution ; *ne pleu-*

rez point, mes freres, dit-il aux Chrétiens, qu'il aperçut dans la foule, *rendez graces à Notre Seigneur* JESUS-CHRIST, *qui m'a fait achever ma course & vaincre l'ennemi, je vais dans le Ciel prier Dieu pour vous avec confiance*. On lui coupa la tête, & son corps fut jetté dans le feu. L'Histoire de Theodote a été écrite par Nil, témoin oculaire.

Un Diacre nommé Romain souffrit la même année à Antioche. Asclepiade Prefet du Pretoire employa tout pour le vaincre, promesses & ménaces, & le condamna enfin à être brûlé tout vif; mais on ne put jamais allumer le bucher, la pluie du Ciel l'étaignoit aussi-tôt. Galerius, qui se trouva à Antioche, averti de ce miracle, voulut voir Romain, & le prenant pour un Magicien, lui fit couper la langue devant lui. Le Saint n'en parla que plus aisément, les Chrétiens en furent édifiez & consolez, les Payens commençoient à le croire innocent, on l'étrangla dans la prison.

Mais le plus illustre de ces Martirs, fut le Diacre Vincent. Il étoit de Sarragoce en Espagne, & soutint constamment tous les suplices, que la rage fit inventer au Juge Dacien: il lassa ses boureaux, on le remit dans le cachot les fers aux pieds & aux mains; Dieu le consola, & lui envoya des Anges, qui adoucirent toutes ses douleurs. Les Boureaux ne trouvant plus de place sur son corps ou fraper, l'étendirent sur un lit de roses, pour lui donner quelque repos ; alors n'ayant plus rien à souffrir, il demanda à Dieu la couronne qu'il lui avoit promise, & mourut tranquillement entre les bras des Fideles, qui avoient eu permission de l'assister.

Le quatriéme Edit de Diocletien, qui condamnoit tous les Chrétiens à la mort, fut publié quelque tems aprés, & causa un carnage épouvantable. *Presque tout l'Univers*, dit Sulpice Severe, *fut teint du sacré sang des Fideles, tous recherchoient avec avidité une mort si précieuse, un seul mois fournit dix sept mille Martirs, & il sembloit que toute l'Eglise se hatât de quitter la terre pour aller au Ciel*; la persécution, dit Saint Optat, *ravagea l'Afrique, les uns furent Martirs, les autres Confesseurs, quelques-uns Apostats, & presque persone ne s'en sauva que par la fuite.*

Lactance & Eusebe raportent qu'une Ville de Phrigie fut brûlée & tous les Habitans, sans excepter les femmes ni les enfans massacrez, parce que tous y étoient Chrétiens. Les Empereurs avant que de se resoudre à cette inhumanité, permirent de sortir de la Ville à tous ceux qui le voudroient, mais pas un n'en sortit, & tous aimerent mieux mourir Martirs, que de laisser douter de leur foi, en se retirant ailleurs.

Le regne de Diocletien avoit été fort heureux jusqu'à la persecution, mais dés qu'il eut commencé à faire la guerre à l'Eglise, sa santé parut visiblement alterée, son esprit baissa, & tous les malheurs l'accablerent. Il ne laissa pas d'aller à Rome pour y celebrer la vintiéme année du regne de Maximien. On y fit des réjouïssances extraordinaires, qui furent accompagnées de cruauté, suivant le genie des Empereurs; ils étoient tous deux au Teatre, lorsqu'un Comedien nommé Genés pour les réjouïr, se coucha tout d'un coup par terre, dit qu'il étoit malade, & demanda le Baptême; un autre Comedien habillé en Prêtre, s'aprocha de lui; *que veux tu*, lui demanda-t-il; *le Baptême*, s'écria Genés, *& la grace de* JESUS-CHRIST. On lui fit aussi-tôt toutes les ceremonies du Baptême, on lui mit un habit blanc, & pour continuer le jeu, des Soldats le prirent & le presenterent aux Empereurs, pour être interrogé comme les Chrétiens. Alors la grace dont il s'étoit moqué, lui changea le cœur; *Ecoutez*, s'écria-t-il d'une voix haute, *écoutez Empereurs, Sages du monde, & vous aussi Peuple de cette Ville, j'avois horreur du nom Chrétien, & j'ai méprisé cette Religion, jusqu'à m'informer de ses mysteres, pour les joüer sur le Teatre; mais quand l'eau m'a touché, j'ai veu au dessus de moi, une main qui venoit du Ciel, & des Anges lumineux; ils ont lû dans un Livre tous les pechez que j'ai commis depuis mon en-*

fance, les ont lavez dans la même eau, dont j'ai été arrofé en votre prefence, & m'ont enfuite montré le livre plus blanc que la nege. Vous donc, qui m'écoutez, croyez avec moi que Jesus-Christ eft le veritable Seigneur. Les Empereurs crurent que la tête lui avoit tourné, le firent déchirer avec les ongles de fer, & brûler avec les flambeaux ; *je ferai toujours à* Jesus Christ, *s'écrioit-t-il, les tourmens ne me l'ôteront, ni de la bouche, ni du cœur*. Il mourut, & lava dans fon fang tous les defordres de fa vie paffée.

La Vierge Sotere fut couronnée dans le même tems. Saint Ambroife, qui étoit fon petit neveu, nous a apris les particularitez de fon martire. Sa naiffance illuftre & fa beauté, ne toucherent point le Juge, elle quita elle-même le voile, qu'elle portoit toujours par modeftie, voulant bien fe montrer, pourveu que ce fût pour foufrir. Pancrace, quoiqu'il n'eût que quatorze ans, refifta aux plus cruels tourmens, & foutint jufqu'à la mort, la confeffion de Jesus-Christ.

Julitte, iffuë des anciens Princes de Licaonie, fut arrêtée à Tarfe en Cilicie, & d'abord avoüa qu'elle étoit Chrétienne; on lui fit foufrir de grans tourmens, elle avoit un enfant, nommé Cyr, qui n'avoit que trois ans, le Juge fe le fit aporter fur fon Tribunal, & le voulut baifer ; mais l'enfant, qui voyoit tourmenter fa mere, bégayoit, qu'il étoit auffi Chrétien, & égratignoit

égratignoit le Juge au visage, qui de colere lui donna un coup de pied & le jetta en bas du Tribunal, l'enfant se cassa la tête & mourut. La mere en rendit graces à Dieu, & eut la tête tranchée.

La Ville d'Egés en Cilicie, fut honorée du martire de Saint Cosme & de Saint Damien ; nous savons seulement qu'ils étoient Arabes, & qu'ils faisoient la Medecine avec un si grand désinteressement, qu'on les apelloit *Anargires,* ou *sans argent.* L'Eglise Romaine a eu pour eux un respect particulier, puisqu'elle les a mis dans le sacré Canon de la Messe.

Le martire de Barlaam nous est raporté en termes magnifiques par Saint Basile & par Saint Jean Chrisostome. C'étoit un Paysan des environs de Cesarée en Cappadoce, dont la constance brava la rage des Boureaux : ils s'aviserent de lui tenir par force la main sur l'Autel de leurs Dieux, & mirent sur cette main étenduë, de l'encens & des charbons ardens, afin que la douleur l'obligeant à la remuer, & l'encens tombant sur le feu de l'Autel, ils eussent quelque prétexte de dire, qu'il avoit offert l'encens à l'Idole : mais Barlaam eut la force de ne pas seulement remuer le bras, & d'attendre que les charbons lui ayant percé la main en la brûlant, fussent tombez par l'ouverture qu'ils s'étoient faite : Plus grand que le Romain Scevola, dont le suplice ne dura pas si lon tems,

Barlaam expira dans cette douleur, ce qui en marque assez la violence.

Le Martire de la Vierge Agnés, fit aussi beaucoup de bruit, & l'Eglise en fait une grande memoire. Elle n'avoit que treize ans, le fils du Prefet de Rome vouloit l'épouser, mais elle avoit déja consacré sa virginité à JESUS-CHRIST; on la chargea de chaînes de fer, les suplices firent aussi peu sur elle que les caresses, on l'exposa toute nuë dans un lieu public, elle fut couverte en un instant de ses cheveux, & tous les assistans se sentirent saisis de honte & de pudeur ; *Elle courut à la mort*, dit Saint Ambroise, *avec plus de plaisir & de promptitude, qu'une autre n'iroit au lit nuptial : tout le monde étoit en larmes, le Boureau lui même trembloit, elle seule n'étoit point émûë, elle vit & reçut la mort avec joie.*

Ce fut aussi la même année que Taraque, Probus & Andronic soufrirent pour JESUS-CHRIST, les Actes originaux de leur Martire, sont tres-autentiques, & les Critiques les plus difficiles, conviennent que nous n'avons guere de monument dans l'antiquité plus beau & plus assuré. Ils sont composez de quatre parties, dont les trois premieres qui sont les interrogatoires, ne sont que les propres termes des regiftres publics, copiez par un Soldat nommé Sabaste, & la quatriéme, qui est la consommation de leur Martire, est écrite par des Chrétiens, témoins oculaires. C'est ce qui me va engager à raporter leur Histoire, un peu plus au long que celle des autres, la verité meritant d'être celebrée jusques dans ses moindres circonstances.

Taraque étoit Romain, & avoit soixante & cinq ans, lorsqu'il fut arrêté comme Chrétien, il avoit lon-tems porté les armes, & joüissoit des privileges de la Milice. Probus étoit de Perge en Pamphilie fort riche. Andronic beaucoup plus jeune que les deux autres, n'avoit pas moins de courage. Des Soldats les amenerent selon la coûtume au Tribunal de Maxime Gouverneur de Cilicie, qui étoit alors à Tarse. Ils declarerent hautement qu'ils étoient Chrétiens, & qu'ils ne sacrifieroient point devant les Idoles, parce que la Loi de Dieu le défendoit; *Misérables*, leur dit le Gouverneur, *y a-t-il une autre Loi que celle du Prince; oüi*, réprit Taraque, *il y en a une autre, & c'est celle qui vous condamne d'impieté, quand vous adorez du bois & des pierres.* On traitta Probus avec la même rigueur; *mon corps est entre vos mains*, disoit-il aux Boureaux, *mais tous les tourmens que vous me faites soufrir, sont pour moi des remedes & des parfums.* On avoit gardé Andronic pour le dernier, comme le plus jeune & le plus aisé à vaincre, on lui déchira les côtez, on jetta du sel sur ses plaies, on lui cassa les dents; *quand vous me briseriez tous les membres l'un aprés l'autre*, disoit-il aux Gouverneur, *celui qui me soutient, est encore plus fort que vous.* On les remena dans la prison. Quelque tems aprés on les transfera à Mopsuete Ville celebre de Cilicie, leurs Actes n'en disent point la raison. Maxime les interrogea pour la seconde fois, ils persisterent à refuser l'encens aux Idoles, on recommença à les tourmenter, leurs plaies s'étoient gueries toutes seules, le Gouverneur avoit défendu qu'on les pensât. Taraque ne répondoit point aux questions qu'on lui faisoit; *há, Tiran,* dit-il enfin en soupirant, *vous m'avez fait arracher les dents, & vous voulez que je parle.* Maxime s'adressa à Probus; *est il possible,* lui dit-il, *que tu ne reconnoisses pas les Dieux immortels ; je ne reconnois,* répondit Probus, *& je n'adore qu'un seul Dieu;* hé bien, répliqua le Gouverneur, croyant le surprendre, *adore seulement Jupiter; qui,* réprit Probus, *cet adultere, cet incestueux?* Maxime lui fit casser les machoires pour le faire taire. Il voulut interroger Andronic separement, & lui dit que ses Compagnons avoient sacrifié aux Dieux; le Saint lui répondit, que cela étoit faux, & que ses freres, aussi-bien que lui, étoient couverts des armes de Dieu. On les remena encore dans la prison & pour la troisiéme fois, on les interrogea dans la Ville d'Anazarbe, qui devint depuis la Metropole de la seconde Cilicie. Le Gouverneur s'adressa d'abord à Taraque; *Tu esperes,* lui dit-il, *qu'aprés ta mort, de* bonnes femmes viendront embaumer ton corps avec des parfums, mais sois assuré qu'il n'en restera rien ; faites de mon corps, lui dit le Saint, tout ce qu'il vous plaira, vous ne pouvez rien sur mon ame. Le Gouverneur se tourna du côté de Probus, & lui ayant fait ouvrir la bouche par force, lui fit avaler du vin des sacrifices ; tu as bien souferc misérable, lui dit-il en lui insultant, & tu as pourtant participé à nos sacrifices ; Dieu connoît ma volonté, lui répondit le Saint, cela me suffit, c'est par le cœur qu'il nous juge. La séance finit par Andronic, on lui fit souffrir les mêmes tourmens, mais il parla au Gouverneur avec encore plus de force que les autres ; que Dieu vous punisse, lui dit-il, vous & ceux qui vous ont donné le pouvoir, dont vous abusez. Maxime lui reprocha qu'il donnoit des maledictions aux Empereurs ; mais sans s'étonner ; maudits soient ceux, ajoûta-t-il, qui boivent le sang, & qui renversent la terre, que Dieu les puisse fraper de son bras immortel, qu'il n'use point de patience envers eux, mais qu'il les punisse d'une maniere qui leur fasse sentir le crime qu'ils ont commis en persecutant ses serviteurs. Maxime ne put soufrir ces paroles profetiques, il fit couper la langue à Andronic, la fit brûler, & ordonna qu'on en jettât les cendres au vent, de peur qu'on ne les ramassât pour les garder, comme une chose précieuse, & sainte.

Aprés ces trois interrogatoires, Maxime

voyant qu'il ne gagneroit rien sur les serviteurs de Jesus-Christ, les condamna à être devorez par les bêtes sauvages. L'amphiteatre fut preparé, & les Saints y furent portez, leurs blessures les empêchant de marcher. On lâcha sur eux les bêtes les plus furieuses, mais elles se coucherent auprés d'eux, & se mirent à lécher leurs plaies, & le Gouverneur fut obligé à y envoyer des Gladiateurs qui les tuerent à coups d'épée. On pouroit s'étonner de voir des Saints parler avec si peu de respect des Empereurs & injurier leur Juge; mais il faut respecter en eux cette dureté aparente de leurs discours, puisque Saint Paul, la douceur même, n'a pas craint d'apeller muraille blanchie, & de menacer de la colere de Dieu, celui qu'il reconnoissoit pour son Juge. *Ils lançoient*, dit Saint Augustin, *des traits contre leurs Juges, mais c'étoit des traits de Dieu.*

Entre tant de Martirs, il ne faut pas oublier le Pape Saint Marcellin, il avoit succedé à Saint Caïus, & depuis huit ans gouvernoit l'Eglise, en suivant les maximes de ses Prédecesseurs. La persecution arriva en trois cens trois, & *il y parut beaucoup*, dit Theodoret, ce qui suffit pour détruire les fausses Histoires, dont les Heretiques, & même quelques Catholiques, ont voulu noircir sa memoire. Aprés sa mort, arrivée l'année suivante, soit par le martire ou autrement, le Saint Siege demeura vacant trois ans & demi.

CHAPITRE CINQUIE'ME.

Les Empereurs étoient trop endurcis pour être touchez de l'exemple des Martirs. Ils triomferent des Perses & de plusieurs autres Nations, Maximien y fit paroître beaucoup de magnificence, & Diocletien beaucoup d'avarice; le Peuple de Rome accoûtumé aux spectacles s'en moqua, & osa faire de lui des railleries si piquantes, qu'il en fut outré. Il sortit de la Ville malgré les rigueurs de l'hiver, & rétourna à Nicomedie. Il y tomba malade d'une maladie de langueur: il ne se laissoit voir à persone, le chagrin le devoroit, & bien-tôt le bruit se répandit dans la Ville qu'il étoit mort. Galerius qui étoit à Antioche, vint en poste à Nicomedie, où il le trouva dans une grande foiblesse de corps & d'esprit. Il prit son tems, pour lui persuader de quitter l'Empire. Diocletien se fâcha d'une pareille proposition, & offrit seulement d'associer à l'Empire les deux Cesars, Constancius & Galerius; *il y a trop lontems que j'obéis*, lui dit Galerius d'un ton menaçant, *& d'ailleurs ne faut-il pas que vous vous reposiez.* L'âge & la foiblesse de Diocletien l'y firent consentir; il se voyoit presque hors d'état de gouverner, du moins quand ses accés le prenoient; il perdoit alors entierement la raison, s'agitoit extrêmement, & n'en revenoit qu'à force de remedes. Il se rendit en pleurant aux menaces de Galerius, & ne voulant pas quitter l'Empire tout seul, il manda à Maximien qu'il lui conseilloit de faire la même chose, & de ceder la place à Constancius. Il étoit question de faire en même tems deux Cesars; Diocletien qui croyoit devoir honorer le merite des Peres, en la persone de leurs enfans, vouloit Maxence fils de Maximien, & Constantin fils de Constancius; mais Galerius les trouvant trop habiles pour son ambition, proposa Severe & Maximin, l'un & l'autre fort peu capables d'un si grand poste; *je les connois*, dit-il en haussant la voix, *& j'en répons*; he bien, lui répondit Diocletien, *j'y consens, puisque vous le voulez, j'ai eu soin de l'Empire durant que j'en ai eu le gouvernement, c'est vous qui en repondrez à l'avenir.*

An de J. C. 305.

Les choses étant ainsi arrêtées, Diocletien fit assembler les Soldats à trois mille de Nicomedie le premier jour de Mai, & leur dit les larmes aux yeux, que sa foiblesse l'obligeoit à chercher du repos, qu'il cedoit l'Empire à Galerius & à Constancius, & qu'il declaroit Cesars, Severe & Maximin. Il ôta en même tems sa pourpre, en revêtit Maximin, & s'en alla à Salone en Dalmatie, où il choisit sa retraite. C'étoit le lieu de sa naissance. Le même jour Maximien fit la même ceremonie à Milan,

declara

declara Conſtancius Auguſte ou Empereur, & donna la pourpre à Severe. Il ſe retira en Lucanie, où il ne vêcut pas ſi tranquillement que Diocletien.

 Conſtancius avant que d'être declaré Auguſte, ſe faiſoit déja fort aimer dans les Provinces qui lui étoient ſoumiſes. Il ne ſe ſoucioit point d'argent, & vivoit dans la modeſtie d'un particulier. Diocletien, qui en fut averti, lui envoya quelques perſones de confiance, lui reprocher qu'il laiſſoit avilir la Majeſté de l'Empire, & lui remontrer qu'il faloit avoir toujours ſon treſor rempli pour les beſoins de l'Etat. Conſtancius fit publier auſſi-tôt qu'il avoit beſoin d'argent, & qu'en cette occaſion, il verroit ceux qui aimoient leur Prince. A peine cette nouvelle fut répanduë dans les Provinces, qu'on lui aporta de tous côtez des ſommes immenſes, qu'il fit mettre dans le treſor. Il y mena les Envoyez de Diocletien; *Il y a lon-tems*, leur dit-il, *que toutes ces richeſſes-là étoient à moi, je les laiſſois en dépôt entre les mains de mes Sujets, allez dire à l'Empereur ce que vous avez veu;* & quand ils furent partis, il remercia ceux qui l'avoient ſecouru dans le beſoin, & leur fit rendre tout ce qu'ils avoient aporté. Semblable à Alexandre le Grand, qui diſoit que ſon treſor étoit dans la bourſe de ſes Amis.

 Un Prince ſi juſte & ſi aimé n'avoit garde de perſecuter ſon Peuple, en perſecutant les

Chrêtiens, il ne voulut point executer les Edits de Diocletien contre eux, & permit seulement pour le contenter, qu'on abbatît quelques Eglises. Il fit aussi publier que tous ceux qui ne voudroient pas sacrifier aux Dieux, perdroient leurs Charges; mais il les ôta aux Chrétiens qui sacrifioient, en disant que puis qu'ils avoient trahi leur Dieu, ils trahiroient bien aussi leur Prince. Galerius qui haïssoit fort la Religion Chrétienne, n'aprouvoit pas cette conduite, il craignoit Constancius, & encore plus son fils Constantin, que ses grandes qualitez faisoient aimer autant que son pere.

Constantin avoit toujours été élevé auprés de Diocletien, qui le regardoit comme son fils. Il avoit fait des merveilles à la guerre d'Egypte contre Achillée, les Soldats l'aimoient, & voulurent murmurer, lorsqu'on fit deux Cesars dans la plaine de Nicomedie, & qu'on ne le nomma pas. Il étoit present à la Ceremonie, & témoigna beaucoup de joie de l'élevation de Maximin, quelque indigne qu'il en fût, & par sa naissance (il avoit été Berger) & par les mauvaises qualitez de sa persone. Il faloit dissimuler, Galerius étoit le Maître, mais il n'osoit encore se porter à une violence ouverte contre Constantin. La ruse ne lui réüsissoit pas. Il le fit combattre contre un lion, sous prétexte d'exercice & de divertissement; Constantin le tua. Il l'envoya dans une bataille contre les

Sarmates attaquer une espece de Gean, Constantin y alla, renversa le Barbare, & le tua à la vûë des deux Armées.

Cepandant Constancius par politique avoit reconnu Severe pour Cesar, & lui avoit abandonné l'Italie & l'Afrique. Il écrivoit à Galerius les plus belles Lettres du monde & les plus soumises, pour ravoir son fils Constantin, qu'il savoit être en un perpetuel danger. Galerius reculoit toujours sous prétexte d'amitié ; enfin, ne pouvant plus s'en défendre, il permit à Constantin d'aller trouver son pere, & lui fit expedier le brevet pour prendre les chariots de poste. Il se coucha, & remit au lendemain à lui donner ses derniers ordres. Mais Constantin qui le connoissoit, partit sur le champ, & fit une prodigieuse diligence ; il menoit les chevaux de poste tant qu'ils pouvoient aller, & les tuoit ou les estropioit en les quittant. Sa prévoyance étoit bien fondée ; Galerius en se reveillant le lendemain, le fit apeller, & sachant qu'il étoit parti, fit courre aprés comme s'il eût été fort coupable ; on lui dit qu'on ne trouvoit point de chevaux de poste, sa rage se dissipa en ménaces, & Constantin arriva heureusement à Boulogne, lorsque son pere alloit passer dans l'Isle de la Grande Bretagne.

La paix que Constancius avoit renduë à l'Eglise dans l'Occident, donna le moyen aux Evéques de songer au rétablissement de la dis-

An de J. C. 306.

cipline. Ils tinrent quelques Conciles, dont le plus celebre est celui d'Elvire en Espagne auprés de Grenade. Dix-neuf Evêques s'y assemblerent, entre autres Osius Evêque de Cordouë, déja Confesseur, & depuis encore plus celebre. Ils y font plusieurs Canons, défendent de donner la Communion aux Apostats, même à la mort, condamnent à dix ans de penitence les Chrétiens, qui ont monté au Capitole, seulement pour voir les sacrifices des Payens, refusent la Communion aux adulteres, qui sont retombez plusieurs fois dans le même crime, défendent les divorces, abolissent la coûtume de mettre de l'argent dans les fonds, en recevant le Baptême, & ordonnent que celui qui étant dans la Ville manquera de venir à l'Eglise par trois Dimanches, en sera exclus autant de tems pour le corriger.

Mais la persecution étoit plus violente que jamais dans toutes les Provinces de l'Orient. Galerius inventoit tous les jours de nouveaux suplices. On lioit les Chrétiens à un poteau, on faisoit au dessous un petit feu, qui n'étoit que pour leur brûler la plante des pieds & leur rôtir la peau, jusqu'à ce qu'elle s'ouvrît & laissât les os découverts. On leur apliquoit en même tems des charbons allumés sur toutes les parties du corps ; & de peur qu'ils ne fussent étouffez par la chaleur, on leur faisoit avaler de l'eau fraîche, jusqu'à ce que leurs entrailles étant tout à fait brûlées, ils finissent leurs douleurs avec leur vie. Les Tirans firent publier aussi de nouveaux Edits plus cruels que les premiers, & par là firent une infinité de Martirs.

Ulpien fut jetté dans la mer enfermé dans un sac de cuir avec un chien & un aspic; suplice si horrible, qu'on ne s'en servoit plus depuis lon-tems, même pour punir les parricides; mais s'il étoit trop cruel pour les plus grans crimes, il ne l'étoit pas encore assez au gré de Galerius pour tourmenter les Chrétiens. Maximin étoit à Cesarée, & y faisoit celebrer des jeux pour le jour de sa naissance, lorsqu'on amena dans l'amphiteatre Agape, dont le crime étoit d'être Chrétien & un Esclave, qui avoit tué son Maître. On les avoit condamnez tous deux aux bêtes sauvages; mais à peine parurent-ils, que le Peuple demanda grace pour l'Esclave. L'Empereur l'accorda, & fit tourmenter le Chrétien, qu'une ourse enfin devora.

Pelagie jeune Vierge d'Antioche, fut arrêtée dans sa maison pour être conduite devant le Juge. La peur de perdre l'honneur avant la vie, lui donna du courage, elle se presenta aux Soldats avec un visage guai, & leur demanda la permission & le tems de mettre ses plus beaux habits pour paroître au Tribunal. Elle monta aussi-tôt au haut de sa maison, fit sa priere à Dieu, & se précipita. Sa cervelle vola sur les carreaux & son ame dans le Ciel.

La Sainte Veuve Domnine & ſes deux filles, ſe jetterent dans une riviere, pour éviter les mêmes malheurs & ſe noyerent. Saint Auguſtin avouë, que de pareilles actions ſont ordinairement criminelles, & qu'on ne les peut excuſer, qu'en croyant de ces ſaintes Martires, ce que l'Egliſe nous oblige de croire de Samſon, les homicides d'eux-mêmes ne ſe pouvant juſtifier que par un ordre exprés de Dieu.

Boniface fut martiriſé à Tarſe en Cilicie. Il étoit Amant d'Aglaïde Dame Romaine, qui étoit ſi riche, qu'il lui faloit ſoixante & treize Intendans pour gouverner ſon bien. Aprés pluſieurs années d'un commerce criminel, Aglaïde touchée du deſir de ſe convertir, envoya Boniface en Orient chercher des reliques de Martirs. Il partit, & lui dit en riant ; *au moins ſi on vous raporte des mienes, ne les mépriſez pas.* Il arriva à Tarſe dans le tems que vint Chrétiens étoient dans les tourmens ; leur conſtance le toucha, il s'aprocha d'eux & baiſa leurs plaies, en s'écriant ; *qu'il eſt grand le Dieu des Chrétiens, qu'il eſt grand le Dieu des Saints Martirs.* Le Juge le fit arrêter auſſi-tôt, & lui fit ſoufrir d'horribles tourmens, avant que de lui ôter la vie. On dit que Boniface au milieu de ſes paſſions criminelles, aimoit la juſtice & les pauvres. On porta ſes reliques à Aglaïde, qui vendit ſon bien, le diſtribua aux pauvres, & paſſa le reſte de ſes jours en bonnes œuvres. Nous souhaiterions que cette Histoire fût aussi autantique, qu'elle est édifiante & agréable.

Maximin, qui commandoit en Sirie & en Egypte, n'aimoit pas tant le sang que Galerius, mais il étoit encore plus attaché à ses Dieux. Il sacrifioit tous les jours dans son Palais, & ne mangeoit jamais que des viandes qu'on avoit offertes aux Idoles. Leurs Prêtres, qui la plupart s'adonnoient à la magie, tenoient le premier rang dans sa Cour, & parvenoient aux plus grans emplois, & comme ce Prince étoit timide & superstitieux, ils lui persuadoient qu'il pouvoit s'abandonner à ses passions, pourvû qu'il ne manquât pas aux sacrifices. La persecution des Chrétiens étoit une suite necessaire d'un pareil zele; il est vrai que d'abord il n'employa que les exhortations & la douceur, & défendit même de les banir, mais dans la suite, il s'emporta à des cruautez inoüies, ses débauches l'y poussoient encore. Il s'attacha de cœur à Dorothée Vierge Chrétienne, que sa beauté, son esprit, sa science, & ses grandes richesses rendoient la premiere d'Alexandrie. Il employa auprés d'elle les sollicitations les plus vives & les plus basses, sans la pouvoir toucher, & sa passion ne lui permettant pas de la faire mourir, il se contenta de la banir & de la dépoüiller de tout son bien. Baronius a crû que Dorothée étoit la même que l'illustre Sainte Caterine, dont les Grecs nous ont dit de si belles choses, sans daigner nous en aporter aucunes preuves; mais il ne peut pas même faire aprouver son sentiment à Bollandus, & tout le raport qu'il y a entre ces deux Saintes, c'est qu'elles étoient toutes deux Vierges, d'Alexandrie, nobles, riches, savantes, & toutes deux aimées par un Empereur Idolâtre. Baronius avouë qu'il n'a rien à dire de certain là dessus: *On rend*, dit-il, *un service bien plus considerable à la verité & à l'Eglise, en ensevelissant dans le silence des choses qui ne sont pas tout à fait certaines, que lors qu'on en avance de fausses, même parmi d'autres qui sont vraies. Quelques courtes que soient les veritables Histoires, l'esprit se reposant sur leur certitude, conçoit, medite, & voit pour ainsi dire tout ce qu'une conjecture vrai semblable peut découvrir; mais il arrive au contraire que la moindre fausseté qu'un Lecteur trouve dans une piece, le fait douter de tout le reste, & il ne peut plus s'assurer de rien, dés qu'il s'est veu une fois trompé.*

Ce fut à peu prés en ce tems-là que Saint Antoine sortit du desert, il s'y étoit enfermé pandant vint ans sans voir persone, & n'avoit songé qu'à sa propre perfection. On le força enfin à travailler à celle des autres: il se livra au prochain, ses paroles étoient touchantes, il consoloit les affligez, il guerissoit les malades, il chassoit les demons, & revenoit toujours à dire, qu'il n'y a rien de préferable à l'amour de JESUS CHRIST. Son exemple & ses exhortations firent

firent embrasser la vie solitaire à une infinité de persones ; le desert se peupla de Monasteres : on y chantoit continuellement, on y jeûnoit, on s'y réjouïssoit dans l'esperance des biens avenir, & c'étoit veritablement le pays de la pieté. Antoine avoit son Monastere particulier, d'où il sortoit de tems en tems pour aller visiter les autres Monasteres ; il en avoit été le principe & en étoit l'ame. Il prêchoit l'austerité, dont il étoit l'exemple, & considerant la grandeur de l'esprit humain, il avoit honte d'être obligé à donner des soins à un corps, qu'il sentoit sujet à tant de foiblesses.

Pandant la persecution de Diocletien, l'Église fut attaquée par la plume aussi bien que par l'épée. Le Filosofe Porphire fut un de ses plus dangereux adversaires ; il étoit du Bourg de Batanée auprés de Tir, ce qui lui fit donner le surnom de Batancote. Longin fut son premier Maître, & Plotin le second ; mais il passa bien-tôt l'un & l'autre, son esprit le faisoit penetrer dans toutes les sciences : il lut avec soin tous les Livres Sacrez par curiosité, ou peut être pour les combatre, son éloquence naturelle lui donnoit de grans avantages dans la dispute. Il avoit trouvé Dieu en suivant la Filosofie des Platoniciens ; mais il ne pouvoit se soumettre à l'humilité de la Croix, & vouloit toujours aller à Dieu par la magie & par les sciences occultes : il se vante même dans quelqu'un de ses Ouvra-

choses, sans daigner nous en aporter aucunes preuves; mais il ne peut pas même faire aprouver son sentiment à Bollandus, & tout le raport qu'il y a entre ces deux Saintes, c'est qu'elles étoient toutes deux Vierges, d'Alexandrie, nobles, riches, savantes, & toutes deux aimées par un Empereur Idolâtre. Baronius avouë qu'il n'a rien à dire de certain là dessus: *On rend, dit-il, un service bien plus considerable à la verité & à l'Eglise, en enseveliſſant dans le silence des choses qui ne sont pas tout à fait certaines, que lors qu'on en avance de fausses, même parmi d'autres qui sont vraies. Quelques courtes que soient les veritables Histoires, l'esprit se reposant sur leur certitude, conçoit, medite, & voit pour ainsi dire tout ce qu'une conjecture vrai semblable peut découvrir; mais il arrive au contraire que la moindre fausseté qu'un Lecteur trouve dans une piece, le fait douter de tout le reste, & il ne peut plus s'aſſurer de rien, dés qu'il s'est veu une fois trompé.*

Ce fut à peu prés en ce tems-là que Saint Antoine sortit du desert, il s'y étoit enfermé pandant vint ans sans voir persone, & n'avoit songé qu'à sa propre perfection. On le força enfin à travailler à celle des autres: il se livra au prochain, ses paroles étoient touchantes, il consoloit les affligez, il guerissoit les malades, il chassoit les demons, & revenoit toujours à dire, qu'il n'y a rien de preferable à l'amour de JESUS-CHRIST. Son exemple & ses exhortations firent

firent embrasser la vie solitaire à une infinité de persones; le desert se peupla de Monasteres: on y chantoit continuellement, on y jeûnoit, on s'y réjoüissoit dans l'esperance des biens avenir, & c'étoit veritablement le pays de la pieté. Antoine avoit son Monastere particulier, d'où il sortoit de tems en tems pour aller visiter les autres Monasteres; il en avoit été le principe & en étoit l'ame. Il prêchoit l'austerité, dont il étoit l'exemple, & considerant la grandeur de l'esprit humain, il avoit honte d'être obligé à donner des soins à un corps, qu'il sentoit sujet à tant de foiblesses.

Pandant la persecution de Diocletien, l'Église fut attaquée par la plume aussi bien que par l'épée. Le Filosofe Porphire fut un de ses plus dangereux adversaires; il étoit du Bourg de Batanée auprés de Tir, ce qui lui fit donner le surnom de Batancote. Longin fut son premier Maître, & Plotin le second; mais il passa bien-tôt l'un & l'autre, son esprit le faisoit penetrer dans toutes les sciences: il lut avec soin tous les Livres Sacrez par curiosité, ou peut être pour les combatre, son éloquence naturelle lui donnoit de grans avantages dans la dispute. Il avoit trouvé Dieu en suivant la Filosofie des Platoniciens; mais il ne pouvoit se soumettre à l'humilité de la Croix, & vouloit toujours aller à Dieu par la magie & par les sciences occultes: il se vante même dans quelqu'un de ses Ouvrages, de s'être une fois aproché de Dieu & uni à lui. C'étoit aparamment le sujet d'un Poëme, qu'il avoit fait des nôces sacrées, que peu de persones entendoient. Mais ce furent les Ouvrages qu'il composa contre les Chrétiens, qui le rendirent plus recommandable parmi les Payens, & dans la suite plus odieux, lorsque la Religion de Jesus-Christ, qu'il croyoit absolument détruire, réprit de nouvelles forces dans le sang de ses Martirs, & devint la Religion dominante. Son Ouvrage contre l'Eglise étoit divisé en quinze Livres, il étoit plein de subtilitez, & écrit avec beaucoup d'adresse & d'éloquence. *Il ne faut pas s'étonner*, disoit-il, *que la peste ravage l'Empire, Esculape ni les autres Dieux, ne viennent plus à nous, depuis que l'on a commencé à adorer* Jesus. Il prétendoit avoir trouvé une infinité de contradictions dans l'Ecriture, & voyant les Proféties de Daniel trop claires & trop conformes aux évenemens, il ne trouva point d'autre moyen pour les éluder, que de dire qu'elles étoient suposées. Saint Methode qui souffrit le martire sous Dioclétien, y répondit fortement du vivant de Porphire. Eusebe de Cesarée y répondit dans la suite en trente Livres, & Apollinaire en composa autant sur le même sujet soixante ans aprés. Tous ces Ouvrages ont été perdus, aussi bien que celui de Porphire. Les Peres de l'Eglise en ont souvent parlé, & Theodoret remarque que comme Dieu avoit obligé le Profete Balaam à donner des benedictions à son Peuple, quoiqu'il fût venu dans le dessein de le maudire, il avoit aussi tourné souvent la langue de Porphire contre lui-même, & l'avoit rendu le Destructeur du mensonge, lorsqu'il ne travailloit qu'à l'établir, accomplissant en lui la verité figurée par le lion de Samson, qui avoit dans la gueule un rayon de miel.

Dieu suscita dans le même tems des Deffenseurs de la verité. Arnobe Rhetoricien, fort zelé pour les Dieux, fut converti par des songes, ce qui n'est pas inconnu, ni même rare dans l'Eglise. Il demanda le Baptême, & ne l'obtint, qu'aprés avoir publié pour la défense de la Religion Chrétienne, un Ouvrage qui a passé jusqu'à nous, mais qu'il faut lire avec précaution, parce que l'Auteur n'étant pas encore Chrétien, & l'ayant composé fort vîte pour être plutôt receu dans l'Eglise, s'y est servi quelquefois d'expressions hardies, que les Heretiques pouvoient tourner à leur avantage. Son stile est un peu Africain, c'est-à-dire que ses termes sont durs, peu polis, & quelquefois même peu latins. Ses raisons sont plus fortes pour attaquer la Religion des Payens, que pour établir celle des Chrétiens ; mais il ne faut pas s'en étonner, c'est l'ordinaire de tous les nouveaux Convertis, qui encore pleins de leur Religion, en connoissent mieux les défauts, qu'ils ne favent les preuves de celle qu'ils viennent d'embrasser.

Pierre Evêque d'Alexandrie fit aussi un Traité de la penitence, où il regle le tems que chacun la doit faire aprés la chûte, la proportionnant au peché. Il y décide tous les cas par l'autorité de l'Ecriture, & ajoûte à la fin sur les jeûnes de l'Eglise ; *persone ne doit nous reprendre de ce que nous jeûnons la quatriéme & la sixiéme Ferie ; la quatriéme, parce que les Juifs s'assemblerent ce jour là pour trahir le Seigneur ; & la sixiéme, à cause de la Passion, & pour celebrer la Resurrection, nous passons le Dimanche en joïe.*

Cependant Diocletien aprés avoir répandu tant de sang innocent, vivoit en paix dans sa retraite de Salone. Il s'occupoit à cultiver son jardin, & lorsque dans la suite Maximien le pressoit de reprendre l'Empire ; *je voudrois, lui répondit-il, que vous pussiez venir voir les arbres que j'ai plantés de mes mains, assurément vous ne me parleriez plus de l'Empire.* Ce faste qu'il avoit porté plus loin que pas un de ses prédecesseurs, & cet orgueil impie, qui exigeoit les adorations de toute la terre, avoit cedé au doux plaisir d'avoir des fleurs & des fruits, & dans les amusemens de la vie rustique, on ne reconnoissoit plus l'homme de sang qui venoit de maîtriser l'Univers.

Constantin avoit joint à Boulogne l'Empereur Conſtancius ſon pere, lorſqu'il alloit paſſer dans l'Iſle de la Grande Bretagne. Il ſervit ſous lui à la guerre qu'il fit aux Pictes, Peuples venus du Septentrion; mais Conſtancius affoibli depuis lon-tems, tomba malade & mourut à York, aprés avoir commandé treize ans avec la qualité de Ceſar, & treize mois depuis l'abdication de Maximien. Il recommanda en mourant ſon fils Conſtantin aux Soldats, qui le proclamerent auſſi-tôt Auguſte, & Empereur.

An de J. C. 306.

Nous finirons ce premier Volume de notre Hiſtoire, en raportant ſommairement la doctrine, la morale, & la diſcipline de l'Egliſe pandant les trois premiers ſiecles. La doctrine renferme les articles de foi que nous devons croire. La morale nous aprend les choſes que nous devons faire, & celles que nous devons éviter; la diſcipline concerne le gouvernement. Les Heretiques attaquent la doctrine. Les Schiſmatiques renverſent la diſcipline, & les mauvais Chrétiens s'écartent des loix de la morale.

Il eſt certain que la doctrine de l'Egliſe a toujours été la même, & le ſera juſqu'à la fin des ſiecles. C'eſt la doctrine de JESUS-CHRIST, que les Apôtres ont publiée par toute la terre. Ils ont enſeigné que les principes de la foi étoient l'Ecriture Sainte & la tradition, qu'il faloit croire les myſteres, quoiqu'on ne les pût comprendre: ils ont crû Dieu invisible, éternel, incorruptible, &c. ils ont prouvé que Dieu avoit créé toutes choses, & la matiere même qui n'étoit point éternelle ; ils ont reconnu trois Persones en un seul Dieu, la Divinité & l'Eternité du Verbe & du Saint Esprit: que Jesus-Christ étoit ce Verbe fait Homme, Dieu & Homme tout ensemble, qu'il avoit racheté les hommes par sa mort, qu'il étoit ressuscité, ils ont crû l'éternité des recompenses & des suplices. Tous les Docteurs de l'Église, Evêques ou Prêtres, dont nous avons parlé dans cette Histoire, ont professé cette doctrine, qu'ils nous assurent être celle de Jesus-Christ, enseignée par les Apôtres, & necessaire au salut. Il est vrai qu'ils se sont servis quelquefois de certaines expressions sur la persone du Verbe, qui semblent déroger à sa Divinité, comme quand ils disent qu'il n'a été engendré qu'au commencement du monde, qu'il est visible, & que le Pere est invisible, qu'il est une portion de la substance du Pere. Mais ces manieres de parler ont un bon sens dans ces Auteurs. Quand ils disent que le Verbe a été engendré au commencement du monde, ils ne veulent pas dire qu'il a commencé d'être pour lors, puisqu'ils reconnoissent dans tous leurs écrits, qu'il étoit de toute éternité; mais ils donnent le nom de generation à une certaine émission du Verbe, qu'ils imaginent s'être faite, quand

Dieu a voulu créér le monde. Ils ont attribué la visibilité au Fils, comme on attri... la Toute-Puissance au Pere, disant que c'... par le Fils, que Dieu fait tout ce qu'il fait ex... ment. Enfin quand ils ont dit que ...e V... une portion de la substance ... e, ils ... voient le Pere comme ayant ... toute la Divinité, qu'il communiquoit au Fils & au Saint Esprit.

Il faut avoüer que plusieurs des anciens Peres se sont imaginés aprés Papias, que Jesus-Christ regneroit mille ans sur la terre. Ils ne se sont pas mis en peine d'examiner en quoi consisteroit la beatitude. Ils n'ont point douté que l'Eucharistie ne fût le Corps & le Sang de Jesus-Christ. Ils ont loüé la virginité, sa... blâmer le mariage. Ils ont honoré les Sa... les Martirs, comme serviteurs de Dieu. Ils o... lé de la Vierge Marie avec respect & retenue. ...ont crû que les Livres S ...rez étoient inspirez par le Saint Esprit, & qu'ils contenoient notre foi: qu'il faloit croire ce que l'Ecriture, la Tradition & l'Eglise nous enseignoient. Ils n'ont point reconnu d'autres Livres Canoniques de l'Ancien Testament, que ceux qui étoient dans le Canon des Hebreux: Et dans le Nouveau, ils n'ont admis que les quatre Evangiles, les Actes des Apôtres, les quatorze Epîtres de Saint Paul, la premiere Epître de Saint Jean, & la premiere de Saint Pierre, celles de Saint Jaque & de Saint Jude: la deuxiéme de Saint Pierre; la deuxiéme & la troiſiéme de Saint Jean ont été receuës par quelques uns, & rejettées par d'autres, auſſi bien que l'Apocalypſe.

La morale de l'Evangile a été auſſi immuable que ſa doctrine, & quoiqu'elle n'ait pas été toujours ſuivie, on peut dire qu'elle n'a jamais été attaquée. On a toujours porté les Chrêtiens à obſerver la loi naturelle, & les préceptes du Decalogue. On leur prêchoit qu'il faloit donner ſon cœur à Dieu, que ceux qui n'agiſſoient que par une crainte ſervile, n'étoient point veritablement juſtes, qu'il faloit aimer ſon prochain comme ſoi-même, & rendre le bien pour le mal; mais ce qu'il y avoit de plus admirable, c'eſt que ſi cette excellente morale étoit dans les écrits des premiers Chrêtiens, elle paroiſſoit avec beaucoup plus d'éclat dans leur vie & dans leurs actions.

Quant à la diſcipline de l'Egliſe, elle a changé ſelon les tems & ſelon les lieux. Les trois premiers ſiecles, dont nous venons de parler, ne l'ont pas vûë dans ſa perfection. On ne ſongeoit d'abord qu'au plus neceſſaire, à la doctrine & à la morale, les Ceremonies n'ont commencé, à proprement parler, que dans le quatriéme ſiecle, lorſque l'Egliſe ſe voyant en paix par la converſion des Empereurs, les Evêques ont fait la plûpart des Reglemens,

glemens, qui s'observent encore aujourd'hui. Les Fideles s'assembloient alors tous les Dimanches, on prioit, on lisoit l'Ecriture, l'Evêque prêchoit. On celebroit dés ce tems-là avec solemnité les Fêtes de Noël, de Pâques, & de la Pentecôte. Il semble que l'usage des images, des croix, des cierges allumez, & de l'encens, n'étoit pas encore fort commun. On prioit pour les morts, on celebroit en leur memoire le Sacrifice de la Messe. La penitence publique étoit en usage. Les Evêques étoient fort considerez, & principalement ceux des grandes Villes. Leurs Confreres les consultoient dans les matieres Ecclesiastiques, sans pourtant se soumettre aveuglement à leurs décisions, tous les Evêques étant persuadez qu'ils avoient receu un même Episcopat, immediatement de JESUS CHRIST. L'Eglise de Rome fondée par Saint Pierre & par Saint Paul, fut regardée comme la premiere, & son Evêque comme le premier entre tous les Evêques du monde: le sentiment de l'Eglise Universelle passoit pour une regle infaillible de foi.

On s'apercevra aisément en lisant ce petit abregé de la doctrine, de la morale & de la discipline de l'Eglise, durant les trois premiers siecles, que j'ai lû la Biblioteque des Auteurs Ecclesiastiques de Monsieur du Pin, & que j'ai profité de ma lecture.

TABLE DES MATIERES DE L'HISTOIRE DE L'EGLISE.

LIVRE PREMIER.

CHAPITRE PREMIER.

Dieu crée le monde & l'homme. Page 1
Adam mange du fruit défendu, & est chassé du Paradis Terrestre. 2
Caïn tuë son frere Abel.
Les hommes tombent dans toutes sortes d'abominations, 3
Le Deluge universel.
Noë & sa famille repeuplent la terre.
Vocation d'Abraham.
Abraham veut sacrifier Isaac. 4
Jacob surnommé Israël, décend en Egypte avec ses enfans.
Moyse délivre les Israëlites de la captivité.
Dieu lui donne la Loi sur le Mont Sinaï. 5
Le Tabernacle est construit & élevé. On y met l'Arche d'Alliance.
Josué fait la conquête de la Terre Sainte.
Les Juges gouvernent le Peuple de Dieu jusqu'à Samuël.

TABLE

Saül est fait Roi des Hebreux.
David & Salomon lui succedent.
Royaumes de Juda & d'Israël.   6
Captivité de Babilone.
Jeremie, Isaye, Ezechiel, Daniel prophetisent.
Valeur des Machabées.

CHAPITRE SECOND.

Naissance de Jesus-Christ.   8
Adoration des Mages.   9
Massacre des Innocens.   10
Fuite en Egypte.
Mort d'Herode, partage de son Royaume.
Retour d'Egypte.
Jesus au Temple.   11
Jean-Baptiste prêche la penitence & baptise.   12
Jesus est baptisé comme les autres.
Il est tenté par le Demon.
André, Pierre, Philippe, Jaque & Jean sont apellez, & suivent Jesus-Christ.   13
Histoire de la Samaritaine.   15
Jesus guérit une femme qui avoit le flux de sang.
Il ressuscite la fille de Jaïre.
Il guérit le Paralitique de trente-huit ans.
Il choisit les douze Apôtres, & les envoie prêcher.   16
Sermon sur la Montagne.   18
Il pardonne à la Pecheresse.   21
Mort de Jean-Baptiste.   22
Miracle des cinq pains.
Histoire de la Cananée.   3
La Transfiguration.   25
Jesus renvoie la femme Adultere.
Il ressuscite Lazare.   26
Il entre en triomfe dans Jerusalem.   29
Les Docteurs lui font des questions sur la Loi.   30
Il celebre la Pâque avec ses Apôtres, & institue le

Saint Sacrement. 31
Les Pontifes & les Pharisiens songent à le faire mourir.
Judas le trahit.
Jardin des Olives. 32
Jesus est arrêté.
Pilate le condamne en reconnoissant son innocence.
Il est attaché sur la Croix & meurt.
Prodiges à la mort du Sauveur. 33
Désespoir de Judas.
Joseph d'Arimathie, & Nicodême mettent le Corps de Jesus-Christ dans le Sepulchre. 34
Jesus-Christ ressuscite, & pandant quarante jours aparoît plusieurs fois à ses Disciples. 35
Il monte au Ciel.

CHAPITRE TROISIE'ME.

Election de Mathias. 37
Le Saint Esprit décend sur les Apôtres. 38
Ils ont le don des langues & des miracles.
Punition d'Ananias & de Saphira. 39
Saint Pierre guérit un Boiteux.
On le cite devant le Sanedrin. 41
Sa fermeté, on le renvoie.
Discours de Gamaliel. 42
Election des Diacres. 43
Martire d'Etienne. 44
Les Disciples vont prêcher dans les Provinces. les Apôtres demeurent à Jerusalem. 45
Tradition douteuse de Magdelaine. 46
Le Diacre Philippe va prêcher en Samarie.
Simon le Magicien fait semblant de se convertir.
Philippe baptise l'Eunuque de la Reine Candace. 48
Conversion de Saint Paul. 49

TABLE

CHAPITRE QUATRIÉME.

L'Empereur Tibere favorise les Chrêtiens. 52
Paix de l'Eglise.
Saint Pierre va visiter les Provinces. 53
Il guérit un Paralitique.
Il ressuscite Tabithe.
Il baptise le Centenier Corneille, & ouvre aux Gentils la porte du salut. 54
Saul prêche à Damas. 56
On le veut tuer, il se sauve dans une corbeille.
Il vient à Jerusalem. 57
Barnabé le presente à Saint Pierre.
Il prêche dans le Temple, & est obligé à se retirer à Cesarée & de là à Tarse.
Il parcourt la Sirie & la Cilicie, & y fonde plusieurs Eglises.
Il preche à Antioche avec Barnabé.
Les Disciples de JESUS-CHRIST y commencent à s'appeller Chrêtiens. 58
Famine en Judée. Les Chrêtiens d'Antioche envoient leurs aumônes à Jerusalem, & c'est Paul & Barnabé qui les portent.
Ils reviennent à Antioche, & y sont ordonnez Apôtres des Gentils.
Saint Pierre fonde l'Eglise d'Antioche, & y établit Saint Evode pour Evêque.
Il prêche la Foi dans le Pont & dans la Cappadoce.
Mort de Tibere; Caïus est fait Empereur, ses vertus & ses vices. 59
Il fait mourir le jeune Tibere.
Il veut être Dieu, on lui dresse des Autels par tout l'Empire.
Les Juifs ne veulent point lui sacrifier, & sont fort persecutez à Alexandrie. 61
Caïus fait Agrippa Roi d'une partie de la Judée.

DES MATIERES.

Il relegue Herode Antipas à Lion.
Caïus veut faire mettre sa Statuë dans le Temple de Jerusalem.
Il s'en désiste à la priere d'Agrippa. 63
Députation des Juifs d'Alexandrie mal receuë.
Folies de Caïus.
Il veut faire son cheval Consul.
Il fait mourir Ptolomée Roi de Mauritanie.
Il est assassiné. 65
Claude elevé à l'Empire.
Le Roi Agrippa lui rend un grand service.
Claude lui donne Jerusalem & le reste de la Judée.

CHAPITRE CINQUIÉME.

Les Apôtres vont prêcher dans differentes parties du monde. 67
Ce qu'on sait de particulier de Saint André, de Saint Thomas, de Saint Jude, de Saint Barthelemi, de Simon le Cananéen, & de Saint Mathieu. 68
Simbole des Apôtres. 73
Canons des Apôtres.
Saint Pierre va à Rome, & y fonde la premiere Eglise. 74
Il écrit sa premiere Epître.
Saint Marc écrit son Evangile. 75
Il fonde l'Eglise d'Alexandrie.
Le Roi Agrippa fait mourir Saint Jàque le Majeur frere aîné de Saint Jean l'Evangeliste.
Saint Pierre retourne à Jerusalem. 77
Il est mis en prison & delivré par un Ange.
Agrippa fait des jeux à Cesarée en l'honneur de Claude, il est frapé par un Ange, & meurt rongé par les vers. 79
La Judée reduite en Province Romaine.
Saul & Barnabé prêchent aux Gentils. 80
Saul est ravi au troisiéme Ciel.

TABLE

Tentations de Saul.
Saul & Barnabé paſſent dans l'Iſle de Cipre, 81
Converſion du Proconſul Serge Paul : Saul prend ſon nom. 82
Les Apôtres vont à Antioche de Piſidie.
Martire de Sainte Tecle. 83
Ils vont en Licaonie, où l'on veut leur faire des ſacrifices.
Paul eſt lapidé.
Aprés ſa guériſon, il continuë à prêcher dans la Cappadoce, en Macedoine, & juſqu'en Illirie.

CHAPITRE SIXIE'ME

Concile de Jeruſalem, 85
Saint Pierre eſt repris par Saint Paul.
Diſpute entre Paul & Barnabé. 87
Ils ſe ſeparent pour aller prêcher l'Evangile.
Paul convertit Timothée.
Il va en Macedoine.
Saint Luc s'attache à lui, ſa vie & ſes ouvrages. 89
Saint Paul délivre une poſſedée à Philippes.
Il va à Athenes, & convertit Denis l'Areopagite, ſa vie & ſes ouvrages. 90
Saint Paul paſſe à Corinthe.
Saint Luc écrit ſon Evangile, 93
Saint Paul écrit deux Epîtres aux Theſſaloniciens.
Il ſe fait couper les cheveux comme les Nazaréens.
Il demeure trois ans à Epheſe.
Tumulte à Epheſe. 94
Hiſtoire de l'Empereur Claude & ſa mort. 95
Le jeune Agrippa eſt fait Roi de Traconithe.
Epîtres de Saint Paul, leur caractere.
Il écrit aux Galates & aux Corinthiens. 97

CHAPITRE

DES MATIERES.

CHAPITRE SEPTIÉME

Histoire d'Apollonius de Tiane. 99
Saint Paul visite les Eglises qu'il a fondées ; il écrit une seconde Lettre aux Corinthiens. 100
Il parcourt la Macedoine & la Grece, son Epître aux Romains.
Il passe à Troade, & y ressuscite un mort. 102
Il va à Ephese & à Milet, & passe à Cesarée.
Le Profete Agabus lui prédit la prison à Jerusalem.
Il ne laisse pas d'y aller.
Le Tribun Lisias le fait arrêter : il est deux ans en prison à Cesarée. 103
Festus succede à Felix, & veut condamner S. Paul.
Il apelle à l'Empereur.
Saint Barnabé prêche dans l'Isle de Cipre, & y est martirisé, son Epître. 105
Neron commence à gouverner comme un bon Prince. 106
Il ne peut soufrir l'insolence d'Agrippine & de ses favoris.
Il fait empoisonner son frere Britannicus.
Il fait mourir sa mere.
Saint Paul avant que d'être envoyé à Rome, comparoît devant le Roi Agrippa. 107
Saint Paul est accompagné dans son voyage par Luc & par Aristarque.
Naufrage.
Il aborde à Malthe, & y fait plusieurs miracles. 110
Il arrive à Rome & y prêche.

TABLE

LIVRE SECOND.

CHAPITRE PREMIER.

Les Philippiens envoyent des aumônes à Saint Paul. 113
Il leur écrit.
Il convertit l'Esclave Onesime.
Il écrit à Philemon.
Il écrit aux Colossiens.
Martire de Saint Jâque le Mineur. 114
Saint Simeon est elû Evêque de Jerusalem.
Saint Paul écrit aux Hebreux.
Quelques traits de la vie de Neron. 119
Il fait brûler la Ville de Rome, en accuse les Chrétiens & les persecute.
Passage memorable de Tacite.
La persecution va jusqu'en Espagne.
Saint Paul retourne en Orient.
Il passe en Crete, & y laisse Tite. 121
Il va en Judée, à Colosses & en Macedoine.
Il laisse Timothée à Ephese.
Il écrit à Timothée, & ensuite à Tite. 121
Il retourne à Rome, & est mis en prison.
Il paroît devant Neron chargé de chaînes.
Il a le cou coupé. 122
Saint Pierre prêche à Rome.
Il écrit à ceux de Pont, & parle contre les Nicolaïtes.
Histoire de Simon le Magicien, qui est vaincu par Saint Pierre. 123
Menandre & Basilide disciples de Simon le Magicien.
Jesus-Christ aparoît à Saint Pierre. 126
Il retourne à Rome & est mis en croix la tête en bas.
Tombeau & chaînes de Saint Pierre fort honorées. 127

DES MATIERES.

Dernieres actions de Neron & sa mort. 128
Galba proclamé Empereur.
Il adopte Pison.
Othon se revolte, fait massacrer Galba & Pison, & se fait Empereur.
Ses vertus, sa foiblesse.
Son armée est défaite par celle de Vitellius.
Il se tuë.
Vitellius reconnu Empereur par tout, même en Orient. 131
Vespasien est proclamé par l'armée de Judée.

CHAPITRE SECOND.

Histoire de la guerre des Juifs. 132
La Judée reduite en Province Romaine.
Les Gouverneurs maltraitent les Juifs, & les forcent presque à se revolter.
Imposteurs défaits.
Assassins.
Prodiges.
Florus pille le marché de Jerusalem.
Les Juifs se revoltent.
Défaite de Gallus Gouverneur de Sirie. 140
Les Chrêtiens sortent de Jerusalem.
Neron donne à Vespasien la conduite de la guerre contre les Juifs. 141
Il prend toutes les places de Judée, & se prepare à assieger Jerusalem.
Guerre civile des Juifs. Zelateurs.
Vespasien en allant à Rome passe à Alexandrie, & y voit Apollonius de Tiane, qui lui fait faire des choses extraordinaires. 145

CHAPITRE TROISIÉME.

Siege de Jerusalem. 146

O oo ij

TABLE

Portrait de Titus, sa valeur, sa bonté.
Il attaque Jerusalem, & force les deux premieres enceintes de la Ville. 149
Extremité des assiegez.
Horrible famine. 153
Simon & Jean Tirans de Jerusalem.
Titus recommence à attaquer la Ville par force.
Joseph est blessé. 156
Les Romains emportent la Ville basse & la Tour Antonia. 157
Titus attaque le Temple, & est repoussé. Un Soldat y met le feu. 158
Simon & Jean se retirent dans la Ville haute.
Nouveau siege. 160
Titus y fait donner l'assaut, & s'en rend Maître.
Il donne la vie à Jean.
Simon est pris un mois aprés & mené à Rome, où il meurt sur un échafaut. 161
Titus triomfe des Juifs.

CHAPITRE QUATRIEME.

Saint Lin succede à Saint Pierre, Anaclet à Saint Lin, & Saint Clement à Saint Anaclet. 162
Epître de Saint Clement aux Corinthiens.
Ebion & Cerinthus Heretiques. 164
Les Romains prenent sur les Juifs, les Châteaux d'Herodion, de Maqueronte & de Mazade.
Desespoir des assassins, qui s'entretuënt.
Le Temple d'Heliopolis abatu. 165
Actions de Vespasien & sa mort.
Titus reconnu Empereur. 166
Il renvoie Berenice chargée de presens.
Il pardonne à ses ennemis, & fait du bien à tout le monde.
Son frere Domitien le fait empoisonner. 168
Domitien reconnu Empereur.

Il persecute les Chrêtiens.
Il fait mourir Flavius Clemens Consul.
Jean est mis dans de l'huile boüillante, & relegué à Patmos.
Il écrit l'Apocalipse. 169
Analyse de l'Apocalipse.
Domitien craint les parens de Jesus-Christ. 172
Sa cruauté, il fait mourir trois Vestales.
Il chasse de Rome les Filosofes.
Apollonius de Tiane conspire contre lui. 173
Il est amené à Rome & justifié.
On dit qu'il fait plusieurs prodiges.
Domitien est assassiné, & Nerva proclamé Empereur. 175
Mort d'Apollonius.
Bon gouvernement de Nerva.
Saint Jean retourne à Ephese, & fait Policarpe Evêque de Smirne. 177
Il convertit un chef de voleurs.
Il écrit son Evangile & ses trois Epîtres.
Sa vieillesse, sa mort. 180
Ce qu'on peut croire sur la mort de la Sainte Vierge & sur sa resurrection. 181

CHAPITRE CINQUIÉME.

Conjuration contre Nerva, qui adopte Trajan & meurt. 183
Portrait de Trajan. 184
Il fait Saburan Prefet du Pretoire. 186
Il persecute les Chrêtiens. 188
Lettre de Pline, réponse de Trajan.
Martire de Simeon Evêque de Jerusalem. 189
Heretiques.
Martire de Saint Ignace. ses Epîtres. 191
Martire de Saint Clement Pape. 196
On attribuë à Saint Sixte Pape, l'établissement du

Carême. 197
De Saint Cefaire Diacre, de Saint Hiacinthe, de Saint
  Zozime, & de Sainte Eudoxie. 198
Quelques traits de l'Histoire de Trajan, sa mort. 199

CHAPITRE SIXIÉME.

Martirs sous Trajan. 203
Adrien lui succede, son portrait.
Il abandonne toutes les conquêtes de Trajan.
Il persecute les Chrêtiens. 205
Les Juifs se revoltent, il les extermine. 207
Il rebâtit Jerusalem, qu'il nomme Elia.
Martirs.
Quadratus presente à l'Empereur une Apologie pour
  les Chrêtiens. 208
Aristide en fait aussi une. 209
Adrien en est touché. La persecution cesse. 210
Adrien voyage & demeure à Alexandrie.
Ses Ouvrages & ceux de Phlegon. 211
Histoire d'Antinoüs. 212
Adrien défend de sacrifier des hommes.
Histoire de Peregrin. 213
Adrien demeure à Athene.
Mysteres d'Eleusine. 216
Adrien revient à Rome.
Il est malade. 217
Il adopte Verus, qui meurt bien-tôt aprés.
Il adopte Antonin.
Ses cruautez.
Il meurt. 218
Il est mis au rang des Dieux.

CHAPITRE SEPTIÉME.

Heresies de Saint Papias, de Carpocrate & de Marcion. 219

DES MATIERES.

Martire de Saint Telesphore Pape, de Saint Concorde, de Saint Pontien & de Sainte Felicité. 221
Maniere de vie de l'Empereur Antonin, son gouvernement. 222
Histoire des Sibilles. 225
Apologie de Saint Justin. 226
Lettre d'Antonin en faveur des Chrêtiens. 228
Conference de Saint Justin avec Triphon Juif. 230
Erreurs de Saint Justin.
Saint Policarpe vient à Rome, & y convertit beaucoup d'Heretiques. 231
Le Pape Anicet lui fait de grans honneurs.
Heresies de Valentin. 232
Egesippe fait l'Histoire de l'Eglise. 233
Thebutis premier Heretique.

LIVRE TROISIE'ME.

CHAPITRE PREMIER.

Mort d'Antonin. 235
Marc-Aurele reconnu seul Empereur, associe à l'Empire Lucius Verus. 236
Portrait de Verus, ses guerres & sa mort.
Persecution de l'Eglise en Asie. 237
Martire de Germanique & de dix autres Chrêtiens.
Martire de Saint Policarpe. Son Epître. 238
Il envoie des Predicateurs dans les Gaules. 241
Saint Irenée est son disciple.
Persecution à Rome.
Prolomée & Luce martirisez.
Saint Justin presente sa seconde Apologie à Marc-Aurele.
Sa conference avec Crescent Filosofe. 242
Les Actes de son martire & leur autorité. 243

TABLE

Saint Denis Evêque de Corinthe. Ses Epîtres.
Alexandre de Paphlagonie. 245
Marc Aurele remarie sa fille Lucille à Pompeyen. 247
La Legion fulminante sauve l'Empereur par ses prieres.
Mort de l'Imperatrice Faustine. 248
Histoire de Montan, de Priscille & de Maximille. 249
Apologie de Meliton.
Apologie d'Apollinaire.
Apologie d'Athenagoras.
Martirs de Lion. 250
Irenée second Evêque de Lion, ses ouvrages.

CHAPITRE SECOND.

Traits de la vie de Marc-Aurele, sa mort, ses ouvrages. 256
Commode est reconnu Empereur. 258
Il fait la paix avec les Marcomans & revient à Rome.
Il fait mourir sa femme, sa sœur & beaucoup de Senateurs.
Il est empoisonné & étranglé.
Soter est élû Pape aprés Anicet. 259
Il écrit à l'Eglise de Corinthe.
Sa fermeté pour l'ancienne discipline.
Eleuthere lui succede.
Grandes conversions.
Martire d'Apollone Senateur. 261
Martirs Scillitains. 262
Conversion d'un Roi de la Grande Bretagne. 263
Pertinax est proclamé Empereur. 264
Sa vertu le fait haïr des Soldats, qui l'assassinent. 265
Julien achete l'Empire. 266
Severe, Niger & Albin sont proclamez Empereurs.
Le Senat fait mourir Julien à l'aproche de Severe, qui est reconnu en Italie.
Severe adopte Albin & le fait Cesar.

DES MATIERES.

Victor est élû Pape.
Serapion Evêque d'Antioche écrit contre le faux Evangile de Saint Pierre.
Histoire de Pantenus.
Heresie de Theodote de Bisance. 267
Ouvrage de Clement Alexandrin. 268
Question de la Pâque. Divers Conciles sur ce sujet. 269
Resistance de Policrate Evêque d'Ephese au sentiment commun de l'Eglise. 270
Le Pape Victor l'excommunie. 272
Sagesse d'Irenée, qui apaise tout.
Severe casse les Soldats Pretoriens, & fait son entrée dans Rome. 273
Il fait declarer Niger ennemi de la patrie, le défait & prend Bisance.
Grans progrés du Christianisme. 274
Severe le favorise au commencement de son regne.
Les Magistrats ne laissent pas de persecuter les Chrêtiens. 275
Severe fait publier des Edits contre les Chrêtiens.
Martires de Leonide, de Potamienne, de Marcelle, de Plutarque, de Serenus, de Basilide, de Satur, de Perpetuë & de Felicité. 276
Martirs de Lion. 278
Irenée fait plusieurs disciples, qui vont prêcher la foi & enfin soufre le martire.
Mort de Rutile.
Severe fait la guerre aux Parthes, associe son fils Caracalla à l'Empire. 279
Il assiege par deux fois la Ville d'Atra & en leve le siege. 280
Il retourne à Rome, rend la justice, & fait diverses Ordonnances. 281
Il fait Papinien Prefet du Pretoire.
Les Bretons se revoltent, Severe marche contre eux: & les force à lui demander la paix.

TABLE

Son fils Caracalla le veut tuer. 282
Il meurt, & laisse l'Empire à ses deux enfans, Caracalla & Geta. 283

CHAPITRE TROISIEME.

Le Pape Victor meurt, Zephirin est mis à sa place.
Dialogue de Minucius Felix. Conference de Caïus avec Proclus Montaniste. 285
Alexandre est fait Evêque de Jerusalem. 286
Divers Ouvrages de Tertullien, il devient Montaniste. ses erreurs. 287
Caracalla & Geta sont declarez Empereurs. 292
Caracalla tuë Geta de sa main, ses cruautez. Il fait mourir Papinien. 294
Ses voyages.
Il est assassiné. 297
Histoire d'Origene.
Differentes versions de l'Ecriture.
Macrin est proclamé Empereur, il fait son fils Diadumene Cesar. 300
Il fait observer la discipline aux Soldats, qui proclament Heliogabale.
Macrin est défait & tué. 303
Cruautez & folies d'Heliogabale.
Il est assassiné. 304
Mamée fait venir Origene à Antioche.

CHAPITRE QUATRIEME.

Alexandre cousin germain d'Heliogabale, lui succede. 305
Il favorise les Chrêtiens & leur permet de bâtir des Eglises. 307
Le Pape Calixte bâtit un Cimetiére, & souffre le martire.
Les Jurisconsultes ennemis des Chrêtiens.

Sageſſe, pieté, juſtice d'Alexandre. 308
Il fait la guerre aux Perſes.
Il revient à Rome & retourne dans les Gaules contre les Germains.
Il eſt aſſaſſiné par des Soldats. 312
L'Egliſe eſt en paix pandant vint-quatre ans.
Origene fait beaucoup de diſciples. 313
Hiſtoire de Gregoire Taumaturge. 314
Origene va en Arabie. 315
Il ſe retire à Ceſarée, & y prêche, n'étant que Laïque.
Il travaille ſur l'Ecriture Sainte.
Il convertit Ambroiſe.
Il écrit contre Celſe. Il écrit le Periarchon, ou Livre des Principes. 316
Il convertit Berille Evêque de Boſtres en Arabie.
Les Evêques de Paleſtine le font Prêtre. 318
Demetrius Evêque d'Alexandrie le fait condamner par un Concile d'Egypte.
Les Evêques de Paleſtine le défendent.
Maximin eſt proclamé Empereur. Sa cruauté. 319
Perſecution de l'Egliſe. 320
Hiſtoire du Soldat.
Tertullien le défend.
Il écrit ſur la perſecution & ſur les voiles des filles.
Il quitte les Montaniſtes & ſe fait Hereſiarque.
Sa fin malheureuſe. 322

CHAPITRE CINQUIÉME.

Origene ſe retire en Cappadoce. 323
Il encourage Ambroiſe au martire.
Sainte Barbe eſt martiriſée.
On abbat les Egliſes des Chrêtiens.
Maximin fait la guerre heureuſement. 324
On ſe revolte contre lui.
Les Gordiens ſont proclamez en Afrique, & tuez trois mois aprés.

Le Senat élit Maxime & Balbin.
Maximin est assassiné par ses Soldats. 315
Maxime & Balbin rentrent dans Rome en triomfe avec le jeune Gordien.
Ils gouvernent sagement, & sont assassinez par les Pretoriens.
Gordien reconnu seul Empereur. 316
Les Affranchis le gouvernent.
Il épouse la fille de Misithée, qui remet tout dans l'ordre. 327
Guerre de Perse.
Prise de Nisibe par Sapor. 328
Gordien est assassiné. 329
Le Pape Urbain meurt.
Martire de Sainte Cecile.
Pontien succede à Urbain, & meurt en exil. 330
Antere lui succede, & ne gouverne l'Eglise qu'un mois.
Fabien est élû & gouverne quatorze ans.
Il fait bâtir beaucoup d'Eglises.
Il envoye sept Evêques dans les Gaules.
L'Empereur Philippe fait la paix avec Sapor Roi de Perse. 331
Il est probable, qu'il étoit Chrêtien.
Saint Babilas Evêque d'Antioche lui refuse la porte de l'Eglise. 332
Divers Ouvrages d'Origene sur l'Écriture Sainte. 333
On celebre à Rome l'an mille de sa fondation. 334
Decius se revolte contre Philippe, & le défait auprés de Verone. 335
Persecution à Alexandrie sur la fin du regne de Philippe.
Grande persecution sous Decius. 336
Martire de Polieucte.
Martire d'Alexandre, de Babilas & d'Ambroise.
Confession d'Acace. 338
Plusieurs Chrêtiens renoncent à la Foi.

DES MATIERES.
Libellatiques.
Martirs à Carthage.

CHAPITRE SIXIÉME.

Eudemon Evêque de Smirne, sacrifie aux Dieux. 340
Martire de Pionius.
Grand nombre de Martirs.
Saint Paul premier Ermite se retire dans la Thebaï-
   de. 341
Martire de Saint Fabien. 342
Avanture des sept Dormans. 343
Decius va faire la guerre en Illirie.
Corneille est élû Pape.
Etat de l'Eglise Romaine. 344
Heresie de Novatien.
Schisme de Felicissime en Afrique.
Dispute sur les Tombez. 345
Les Conciles de Rome & de Carthage les admettent à
   la penitence.
Histoire de Trophime.
Decius crée son fils aîné Cesar. 346
Les Gots font une irruption en Thrace, & y défont
   le jeune Decius.
L'Empereur y vient en persone, & défait les Gots.
Le Senat élit Valerien Censeur. 347
Decius & son fils perissent dans un marais en Panno-
   nie. 348
Gallus est proclamé Empereur, & son fils Volusien
   est fait Cesar.
Histoire de Saint Cyprien. 548
Gallus fait une paix honteuse avec les Gots. 351
Gregoire Taumaturge convertit toute la Ville de
   Neocesarée. 352
Mort d'Origene. 353
La peste ravage l'Empire. 354
La persecution recommence. Mort du Pape Corneille.

P p p iij

Inondation de Barbares.
Emilien défait les Gots en Pannonie, & se fait proclamer Empereur. 355
Les Soldats d'Italie massacrent Gallus & Volusien.
Valerien est proclamé dans la Rhetie, & marche à Rome.
Emilien est assassiné par les Soldats.
Portrait de Valerien. 356
Il associe son fils Galien à l'Empire.
Origine des Francs. 357
Concile de Carthage.
Persecution de l'Eglise. 358
Le Pape Etienne meurt Confesseur.
Dispute d'Etienne & de Cyprien sur le Baptême des Heretiques. 359

CHAPITRE SEPTIÉME.

Martires de Saint Sixte Pape & de Saint Laurent. 360
Martire de Saint Saturnin premier Evêque de Toulouse. 361
Martire de Saint Cyprien. 362
La masse blanche. 365
Martire de Luce, de Montan, de Flavien, de Primole & de Victor.
Martire de Saint Fructueux Evêque de Tarragone. 366
Histoire de Nicephore. 367
Felix Prêtre de Nole, confesse Jesus-Christ. 368
Valerien se prepare à faire la guerre aux Perses. 370
Aurelien défait les Gots.
Valerien est défait & pris par Sapor. 371
Gallien son fils en témoigne de la joie.
Il fait cesser la persecution, qui continuë en quelques Provinces.
Martire de Marin. 372
Miracle d'Astere. 373
Portrait de Gallien.

DES MATIERES.

Inondation de Barbares. 374
Ingenuus se revolte, & est défait par Gallien.
Posthume se fait proclamer dans les Gaules.
Conquêtes de Sapor
Histoire d'Odenat. Il se declare contre les Perses, les bat en plusieurs rencontres, assiege Ctesiphonte. 375
Revolte de Macrien, qui est défait par Aureole, & massacré par ses Soldats.
Odenat fait mourir Quietus fils de Macrien.
Odenat est declaré Auguste & associé à l'Empire par Gallien.
Gallien fait la guerre à Posthume.
Il fait mourir tous les Habitans de Bizance.
Mort de Posthume. 378
Lollien, Victor & Marius lui succedent dans les Gaules, & perissent malheureusement.
Odenat assiege Ctesiphonte pour la seconde fois.
Les Scithes & les Gots ravagent l'Empire, & se retirent à l'aproche d'Odenat.
Il est tué dans un festin avec son fils aîné Herodien. 379
Sa femme Zenobie se fait declarer Reine de l'Orient.
Son portrait.
Elle protege Paul de Samosates. 380
Il est condamné au Concile d'Antioche, Sabellius & Cerinthus avoient enseigné sa doctrine.
Il se retracte & ne se corrige pas.
L'Eglise est en paix sous Gallien. 381
Histoire du Filosofe Plotin.
Aureole se fait proclamer Empereur. 383
Il est défait par Gallien, qui l'assiege dans Milan.
Gallien est assassiné, son frere & ses enfans sont précipitez du haut du Capitole. 384
Claude second est proclamé Empereur par les Soldats, & reconnu à Rome.

TABLE

LIVRE QUATRIÉME.

CHAPITRE PREMIER.

Etat déplorable de l'Empire. 385
Mort d'Auréole.
Tetricus Empereur dans les Gaules.
Zenobie gouverne l'Orient.
Claude second se fait aimer par sa justice.
Il défait les Gots. 386
Conversion de quelques Barbares.
Le Pape Denis assemble un Concile à Rome & meurt. 387
L'Empereur Claude meurt de la peste à Sirmium. 388
Son frere Quintillus est declaré Empereur par le Senat, & Aurelien par les Soldats.
Quintillus se fait ouvrir les veines.
Troisiéme Concile d'Antioche, où Paul de Samosates est déposé.
Mort de Saint Gregoire Taumaturge. 389
Aurelien va à Rome & gouverne sagement.
Il accorde la paix aux Gots.
Il est défait par les Allemans auprés de Plaisance, mais il les défait ensuite en détail.
Il fait consulter les Sibilles.
Histoire des Sibilles. 390
Dialogues de Mercure Trismegiste.
Aurelien va en Orient faire la guerre à Zenobie. 393
Il la défait en deux batailles.
Siege de Palmire. 394
Mort de Sapor.
Aurelien défait les Perses.
Prise de Zenobie.
Palmire se rend.

Mort

Mort du Filosofe Longin. 395
Aurelien à la priere des Chrêtiens chasse d'Antioche Paul de Samosates. 396
Tous les Princes de l'Orient se soumettent à Aurelien.
Tetricus lui cede l'Empire d'Occident.
Il triomfe à Rome.
Il commence à persecuter les Chrêtiens. 397
Martirs dans les Gaules.
Le Pape Felix soufre le martire.
Conon & son fils sont martirisez en Licaonie.
Mort de l'enfant Cirille. 398
Le Berger Mamas est martirisé.
Antoine se retire dans le desert. 399

CHAPITRE SECOND.

Valerien embellit la Ville de Rome. 401
Il prend le Diadême. Il bâtit un Temple au Soleil, qu'il reconnoît pour son grand Dieu. 402
Il reforme la monoie. Sa cruauté.
Il passe dans les Gaules, & fait rebâtir Orleans & Dijon. 403
Il donne la Dace aux Gots.
Il est assassiné auprés de Bizance. 404
L'Empire est six mois vacant.
Tacite est élû par le Senat.
Il est tué six mois aprés.
Heresie des Manichéens. 405
Probus est proclamé Empereur.
Florien est tué par les Soldats. 408
Quelques Francs pillent toutes les côtes de l'Empire. 409
Saturnin se revolte & est tué. 410
Probus vainqueur de tous ses ennemis triomfe à Rome.
Ses vertus, ses occupations pandant la paix.
Il est tué par les Soldats. 411
Sabbace est martirisé.

TABLE

CHAPITRE TROISIÈME.

Carus est proclamé Empereur. 411
Il declare Cesars ses deux enfans Carin & Numerien.
Il est tué d'un coup de tonnerre.
Numerien est assassiné par Aper.
Les Soldats proclament Diocletien.
Il tuë Aper de sa main.
Carin défait Diocletien, & est assassiné par un Tribun. 413
Les deux armées reconnoissent Diocletien
Il partage l'Empire avec Maximien.
Persecution de l'Eglise sous Maximien. 414
Etablissement du Christianisme dans les Gaules.
Histoire de Saint Denis Evêque de Paris. 415
Divers Martirs dans les Gaules. 416
Martire de Saint Alban en Angleterre. 417
Martire de Tiburce, de Castule, de Marc & de Marcellien.
Martire de Saint Sebastien. 419
Diocletien protege les Chrêtiens en Orient. 420
Theonas Evêque d'Alexandrie écrit à Lucien premier Chambellan de Diocletien. 421
Martire de la Legion Thebéenne. 423
Maximien défait les Allemans, les Bourguignons & les Herules. 424
Carause se revolte en Angleterre.
Diocletien fait Galerius Cesar.
Maximien fait Constancius Cesar.
Partage de l'Empire. 425
Guerres de Constancius. 426
Le Pape Caïus succede à Eutichien, qui avoit succedé à Saint Felix. 427
Il encourage au martire son frere Gabinius & sa niéce Susanne.
Galerius est défait par Narsés Roi des Perses.

DES MATIERES.

Il refait une armée, bat Narsés, & l'oblige à lui demander la paix.

CHAPITRE QUATRIÉME.

Insolence de Galerius. 428
Il persecute les Chrêtiens.
Il fait resoudre Diocletien à les persecuter aussi.
La persecution commence à Nicomedie. 429
Edit contre les Chrêtiens.
Martire de Pierre. 431
Agatope & Theodule soufrent à Thessalonique.
Filippe Evêque d'Heraclée, est brûlé tout vif à Adrianople. 432
Maximien fait executer l'Edit en Italie, & dans l'Afrique.
Constancius ne le veut point recevoir.
Martire de Marcel Centenier, & de Cassien. 433
On en veut aux Livres Sacrez. 434
Second & troisiéme Edit de Diocletien contre les Chrêtiens.
Histoire de Theodote. 435
Martire de sept Vierges.
Martire du Diacre Romain & de Vincent. 437
Quatriéme Edit contre les Chrêtiens. 438
Une Ville de Phrigie est brûlée, parce qu'elle étoit Chrêtienne.
Diocletien est malade & va à Rome.
Martire de Saint Genés Comedien. 439
Martire de Sotere, de Pancrace, de Julite & de Saint Cyr. 440
Martire de Saint Cosme & de Saint Damien.
Martire du Paysan Barlaam. 441
Martire de Sainte Agnés.
Martire de Taraque. 442
Mort du Pape Saint Marcellin. 446

Qqq ij

TABLE

CHAPITRE CINQUIÉME.

Diocletien retourne à Nicomedie, & y tombe malade. 447
Galerius lui perfuade de quitter l'Empire.
Il s'en démet, & Maximien aussi en même jour. 448
Constancius & Galerius sont declarez Augustes, Severe & Maximien sont faits Cesars.
Traits de la vie de Constancius. 449
Son fils Constantin le va trouver dans les Gaules.
Concile d'Elvire. 451
La persecution recommence en Orient.
Suplices des Chrêtiens.
Martire d'Ulpien & d'Agape. 453
Pelagie & Domnine se précipitent.
Histoire d'Aglaïde & de Boniface. 454
Maximin renouvelle la persecution. 455
Histoire de Sainte Dorothée & de Sainte Catherine.
Saint Antoine établit plusieurs Monasteres dans le Desert. 456
Histoire du Filosofe Porphire. 457
Arnobe Historien Ecclesiastique. 458
Pierre Evêque d'Alexandrie, fait un Traité sur la penitence.
Diocletien joüit des douceurs de la retraite.
L'Empereur Constancius meurt dans l'Isle de la Grande Bretagne. 460
Son fils Constantin est proclamé Empereur.
Etat de la doctrine, de la morale, & de la discipline de l'Eglise pandant les trois premiers siecles.

APPROBATION.

JE soussigné Docteur en Theologie de la Faculté de Paris, ai lû par ordre de Monseigneur le Chancelier, l'*Histoire de l'Eglise*, composée par Monsieur l'Abbé de Choisy, que j'ai trouvée non seulement Catholique, sincere & fidele, mais encore recommandable par le choix des faits les plus necessaires, les plus beaux & les plus édifians. Donné à Paris ce 6. Mars 1703.

L. ELIES DU PIN.

PRIVILEGE DU ROY.

LOUIS par la grace de Dieu Roi de France & de Navarre; A nos amez & feaux Conseillers les gens tenans nos Cours de Parlemens, Maîtres des Requêtes ordinaires de nôtre Hôtel, Grand Conseil, Prevôt de Paris, Baillifs, Sénéchaux, leurs Lieutenans Civils, & autres nos Justiciers qu'il apartiendra. Salut: Nôtre amé le sieur ABBE' DE CHOISY de l'Académie Françoise, Nous ayant fait remontrer qu'il desireroit donner au Public une *Histoire de l'Eglise* qu'il a composée, s'il Nous plaisoit lui en permettre l'impression, & lui accorder nos Lettres de Privilege sur ce necessaires ; Nous avons permis & accordé, permettons & accordons par ces presentes, audit sieur ABBE' DE CHOISY de faire imprimer par tel Imprimeur ou Libraire qu'il voudra choisir, vendre & debiter par tout nôtre Royaume ledit Ouvrage, en telle forme, marge, caractere, en un ou plusieurs volumes, & autant de fois que bon lui semblera, pendant le temps de quinze années consecutives, à compter du jour de la date des presentes ; faisant défenses à tous Imprimeurs, Libraires & autres d'imprimer, faire imprimer, vendre & distribuer ledit Ouvrage, sous quelque prétexte que ce soit, même d'impression étrangere & autrement sans le consentement de l'Exposant, ou de ses ayans cause, sur peine de confiscation des exemplaires contrefaits, de quinze cens livres d'amende contre chacun des contrevenans, applicable un tiers à Nous, un tiers à l'Hôtel-Dieu de Paris, l'autre tiers audit Exposant, & de tous dépens, dommages & interêts ; à la charge d'en mettre avant

www.ingramcontent.com/pod-product-compliance
Lightning Source LLC
Chambersburg PA
CBHW051124230426
43670CB00007B/662